LE TRAVAIL À LA VITESSE DE LA PENSÉE

DU MÊME AUTEUR

chez le même éditeur

LA ROUTE DU FUTUR, 1995

BILL GATES
avec Collins Hemingway

LE TRAVAIL À LA VITESSE DE LA PENSÉE

Une vision pour le troisième millénaire

*traduit de l'américain par Daniel Roche,
Marie-Hélène Sabard et Catherine Vacherat*

ROBERT LAFFONT

Titre original : BUSINESS AT THE SPEED OF THOUGHT

ISBN 2-221-08949-9
(édition originale : ISBN 0-446-52568-5 Warner Books Inc., New-York)
Publié avec l'accord de Warner Books.

À Mélinda, ma femme,
et à Jennifer, ma fille

Introduction

Dans les dix années à venir, le monde des affaires changera plus qu'au cours du dernier demi-siècle.

Notre première assemblée de PDG devait avoir lieu au printemps 1997 et, tout en préparant mon allocution, j'ai réfléchi à la manière dont l'ère numérique allait bouleverser le monde de l'entreprise. Je ne voulais pas me contenter d'un simple discours sur les progrès technologiques éblouissants, je voulais aborder des questions auxquelles les chefs d'entreprise sont confrontés à longueur de temps. Comment la technologie peut-elle les aider à diriger leur entreprise ? Quels seront les changements induits par les technologies ? Comment les technologies peuvent-elles les aider à être des dirigeants dans cinq ou dix ans ?

Dans les années 80, on a recherché la qualité, dans les années 90, on s'est intéressé au "reengineering". Les années 2000 seront celles de la vitesse. Vitesse des changements dans la nature de l'entreprise. Vitesse de traitement des affaires. Vitesse à laquelle l'accès à l'information modifiera le mode de vie des consommateurs et leurs attentes vis-à-vis de l'entreprise. Les progrès, en termes de qualité et d'activité, vont s'accélérer considérablement. Si l'accélération est suffisamment importante, c'est la nature même des affaires qui changera. Un fabricant ou un détaillant qui réagit en quelques heures, et non plus après plusieurs semaines, aux mutations du marché n'est plus une entreprise qui fabrique des produits, mais un prestataire de services qui propose un produit.

Ces évolutions seront le résultat d'une idée on ne peut plus simple : la circulation des données numériques. Nous vivons depuis une trentaine d'années à l'ère de l'informatique, mais, les entreprises continuant d'échanger des informations en se servant de documents imprimés, les acheteurs procèdent toujours de la même manière pour trouver des vendeurs. La majorité des entreprises utilisent aujourd'hui des outils numériques pour traiter les opérations de base : commande des systèmes de production, facturation, gestion comptable et exécution des tâches fiscales. D'une manière générale, ces systèmes ne font qu'automatiser de vieux procédés.

Rares sont les entreprises qui se servent des technologies numériques pour améliorer radicalement leur manière de fonctionner, exploiter pleinement les compétences de leurs employés et leur donner la possibilité de réagir vite pour être compétitifs dans le nouveau monde ultra-rapide des affaires. La majorité des entreprises ne se rendent pas compte que les outils indispensables à ces mutations sont à la portée de tout le monde. Au fond, la plupart des problèmes sont des problèmes d'information, mais pratiquement personne ne sait se servir correctement de l'information.

Trop de cadres supérieurs semblent considérer l'absence d'une information adaptée comme une donnée incontournable. Les individus ont vécu si longtemps sans avoir l'information au bout de leurs doigts qu'ils ne réalisent pas à côté de quoi ils passent. Ce que je voulais, à travers mon discours, c'était, entre autres choses, stimuler les attentes des PDG. Je voulais qu'ils soient consternés par le peu d'informations exploitables qu'ils tiraient de leurs investissements informatiques. Je voulais qu'ils exigent un flux de données capable de les informer rapidement et de façon tangible sur l'état des relations entre l'entreprise et ses clients.

Même les entreprises qui ont investi des sommes considérables dans les technologies de l'information n'obtiennent pas les résultats qu'elles sont en droit d'attendre. Ce qui est intéressant, c'est que cet écart n'est pas le résultat d'un manque d'investissements. De fait, la plupart des entreprises ont investi dans l'équipement de base : micro-ordinateurs pour les applications de productivité, réseaux et courriers électroniques pour les communications, applications commerciales de base. L'entreprise type fait 80 % de ses investissements dans les technologies capables de lui donner un très bon flux de données, mais ne retire que 20 % des bénéfices possibles. Le fossé entre les dépenses consenties et les bénéfices qu'elles en retirent vient de ce qu'elles ne savent pas ce qui est possible et, aussi, de ce qu'elles ne voient pas le potentiel de la technologie pour diffuser la bonne information rapidement dans toute l'entreprise.

Changer les technologies et les attentes

Le travail sur l'information que fournissent la plupart des entreprises aujourd'hui aurait été parfait il y a dix ans. Obtenir des informations étoffées était horriblement coûteux et les outils d'analyse et de diffusion n'existaient pas dans les années 80, ni même au début des années 90. Mais aujourd'hui, à l'aube du XXIe siècle, les outils et la « connectivité » de l'ère numérique nous permettent d'obtenir sans problème les informations, de les partager et d'agir en conséquence.

Pour la première fois, il est possible de numériser toutes sortes d'informations – chiffres, textes, sons, vidéos – de telle sorte que n'importe quel ordinateur puisse les stocker, les traiter et les transmettre. Pour la première fois, du matériel standard et une plate-forme logicielle standard créent des économies d'échelle qui font que les entreprises, quelle que soit leur taille, ont accès à des solutions informatiques puissantes à un prix abordable. Dans « ordinateur personnel », « personnel » signifie que les utilisateurs disposent d'un outil performant pour analyser et exploiter les données délivrées par ces solutions informatiques. La révolution du microprocesseur non seulement augmente la puissance de l'ordinateur de façon exponentielle, mais elle est en passe de créer une nouvelle génération de compagnons numériques personnels – portables, ordinateurs de voiture, cartes à mémoire, etc. Le résultat sera une utilisation intensive des données numériques. Mais, pour cela, il faut perfectionner les technologies d'Internet, qui connectent le monde entier.

À l'ère numérique, la connectivité est plus que le simple fait de mettre deux personnes ou plus en contact. Internet crée un nouvel espace universel pour partager des informations, collaborer et faire du commerce. C'est un média nouveau, qui réunit l'immédiateté et la spontanéité de technologies comme la télévision et le téléphone, et la profondeur des échanges épistolaires. La possibilité de trouver des informations et de rencontrer des personnes qui partagent les mêmes intérêts est, elle, résolument nouvelle.

Ces nouveaux matériels, logiciels et outils de communication vont remodeler le comportement de l'entreprise et du consommateur. D'ici dix ans, la plupart des individus se serviront régulièrement de leur micro-ordinateur à leur domicile et sur leur lieu de travail, ils communiqueront par e-mail, seront branchés sur Internet, auront dans leurs poches des assistants numériques qui contiendront leurs données personnelles et professionnelles. De nouveaux matériels grand public feront leur apparition sur le marché, ils seront capables de traiter pratiquement toutes les données numérisées : textes, chiffres, voix, photos, vidéos. J'emploie des expressions telles que « mode de travail Internet » et « mode de vie Internet » pour souligner les capacités des employés et des consommateurs qui se serviront de ces connexions numériques. Aujourd'hui, nous sommes reliés à l'information uniquement lorsque nous sommes assis à notre bureau, connectés à Internet grâce à un fil. À l'avenir, les portables nous permettront d'être en liaison permanente avec d'autres systèmes et d'autres personnes. Des équipements courants, tels que les compteurs d'eau, les compteurs électriques, les systèmes de sécurité et les voitures, seront eux aussi connectés, et signaleront leur utilisation et leur état. Chacune des applications de l'information numérique se rapproche d'un point d'inflexion – ce moment où le changement devient manifeste dans l'utilisation par le grand public. Ensemble, ils bouleverseront nos modes de vie et le monde de l'entreprise.

Le mode de travail Internet est déjà en train de modifier certaines opérations chez Microsoft et dans d'autres entreprises. Remplacer la paperasserie par des processus numériques a demandé des semaines de procédures budgétaires et opérationnelles. Des groupes de personnes se servent des outils électroniques pour agir ensemble presque aussi rapidement qu'un individu isolé, mais en profitant de la perspicacité de tous. Les équipes très motivées profitent de la réflexion de chacun. Grâce à un accès rapide aux données sur nos ventes, sur les activités de nos partenaires et, ce qui est le plus important, sur nos clients, nous sommes en mesure de réagir plus vite si des problèmes ou des occasions se présentent. D'autres entreprises pionnières, qui ont elles aussi adopté le numérique, font des découvertes analogues.

Nous avons doté notre organisation d'un niveau élevé d'intelligence électronique. Cela n'a rien à voir avec la métaphysique ou une invention sortie tout droit d'un épisode de *Star Trek*. Il s'agit néanmoins de quelque chose de novateur et de capital. Pour fonctionner à l'âge du numérique, nous avons développé une nouvelle infrastructure analogue au système nerveux humain. Le système nerveux biologique commande nos réflexes, ce qui nous permet de réagir rapidement en cas de danger ou en cas de nécessité. Il nous transmet les informations dont nous avons besoin pour résoudre des problèmes et faire des choix. Notre système nerveux nous informe de l'essentiel et bloque les informations non pertinentes. Les entreprises ont besoin d'un système nerveux similaire, elles doivent avoir la capacité de fonctionner sans friction et avec efficacité, elles doivent pouvoir réagir rapidement en cas d'urgence et saisir les occasions qui se présentent, elles doivent pouvoir transmettre rapidement les informations aux collaborateurs qui en ont besoin, prendre des décisions rapides et dialoguer avec leurs clients.

Je réfléchissais à ces questions en mettant la dernière main à mon discours pour l'assemblée des PDG, lorsqu'un nouveau concept m'a traversé l'esprit : le « système nerveux d'entreprise ». Un tel système nerveux est, pour l'entreprise, l'équivalent numérique du système nerveux humain ; il fournit un flux de données intégré au service concerné de l'organisation, au bon moment. Un tel système repose sur des procédés numériques qui permettent à une entreprise de comprendre son environnement et de réagir en conséquence, d'anticiper les initiatives de ses concurrents et les besoins de ses clients, et de s'organiser pour y répondre. Un système nerveux d'entreprise implique d'allier matériels et logiciels ; il se différencie d'un simple système d'ordinateurs en réseau par la précision, l'immédiateté et la richesse des informations qu'il transmet à ses utilisateurs, ainsi que par la *perspicacité* et la *collaboration* rendues possibles par ces informations.

Le système nerveux d'entreprise est devenu le sujet de mon discours. Je voulais piquer la curiosité des PDG, je voulais qu'ils s'intéressent aux potentiels de la technologie pour gérer les flux de données et les aider à mieux gérer leurs affaires. Je voulais leur faire comprendre qu'un système de flux de données bien conçu leur permettrait de trouver plus facilement les solutions. Un système nerveux d'entreprise profite à chaque service et à chaque salarié ; je voulais qu'ils comprennent qu'ils sont les seuls à pouvoir initier un changement dans les mentalités et la culture de l'entreprise, indispensable pour réorienter l'entreprise vers l'échange d'informations et le style de travail Internet. Franchir le pas d'une telle décision impliquait qu'ils maîtrisent les technologies numériques pour comprendre comment elles peuvent changer fondamentalement leur activité.

Beaucoup de PDG qui voulaient en savoir plus sur ce système nerveux m'ont posé des questions. J'ai étoffé mes idées, et d'autres directeurs généraux, des directeurs commerciaux, des spécialistes en informatique sont venus me demander plus de détails. Des milliers de clients arrivent chaque année sur notre campus pour découvrir nos solutions internes ; ils en profitent pour me demander de leur en dire plus sur le pourquoi et le comment de la construction de notre système nerveux d'entreprise et comment ils peuvent faire la même chose. Ce livre est ma réponse.

J'ai écrit ce livre à l'intention des responsables et des chefs d'entreprise. J'y explique comment un système nerveux peut transformer les entreprises et rendre les services publics plus efficaces, en stimulant les trois éléments majeurs de toute activité : les relations clients-partenaires, les collaborateurs et les procédés. L'ouvrage s'articule autour de trois fonctions de l'entreprise qui incarnent ces trois aspects : le *commerce*, la *gestion de la connaissance* et les *opérations commerciales*. Le commerce fait l'objet de la première section, car le mode de vie Internet bouleverse tout ce qui touche au commerce, et ces mutations conduiront les entreprises à restructurer leur gestion des connaissances et les opérations commerciales si elles veulent s'en sortir. Les sections suivantes sont consacrées à l'importance du flux de données et à des entreprises spécifiques qui font figure d'exemples. Un système nerveux d'entreprise ayant pour vocation de stimuler une réponse concertée entre les employés afin de développer et de mettre en œuvre une stratégie d'entreprise, le lecteur constatera à maintes reprises qu'une circulation de données numériques rigoureuse permet à l'entreprise de s'adapter rapidement aux changements. Il s'agit là d'un atout fondamental pour une entreprise qui opte pour le mode de travail Internet.

Le Travail à la vitesse de la pensée n'est pas un manuel technique. Il décrit comment les procédés numériques sont capables de résoudre les vrais problèmes de l'entreprise. Un directeur général qui a lu le dernier jet de mon manuscrit m'a affirmé que les exemples cités étaient autant de modèles qui l'avaient aidé à comprendre comment utiliser un système nerveux dans son entreprise. Il a été assez honnête pour m'avouer : « J'ai dressé une liste de commentaires à votre intention et une liste des idées que je mettrai en œuvre dans mon entreprise. » J'espère que d'autres lecteurs se rendront compte de l'importance de cette idée. Pour ceux que les aspects techniques intéressent, un site Web est à leur disposition à l'adresse : www.speed-of-thought.com. Ils y trouveront des informations plus détaillées sur certains des exemples présentés, des techniques pour évaluer les capacités des systèmes d'information existants, une architecture et des méthodologies de développement pour construire leur propre système nerveux. Le site propose également des liens vers d'autres sites Web que j'évoque au fil des pages.

Pour que le flux de données devienne un élément intrinsèque de l'entreprise, douze étapes clés sont indispensables.

Pour le travail sur l'information :

1. Insistez sur la communication interne via l'e-mail, de façon à pouvoir réagir promptement aux événements, comme par réflexe.

2. Étudiez les données des ventes en ligne pour trouver des structures et partager les idées sans problème. Saisissez les tendances générales et personnalisez les services en fonction de chaque client.

3. Utilisez les micro-ordinateurs pour effectuer des analyses et confiez aux analystes des tâches de réflexion poussée sur les produits, les services et la rentabilité.

4. Utilisez les outils numériques pour mettre en place des équipes virtuelles interdépartements, qui pourront partager leurs connaissances et leurs idées en temps réel, dans le monde entier. Utilisez les systèmes numériques pour saisir l'histoire de l'entreprise à l'intention de tout le personnel.

5. Convertissez les imprimés en processus numériques, éliminez la paperasserie et libérez les collaborateurs pour d'autres tâches plus importantes.

Pour les opérations commerciales :

6. Utilisez les outils numériques pour éliminer les postes monotâches ou les transformer en postes de travail à valeur ajoutée qui font appel aux compétences des collaborateurs.

7. Créez une boucle de données numériques pour améliorer l'efficacité des processus physiques et la qualité des produits et services. Chaque collaborateur devrait être en mesure de rechercher facilement les paramètres clés.

8. Utilisez les systèmes numériques pour adresser immédiatement les réclamations des clients aux collaborateurs chargés d'améliorer un produit ou un service.

9. Utilisez les communications numériques pour redéfinir la nature et les limites de votre activité : la développer et être plus solide ou la limiter et être plus proche de votre clientèle, selon la situation.

Pour le commerce :

10. Échangez l'information à temps. Réduisez les pertes de temps grâce à des transactions numériques avec tous les fournisseurs et partenaires, et travaillez en flux tendu.

11. Utilisez la transmission numérique des ventes et services pour supprimer les intermédiaires. Si vous êtes un intermédiaire, servez-vous des outils numériques pour ajouter une plus-value à vos opérations.

12. Utilisez les outils numériques pour aider les clients à résoudre eux-mêmes certains problèmes et réservez les contacts personnels aux cas complexes et à forte valeur ajoutée.

Chaque chapitre couvre un ou plusieurs points – un flux de données bien organisé permet de faire plus de choses qu'auparavant. Un élément clé du système nerveux d'entreprise consiste en fait à relier ces différents systèmes – gestion des connaissances, opérations commerciales et commerce.

Plusieurs exemples, notamment dans le domaine des transactions commerciales, sont tirés de l'expérience de Microsoft. Il y a deux raisons à cela. La première, c'est que nos clients veulent savoir comment, chez Microsoft, le chantre des technologies de l'information, nous nous servons des technologies. Mettons-nous en pratique ce que nous prêchons ? La seconde, c'est que je peux argumenter inlassablement en faveur des systèmes numériques appliqués aux problèmes auxquels ma société est actuellement confrontée. Enfin, je me suis rendu dans des douzaines d'entreprises pionnières pour trouver les applications industrielles les plus performantes, car je me propose de démontrer l'étendue des applications possibles d'un système nerveux d'entreprise. Dans certains domaines, d'ailleurs, d'autres entreprises nous ont apporté leur collaboration.

Les entreprises qui réussiront dans les dix prochaines années seront celles qui utiliseront les outils numériques pour réinventer leurs méthodes de travail. Ces entreprises prendront des décisions rapides, seront efficaces et atteindront directement leurs clients. J'espère que vous serez séduit par les possibilités de ce changement. Opter pour le numérique vous placera sur la crête de l'onde de choc qui va secouer les méthodes traditionnelles. Grâce à votre système nerveux d'entreprise, vos affaires progresseront à la vitesse de la pensée – et c'est bien là la clé de la réussite au XXIe siècle.

PREMIÈRE PARTIE

LA CIRCULATION DE L'INFORMATION EST LA CLÉ DU SUCCÈS

1

Gérez avec la force des faits

Pour l'essentiel, ce qui sous-tend l'évaluation de l'entreprise, c'est la recherche et l'assimilation des faits et circonstances qui concernent les technologies, le marché et d'autres facteurs analogues en mutation permanente. L'évolution rapide des technologies modernes fait de la recherche des faits une tâche nécessaire en permanence.
Alfred P. Sloan, Jr.

J'ai une conviction, simple mais profondément ancrée : le moyen le plus sensé pour se différencier de ses concurrents, le meilleur moyen de créer une distance entre votre entreprise et la masse, c'est de miser à fond sur l'information. *La méthode que vous adopterez pour collecter, gérer et exploiter l'information fera de vous un gagnant ou un perdant.* Alors que vos concurrents sont plus nombreux, vous disposez de plus d'informations sur la concurrence et sur le marché, aujourd'hui global. Les gagnants seront ceux qui développeront un système nerveux d'entreprise à l'échelle mondiale, de telle sorte que l'information puisse circuler facilement et créer une connaissance maximale et constante.

Je devine votre réaction. Mais non, c'est l'efficacité des processus ! C'est la qualité ! C'est créer une image de marque et décrocher des parts de marché ! C'est être proche des clients ! Le succès, c'est évident, dépend de tous ces facteurs réunis. Personne ne peut vous aider si vos processus sont boiteux, si vous n'êtes pas attentif à la qualité, si vous ne travaillez pas d'arrache-pied pour imposer votre image et si votre service clientèle est médiocre. Une mauvaise stratégie est promise à l'échec, quelle que soit la qualité de votre information. Et une exécution boiteuse mènera une bonne stratégie tout droit dans une impasse. Si vous réunissez plusieurs facteurs de médiocrité, vous serez éliminé.

Quels que soient vos atouts – collaborateurs intelligents, excellents produits, bons rapports avec les clients, bon état de la trésorerie – vous avez besoin d'une circulation rapide de données exactes pour rationaliser les procédés, augmenter la qualité et améliorer votre gestion. La plupart des entreprises ont des employés dévoués et compétents. La plupart des entreprises ont à cœur d'être à la hauteur à l'égard de leurs clients et elles ont des données exploitables, quelque part. Le flux d'information est l'artère vitale de votre entreprise, car il vous permet d'obtenir le maximum de vos collaborateurs et de tout savoir sur vos clients. Vérifiez si vous disposez des informations nécessaires pour répondre à ces questions :

Que pensent vos clients de vos produits ? Quels problèmes souhaitent-ils vous voir résoudre ? Quelles nouvelles caractéristiques veulent-ils que vous ajoutiez à un produit ?

À quels problèmes vos distributeurs et détaillants sont-ils confrontés lorsqu'ils vendent vos produits ou travaillent avec vous ?

Quels sont les concurrents qui vous prennent des marchés, et pourquoi ?

Est-ce qu'une évolution des demandes de vos clients vous obligerait à développer de nouveaux potentiels ?

Quels nouveaux marchés devriez-vous attaquer ?

Un système nerveux d'entreprise ne vous donnera pas les bonnes réponses à ces questions, mais il vous soulagera d'un tas de paperasseries, ce qui vous laissera du temps pour réfléchir aux questions. Il vous fournira les données qui alimenteront votre réflexion, il extraira les informations qui vous permettront de repérer les tendances. Un système nerveux d'entreprise fera remonter rapidement vers vous les faits et les idées de ceux qui détiennent les informations pour répondre à ces questions – par conséquent, vous aurez la plupart des réponses. Plus important encore, il vous permettra de faire tout cela rapidement.

Répondre aux questions difficiles

Une vieille blague dit que si les chemins de fer américains avaient compris qu'ils appartenaient au secteur des transports, et non à celui de la métallurgie, nous volerions tous sur la compagnie Union Pacific Airlines. Beaucoup d'entreprises ont développé ou modifié leurs objectifs de façon bien plus radicale. Le fabricant japonais malheureux du premier cuiseur électrique pour le riz est devenu Sony Corporation, leader mondial dans l'électronique grand public et professionnelle, ainsi que dans l'industrie de la musique et du cinéma. Hewlett-Packard a débuté sur le marché de l'instrumentation et de la mesure, avant de s'orienter vers la construction d'oscilloscopes et d'ordinateurs. Ces entreprises ont su s'adapter au marché avec un formidable succès, mais la plupart des entreprises en sont incapables.

Vous aurez beau étudier votre propre activité à la loupe, vous ne saurez pas forcément où se trouve votre meilleure chance de croissance. Dans le monde frénétique de la restauration rapide, McDonald's jouit de la meilleure image de marque ; la société se taille la part du lion sur le marché et jouit d'une solide réputation de qualité. Un analyste a toutefois récemment insinué que McDonald's était en train de faire exploser son modèle commercial. Se référant aux promotions ponctuelles de l'entreprise pour des jouets inspirés par le cinéma, l'analyste déclare que McDonald's devrait se servir de ses hamburgers à faible marge bénéficiaire pour placer une gamme de jouets à forte marge bénéficiaire, et non l'inverse. Un tel changement est peu probable, mais pas impensable dans un monde des affaires en constante mutation.

Ce qu'il faut retenir, c'est qu'une entreprise ne peut pas considérer sa position sur le marché comme définitivement acquise. Une entreprise doit se réévaluer en permanence. Telle entreprise peut très bien percer dans un nouveau secteur, telle autre peut juger qu'elle ferait mieux de s'en tenir à ce qu'elle connaît et sait faire de mieux. Ce qui est capital, c'est que les directeurs d'une entreprise aient les informations nécessaires pour comprendre les atouts qu'ils ont en main et savoir quel pourrait être leur prochain gros marché.

Ce livre doit vous aider à utiliser les technologies informatiques pour poser et résoudre les questions difficiles sur ce que devrait être votre entreprise et la direction à lui donner. Les technologies informatiques vous donnent accès aux données qui vous aideront à comprendre votre entreprise. Elles vous permettent d'agir rapidement et vous offrent des solutions qui n'existaient tout simplement pas auparavant. Les technologies informatiques et les affaires sont inextricablement liées. Je ne pense pas qu'on puisse parler des unes sans évoquer les autres.

Choisir une approche objective, réaliste

La première chose à faire pour résoudre un problème épineux, c'est de choisir une approche objective, basée sur des faits. Ce principe, plus facile à énoncer qu'à appliquer, est illustré dans *My Years with General Motors*, d'Alfred P. Sloan, Jr.[1], mon livre de chevet. Si vous ne devez lire qu'un seul ouvrage sur l'entreprise, lisez celui de Sloan. C'est stimulant de découvrir au fil du récit de sa carrière comment une direction positive, rationnelle et orientée sur l'information peut mener une entreprise vers une extraordinaire ascension.

Sous la direction de Sloan, de 1923 à 1956, GM devient l'une des premières sociétés de stature internationale aux États-Unis. Sloan a compris qu'une entreprise ne peut pas développer une stratégie globale et prendre des risques sans tenir compte des faits et des idées des personnes impliquées dans l'organisation. Il concrétise sa vision personnelle des affaires en collaborant étroitement avec les équipes techniques et commerciales, et n'hésite pas à se rendre personnellement et régulièrement dans les usines de GM. Mais ce que l'on doit retenir de Sloan, en tant que président, c'est qu'il établit des liens professionnels avec les revendeurs GM à travers tout le pays. Il se tient régulièrement au courant de leurs affaires et cultive avec eux des relations étroites et productives.

Sloan est très attaché à ces déplacements professionnels. Il fait aménager un wagon privé en bureau et sillonne le pays pour rendre visite aux revendeurs. Il lui arrive souvent d'en voir cinq à dix en une seule journée. Il ne veut pas seulement savoir ce que GM vend aux concessionnaires, il veut savoir ce qui se vend le mieux. À la fin des années 20, grâce à ces visites, Sloan pressent que le marché de l'automobile est en train de changer. Le marché des véhicules d'occasion est appelé à se développer. Les Américains de la classe moyenne, attirés par les offres de reprise et de contrat de crédit, vont acheter des voitures neuves haut de gamme. Sloan sait que ce bouleversement changera la relation de GM avec ses concessionnaires, dès lors que le marché de l'automobile ne sera plus un simple espace de vente, mais deviendra un espace de négociation. Constructeurs et revendeurs doivent évoluer vers une relation de partenariat. Sloan crée alors un conseil de conces-

1. La première édition du livre de Sloan date de 1941. L'édition actuelle contient une introduction de Peter F. Drucker, Viking, New York, 1991.

sionnaires qui rencontre régulièrement la direction au siège social de GM, ainsi qu'un comité responsable des relations avec les revendeurs, chargé de régler leurs doléances. Il ordonne des études de marché afin de définir les meilleurs emplacements pour ouvrir de nouvelles concessions, et va même jusqu'à instituer une politique d'aide financière à l'intention des candidats qui n'ont pas le capital nécessaire pour ouvrir une concession[1].

Obtenir des informations précises sur les ventes reste malgré tout une gageure. Les chiffres des ventes de GM sont contradictoires, dépassés, et incomplets : « Quand les bénéfices d'un concessionnaire baissaient, nous n'avions aucun moyen de savoir si cela était dû à un problème sur une voiture neuve ou d'occasion, à un problème de service, à un problème de pièces détachées ou à un autre quelconque problème. Sans ce type de données, il nous était impossible de mettre en œuvre une politique de distribution valable », écrit Sloan. Il dit aussi qu'il est prêt à payer « une somme astronomique » et se sentirait « en droit de le faire », si chaque concessionnaire « pouvait connaître les données sur ses affaires et gérer avec intelligence les multiples détails ». Sloan est d'avis que le fait d'aider les concessionnaires à résoudre leurs problèmes d'information « constituerait le meilleur investissement que General Motors ait jamais fait[2] ».

Pour répondre à ces besoins, Sloan met en place un système comptable normalisé pour toute l'organisation GM et les concessionnaires GM. Le mot essentiel ici est *normalisé*. Chaque concessionnaire et chaque employé, à tous les niveaux de l'organisation, suit exactement la même procédure pour saisir les chiffres. Au milieu des années 30, les concessionnaires GM, les divisions automobiles et le siège social de la compagnie peuvent procéder à des analyses financières détaillées en se servant de données comptables identiques. Un concessionnaire peut, par exemple, calculer ses résultats et les comparer aux moyennes du groupe.

---

1. Alfred P. Sloan, Jr., *op. cit.*, p. 288.
2. *Id.*, p. 286-287.

La normalisation à l'échelle mondiale est difficile, quelle que soit l'époque

Dès le départ, l'activité internationale de Microsoft a connu une croissance rapide. Nous avons attaqué le marché international le plus tôt possible, et nos filiales ont fait preuve d'un grand esprit d'entreprise. Leur laisser la liberté d'agir selon la culture de chaque pays est bénéfique pour les clients, et est rentable pour nous. Notre chiffre d'affaires à l'étranger a fait un bond, il est passé de 41 % de notre chiffre d'affaires global en 1986 à 55 % en 1989.

L'indépendance de nos filiales allait jusqu'aux bilans financiers, qui nous parvenaient sous différents formats, en fonction des accords conclus et des systèmes fiscaux. Certaines filiales comptabilisaient les marchandises en provenance de notre usine en Irlande en se référant à leurs dépenses ; d'autres se servaient du pourcentage prélevé sur le prix de vente public. Toutes calculaient les ventes réelles et les bénéfices selon différentes méthodes. Certaines de nos filiales touchaient une commission sur les ventes directes aux clients, comme les constructeurs de matériels informatiques qui vendent leurs ordinateurs dans leur pays. D'autres encore organisaient les ventes directes de la société principale et nous les remboursions sur la base du prix de revient majoré d'un pourcentage contractuel. Cette demi-douzaine de modèles financiers nous donnait du fil à retordre.

Steve Ballmer, alors vice-président du groupe ventes et support, et moi-même devions avoir l'esprit alerte quand nous parcourions les colonnes de chiffres. Nous étions en train d'examiner un bilan lorsque Mike Brown, notre responsable du service financier, nous dit : « C'est une filiale de type 6, avec coûts majorés sur ceci ou cela », ce qui signifiait que l'entreprise appliquait un modèle différent des cinq autres. Nous avons dû recalculer de tête et aussi vite que nous le pouvions les données de cette filiale pour pouvoir les comparer aux autres.

Mike et notre contrôleur, Jon Anderson, décident alors d'exploiter le fait que toutes les entreprises se servent d'un tableur pour d'autres types d'analyse. Ils écrivent un logiciel de comptabilité basé sur les profits et les pertes, qui n'affiche pas les marges et les commissions, envoient par e-mail le nouveau logiciel à toutes nos filiales, qui l'adoptent immédiatement. Depuis ce jour, le contrôle des comptes de nos filiales est nettement plus simple, surtout que le logiciel autorise les analyses croisées dynamiques. On peut difficilement exagérer l'avantage lié à la possibilité de comparer en ligne toutes les données. Un détail a son importance : nous pouvons contrôler l'incidence des cours des devises et afficher les résultats affectés ou non par un taux de change.

Le jour où nous avons décidé de centraliser nos opérations commerciales dans un système institutionnel unique, nous avions déjà de l'expérience. Beaucoup de sociétés qui centralisent leurs systèmes de vente perdent du temps à organiser leur comptabilité. Comme nous avions déjà résolu cette question, nous avons pu centraliser nos ventes bien plus rapidement et pour un coût nettement moindre que la plupart des entreprises.

Une infrastructure qui fournit des informations exactes garantit à une société une fiabilité et une avance de plusieurs dizaines d'années sur les autres constructeurs automobiles. Cette infrastructure, que j'appelle le système nerveux de l'entreprise, a aidé GM à dominer le marché automobile durant toute la carrière de Sloan. Ce n'est pas encore un système numérique, mais il est extrêmement précieux. GM connaît mieux que n'importe quelle autre entreprise les stocks de ses revendeurs et l'exploitation de ces données assure au groupe un avantage considérable sur ses concurrents. Cette utilisation de l'information n'est pas confinée à l'intérieur des murs de l'entreprise. GM se sert de systèmes manuels d'information pour développer le premier « extranet », un réseau qui relie GM, ses fournisseurs et ses revendeurs.

Bien sûr, l'échange d'information au sein d'une entreprise est, à l'époque, loin d'être aussi performant qu'aujourd'hui. Il aurait fallu trop de coups de téléphone et mobiliser trop de personnel pour diffuser les documents et analyser les informations et ensuite corréler les données et discerner les modèles. Les coûts auraient été astronomiques. Aujourd'hui, si vous voulez diriger une entreprise à l'échelle mondiale, vous devez chercher les données beaucoup plus loin et beaucoup plus vite. Diriger avec la force des faits – un des axiomes de Sloan – implique de faire appel à l'informatique, car les prétentions, les priorités et les formes de compétitivité des entreprises ont radicalement changé.

Aujourd'hui, le groupe GM est équipé d'ordinateurs et de connexions Internet pour communiquer avec ses revendeurs et ses clients. La solution choisie, GM Access, utilise un intranet via le satellite qui relie le siège, les usines et les neuf mille revendeurs GM. Les concessionnaires disposent d'outils en ligne pour leur gestion financière et le plan d'exploitation, la gestion des commandes, les analyses commerciales et prévisionnelles. Un outil interactif pour les ventes combine les caractéristiques des produits, les spécifications techniques, les prix, ainsi que d'autres informations. Les techniciens du service après-vente ont un accès instantané aux références des produits et aux nomenclatures des pièces les plus demandées grâce à des manuels de service et des bulletins techniques électroniques. Ils ont aussi accès en ligne à la planification des pièces et aux rapports des stocks. Une messagerie électronique relie les revendeurs au siège de GM, à l'usine et aux autres revendeurs. La solution des revendeurs est intégrée dans le site Web de GM ouvert au public, où les particuliers peuvent obtenir des informations détaillées sur les véhicules. Les technologies Web sont à l'origine d'un changement fondamental dans le comportement d'achat des clients et positionnent GM sur le marché du commerce électronique. GM a publiquement déclaré que la compagnie devait réduire ses coûts et améliorer ses relations avec ses employés. Le flux numérique de données peut l'aider à concrétiser ses efforts.

Donner un plus à votre entreprise à l'âge de l'information

Si la gestion de l'information et la coopération ont fait la différence dans l'industrie traditionnelle il y a soixante-dix ans, quelle sera l'ampleur de cette différence si ces deux facteurs sont propulsés par les technologies ? Un constructeur automobile moderne peut avoir une forte image de marque et une réputation de qualité aujourd'hui, mais, dans le même temps, il doit faire face à une compétition plus rude à l'échelle mondiale. Tous les constructeurs automobiles utilisent le même acier, ils sont équipés des mêmes machines, leurs procédés de production sont comparables et ils doivent supporter sensiblement les mêmes frais de transport. Les constructeurs se différencieront eux-mêmes les uns des autres par la ligne de leurs produits, par leur capacité à exploiter avec intelligence les réactions des consommateurs pour améliorer leurs produits et services, à améliorer rapidement les procédés de production, par l'ingéniosité de leurs méthodes de commercialisation, et, dernier point, par l'intelligence avec laquelle ils commercialiseront leurs produits et géreront la distribution et les stocks. L'ensemble de ces opérations riches en informations tirera avantage des processus numériques.

L'importance du numérique est particulièrement évidente dans les secteurs axés sur l'information, comme les banques et les compagnies d'assurances. Dans le secteur bancaire, les données sur les relations clients et les crédits constituent la trame de l'activité, et les banques sont de gros utilisateurs d'outils informatiques. À l'époque d'Internet et de la déréglementation croissante des marchés financiers, comment deux banques peuvent-elles se différencier l'une de l'autre ? Tout dépend de l'intelligence des analyses des crédits et de la gestion des risques de l'établissement, ainsi que de la qualité de sa relation avec la clientèle. C'est l'*intelligence* qui donnera l'avantage à l'une ou à l'autre banque. Je ne pense pas uniquement aux capacités individuelles des employés, je pense à la capacité globale de l'institution à tirer parti de la réflexion de tous ses employés.

Aujourd'hui, les systèmes d'information des banques doivent faire plus que gérer des quantités énormes de données financières. Ils doivent informer en détail les stratèges commerciaux et les gestionnaires de crédit sur les clients. Ils doivent permettre aux clients d'avoir un accès sécurisé aux données et de payer leurs factures en ligne, pendant que les collaborateurs de la banque se consacrent à des activités à forte plus-value. Depuis longtemps, les systèmes d'information sont capables de faire autre chose qu'avaler des chiffres. Ils sont capables de traiter l'information au profit du consommateur. La banque Crestar de Richmond, en Virginie, propose des services bancaires, des prêts hypothécaires et des services de paiement sur Internet. Ses caissiers, placés dans des supermarchés ou des centres commerciaux, peuvent ouvrir des comptes ou accorder des prêts – tout cela en connectant le client avec les systèmes d'arrière-plan et grâce à l'échange d'informations numériques.

Récemment, à l'occasion d'une table ronde organisée par une banque, au Canada, on m'a demandé comment les banques pouvaient investir dans Internet. Aujourd'hui, les banques sont équipées de bases de données d'arrière-plan pour le stockage des informations, elles ont des applications destinées aux chargés de clientèle qui travaillent par téléphone, aux caissiers et aux agences. Elles envisagent d'ajouter de nouveaux systèmes qui livreront des données aux clients, via Internet. Elles me disent : « Nous ne voulons pas prendre en charge les frais supplémentaires et la complexité liés à une autre interface. » Je leur explique que la solution est très simple : il suffit de construire une grande interface qui permettra aux clients de consulter des données sur Internet, et de se servir de la même interface en interne. Les employés de la banque auront ainsi accès à quelques données supplémentaires – dossiers des clients et informations sur les dernières interactions avec les clients – mais l'interface sera la même. En construisant le nouveau système sur une plate-forme principale, elles pourront remplacer toutes les méthodes de consultation des données. Plus tard, elles pourront adapter la base de données d'arrière-plan aux nouvelles technologies, mais, en attendant, l'interface Internet leur simplifiera la vie, au lieu de la compliquer. La nouvelle interface « deviendra » la banque, que ce soit à l'intérieur comme à l'extérieur.

Faire travailler l'information

Depuis l'ENIAC, le premier calculateur électronique construit pendant la Seconde Guerre mondiale, les ordinateurs ont rapidement démontré qu'ils sont plus rapides et plus précis que l'homme dans bien des domaines, notamment pour gérer les comptes clients des grandes institutions et automatiser pratiquement tous les processus mécaniques qui peuvent être fractionnés en unités numériques répétitives. Les ordinateurs de la première génération ne sont pas très performants. Ils aident l'homme, mais sont dépourvus d'intelligence. Il faut un cerveau pour comprendre la physique et calculer les trajectoires des tirs d'artillerie ou des missiles balistiques. Il faut un savant idiot – un ordinateur – pour calculer instantanément.

Les entreprises doivent se consacrer à d'autres tâches, ce que Michael Dertouzos, directeur du MIT-LCS (le laboratoire informatique du MIT) et auteur de *What Will Be*[1], appelle le « travail de l'information ». Nous pensons généralement que l'information – mémo, tableau ou rapport financier – est statique. Mais Dertouzos affirme avec conviction qu'une autre forme d'information est active – un « verbe » au lieu d'un mot statique. Le travail de l'information est « la transformation de l'information par le cerveau humain ou un programme informatique ». Le travail de l'information – conception d'un bâtiment, négociation d'un contrat, préparation de la déclaration d'impôt – met en œuvre la plupart des informations réelles que nous traitons et une grande part des tâches effectuées dans les économies développées. « Les

1. *What Will Be : How the New World of Information Will Change Our Lives*, HarperCollins, HarperEdge, San Francisco, 1997.

activités d'information-verbe dominent le terrain de l'information », affirme Dertouzos[1]. Il estime que le travail de l'information contribue à hauteur de 50 à 60 % au PNB d'un pays industrialisé.

Le concept de Dertouzos à propos de l'information active est profond. Quand les ordinateurs sont passés du statut de simples calculateurs à celui d'outils capables de modéliser les problèmes, ils ont commencé à participer au travail de l'information. Même les fabricants ont de tout temps consacré beaucoup d'énergie à l'information sur le travail, plutôt qu'au travail en soi : information sur le concept et le développement du produit, sur la fabrication, le marketing, les ventes et la distribution, sur la facturation et le financement, sur les activités de coopération avec les vendeurs, sur le service clientèle.

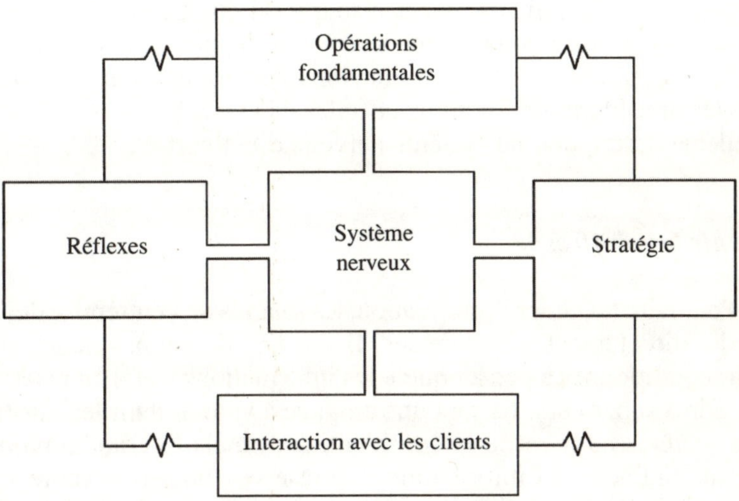

Le système nerveux d'entreprise comprend des processus numériques qui lient étroitement tous les aspects des opérations d'une entreprise. Les opérations de base comme les finances et la production, plus le feed-back des clients sont accessibles électroniquement aux collaborateurs qui utilisent des outils numériques pour s'adapter et réagir. Grâce à la disponibilité immédiate d'une information fiable, la réflexion stratégique cesse d'être une activité à part pour devenir un processus permanent intégré aux activités normales de l'entreprise.

1. *Id.*, p. 230-231.

Quand je rencontre des développeurs pour contrôler les spécifications d'un produit, ou des responsables des divisions produits de Microsoft pour contrôler les plans d'activité sur trois ans, ou encore nos groupes de commerciaux pour vérifier leurs résultats financiers, nous résolvons les questions délicates. Nous discutons compromis économiques contre délais de commercialisation, dépenses marketing contre chiffres d'affaires, effectifs contre bénéfices, etc. Grâce à l'intelligence et à la collaboration humaines, nous transformons les données statiques sur les ventes, la clientèle et les profils en un concept de produit ou de programme. *Le travail de l'information est un travail de réflexion.* Dès lors que la réflexion et la collaboration s'appuient sur les technologies informatiques, vous avez un système nerveux d'entreprise. Il s'agit du processus numérique de pointe dont se servent les collaborateurs pour décider, réfléchir, agir, réagir et s'adapter. Pour Dertouzos, le futur « marché de l'information » entraînera « un énorme marché de logiciels personnalisés et de combinaisons harmonisées et complexes entre les procédures de l'homme et celles de la machine ». C'est là une excellente description du système nerveux d'entreprise[1].

Obtenir les chiffres

Pour faire travailler l'information, les salariés de l'entreprise doivent accéder directement aux données. Il y a peu de temps encore, nous étions conditionnés à penser que « les informations » étaient réservées aux cadres supérieurs. Ils sont une poignée à vouloir tenir les informations secrètes au nom de la confidentialité, mais la grande majorité juge que, si l'accès à l'information était réservé à un petit nombre, c'est parce qu'elle était très difficile à obtenir. La diffusion de l'information demandait du temps, des efforts et de l'argent, à peu près autant que si aujourd'hui nous revenions à l'époque où le travail en retard s'accumulait parce qu'il fallait écrire un programme personnalisé dès qu'un individu voulait consulter les informations selon une nouvelle méthode. Cela revenait si cher d'extraire des données d'un ordinateur et cela demandait tellement de travail pour essayer de corréler les données qu'il fallait au moins les pouvoirs d'un vice-président pour l'ordonner. Et même dans ce cas, les informations étaient parfois si contradictoires ou dépassées que les vice-présidents des différents départements arri-

1. Michael Dertouzos, *op. cit.*, p. 231.

vaient à des réunions au sommet avec des données différentes ! À la fin des années 80, par exemple, le seul moyen dont dispose le PDG de Johnson & Johnson, Ralph Larsen, pour obtenir des données sur l'une des nombreuses entreprises du groupe, c'est de demander au service financier de préparer un rapport spécial. Comme nous le verrons au chapitre 16, les choses ont beaucoup changé depuis chez J&J.

Les « Executive Information Systems » évoluent

L'"Executive Information System" (EIS) marque un premier pas vers l'amélioration du flux d'information. Lancé à la fin des années 80, l'EIS permet aux cadres d'obtenir des informations sur les ventes ou d'autres données, sans devoir attendre un rapport spécial pendant des mois. L'EIS est une bonne idée, mais il est réservé aux supérieurs dans la hiérarchie et n'est pas connecté aux autres systèmes d'information de l'entreprise. L'EIS est simplement un système propriétaire à l'intérieur du système propriétaire de l'entreprise. Un géant américain de la métallurgie s'est rendu compte que l'information fournie par cet outil incite les cadres supérieurs à poser plus de questions à leurs subordonnés, alors que ceux-ci n'ont pas les informations pour leur répondre !

Grâce à des plates-formes systèmes, à des outils de développement rapide des applications et à des interfaces graphiques performantes pour les utilisateurs, l'Executive Information System évolue vers un « Enterprise Information System », ou « système de mesure de performance ». Les nouveaux systèmes EIS sont conçus pour diffuser les informations auprès d'un plus grand nombre de personnes dans une entreprise.

Depuis que les vendeurs des systèmes EIS proposent une plate-forme et des outils standards, leur rôle a évolué. La valeur réelle qu'ils offrent ne réside pas dans l'installation de l'application, mais dans l'aide qu'ils apportent aux entreprises pour comprendre à quoi elles peuvent leur servir. Quand un client arrive avec ses besoins, il est conditionné par l'idée reçue que l'information est difficile à obtenir, il ne sait pas ce qu'il est raisonnablement en droit d'attendre de son système d'information. Comshare, un vendeur d'EIS installé à Ann Arbor, dans le Michigan, commence par poser des questions simples à ses clients, telles que : « Qu'est-ce que vous attendez du système ? » et

« Quels sont les effets que vous souhaitez mesurer ? ». L'application de Comshare pour analyser les ventes est livrée avec quatre-vingt-dix questions sur les types de données que souhaite l'entreprise : résultats, contre-résultats, résultats par région, etc.

Comshare propose plusieurs systèmes qui requièrent des applications bureautiques ou des navigateurs standards, assiste l'utilisateur dans l'analyse et la définition d'une approche adaptée du problème et, le cas échéant, elle envoie des consultants sur place pour refondre les processus. Ce n'est qu'après avoir procédé à l'analyse et à la réingénierie des procédures que Comshare livre le système.

Les réseaux informatiques actuels vous permettent de rechercher et d'extraire des données rapidement et à moindre coût. Vous pouvez entrer dans les données les plus détaillées et les croiser. Vous pouvez échanger des informations et des idées avec d'autres personnes, intégrer les idées et les travaux de plusieurs individus ou groupes d'individus pour obtenir un résultat cohérent et coordonné. Il est temps d'en finir avec l'idée que l'accès à l'information et la circulation de l'information sont des opérations difficiles et ruineuses. Mettre toutes les données d'une entreprise – des derniers chiffres sur les ventes aux détails sur le plan de retraite – à la portée de tous et en quelques clics est une simple question de bon sens.

Les cadres moyens et les employés, pas uniquement leurs directeurs, ont besoin des données sur l'entreprise. En tant que PDG, il est important que je comprenne comment la société se place dans les différentes régions, lignes de produits ou segments de clientèle. Je mets un point d'honneur à me tenir au courant. Néanmoins, ce sont tous les directeurs, dans chaque entreprise, qui ont besoin de savoir où l'entreprise réalise ses profits et ses pertes, quelles sont les retombées des programmes de marketing et quelles sont les dépenses normales et celles qui ne le sont pas. Ce sont eux qui ont besoin de données précises, exploitables, car ce sont eux qui doivent agir. Avoir un flux immédiat et constant des informations justes est une nécessité. Ces cadres ne devraient pas attendre de leurs supérieurs qu'ils leur donnent les informations. Les entreprises devraient consacrer moins de temps à protéger leurs données financières contre leurs propres collaborateurs et plus de temps à leur apprendre à les analyser et à agir en conséquence.

Bien sûr, chaque entreprise fixe une limite à l'accès à l'information et toutes gardent les salaires confidentiels. Cependant, d'une manière générale, je suis favorable à une politique très ouverte en matière d'information. Il est capital de permettre à toute personne impliquée dans un produit, y compris le junior de l'équipe, de comprendre l'histoire, les prix et les raisons de l'effondrement des ventes dans le monde et dans un segment de clientèle. La valeur d'un personnel qui a une vision globale et à qui l'on fait confiance l'emporte largement sur le risque encouru.

Dans beaucoup d'entreprises, les cadres moyens sont submergés par les problèmes quotidiens et ne disposent pas des informations nécessaires pour les régler. Ils ont parfois sous les yeux des tonnes de documents difficiles à analyser ou à corréler avec des données d'autres rapports. Si les cadres moyens ont le pouvoir d'agir grâce à un flux d'informations spécifiques et exploitables, c'est le signe que votre système nerveux d'entreprise est performant. Chiffres de vente, ventilation des dépenses, frais de distribution et de fourniture, état des principaux projets doivent être disponibles en ligne, sous une forme qui favorise l'analyse et la coordination avec d'autres collaborateurs. Les systèmes doivent informer sur les évolutions inhabituelles en fonction de critères prédéfinis, par exemple quand certaines dépenses ne sont pas conformes. De cette manière, ils n'ont pas besoin de contrôler les dépenses courantes. C'est rarement le cas dans les entreprises, et je suis régulièrement surpris de constater que peu d'entreprises utilisent l'informatique pour informer leurs chefs de département et éviter les contrôles de routine.

Je suis sidéré par le chemin tortueux qu'empruntent les informations de première importance dans la majorité des cinq cents grosses entreprises recensées par *Fortune*. J'ai la chance de pouvoir diffuser par e-mail un tableau des dernières données à des responsables et de les laisser les analyser. Récemment encore, chez McDonald's, les chiffres sur les ventes devaient être « remaniés » plusieurs fois avant d'être adressés aux personnes qui en avaient besoin. Aujourd'hui, McDonald's veut installer un nouveau système informatique qui utilise les ordinateurs et les technologies Web pour tenir le compte de ses ventes dans tous ses restaurants, en temps réel. Dès que vous commandez deux *happy meals*, un directeur de marketing McDonald's le sait. Plutôt que de données superficielles ou anecdotiques, le spécialiste du marketing dispose de données solides et factuelles pour repérer les tendances.

Comme nous le verrons dans le chapitre consacré à Microsoft et à Internet, un autre signe d'un système nerveux d'entreprise performant est le nombre des idées intéressantes qui remontent de vos directeurs de département et de vos collaborateurs. À partir du moment où ils peuvent analyser des données concrètes, ils ont des idées précises sur la meilleure façon d'améliorer certaines choses – et ils s'investissent.

Les employés aiment savoir que ce qu'ils font fonctionner, ils aiment avoir la possibilité d'en faire la preuve devant la direction. Ils aiment se servir des technologies qui les incitent à évaluer différentes théories sur ce qui se passe sur leurs marchés. Ils se livrent à toute une série de simulations et apprécient vraiment d'avoir des informations, car c'est aussi un excellent stimulateur.

Le dernier signe d'un système nerveux d'entreprise performant est la manière dont sont organisées vos réunions et le fait qu'elles débouchent sur des actions spécifiques. Les pilotes aiment à raconter qu'un atterrissage réussi est l'aboutissement d'une bonne approche. Les réunions réussies sont l'aboutissement d'une bonne préparation. Elles ne doivent pas avoir pour finalité première de présenter des informations. Pour cela, l'e-mail est plus rentable, les destinataires peuvent analyser les données et arriver à la réunion avec des recommandations en tête, prêts à discuter. Les entreprises qui multiplient les réunions improductives et les documents ne manquent ni d'énergie ni de cerveaux. Les données dont elles ont besoin existent quelque part, sous une forme quelconque. Simplement, elles n'ont pas les outils numériques qui leur permettent d'avoir un accès immédiat aux données, à partir de plusieurs sources, et de les analyser sous différents angles.

Alfred Sloan, de GM, a dit que, sans les faits, il est impossible de mettre en œuvre une politique solide. Je suis assez optimiste pour croire que, si vous avez des faits solides, vous *pouvez* mettre en œuvre une politique solide. Sloan l'a fait, souvent. À la vitesse à laquelle le monde de l'entreprise change, nous devons plus que jamais gérer avec la force des faits.

Ce que je décris ici, c'est un nouveau degré d'analyse de l'information, qui permet aux collaborateurs de transformer les données passives en données actives – ce que Michael Dertouzos appelle l'information-verbe. Grâce au système nerveux d'entreprise, l'entreprise a la possibilité de faire travailler l'information avec plus d'efficacité, de profondeur et de créativité.

Pour une gestion plus performante

- C'est le flux de l'information qui fait la différence à l'âge numérique.
- Dans chaque entreprise, le travail le plus important est le « travail de l'information », un terme créé par Michael Dertouzos pour décrire la pensée humaine appliquée aux données pour résoudre un problème.
- Les cadres moyens ont autant besoin des données commerciales que les cadres supérieurs, mais, souvent, on leur en donne moins.
- Les réunions improductives, ou celles qui sont largement consacrées à l'actualisation de l'information, sont le signe d'un flux d'information défaillant.

Évaluez votre système nerveux d'entreprise

- Votre flux d'information vous permet-il de répondre à des questions difficiles sur ce que pensent vos clients et vos partenaires de vos produits et services, sur les pertes de marchés et sur leurs causes, et sur votre véritable avance concurrentielle ?
- Vos systèmes d'information se contentent-ils d'avaler des chiffres dans une pièce annexe, ou bien vous aident-ils à résoudre des problèmes ?

2

De quoi votre système nerveux d'entreprise est-il capable ?

Le QI d'une entreprise est déterminé par le niveau de connexion, de partage et de structuration des données créé par l'infrastructure de ses technologies d'information. Isolées, les applications et les données, aussi impressionnantes soient-elles, peuvent produire des savants idiots, mais certainement pas un comportement institutionnel performant.
Steve H. Haeckel et Richard L. Nolan,
Managing by Wire : Using IT to Transform Business

L'entreprise, comme l'être humain, a besoin d'un mécanisme de communication interne, le « système nerveux », pour coordonner ses actes. Toutes les entreprises se concentrent sur quelques éléments de base : clients, produits et services, chiffre d'affaires, coûts, concurrents, livraison et personnel. Une entreprise a pour vocation de réaliser et de coordonner les activités commerciales de chaque domaine, en particulier les activités croisées de plusieurs départements. Avant de s'engager à livrer une grosse commande, le département des ventes doit pouvoir s'enquérir si l'entreprise a des stocks ou si elle peut les reconstituer rapidement. Les usines ont besoin de savoir quel produit se vend bien pour pouvoir adapter leurs priorités en production. Les directeurs commerciaux de toute l'entreprise doivent avoir les deux informations, et bien plus encore.

Le système nerveux d'une firme est comparable au système nerveux humain. Chaque entreprise, quel que soit son secteur d'activité, a un système « végétatif », constitué des activités indispensables à sa survie.

Chaque entreprise a une activité centrale qui est sa raison d'être, que ce soit la conception et la fabrication de produits ou la fourniture de services. Chaque entreprise doit gérer ses recettes et ses dépenses. Et aucune entreprise ne peut échapper aux procédures administratives, comme le traitement des fiches de paie de son personnel. Aucune entreprise ne peut espérer prospérer longtemps si ses produits ne franchissent pas le seuil de sa porte ou si les factures et les employés ne sont pas payés.

Le besoin d'efficacité et de qualité a entraîné une véritable ruée sur l'automatisation de toute une série d'opérations de base. Les dirigeants d'entreprise se sont dotés de toutes les solutions disponibles, avec pour résultat une prolifération de systèmes incompatibles. Chaque système indépendant fonctionne à la perfection, mais ses données sont isolées et difficiles à corréler avec les données des autres systèmes. Entre les informations, il manque des liaisons capables de centraliser les neurones interconnectés dans le cerveau. Les entreprises sont confrontées à un problème insoluble : extraire des données des processus pour les exploiter intelligemment. Même si l'automatisation n'est pas nouvelle, les technologies actuelles peuvent faire des opérations de base la pierre angulaire d'une intelligence nettement plus étendue, à l'échelle de l'entreprise.

Une entreprise a également besoin d'avoir de bons réflexes commerciaux pour être capable de réunir ses forces en cas de crise ou pour faire face à un événement imprévu. Ainsi votre meilleur client peut-il très bien vous annoncer que, désormais, il va traiter avec votre plus gros concurrent, ou bien ce concurrent peut lancer un nouveau produit sensationnel, ou encore vous pouvez vous retrouver avec un produit défectueux ou une machine en panne. Les imprévus peuvent être positifs s'ils induisent une réponse tactique. Un événement imprévu peut être l'occasion de réaliser un partenariat ou un rachat.

Enfin, votre entreprise est dotée d'un mécanisme qui commande consciemment les muscles de votre entreprise. C'est le cas quand vous décidez de créer des équipes pour développer de nouveaux produits, d'ouvrir de nouveaux bureaux ou de reconvertir vos agents pour démarcher de nouveaux clients. Avant d'aboutir, ces événements prévus doivent suivre plusieurs étapes : réflexion, analyse stratégique, planification, exécution et évaluation. Vous devez réfléchir aux questions fondamentales associées à votre activité et élaborer une stratégie commerciale à long terme pour résoudre les problèmes et tirer profit des chances révélées par votre analyse. Ensuite, vous devez communiquer votre stratégie et vos projets à vos collaborateurs, à vos partenaires, ainsi qu'à toutes les personnes concernées à l'extérieur de l'entreprise.

Une entreprise doit, plus que toute autre chose, dialoguer avec ses clients, puis agir en conséquence. Cette nécessité primordiale fait appel à toutes les capacités de la structure : rendement des procédés et collecte des données, champ d'action et coordination, planification et exécution de la stratégie. Dans ce livre, je reviens sans cesse sur la nécessité de dialoguer avec vos clients. Je veux montrer comment un système nerveux d'entreprise aide les firmes à faire en sorte que leurs processus s'appuient sur cette fonction, primordiale dans toutes les organisations.

Un système nerveux d'entreprise sert deux objectifs fondamentaux dans le développement de l'intelligence institutionnelle. Il augmente les compétences analytiques individuelles, de la même manière que les machines augmentent les compétences physiques, et il combine les compétences des individus pour créer une intelligence institutionnelle et une aptitude unifiée à être réactif. Pour replacer les choses dans leur contexte : un système nerveux d'entreprise a pour ambition de créer une excellence institutionnelle à partir de l'excellence individuelle pour la placer au service du client.

Des données actualisées au jour le jour

Un des moyens de créer un système nerveux d'entreprise consiste à mettre à la disposition de vos employés les mêmes données que celles que vous transmettez à un consultant extérieur pour un projet spécifique. Forts de leurs années d'expérience dans l'industrie et de leurs compétences en matière d'audit, les consultants arrivent souvent avec des idées nouvelles et posent un regard neuf sur les problèmes de l'entreprise. Après avoir étudié les données sur les profils et les ventes, les consultants surprennent systématiquement la direction avec leurs analyses de rentabilité, leurs comparaisons avec la concurrence et leur conception d'une activité plus performante.

Vu sous un certain angle, il est terrible de constater qu'une personne étrangère à votre entreprise reçoit plus d'information que vous-même. Trop souvent, les données importantes sur les clients et les ventes sont extraites spécialement en prévision de la venue du consultant. Ces informations doivent être mises en permanence à la disposition de vos collaborateurs.

Si les consultants ont une meilleure compréhension de votre système que vous, cela doit être dû à leurs seules compétences, et non au fait que vous préparez tout spécialement à leur intention des informations, qui, en temps normal, ne sont pas accessibles à vos collaborateurs. Si un consultant est capable de repérer des tendances que vous-même avez été incapable de discerner, alors quelque chose ne va pas dans votre flux d'information. Tous vos directeurs n'ont pas les compétences ou le niveau de connaissance qu'un consultant apporte dans votre entreprise, mais, malgré cela, ils doivent avoir accès à des données d'un même niveau de qualité. Dès leur arrivée au bureau, ils doivent avoir les données actualisées de l'entreprise et être capables de les analyser sous différents angles. Comme nous allons le voir dans l'exemple qui suit, le succès ne doit rien au hasard.

La planification stratégique

Depuis que nos agents commerciaux ne rendent plus visite qu'aux grosses entreprises et à nos principaux partenaires, Jeff Raikes, vice-président du groupe ventes et support, se pose chaque année la même question : comment améliorer l'efficacité de notre marketing auprès des petites et moyennes entreprises ? En règle générale, nous touchons ce type de clientèle par le biais de séminaires, d'opérations de marketing en partenariat et de programmes similaires d'envergure. Jeff passe en revue diverses approches : devons-nous renforcer nos opérations de marketing dans les grandes villes, où sont concentrées les petites et moyennes entreprises ? Ou bien devons-nous étendre nos opérations à la demi-douzaine de villes importantes dans chaque district ? Vu les ressources disponibles, quelle est la meilleure approche ?

Dans la culture de Microsoft, les chiffres sont rois et pratiquement toute suggestion doit s'appuyer sur des données factuelles solides pour convaincre. Dans ce cas précis, personne n'est convaincu de la meilleure façon de procéder. Et puis, quelqu'un se souvient d'une analyse faite par Pat Hayes, directeur de Microsoft pour la région centrale. Pat a rationalisé les budgets de déplacement des districts où les clients sont concentrés dans une grande ville, comme Chicago, et des districts où la clientèle est dispersée sur plusieurs États. Son étude identifie quelques petites villes isolées qui affichent un taux d'équipement informatique élevé. Ces villes sont-elles le filon à exploiter pour créer de nouveaux revenus ?

Pat et une petite équipe sont chargés de déterminer quelles sont les meilleures chances pour de nouvelles opérations de marketing à l'échelle d'une région qui englobe dix-huit États américains et le Canada. Ce qui se passe en deux mois, entre novembre 1996 et janvier 1997, montre comment les outils numériques, dont se servent déjà une majorité de collaborateurs, peuvent intégrer des systèmes financiers d'arrière-plan pour aider les entreprises à augmenter leurs ventes.

Comment faire pour identifier les villes qui offrent le plus fort potentiel de vente parmi des centaines de villes de différentes tailles ? Quels sont les critères adaptés ? Comment élaborer un programme de marketing qui ne mobilise pas plusieurs douzaines d'employés et des dizaines de millions de dollars ? Pour commencer, il faut faire travailler les informations disponibles.

Pat et deux collaborateurs commencent par sélectionner des données de MS Sales, notre système d'évaluation du chiffre d'affaires et d'aide à la décision. Ce stock de données informatiques, qui contient les chiffres de vente pour chaque version de chaque produit que nous vendons, est alimenté par chacun de nos distributeurs dans le monde. Plus de quatre mille employés se servent régulièrement de MS Sales pour prendre une décision, gérer les chaînes de production, compenser les forces de vente, clôturer les comptes mensuels, planifier le budget fiscal, établir le plan de recherche et développement et analyser les parts de marché.

Sur Internet, les trois hommes trouvent des statistiques sur le nombre moyen d'employés par entreprise et par ville aux États-Unis. Un cabinet de conseil indépendant leur transmet les statistiques sur le nombre d'ordinateurs par ville. Des directeurs de marketing de toute la région leur communiquent des informations sur les séminaires et autres opérations menées dans chaque ville. Pour finir, l'équipe saisit le nombre de partenaires Microsoft par ville. Cette recherche, lancée par deux personnes grâce à un simple e-mail, à des enregistrements intranet et à un téléphone, mobilise finalement des douzaines de personnes à travers le pays.

Après avoir fusionné les données et fait un premier tri, Pat et l'équipe commencent à les analyser à partir de différents critères. Ils travaillent seuls, parfois en collaboration, mais toujours en se servant de nos outils électroniques, pour essayer d'établir une corrélation entre les chiffres des ventes et les opérations de marketing dans les villes de différente importance. MS Sales leur fournit deux ensembles de données qui s'avèrent très précieuses : les données des ventes du dernier exercice, qui leur permettent de calculer le taux de croissance, et les chiffres d'affaires par code postal, qui leur permettent de procéder à une analyse très grossière par zone urbaine. À partir des statistiques et des données informatiques, ils définissent deux autres critères essentiels : le chiffre d'affaires par ordinateur et le chiffre d'affaires par employé de l'entreprise.

Début janvier, après avoir identifié quatre-vingts villes candidates pour une nouvelle opération de marketing, Pat et son équipe rencontrent Jeff Raikes. Jeff suggère d'établir, pour chaque ville, un indice de performance et un indice d'activité. Ces indices fourniront le critère commun qu'ils cherchent pour comprendre la relation entre les chiffres d'affaires, le taux d'équipement en ordinateurs et le marketing. L'indice de performance est égal au pourcentage de recettes divisé par le pourcentage d'ordinateurs dans la région ; l'indice d'activité est le pourcentage de participants à un événement Microsoft divisé par le pourcentage d'ordinateurs dans la région. Un nombre supérieur à 1 signifie que la ville fait mieux que les autres villes ; un chiffre inférieur à 1, qu'elle fait moins bien.

La fine équipe, forte d'un groupe d'indices cohérents, n'a pas besoin de philosopher pour savoir si telle ville est située dans la Sun Belt (le sud et l'ouest des États-Unis) ou dans la Rust Belt (le Nord-Est et le Middle West), ou si l'économie dans tel secteur est globalement favorable et, par conséquent, si nos ventes peuvent grimper. Les discussions sont purement mathématiques. Ils peuvent mettre en relation les résultats d'une ville avec ceux d'une autre, et avec la présence ou l'absence d'opérations de marketing. Plus important encore, ils ont la possibilité d'extrapoler les ventes potentielles dans les villes où nous ne menons absolument aucune opération de marketing. Et quelques-unes de ces petites villes sont particulièrement prometteuses.

Fin janvier 1997, Jeff nous présente le projet. Nous sommes tous intrigués et nous lui donnons le feu vert pour poursuivre l'expérience et appliquer une stratégie de marketing dans quelques-unes de ces villes moyennes. Avant de débourser des millions de dollars, nous voulons faire un test à petite échelle. Jeff demande par e-mail à Pat d'élaborer une série de recommandations finales pour un programme-pilote et de prévoir une rencontre avec lui dans les deux semaines à venir.

La veille du rendez-vous, Pat et un associé planchent sur les dernières recommandations. À partir de la liste du nombre de partenaires Microsoft dans chaque ville, Pat crée un nouvel indice pour les partenaires, qui donne le potentiel relatif des opérations de marketing réalisées en partenariat dans ces villes. Sans savoir ce qui en sortira, les deux hommes décident d'utiliser les indices pour classer les villes dans différentes catégories, et d'affecter à chacune une recommandation. À la fin, ils retiennent une ville, où nous sommes très présents et qui affiche des résultats supérieurs à ceux des autres villes. Ils recommandent donc de ralentir l'activité de marketing et de voir si cela se traduit par une baisse des ventes. Si les résultats restent bons, l'entreprise peut réduire ses dépenses. Si l'activité de marketing est intense pour de faibles résultats, ils recommandent de changer de stratégie marketing ou de vérifier si nous nous concentrons sur le bon produit. Enfin, si l'activité de marketing est faible et les résultats aussi, ils regardent l'indice partenaires pour voir s'ils sont assez nombreux dans cette ville pour justifier une intensification des opérations de marketing. Il est tard quand ils arrivent à la dernière catégorie, celle des villes avec un indice d'activité zéro, c'est-à-dire où il n'y a aucune activité de marketing.

Globalement, notre chiffre d'affaires moyen régional pour les petites entreprises est de 2,90 $ par employé, mais le revenu réel par employé varie considérablement. Dans une grande ville comme Dallas, où nous avons un bureau régional et où nous organisons des programmes de marketing, la moyenne est de 8,43 $. Dans une ville plus petite comme San Antonio, où nous n'avons pas de bureau mais où nous faisons des actions, le revenu est de 3,44 $ par employé. Dans les quatre-vingts villes où Microsoft n'a pas de bureau et ne propose aucune action de marketing (indice « activité zéro »), le chiffre d'affaires moyen est de 0,89 $.

Et là, ils ont la réponse qu'ils cherchent. Lancer de nouveaux programmes dans les villes où nous faisons du marketing nous permettra certes d'améliorer nos résultats, mais si, grâce aux nouveaux programmes de marketing, ne serait-ce que la moitié des quatre-vingts villes à « activité zéro » atteignent la moyenne régionale de 2,90 $, nous doublerons notre chiffre d'affaires dans ces villes, qui passera de 30 à 60 millions de dollars par an !

Pat, qui n'a jamais rencontré Jeff, ne peut pas savoir qu'il ne pourra jamais procéder de manière formelle. Jeff a pour habitude de feuilleter les présentations à la recherche des diapositives qui illustrent les points d'action. Il lit à une vitesse supérieure au débit de parole de la plupart des gens, il passe outre à l'aspect « formel » d'une réunion pour foncer bille en tête dans le vif du sujet. « Nous n'avons jamais dépassé la première diapo », dit Pat. Ils se plongent dans les tableaux et répondent au feu roulant des questions de Jeff pendant deux heures entières. Quand Jeff saisit le potentiel des villes à « activité zéro », il dit simplement : « Allez-y. »

Jeff fait une dernière suggestion : passer une fois encore au crible les quatre-vingts villes en ayant à l'esprit un retour sur investissement de 8 pour 1, un ratio qui, à nos yeux, justifie la mise en œuvre d'un programme de marketing. Placer la barre à 8 pour 1 leur permet d'écarter les villes où la rentabilité est certes élevée en termes de pourcentage, mais où le revenu net est trop faible. Un rapport de 8 pour 1 représente nos dépenses de marketing en termes de pourcentage sur le produit net. « Gardez ce ratio en tête et ensuite dites-moi de quoi vous avez besoin », conclut Jeff. Dans un e-mail, il ajoute : « Ne vous préoccupez pas du budget de personnel et de marketing, foncez. »

Une semaine plus tard, Pat transmet sa proposition finale à Jeff par e-mail. Le projet se concentre sur quarante-cinq villes (réduites plus tard à trente-huit). Au bout du compte, la stratégie est simple : elle consiste à organiser deux *Big Days* par an dans chaque ville retenue où nous n'avons jamais fait de marketing. Chaque Big Day nous donnera un aperçu de la stratégie et de la ligne de produits Microsoft, et, avec nos partenaires, nous présenterons plusieurs offres. En faisant appel à des tiers pour assurer la logistique et avec l'aide de nos partenaires pour les Big Days, le plan entraînera la création de deux nouveaux postes seulement et des dépenses totales de 1,5 million de dollars. La rentabilité maximale des investissements sera un renversant 20 pour 1, soit une augmentation du chiffre d'affaires de 30 millions pour un investissement de départ de 1,5 million de dollars.

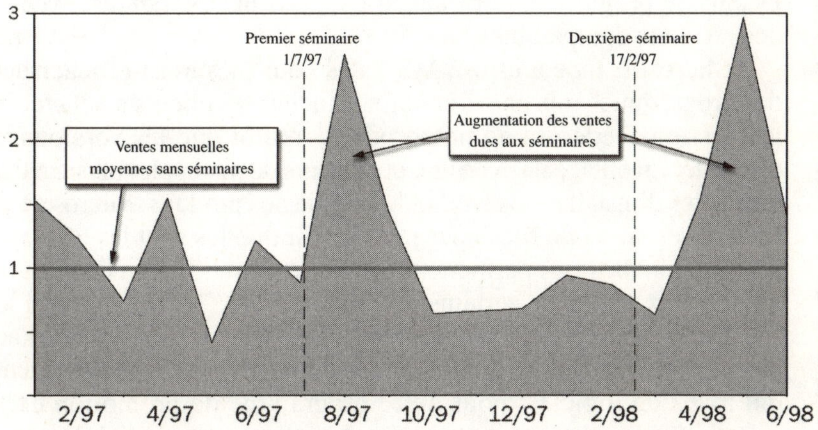

Le système nerveux d'entreprise de Microsoft permet aux directeurs des ventes de repérer les villes les plus susceptibles de générer une augmentation des ventes au terme de nouveaux programmes de marketing. L'analyse numérique a induit une augmentation de 57 % des ventes, soit trois fois et demi la moyenne. Les responsables du marketing peuvent mesurer en quelques jours les retombées d'une action et, comme le montrent ces résultats d'une ville texane, simuler à quel rythme ces actions doivent être menées sans diminuer les recettes. Les données numériques révèlent également les questions sur un produit qui devront être communiquées la fois suivante.

De DISCO à Shirt Color, MS Sales informe

MS Sales, notre système d'information sur les ventes dans le monde, nous apprend beaucoup de choses qui nous incitent à perfectionner notre marketing.

Un des rapports les plus précieux de MS Sales est DISCO, dédié aux comparaisons des districts. Grâce à cet outil, notre directrice régionale pour le Nord-Est peut comparer les résultats des différents districts pour l'exercice 1996. À cette occasion, elle constate que les meilleurs résultats sont enregistrés dans les régions où notre réseau de petits partenaires a le mieux vendu Microsoft Office aux petites entreprises. Elle envoie aussitôt un courrier aux revendeurs actifs dans ce segment de clientèle, car ils ont largement contribué à faire grimper les ventes à l'échelle régionale. En contrôlant les retombées de son courrier dans MS Sales, elle s'aperçoit qu'elle doit les relancer toutes les six ou huit semaines pour qu'ils maintiennent le taux de croissance de leur chiffres d'affaires. À la fin de l'exercice 97, la région Nord-Est est en tête, avec le plus fort taux de croissance dans ce secteur. Depuis, le programme est transposé dans d'autres régions, avec des résultats comparables.

Microsoft Inde a utilisé MS Sales pour mesurer l'efficacité des programmes mis en œuvre afin d'inciter les clients à acheter les versions cédérom de nos produits, plutôt que les versions disquette. En effet, cela évite aux utilisateurs de manipuler plusieurs disquettes d'installation et réduit le coût de nos produits. Microsoft Inde se sert aussi de MS Sales pour savoir quelles sont les offres promotionnelles qui permettent aux revendeurs d'augmenter le volume des ventes de certains produits.

En France, le service comptabilité de Microsoft analyse les postes pour déterminer quels sont les comptes marchandises qui ont assez de logiciels pour notre programme de promotion et sélectionne les entreprises qui offrent le plus fort potentiel. Dans le cas où les achats sont décentralisés, nous sommes capables de leur donner les sites de tous leurs ordinateurs, afin qu'elles contrôlent mieux leurs achats.

Un jour, un de nos agents commerciaux en Argentine discute avec un distributeur qui gonfle ses chiffres de vente pour tenter de l'impressionner. En ligne avec son interlocutrice, l'agent ouvre rapidement MS Sales et trouve le chiffre d'affaires exact du distributeur, inférieur à celui annoncé. Il glisse alors fortuitement les chiffres réels, et son interlocutrice, interloquée, lui demande comment il a pu obtenir l'information aussi vite.

Il lui parle de MS Sales et passe en revue toutes les données auxquelles il a accès. Puis il ajoute : « Ce n'est pas tout, il sait aussi que vous portez une chemise polo rouge. »

Un blanc sur la ligne.

« Comment fait-il ? » finit-elle par demander.

C'est une pure coïncidence.

Après les Big Days, MS Sales nous permet de suivre au jour le jour nos progrès dans les trente-huit villes et de les comparer avec les chiffres sur des marchés similaires. De cette manière, nous voyons si notre nouveau programme a un réel impact. Les résultats sont sans équivoque : au bout de trois trimestres, nous enregistrons une augmentation de 57 % de notre chiffre d'affaires dans les villes où nous avons organisé des Big Days, contre un taux de croissance de 16 % dans le groupe témoin de dix-neuf petites villes qui satisfont aux exigences de retour sur investissement, mais qui n'ont pas été retenues pour le programme-pilote.

Nos partenaires dans les trente-huit villes moyennes, principalement les revendeurs et les détaillants locaux, ont profité des Big Days. Leurs ventes ont enregistré un taux de croissance comparable au nôtre et la bonne volonté dont ils ont fait preuve a créé une solide base de coopération marketing pour l'avenir.

Nous poursuivons nos efforts pour identifier de nouveaux créneaux commerciaux, toujours sur le même principe de base. Nous étendons les programmes de marketing à d'autres régions et à d'autres pays. Conscients de la valeur des chiffres collectés pour un usage unique à l'origine, nous les sauvegardons dans MS Sales et nous les actualisons. Tous ceux qui travaillent à partir d'une analyse sur les ventes peuvent consulter les données et faire des comparaisons historiques.

De la même manière, alors que le projet de Pat Hayes est en cours d'exécution, un autre membre du groupe de Jeff établit de son côté une « carte des opportunités », pour les nouveaux marchés potentiels des différents produits. Jeff compile l'étude sur les produits et le travail de Pat sur la base des revenus. Désormais, nous disposons d'un outil qui permet à quiconque dans l'entreprise de croiser les opportunités par potentiel de revenu et aussi par produit. Aujourd'hui, au lieu de planifier des séminaires sur la stratégie globale de Microsoft dans huit villes qui affichent de mauvais résultats, nous pouvons savoir si telle ville a besoin d'un séminaire sur Office, telle autre sur Windows NT et la troisième sur Exchange.

Investir n'est pas parier

MS Sales est un élément fondamental de notre solution marketing destinée aux villes moyennes. MS Sales est le résultat de notre volonté d'élaborer un système de rapport financier qui soit capable d'intégrer des informations variées sur les ventes et de les mettre au bout de nos doigts. MS Sales nous permet d'exploiter les données par région, par pays, par taille d'entreprise, par zone de production, par vendeur, et même par code postal. Chaque entreprise a besoin de systèmes informatiques capables de lui donner rapidement ce genre d'analyse détaillée. Vos directeurs des ventes et les agents sur le terrain doivent y accéder d'un simple clic sur une touche.

La chance n'a rien à voir dans le fait que nous avons sous la main des données essentielles, comme les revenus par code postal. Mettre en place ce type de données et convaincre nos partenaires de saisir leurs chiffres de vente dans nos systèmes ont demandé plusieurs années d'investissement. Nous avons un système de vente indirect, et il est primordial que les données de vente de nos partenaires soient intégrées dans notre bilan. Je ne prétends pas que nous ayons anticipé toutes les questions qui se poseraient, mais nous avions une assez bonne idée du type de données dont nous aurions besoin pour répondre aux questions les plus diverses, à quelque niveau que ce soit.

Le système des documents sur papier ne peut pas faire ce travail, pas plus qu'un autre système quelconque qui n'intègre pas un accès rapide à un tableur pour tester les différentes théories. La nécessité de combiner les profils et de collaborer à travers tout le pays exige une grande flexibilité. Comme la plupart des données de vente nous parviennent via Internet, sous un format immédiatement lisible par MS Sales, le processus est peu coûteux et nos partenaires peuvent l'acheter. Depuis que nous partageons les analyses fournies par ces outils avec nos partenaires, le dialogue se situe à un niveau plus stratégique.

Les problèmes réellement complexes ont toujours de multiples facettes. Souvent, une décision importante dépend de la recherche impromptue d'un ou deux éléments clés d'une information accessoire et d'une analyse rapide de plusieurs scénarios possibles. Vous avez besoin d'outils capables de croiser et de recroiser les données de plusieurs sources. Vous avez besoin d'une connexion à Internet pour effectuer toutes sortes de recherches. Plusieurs personnes, éloignées géographiquement, doivent pouvoir collaborer et analyser les données selon différents scénarios. C'est ainsi que Steve Ballmer, président de Microsoft, a pu envoyer d'Europe un e-mail à Pat Hayes pour lui faire part de ses critiques au sujet de son projet. La base de données d'arrière-plan a joué un rôle capital dans notre solution, mais plus importante encore a été notre décision de bâtir notre infrastructure autour du flux d'information. Toutes les décisions majeures ont été prises au cours de réunions qui requéraient notre présence physique, mais le programme aurait été impossible sans notre système nerveux d'entreprise qui nous a permis de les préparer.

Changer le rôle des directeurs régionaux

Chez Microsoft, notre système d'information a aussi changé le rôle de nos directeurs régionaux. Depuis que MS Sales est accessible en ligne, nous pouvons effectuer des recherches impossibles auparavant. Notre directrice générale à Minneapolis a ainsi extrait des données poussées concernant sa région. Ce jour-là, elle découvre que l'excellence des résultats dans certains segments de clientèle cache de piètres résultats auprès des grosses entreprises de la région. En fait, son secteur est bon dernier dans cette catégorie de clientèle aux États-Unis. Elle accuse le coup, et, au bout du compte, sa découverte stimule l'équipe chargée des grosses entreprises dans sa région. Vers la fin de l'année, Minneapolis affiche le plus fort taux de croissance en termes de vente aux grosses entreprises.

Être directeur régional pour Microsoft aujourd'hui, c'est être plus qu'un bon chef des ventes qui aide son équipe à décrocher de gros contrats, ce qui, traditionnellement, est le rôle dévolu aux directeurs régionaux. Vous pouvez agir en stratège, puisque vous avez les informations pour vous aider. Auparavant, même si vous vous intéressiez aux revenus des détaillants dans votre secteur, vous n'aviez aucune idée des résultats. Aujourd'hui, vous pouvez consulter les chiffres de vente, évaluer les faiblesses et les points forts, repérer le plus fort potentiel, produit par produit, et les rapporter à d'autres régions. Vous pouvez tester de nouveaux programmes et constater leurs retombées. Vous pouvez discuter avec d'autres directeurs des meilleures méthodes à appliquer pour obtenir de bons résultats. Être un directeur des ventes régional dans notre société est un rôle nettement plus large qu'il ne l'était il y a encore cinq ans, grâce aux outils numériques que nous avons développés et à leur facilité d'utilisation.

L'analyse clients identifie les points faibles

MS Sales contient une base de données centrale dont nous nous servons pour évaluer les modèles d'achat des clients individuels ou des groupes de clients. Récemment, le district Nord-Californie a eu recours à MS Sales pour analyser l'utilisation de produits comme Microsoft Exchange, Microsoft Office et Windows. L'équipe a généré des rapports spéciaux, avec tableaux croisés, pour calculer le nombre des licences et mesurer notre pénétration sur le marché des grosses entreprises dans divers segments de clientèle.

En naviguant dans les tableaux pour consulter les données nationales, régionales et par district, ainsi que pour identifier les industries et certains comptes spécifiques, l'équipe du Nord-Californie a constaté que Microsoft Exchange, notre logiciel clients de messagerie, était plus faible dans certains types de comptes que dans d'autres. Le district a également découvert que, pour certains comptes, notre principal concurrent était Lotus Note d'IBM, alors qu'ailleurs il était concurrencé par d'autres produits.

Cette information précise a aidé le district à mettre en place des programmes, destinés à vérifier que Microsoft collait au marché, et à envoyer nos ingénieurs systèmes et nos consultants systèmes sur le terrain. Mieux informés sur le produit concurrent, les ingénieurs et les consultants Microsoft ont pu se préparer afin de mieux répondre aux questions sur les caractéristiques de notre produit et celui du concurrent.

Gérer l'entreprise à la vitesse de la pensée

Un système nerveux d'entreprise donne aux utilisateurs une intelligence et une capacité à apprendre qui, autrement, seraient impossibles. Un flux d'information et des outils d'analyse performants nous révèlent de nouvelles possibilités de revenus parmi des volumes de données potentiellement impénétrables. Il optimise les capacités du cerveau humain et minimise les tâches humaines. Le noyau de l'équipe de la région centrale ne comptait que deux personnes, mais elles en ont attiré d'autres et chacun a donné le meilleur de lui-même pour être à la hauteur de sa tâche. La même infrastructure nous a donné les outils adaptés pour exécuter, évaluer et adapter notre programme de marketing.

La première chose à faire si vous décidez de créer un système nerveux d'entreprise, c'est dresser le tableau idéal des informations dont vous avez besoin pour faire tourner votre entreprise, comprendre votre marché et vos concurrents. Réfléchissez aux faits exploitables pour votre entreprise. Dressez une liste des questions dont les réponses sont susceptibles de changer votre action. Ensuite, exigez que vos systèmes d'information fournissent les réponses. Si votre système actuel en est incapable, vous devez concevoir un système qui sera capable de répondre – parmi vos concurrents, un ou plusieurs penseront à le faire.

Vous savez que votre système nerveux d'entreprise est performant si l'information circule dans votre structure aussi vite et aussi naturellement que la pensée chez l'homme et si vous pouvez exploiter les technologies pour réunir et coordonner des équipes aussi rapidement que vous pouvez affecter une personne à un problème. C'est ça, l'entreprise à la vitesse de la pensée.

Pour une gestion plus performante

- Les hommes d'affaires doivent se défaire de l'idée que l'information est difficile à obtenir.
- Une meilleure information peut étendre le rôle des directeurs des ventes de simples signataires de gros contrats à celui de directeurs d'entreprise.
- Réunir les bonnes informations et les bonnes personnes améliorera considérablement les capacités d'une entreprise à se développer et à saisir des occasions stratégiques.
- Partager les données de ventes avec ses partenaires permet de rationaliser les processus des rapports et de placer les négociations commerciales à un niveau stratégique.

Évaluez votre système nerveux d'entreprise

- Les données sont-elles compilées à l'occasion ou bien vos employés y ont-ils accès en permanence ?
- Dressez la liste des questions essentielles sur votre activité. Votre système d'information fournit-il les données pour y répondre ?
- Votre système nerveux d'entreprise vous permet-il d'identifier les secteurs qui offrent les meilleures chances ou qui requièrent le plus votre attention ?

3

Créer un bureau sans papier

La structure de nos procédés de gestion
est tellement dictée par les limites des classeurs
à dossiers que cela donne à réfléchir.
Michael Hammer et James Champy,
Reengineering Your Business

Les systèmes d'information peuvent transformer vos procédés de fabrication et de gestion. Ils peuvent également débarrasser les salariés de tâches administratives sur papier, lentes et rigides. Remplacer les écritures manuelles par des procédés informatiques libère les collaborateurs, qui peuvent alors se consacrer à des tâches productives. On appelle le bureau entièrement informatisé « bureau sans papier ». L'idée est grande. Finies les piles de documents dans lesquels vous ne trouvez jamais ce que vous cherchez. Plus besoin de soulever des montagnes de livres et de comptes rendus pour trouver des données de marketing ou des chiffres de vente. Plus de fiches égarées, de factures perdues, d'entrées redondantes, de chèques envolés ou de retards dus à des erreurs d'écriture.

Mais le bureau sans papier, comme l'intelligence artificielle, est l'un de ces phénomènes prévus pour « un jour ou l'autre », qui semble ne jamais devoir arriver. L'expression « bureau zéro papier » apparaît pour la première fois il y a un quart de siècle, en 1973, dans un titre d'une revue spécialisée en téléphonie. La Xerox Corporation (bien qu'elle n'ait jamais parlé de « bureau zéro papier ») fait plus que quiconque pour la promotion de ce concept. En 1974-1975, elle parle du « bureau du futur », qui sera équipé d'ordinateurs et de messageries électroniques pour la transmission de données en ligne. Entre 1975 et 1987, plusieurs revues spécialisées jurent que le bureau sans papier est pour bientôt et qu'il va bouleverser le poste de travail, mais, en 1988, je déclare à un journaliste : « La vision du bureau sans papier n'est ni pour demain ni pour après-demain. Les ordinateurs actuels ne sont pas encore prêts[1]. »

Depuis, dix années ont passé et tous les éléments sont en place pour faire de cette vision une réalité. Des applications graphiques et des outils d'analyse plus performants permettent d'intégrer sans problème différents types de données. Des ordinateurs ultra-performants connectés en réseau équipent les bureaux. Internet relie les ordinateurs dans le monde entier. Pourtant, la consommation de papier continue de doubler tous les quatre ans et 95 % des informations qui circulent aux États-Unis sont sur papier ; 1 % seulement est sauvegardé dans des mémoires électroniques. La paperasserie progresse trop vite pour que l'informatique puisse l'absorber !

En 1996, je décide d'étudier de plus près la consommation de papier chez Microsoft, le chantre du tout-informatique. À ma surprise, je découvre que, cette année-là, nous avons imprimé trois cent cinquante mille rapports sur les ventes. Je demande un exemplaire de chaque imprimé que nous utilisons. Le gros classeur qui atterrit sur mon bureau en contient plusieurs centaines. Au siège de la société, le service approvisionnements utilise cent quatorze formulaires. Le plan de retraite 401(k) en compte à lui seul huit différents : formulaire d'adhésion et de résiliation, de modification des données des employés, de modification des investissements ou des cotisations, etc. Chaque fois que le gouvernement change la réglementation, nous devons actualiser et réimprimer les formulaires, et recycler les milliers d'exemplaires caducs. La consommation de papier n'est que le symptôme d'un problème plus grave, à savoir : des procédures administratives trop complexes et chronophages.

Je regarde le classeur et je me demande : « Pourquoi tous ces imprimés ? Tout le monde ici a un micro-ordinateur. Nous sommes en réseau. Pourquoi n'utilisons-nous pas des formulaires en ligne et la messagerie électronique pour rationaliser les procédures et remplacer toute cette paperasse ? »

1. James E. LaLonde, « Gates : Computers still too hard to use », *Seattle Times,* 1er juin 1988.

Donc, j'use du privilège dû à mon poste et je bannis tous les imprimés inutiles. Pour remplacer tout ce papier, nous élaborons des systèmes qui sont nettement plus précis et plus faciles à manipuler, et qui permettent en outre au personnel de se consacrer à des tâches plus intéressantes.

Partir en voyage d'un simple clic

Aujourd'hui, avant même d'être embauché, le nouvel employé embarque pour un voyage électronique. Nous recevons entre six cents et neuf cents curriculum vitae par jour, que ce soit par la poste, par e-mail ou via Resume Builder, sur le site Web de Microsoft[1]. 70 % des CV arrivent par e-mail ou via notre site Web, contre 6 % il y a deux ans, et ce pourcentage continue d'augmenter. Notre logiciel reconnaît toutes les versions électroniques. Notre base de données de recrutement de Restrac, à Lexington, dans le Massachusetts, lit directement les données des CV créés dans Resume Builder ; les candidatures envoyées par e-mail sont analysées, puis les informations sur les candidats sont transmises à Restrac. Les candidatures sur papier sont scannées et converties en texte avant de rejoindre la base de données. Tous les CV sont comparés avec les postes vacants dans les vingt-quatre ou quarante-huit heures qui suivent leur réception.

Les spécialistes des ressources humaines consultent la base de données pour repérer les candidats intéressants et consulter les directeurs du personnel en personne ou par e-mail. Ils utilisent un logiciel de planification pour fixer les entretiens d'embauche. Chaque recruteur reçoit une copie du CV et toutes les informations complémentaires par e-mail. Après avoir reçu une proposition, chaque recruteur transmet par e-mail ses commentaires sur les candidats aux ressources humaines au responsable du recrutement et aux autres recruteurs, et propose des questions complémentaires. Grâce au partage des données en temps réel, les recruteurs s'inspirent de la réflexion des autres au lieu de se plagier mutuellement. Un recruteur peut, par exemple, suggérer à un autre d'approfondir les qualités de travail en équipe du candidat. Si l'embauche ne fait aucun doute, les messages électroniques nous font gagner du temps pour expliquer aux nouvelles recrues en quoi Microsoft est le bon choix pour elles.

---

1. Les candidats envoient leur CV à resume@microsoft.com. Le lien vers Resume Builder se trouve sous l'adresse : www.microsoft.com/jobs.

Supposons qu'une candidate nommée Sharon Holloway accepte notre offre. Sharon est une nouvelle recrue hypothétique, mais son expérience de Microsoft est typique du profil des quatre-vingt-cinq personnes que nous engageons chaque semaine. Alors que notre intranet est une solution globale pour les quelque vingt-huit mille employés de Microsoft dans le monde, dans cet exemple, nous partons du principe que Sharon est envoyée dans notre campus principal de Redmond, Washington.

Avant l'arrivée de Sharon chez Microsoft, un assistant administratif affecté à son groupe de jeunes recrues complète le formulaire en ligne New Hire Setup sur l'intranet de Microsoft, pour que tout soit prêt le jour de son arrivée. Il demande un numéro de poste téléphonique, une adresse e-mail, des fournitures de bureau et un ordinateur avec des logiciels préinstallés. Grâce à ce même formulaire, Sharon sait qu'elle apparaîtra sur la liste des postes téléphoniques du groupe, qu'elle aura une plaque à son nom sur la porte de son bureau et une boîte aux lettres dans la salle des casiers de son bâtiment. Le formulaire en ligne est directement transmis au responsable des groupes, qui le conserve. Des enregistrements électroniques permettent de conserver des traces de chaque dossier.

Après un stage d'orientation auprès d'un directeur des ressources humaines sur la politique générale de la société concernant l'activité et le personnel, Sharon et les autres recrues se connectent au site Web interne de l'entreprise pour régler les questions administratives. Sharon parcourt le manuel en ligne de l'employé (il n'existe plus de version papier), charge les logiciels dont elle a besoin en plus de l'installation standard et complète le formulaire en ligne W-4.

Pour la prochaine étape, Sharon se sert d'un outil d'approvisionnement disponible sur notre intranet, MS Market, pour commander des fournitures de bureau, des livres, un tableau blanc et des cartes professionnelles. MS Market inscrit automatiquement son nom, son alias e-mail, le nom de son tuteur et d'autres données standards pour la commande. Sharon doit simplement entrer les données d'achat dans quelques champs. Les vendeurs reçoivent le bon de commande par courrier électronique et livrent la commande à son bureau. Si la commande dépasse un certain montant, elle doit d'abord être avalisée par la direction. Dans ce cas, nos systèmes électroniques transmettent le bon à la personne ad hoc pour autorisation électronique.

Sharon visite les sites des archives, de la bibliothèque et du bulletin de Microsoft. En s'abonnant à un ou plusieurs services infos de notre bibliothèque, elle peut lire les articles sur la société et l'industrie dans les versions électroniques de publications telles que le *Wall Street Journal*, le *New York Times*, *CNet*, etc. Depuis l'ouverture de ces services en ligne, le nombre des employés abonnés est passé de deux cent cinquante à huit mille, uniquement pour le *Wall Street Journal*. La bibliothèque en ligne contient une liste d'ouvrages, de logiciels et de vidéos que les employés peuvent parcourir en ligne afin de se les faire livrer dans leur bureau. Les documentalistes recherchent également les pages Web d'informations et d'études pour chaque groupe de produits Microsoft.

Les nouveaux arrivants ne sont pas guidés sur notre intranet. Les personnes que nous engageons font preuve de curiosité intellectuelle et elles explorent le site comme bon leur semble. Une fois dotées du matériel de base, elles explorent les secteurs commerciaux et techniques qui sont en relation avec leur poste et leurs intérêts. Nos jeunes recrues se servent du site pour apprendre et faire des choses, conformément à sa vocation.

Quand Sharon « reçoit » sa première paie, son salaire est automatiquement viré sur son compte chèque. Elle peut vérifier la confirmation du dépôt et l'historique de ses opérations sur une page intranet sécurisée. Si ses besoins changent, Sharon peut changer de banque en ligne.

Si Sharon doit partir en déplacement, elle réserve billet d'avion et chambre d'hôtel en ligne, grâce à un outil en ligne conçu par Microsoft en partenariat avec American Express. AXI, ouvert vingt-quatre heures sur vingt-quatre, sept jours sur sept, donne un accès direct aux tarifs préférentiels négociés par l'entreprise avec les compagnies aériennes, ainsi qu'à des informations sur les vols disponibles, à un outil de recherche des billets bon marché, aux plans des sièges passagers et aux hôtels sélectionnés par la société. Elle peut également vérifier l'état de sa réservation ou demander un billet en classe supérieure. Les directives de Microsoft sont intégrées dans le logiciel AXI. En cas de demande inhabituelle, AXI envoie un message électronique à un directeur pour vérification. Les frais de déplacement sont informatiquement soumis à l'autorisation électronique du directeur de Sharon. Nous lui remboursons l'avance des frais par virement électronique dans les trois jours ouvrables qui suivent.

Supporter les changements de mode de vie

Contrairement à une idée reçue, les employés de Microsoft ont une vie en dehors de l'entreprise. Sharon se marie et, après sa lune de miel, elle pose ses congés en ligne. Quand, avec son mari, elle emménage dans une nouvelle maison, Sharon entre sa nouvelle adresse dans un formulaire en ligne qui est automatiquement distribué à tous les services qui en ont besoin, c'est-à-dire les services des salaires et des prestations, ainsi qu'aux vendeurs qui gèrent nos programmes de retraite et de stock-options. Elle visite notre intranet pour s'informer sur les lignes de bus et les pistes cyclables dans son nouveau quartier.

Quand Sharon et son mari ont un bébé, elle s'informe sur les séminaires destinés aux parents, sur les congés parentaux et les modes de garde. Sharon modifie par voie électronique les conditions de son assurance maladie et change en ligne ses prestations, afin que son enfant soit pris en charge. Microsoft a mis en place un programme de prestations « à la carte », qui permet à nos employés de bénéficier de prestations jusqu'à un certain montant. Ils ont la possibilité de simuler divers scénarios avant de décider d'affecter la somme mise à leur disposition à telle ou telle prestation. Ils ont le choix entre une couverture médicale, dentaire ou optique, une assurance-vie et une assurance invalidité, une adhésion à un club de remise en forme et des services juridiques. Ils peuvent également voir comment une augmentation ou une réduction de l'un ou l'autre avantage affectera leur situation. Sharon peut demander une retenue à la source si la prestation est supérieure à la contribution de l'entreprise.

Sharon gère son plan de retraite, ses achats d'actions et ses stock-options grâce à un outil en ligne. Elle s'en sert pour fixer le pourcentage de son salaire qui sera retenu à la source pour sa retraite ou l'achat d'actions, et pour modifier le pourcentage affecté à chaque option d'épargne retraite. Le site Web des prévisions, Fidelity Investments, permet à Sharon de consulter son compte courant et les indices du marché, de simuler des prêts et de parcourir l'historique de ses transactions. L'outil pour l'achat d'actions lui permet de vérifier le nombre et le prix des parts qu'elle a achetées, de modifier le montant à prélever pendant ses périodes d'essai ou de suspendre sa participation. Grâce à l'outil des stock-options, elle a la possibilité d'accepter une cession par signature électronique sécurisée, de visualiser le résumé de ses options et l'historique de l'année. Sur le site Web de Salomon Smith Barney, la société de courtage qui gère les actions Microsoft, Sharon simule le nombre d'actions dont elle a besoin pour réaménager sa maison, car sa famille s'agrandit. Tous les employés peuvent gérer leurs stock-options en ligne, à moins qu'ils ne soient installés dans des pays où la législation requiert la forme écrite.

En tant qu'employée et actionnaire, Sharon reçoit le rapport annuel de la société en ligne. Conformément à nos conventions, nos résultats sont affichés dans les monnaies de sept pays et ma lettre aux actionnaires est diffusée en dix langues. Elle peut voter pour son mandataire en

Une campagne de dons est à l'origine du premier formulaire en ligne

Le premier formulaire en ligne Microsoft a vu le jour à l'occasion de la campagne de dons en faveur de United Way of America, une organisation sanitaire et humanitaire à but non lucratif. Nous voulions faciliter les choses aux donataires potentiels.

Certains utilisateurs veulent pouvoir verser leur « noble contribution » d'un simple clic sur un bouton. D'autres veulent passer en revue une liste d'organisations charitables auxquelles ils peuvent faire des dons pendant la campagne. D'autres encore veulent que leurs dons soient versés au profit de certaines institutions ou activités précises, comme l'éducation ou la recherche sur le cancer. D'autres, enfin, veulent s'informer sur les activités bénévoles dans leur communauté ou sur les activités philanthropiques soutenues par United Way ou d'autres organisations.

Notre application Giving facilite la tâche des donateurs, qu'ils veuillent y consacrer quelques secondes ou qu'ils aient envie de passer une heure à s'informer sur diverses organisations charitables avant de prendre une décision. Giving propose aussi des choix simples : dons directement prélevés sur les salaires, dons en espèces ou dons d'actions.

Notre volonté de soutenir United Way nous a appris beaucoup de choses sur la conception d'un formulaire facile à diffuser par réseau et à utiliser. Cet apprentissage nous a servi pour toutes les autres applications intranet que nous avons développées depuis. Et Giving a vu augmenter les dons de 20 % par rapport à l'ancien système sur papier !

ligne. Microsoft a été la première entreprise à proposer le vote par procuration électronique aux employés actionnaires. Depuis, la participation du personnel est passée de 15 % à plus de 60 %.

Un outil pour des besoins de planification multiples

Une des tâches de Sharon, engagée comme commerciale, consiste à établir le programme de production. La plupart des données de gestion et des données financières dont elle a besoin sont accessibles à partir de MS Reports, une interface unique qui donne accès à plusieurs bases de données, telles que les dépenses, les clients, les contrats et les budgets. MS Reports permet également d'accéder à MS Sales, le système de contrôle des ventes, à notre système comptable, HeadTrax, et à un système de gestion financière, qui inclut le grand livre, les immobilisations, le compte projet, des informations statutaires et des rapports de gestion. MS Reports utilise les tableaux croisés dynamiques d'Excel pour afficher différentes synthèses croisées des données et réaliser des analyses. Sharon peut vérifier les prévisions de recettes pour son produit dans les points de vente du monde entier puisque les données sont actualisées en permanence. Elle peut s'informer sur l'historique des campagnes de marketing précédentes, sur les dépenses de personnel, de capital et de marketing.

Une fois que Sharon a les données de MS Reports au bout des doigts, elle ouvre une application interactive de budgétisation et entre les effectifs et les dépenses affectés à son nouveau produit. Elle a alors tous les éléments pour suivre son budget marketing tout au long du projet et répondre aux questions telles que : « Quel est mon pourcentage de dépense ? Quels sont les postes dépenses et comment puis-je affecter des ressources à de nouveaux projets ? »

Sharon a la possibilité d'utiliser un outil de planification supplémentaire, OnTarget, pour obtenir plus de détails sur les dépenses. OnTarget intègre un compte de projet. Un directeur peut obtenir l'intégralité des coûts d'un projet, par centre de coûts ou par exercice fiscal.

Récompenser les collaborateurs tout en respectant la politique de l'entreprise

Sharon est promue directrice et, à ce titre, elle a une nouvelle tâche : tous les six mois, elle doit contrôler les performances de chacun de ses collaborateurs. Les employés apprécient eux-mêmes leurs performances et Sharon joint sa propre évaluation au document original. L'évaluation de Sharon englobe une appréciation des collègues et la messagerie électronique lui permet de recevoir rapidement l'avis de personnes en poste dans d'autres divisions ou même dans d'autres parties du monde. Sharon et son supérieur revoient les appréciations du travail des employés et le classement qu'elle propose. Ensuite, Sharon rencontre personnellement chaque employé pour discuter des résultats et fixer de nouveaux objectifs.

Traditionnellement, les directeurs de Microsoft perdent plus de temps en paperasserie qu'ils n'en passent sur leurs rapports. Notre formulaire leur simplifie la tâche tout en garantissant qu'ils respectent les directives de la société. Le formulaire calcule un malus ou un bonus pour chaque employé, sur la base du classement établi par Sharon, de la qualification du poste et du salaire. Il est possible de passer outre au malus, par exemple pour « gonfler » le salaire et le bonus d'un supervendeur, mais les directeurs doivent se conformer aux directives de pourcentage de la société. Quand Sharon saisit les chiffres pour un employé, l'outil calcule automatiquement la nouvelle moyenne du groupe. Si Sharon est trop au-dessus ou trop en dessous, elle peut revenir en arrière et ressaisir les chiffres. Après que ses supérieurs hiérarchiques les ont vérifiés, les compensations sont directement imputées dans les données concernant chaque employé.

En convertissant une évaluation en compensation, et en permettant au directeur de comparer les chiffres par résultat et par salaire, l'application aide les managers à classer les employés en fonction de leurs résultats, tout en respectant la politique de Microsoft. Nous estimons que ce formulaire réduit d'au moins 50 % le temps que les directeurs consacrent aux tâches administratives.

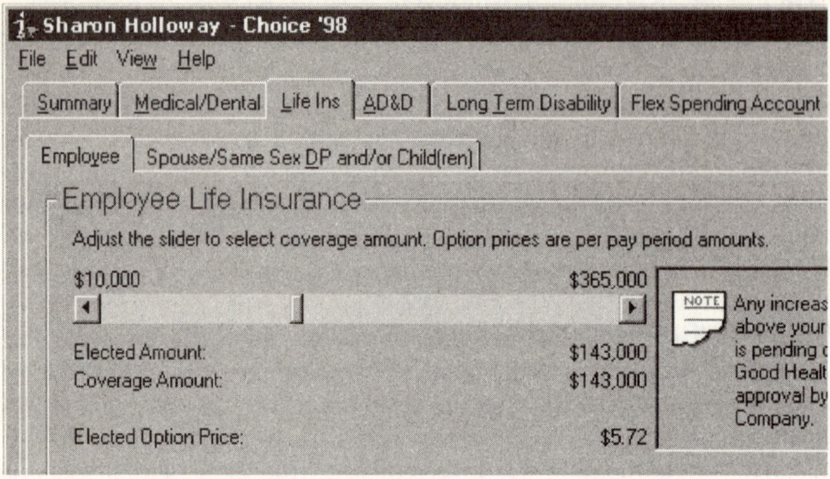

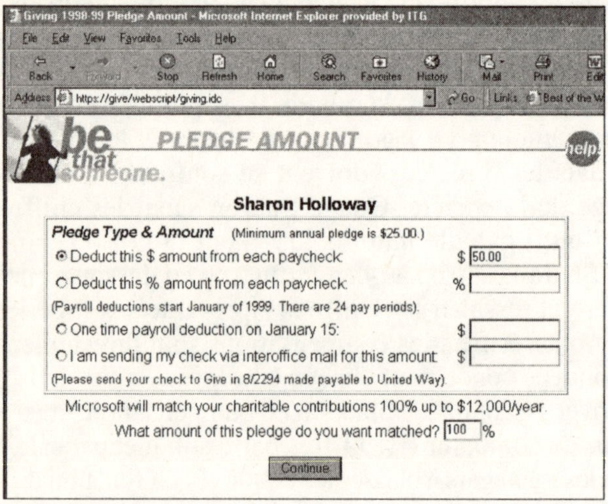

Les formulaires Internet permettent aux employés de contrôler les modifications intervenues dans leurs prestations, leurs plans d'investissement et même leurs dons. Elles responsabilisent ainsi les personnes les plus directement concernées. Les outils de gestion en libre service des prestations permettent aux employés de simuler les effets d'une modification avant de la finaliser. Les données saisies dans le formulaire de l'application Microsoft Giving et des prestations maladie sont directement transmises au système des salaires de Microsoft. Les ressources humaines peuvent ainsi se consacrer à des questions stratégiques, comme le recrutement et la formation.

Éviter le pire et économiser 230 millions de francs

Bannir les imprimés grâce à notre intranet a eu des effets retentissants. Au moment où ce livre est sous presse, nous avons réduit le nombre de nos imprimés de plus 1 000 à un total de 60 pour tout le groupe. Le service approvisionnements, un des plus gros consommateurs, est passé de 114 imprimés à 1 seul, le service des opérations n'en a plus que 6, les ressources humaines 39. Sur les 60 imprimés restants, 10 sont imputables au service juridique et 40 sont destinés à des parties extérieures qui ne sont toujours pas entièrement informatisées. Les 10 formulaires restants sont si rarement utilisés que nous n'avons pas jugé bon de les numériser. Les entreprises ont une bonne raison d'inciter leurs partenaires et les gouvernements à accepter les données électroniques, pour que tout le monde ait une approche entièrement numérique, et sans papier.

Globalement, les économies réalisées grâce aux formulaires en ligne évoqués dans ce chapitre s'élèvent à au moins 230 millions de francs pour les seuls douze premiers mois, en 1997-1998. La réduction des frais de procédure a induit la plus grosse part des économies. Les bureaux comptables estiment les frais de traitement des commandes sur papier – principalement le temps que les employés consacrent à leur traitement – à environ 826 francs par transaction. Par comparaison, chez Microsoft, le traitement informatique d'une commande revient à moins de 28 francs. La première année, MS Market a réalisé deux cent cinquante mille transactions pour un montant de 9 milliards de francs, et nous a permis d'économiser au moins 200 millions de francs en frais de traitement, malgré une augmentation significative du volume des transactions. Ces 200 millions de francs tiennent compte des 17 millions de francs économisés grâce au redéploiement de vingt-deux employés des services approvisionnements dans le monde. MS Market se charge également d'orienter les employés vers les vendeurs avec lesquels nous avons négocié des remises sur les commandes importantes, ce qui nous fait faire des économies sur de nombreux achats.

L'utilisation de formulaires en ligne, rien que pour le plan de retraite et les stock-options, se traduit par une économie annuelle de 6 millions de francs en heures de travail. Ces économies tiennent compte de la réduction des effectifs, mais, dans la mesure où les salariés ne perdent plus de temps à exécuter des tâches administratives de routine, ils peuvent se consacrer à des missions plus importantes. Un employé qui, auparavant, passait ses journées à répondre à des questions de routine est aujourd'hui responsable de la page Web qui contient les réponses. En une année, le nombre des salariés qui se servent du système en ligne pour obtenir des données comptables et poser des questions sur le plan retraite de Microsoft a doublé, passant de 24 % à 51 %. Durant la même période, l'aide fournie par les agents du service concerné a été divisée par deux, chutant de 35 % à 17 %.

En ce qui concerne les déplacements, notre nouveau système entraînera une réduction des frais du service chargé de leur organisation et triplera la productivité des agents. Ils traiteront en moyenne vingt-cinq itinéraires complets par jour (hôtel, location d'une voiture et réservation des billets), contre huit actuellement. Les accords passés avec certaines agences sélectionnées nous feront économiser des millions chaque année. Le temps moyen consacré par un agent pour procéder à toutes les réservations devrait passer de dix-sept minutes et six coups de fil ou courriers électroniques, à environ cinq minutes.

Les applications et contenus administratifs que j'évoque dans ce chapitre fonctionnent grâce à douze serveurs dotés de systèmes biprocesseurs ou quadriprocesseurs. Le matériel a représenté un investissement total d'environ 1,7 million de francs, le développement sur deux ans s'est inscrit dans un budget de 45 millions de francs. L'aide en ligne nous coûte 4,3 milliards de francs par an. Bien que nos systèmes soient nettement moins chers que d'autres, ces frais sont supérieurs à ceux que les entreprises doivent supporter aujourd'hui, car nous avons ouvert la voie de nombreuses applications. Il n'existait pas, à l'époque, de standards pour intégrer à moindres frais des systèmes tiers, par exemple. Les produits logiciels, comme ceux fournis par notre serveur commercial aujourd'hui, permettent cette intégration. Les coûts continueront de baisser pour les entreprises, résultat de la normalisation et d'une plus grande fonctionnalité des progiciels d'entreprise.

Bien que nous ayons été des pionniers, notre budget IT central, qui couvre ces applications et bien d'autres, a baissé de 3 % entre 1996 et 1999, principalement du fait de la normalisation des données et de la consolidation du nombre de nos systèmes d'information.

Responsabiliser les employés

Les outils électroniques présentent d'autres avantages que la baisse des coûts des transactions. Par exemple, MS Market évite les erreurs d'achats qui seraient passés inaperçus dans un système manuel, en demandant une identification électronique avant de traiter la commande. Les documents d'expédition sont complétés sur ordinateur, et non à la main, ce qui élimine pratiquement toutes les erreurs d'acheminement. Pour éviter les mauvaises surprises, les communications avec nos clients sont documentées et nous connaissons les coûts à l'avance. Nos fournisseurs sont payés plus rapidement, ce qui les incite à nous livrer dans les meilleurs délais. Les codes de la société sont intégrés et le système n'acceptera pas une commande dont le code budget est erroné. Du coup, les services financiers ne perdent plus des heures et des heures à « éplucher » les enregistrements. Les achats des employés peuvent être retrouvés et utilisés lors des négociations avec les vendeurs. La liste des avantages s'allonge, nous en découvrons sans cesse de nouveaux.

Que ce soit dans les groupes des ressources humaines, des approvisionnements ou des services employés, ou dans tous les domaines auxquels ils touchent chez Microsoft, le passage aux systèmes numériques a déclenché un mécanisme qui influe sur nos méthodes de travail. En permettant aux employés de contrôler des processus comme le changement d'adresse, la réalisation ou la modification des investissements retraite, nous responsabilisons les personnes directement concernées. Cette gestion en libre service des avantages permet au personnel des ressources humaines de consacrer son énergie à des questions stratégiques en matière de personnel, comme le recrutement et la formation.

Les ressources humaines ont pour mission de résoudre cette question cruciale : comment éliminer la bureaucratie ? Elles ont réalisé une série d'études de réingénierie classiques, afin de repérer les procédures de routine susceptibles d'être automatisées et celles qui requièrent leurs compétences professionnelles. Les ressources humaines veulent faire « un travail cérébral, pas un travail manuel ».

Être contre l'inflexibilité, pas anti-papier

Mon insistance à vouloir éliminer la paperasserie doit me faire passer pour un « anti-papier ». Je suis contre les formulaires imprimés, mais je continue d'imprimer les longs documents électroniques que je veux lire et annoter. En règle générale, on étale sur une table les pages d'un long document que l'on veut organiser, car on a besoin d'avoir une vue d'ensemble – difficile de faire la même chose avec un micro-ordinateur ! Sauf révolution dans les technologies des écrans plats – et les recherches se poursuivent activement chez Xerox, MIT Media Lab,

Kent State, Microsoft et dans d'autres instituts de recherche universitaires ou industriels aux États-Unis et au Japon – les livres et les revues resteront imbattables en termes de lisibilité et de mobilité.

Les écrans de haute qualité sont une nécessité dans la société de l'information du futur. Fin 1998, Microsoft a présenté une technologie, appelée ClearType, qui améliore nettement la qualité d'affichage d'un texte sur les écrans couleurs à affichage à cristaux liquides. Cette technologie, associée à un matériel de pointe, sera révolutionnaire. Demain, certains écrans seront souples et pourront être roulés ou pliés sous le bras, comme un journal. D'autres écrans seront dotés de circuits intégrés, l'ordinateur ne sera alors pas plus épais que l'écran d'un ordinateur portable. Une technologie révolutionnaire permet de conserver une image à l'écran une fois l'ordinateur éteint. Imaginez une véritable encre numérique : vous peignez ce que vous voulez et vous accrochez votre tableau au mur.

Aujourd'hui, il est plus facile de lire des documents à l'écran que sur papier, à la condition qu'il s'agisse de textes courts ou qui requièrent des collaborations multiples, ou si on veut parcourir ou croiser des données. La facilité de recherche et les liens hypertexte sont les deux atouts majeurs des encyclopédies électroniques, qui ont gagné en popularité au point de supplanter les versions sur papier.

Pour les formulaires dont les données seront de toute façon informatisées un jour, le temps est venu d'abolir le papier. Sinon, vous vous retrouvez avec des groupes de salariés dont le seul travail consiste à collecter les imprimés et à saisir les données sur ordinateur. C'est ainsi que, pour parler de leur rentabilité, certains opérateurs de saisie se targuent d'avoir réduit leur taux d'erreur de 3 à 2 % ! En adoptant les formulaires électroniques, non seulement vous vous épargnez du travail supplémentaire, mais vous avez aussi l'assurance que la saisie des données sera cohérente, facile à évaluer et approuvée par l'auteur.

Quand un document est confus, on finit par décrocher son téléphone ou par aller demander de l'aide. Sur notre intranet, chaque page contient des résumés et des détails des projets, une fonction de recherche, des liens vers les pages de référence et vers les réponses aux questions les plus courantes (Frequently Asked Questions, FAQ). Un outil FAQ bien conçu, installé dans une nouvelle application intranet, peut nous éviter au moins deux cents e-mails de la part d'employés qui cherchent des informations de base.

Si un utilisateur juge qu'un formulaire électronique manque de clarté ou que tel champ devrait être rempli automatiquement, il peut cliquer sur la ligne « e-mail vers » et saisir un message, du genre : « Hé !

On pourrait améliorer ça. » Les réactions des employés sont à l'origine de centaines d'améliorations, petites ou grandes, dans nos formulaires intranet. Autre avantage, la modification n'intervient pas au bout d'une année, comme c'était le cas lorsque nous travaillions sur papier. Avec les formulaires Web, le délai varie de quelques jours à quelques mois.

À partir du moment où vous supprimez le contrôle des documents qui vous parviennent de l'extérieur, votre stratégie doit consister à les intégrer dans vos systèmes d'information. Des compagnies comme Eastman Software et Platinum Software scannent les documents et les intègrent dans leur flux d'information. L'utilisateur peut consulter les récapitulatifs des coûts et remonter jusqu'à la facture originale. Il peut aussi les répertorier, rechercher les originaux sur papier et les intégrer dans des séquences de travail par e-mail. Même si la qualité n'égale pas celle des données numériques, le recours au scanner vous permet de passer au numérique en interne, en attendant que le reste du monde rattrape son retard.

Le feed-back à l'ancienne

Bien que la plupart des commentaires à propos de nos applications intranet nous parviennent par e-mail, il arrive ponctuellement que des utilisateurs nous fassent part de leurs réactions en personne. Ainsi, alors que notre équipe de MS Market avait résolu en quelques mois la plupart des problèmes soulevés par les employés, seul un membre de la direction se dressait entre l'équipe de MS Market et une adoption à 100 % de notre logiciel d'approvisionnement : Steve Ballmer, notre président, un homme exubérant.

Linda Criddle, chef de produit pour MS Market, décide de rencontrer Steve et de lui demander ce qui pourra faire de lui un utilisateur de MS Market. Elle décroche un rendez-vous avec Steve, qu'elle n'a jamais rencontré. Alors qu'elle s'engage dans le couloir, en direction du bureau de Steve, elle tombe sur deux articles de presse encadrés. L'un, extrait du magazine *Upside*, montre Steve souriant aux anges et le surnomme l'apôtre de Microsoft ; l'autre, tiré de *Forbes*, montre Steve, l'allure martiale, et en parle comme du George S. Patton du logiciel.

Linda, entendant la voix de Steve qui traverse la mince cloison de la salle de conférences, comprend immédiatement qu'il est en réunion avec le chef du produit Office et son équipe. Le thème du jour est qu'ils doivent être plus à l'*écoute* des clients, qu'ils doivent chercher à savoir ce que les clients veulent vraiment, apprendre *exactement* comment ils utilisent notre logiciel *au quotidien*. À chaque mot assené, il tape contre le mur. Les réunions avec Steve sont rarement dépourvues d'effets sonores.

Linda connaît la plupart des cadres présents à la réunion, et lorsqu'ils sortent de la salle de conférences, elle leur demande : « Il est plutôt achevé ou plutôt remonté ? »

L'un d'eux lance : « Je crois qu'il est remonté », ce qui fait rire tout le monde.

Linda suit Steve dans son bureau et se présente. Steve est distrait, il a un tas de choses à régler avant la fin de la journée. Il lui demande : « Que puis-je faire pour vous ? »

« En fait, j'ambitionne de vous faire subir le même traitement que celui que vous venez d'infliger au groupe d'Office. »

Elle a capté l'attention de Steve.

Linda poursuit : « Je sais que vous n'utilisez pas MS Market. Cela ne m'est d'aucun secours. Dites-moi de quoi vous avez besoin pour vous en servir. » Quand Steve comprend qu'elle n'est pas là pour justifier les imperfections du logiciel et qu'elle veut cerner les problèmes, il cesse de se focaliser sur ce que MS Market a de frustrant à ses yeux.

« Je ne veux pas autoriser une commande de 55 millions de francs sans avoir l'assurance que d'autres directeurs l'ont vérifiée avant moi », lui dit-il. Il veut que les commandes traitées par MS Market suivent la voie hiérarchique. « Je veux voir tous les documents qui accompagnent un bon d'achat, je veux aussi pouvoir approuver les commandes off-line. »

Linda a obtenu l'information qu'elle voulait en moins de dix minutes.

La fonction d'acheminement des commandes était déjà en cours de développement, si bien que, deux semaines plus tard, le premier vœu de Steve était exaucé. Trois mois plus tard, l'accès aux documents d'accompagnement était installé. La troisième fonction, le support off-line, est prévue.

Cette anecdote illustre plusieurs points de la démarche de Microsoft en matière d'information numérique. Les applications électroniques doivent résoudre les problèmes de nos cadres et nous nous y attelons jusqu'à ce que ce soit chose faite. Tout le monde se sert des outils électroniques, à commencer par moi. Steve a pu faire part de ses réactions à Linda parce qu'il avait honnêtement fait l'effort d'utiliser MS Market.

Les PDG et intranet : de l'analyse des ventes aux fiches de restaurant

Je me sers de l'intranet Microsoft pour analyser les chiffres de vente avant les bilans importants ou avant de me rendre dans l'une de nos filiales. Chaque année, je passe trois ou quatre semaines à l'étranger, pour des voyages d'affaires. Avant de partir, j'étudie soigneusement les chiffres afin de cerner les problèmes que je pourrai aborder avec les directeurs. En vingt minutes, je sais comment se comporte un pays par rapport au budget, aux résultats de l'exercice précédent et aux autres pays. Si un secteur affiche des résultats nettement supérieurs ou inférieurs à mes attentes, je creuse et je suis prêt à discuter chiffres quand j'arrive sur place.

Quand je dois préparer une allocution à l'occasion d'un événement économique majeur, je réécoute les présentations d'autres intervenants de Microsoft. Notre logiciel de transmission multimédia me permet d'écouter sur le réseau de l'entreprise une réunion importante que nous avons enregistrée. Je n'assiste pas aux visites trimestrielles chez les analystes financiers, par exemple, mais le soir, à la maison, je branche le système audio et j'écoute. Ces outils me tiennent au courant de ce qui se passe dans l'entreprise.

Je décide des modifications et réorganisations majeures dans l'organigramme avec les cadres, puis les ressources humaines m'envoient le document par e-mail pour accord. C'est un bon moyen de m'assurer que ce que nous avons décidé est bien compris. L'ancien système sur papier était tuant, il servait à tant de choses que c'était confus.

En tant que PDG, je suis supposé prendre des décisions qui engagent des dizaines ou des centaines de millions de francs, mais, en ce qui concerne l'organisation, je suis le seul habilité à accepter les fiches de restaurant de Steve Ballmer, le président du groupe. Je pensais que toutes les entreprises procédaient de la même façon. J'ai appris que j'avais tort le jour où j'ai présenté notre intranet à un groupe de PDG. Paul O'Neil, PDG d'Alcoa, premier producteur mondial d'aluminium, vient me voir et me demande : « C'est formidable que toutes les opérations soient numérisées et productives, mais pourquoi devez-vous contrôler les rapports des dépenses ? Vous avez mieux à faire. »

Depuis dix ans, Paul ne contrôle plus les dépenses. Alcoa a édicté des règles précises sur ce qui est autorisé et sur ce qui ne l'est pas. L'entreprise se contente de commander régulièrement des audits sur la base d'échantillons. « Nous établissons une relation de confiance avec nos employés, cela fait partie de l'embauche, me dit Paul. Si nous nous apercevons qu'un employé n'est pas digne de notre confiance, il doit partir. Nous n'avons jamais de problème. »

Paul me suggère d'instaurer une nouvelle politique d'entreprise qui simplifiera les choses, et de nous servir de notre système numérique pour l'appliquer.

Paul a raison. À la suite de cette discussion, nous avons remplacé notre système d'autorisation au coup par coup par un récapitulatif mensuel par e-mail. En cas de dépenses inhabituelles, le système envoie un message. Les e-mails nous permettent d'analyser individuellement les rapports des dépenses ou un historique complet des dépenses. La petite phrase de Paul m'a déjà fait gagner du temps.

Garder le cap sur les priorités

Si le passage du papier à l'électronique est un pas vital dans l'évolution du système nerveux moderne d'une organisation, c'est aussi l'occasion d'améliorer des procédures capitales pour votre activité, plutôt que de se contenter de rationaliser ce qui existe déjà.

Une fois installé, un système nerveux d'entreprise est facile à développer. Un bon réseau, un système de messagerie électronique performant et des pages Web faciles à créer sont tout ce qu'il vous faut pour éliminer les documents internes sur papier. Ensuite, vous pouvez ajouter toutes les applications intranet que vous voulez.

Nos outils internes ont deux objectifs : d'une part, utiliser les logiciels pour effectuer les tâches de routine et éviter à nos collaborateurs de gaspiller leur temps et leur énergie, d'autre part, soulager les employés pour qu'ils se consacrent à des tâches complexes et aux cas exceptionnels. Nos programmeurs internes appliquent la règle de « l'œuf à la coque ». Un utilisateur doit pouvoir entrer et sortir d'un outil administratif en trois minutes. Ce paramètre garantit que nous n'automatisons pas une procédure avec un outil boiteux.

Rationaliser les procédures administratives et internes est essentiel pour améliorer l'efficacité de vos collaborateurs. En leur donnant des outils internes performants, vous leur délivrez un message subtil, mais important. Les entreprises parlent de récompenser les initiatives et de faire en sorte que le personnel se concentre sur l'activité de l'entreprise. Si les collaborateurs voient que l'entreprise élimine les obstacles et les tâches administratives de routine, ils savent qu'elle valorise leur temps pour qu'ils l'exploitent à bon escient. Si évaluer l'amélioration du rendement d'un ouvrier ne pose aucun problème, ce n'est pas le cas des gens qui travaillent sur l'information. Mais il est évident qu'un de ces collaborateurs qui n'est pas distrait ou perturbé par des questions de routine travaille mieux. Vos clients en ont le bénéfice : vos collaborateurs passent moins de temps à brasser des documents et plus de temps à s'occuper de leurs besoins.

Je suis sûr d'une chose : Microsoft ne peut plus revenir en arrière, le personnel s'y opposerait. Les prédictions à propos du bureau sans papier étaient justes, simplement elles étaient prématurées de plusieurs dizaines d'années.

Pour une gestion plus performante

- Les données numériques permettent des procédures qui sont impossibles avec un système papier.
- Dressez une liste de vos imprimés. Développez des programmes pour les remplacer par des formulaires numériques, en commençant par les services gros consommateurs de papier, comme l'approvisionnement et les ressources humaines.
- Un système en self-service peut traiter 90 % des besoins administratifs des employés.

Évaluez votre système nerveux d'entreprise

- Avez-vous des formulaires électroniques pour les principales applications internes ?
- Avez-vous du personnel qui se charge de diffuser l'information, ou bien vos ordinateurs se chargent-ils des flux de routine pendant que votre personnel traite les cas exceptionnels et les problèmes à forte plus-value ?
- Lorsque vous ajoutez des formulaires, obtenez-vous une meilleure synergie ou un surcroît de complications ?

DEUXIÈME PARTIE

COMMERCE : INTERNET CHANGE TOUT

4

Pensez aux points d'inflexion

Quand, pour la première fois, l'homme a ramassé une pierre ou une branche pour s'en servir comme d'un outil, il a irrémédiablement rompu l'équilibre qu'il entretenait avec son environnement. Aussi longtemps que les outils ont été en nombre réduit, leur diffusion et les changements qu'ils induisaient ont été lents. Mais, dès lors que leur nombre a augmenté, les effets se sont accélérés : plus il y a d'outils, plus les changements sont rapides.
James Burkes, *Connections*

J'ai récemment rencontré le conseil d'administration d'un organisme financier allemand. Ce sont des hommes d'affaires expérimentés. Le plus jeune doit avoir dans les cinquante-cinq ans, mais la plupart ont dépassé la soixantaine. Ils ont vécu les changements du secteur bancaire et assisté aux nombreuses évolutions technologiques qui ont suivi l'arrivée des gros ordinateurs. La banque n'a toujours pas adopté Internet. Le jour de mon discours, le conseil d'administration avait déjà eu droit à toute une série de présentations sur notre stratégie par des employés de Microsoft. Quand je suis entré dans la salle de réunion, ils étaient assis, les bras croisés sur la poitrine, l'air malheureux.

« OK, leur dis-je, quel est le problème ? »

L'un d'eux prend la parole : « Nous pensons que le secteur bancaire est en pleine mutation et nous avons reçu des explications techniques de la part de représentants de Microsoft – plus techniques que ce à quoi nous sommes habitués. » Il ôte ses lunettes et se frotte les yeux avant de poursuivre : « C'est probablement très bien, encore que cela nous fatigue. » Il marque une pause, puis il reprend : « C'est bien de rendre vos produits plus performants, mais quelle est votre stratégie d'ensemble ? Pour vous considérer comme un vendeur à long terme, vous devez nous donner une vision de l'avenir. Quels sont vos principes de développement ? »

En règle générale, un cadre Microsoft qui conclut une conférence devant des clients ne prépare pas son intervention. Il répond aux questions et récapitule ce que nous devons faire pour résoudre les problèmes rencontrés par les clients. Debout face aux banquiers allemands, je me dis : « Aïe ! Nous avons passé huit heures à leur parler et nous n'avons pas su cerner leurs attentes. Il ne me reste plus qu'à improviser. »

À cette époque, j'avais déjà présenté une douzaine de fois le système nerveux d'entreprise et je travaillais sur ce livre depuis près d'un an. Je me dirige donc vers le tableau et passe en revue les changements majeurs qui, selon moi, deviendront réalité dans un avenir proche grâce aux technologies.

Je dis aux banquiers : « Je vais noter les dix points d'inflexion qui, à mon avis, vont bouleverser tous les secteurs industriels. » Mon ami Andy Grove a écrit sur les différents points d'inflexion qui ont changé fondamentalement les secteurs industriels à différentes époques. Là, j'emploie le terme de « points d'inflexion » pour désigner dix changements significatifs dans le comportement des clients. Tous ces points sont en relation avec la technologie numérique, et ils sont tous en passe de s'implanter. « Pour chaque point, je vais vous demander si vous pensez qu'il est plausible. Si vous croyez que non, alors vous ne changerez pas vos méthodes actuelles. Mais si vous croyez que oui, et ce n'est qu'une question de temps, alors vous devriez vous préparer au changement dès aujourd'hui.

« Pensez-vous qu'à l'avenir les personnes actives se serviront d'ordinateurs pour exécuter la plupart de leurs tâches ? Aujourd'hui, beaucoup de gens se servent occasionnellement de leur micro-ordinateur, mais la plupart des collaborateurs ne s'en servent que quelques fois par jour. Certains restent aussi plusieurs jours sans l'allumer. Pensez-vous que les formulaires numériques se répandront chez la plupart des salariés ? Pensez-vous que la paperasse sera remplacée par des procédures administratives numériques, plus efficaces ? » Ils acquiescent. Leur seul problème est de savoir comment passer du papier au mode numérique.

« Pensez-vous qu'un jour la plupart des foyers seront équipés d'ordinateurs ? Aux États-Unis, environ un foyer sur deux est équipé. Le pourcentage est légèrement supérieur dans quelques pays, mais nettement inférieur dans la plupart. Pensez-vous qu'un jour les ordinateurs seront aussi répandus dans les foyers que le téléphone ou la télévision aujourd'hui ? » Réponse : oui.

« Pensez-vous qu'un jour la plupart des entreprises et des particuliers seront équipés de connexions ultra-rapides avec le World Wide Web ? » Ils acquiescent.

« Pensez-vous que le courrier électronique deviendra un moyen de communication entre les personnes, que ce soit à titre privé ou professionnel, au même titre que le téléphone ou la correspondance aujourd'hui ? Actuellement, ceux qui possèdent un ordinateur n'ont pas tous un e-mail. La situation est-elle appelée à changer ? » Nouvel acquiescement.

« Si la majorité des individus est informatisée et se sert de ses ordinateurs tous les jours, pensez-vous que la transmission des données numériques suivra ? Croyez-vous que les factures clients seront envoyées par voie électronique ? Si vous partez en voyage d'affaires, pensez-vous que vous prendrez vos dispositions via Internet ? » Tous les participants admettent que ces changements sont en cours.

« Pensez-vous que les appareils numériques deviendront courants ? Pensez-vous que les outils numériques vont s'imposer en photographie, en vidéo, en télévision et en téléphonie ? Pensez-vous que d'autres outils numériques vont proliférer dans les foyers et seront connectés au Web ? Ce n'est qu'une question de temps. » Ils opinent de la tête.

« Imaginez-vous qu'un jour les agendas électroniques seront des assistants électroniques ? » Je leur explique ce que j'entends par là : un assistant électronique est un nouvel appareil qui, en plus de permettre de prendre des notes, comme on le fait aujourd'hui dans un carnet, permet d'avoir sur soi toutes les données personnelles et professionnelles dont on a besoin. C'est une autre facette de l'information numérique. Ce point d'inflexion sera certainement le dernier à se concrétiser.

« L'atout majeur de l'assistant électronique est qu'il ne prend jamais un gramme, même si vous le gavez. » Ils rient. Pendant trente secondes, ils discutent en allemand jusqu'à ce que l'un d'eux me dise : « Nous avons d'abord cru que c'était une plaisanterie, et puis nous avons compris que vous veniez de dire quelque chose de très profond. »

Je poursuis : « Est-ce que je vous fais perdre votre temps ? Pensez-vous que ces changements se produiront un jour ? » À partir de ce moment-là, nous entamons un vrai dialogue. Ils se concertent en allemand. Le même banquier reprend la parole : « Nous avons engagé un consultant en gestion et nous avons eu la même discussion chez nous. Oui, nous pensons que tout cela arrivera et bouleversera la nature de la banque. »

Je leur pose la question : « Quand, d'après vous ? »

S'ensuit une discussion longue et animée en allemand. Ensuite, ils me disent qu'ils n'avaient nullement l'intention de trancher ce jour-là, mais qu'ils ont changé d'avis. Ils étaient partis sur un délai de vingt ans, mais ils ont décidé que, dans dix ans, ces points d'inflexion seront chose faite ou seront imminents. La banque n'aura plus rien à voir avec ce qu'elle est aujourd'hui.

Je leur dis qu'ils doivent intégrer l'échange d'informations dans leur structure en prévision de ces changements. En quelques mots, j'évoque la nécessité, pour leurs collaborateurs, d'exploiter les outils numériques dont ils disposent déjà, de relier les systèmes d'information aux systèmes commerciaux, et enfin de créer une nouvelle infrastructure autour des ordinateurs et des technologies Internet. « Si vous le faites, leur dis-je en conclusion, vous serez prêts pour les trois changements fondamentaux qui résulteront de tous les points d'inflexion numériques :

« 1. La plupart des transactions d'entreprise à consommateur, d'entreprise à entreprise et entre le citoyen et le gouvernement seront numériques et en libre service. Les intermédiaires devront apporter une plus-value à leur prestations ou périr.

« 2. Les services clientèle seront une fonction à valeur ajoutée fondamentale, dans toutes les entreprises. Dans les services, l'homme abandonnera les tâches de routine, à faible plus-value, et endossera le rôle de conseiller personnel, à forte valeur ajoutée, pour les questions importantes du client (problèmes ou souhaits particuliers).

« 3. Le rythme des transactions, ainsi que la demande d'une attention plus personnalisée de la part des clients, contraindront les entreprises à adopter les processus informatiques en interne, si cela n'a pas encore été fait pour des raisons de productivité. Les entreprises auront un système nerveux d'entreprise pour adapter régulièrement leurs procédures internes à un environnement qui change constamment, en raison des demandes des clients et de la concurrence.

« Pour résoudre les problèmes complexes qui touchent aux services clientèle et aux activités commerciales, clients et employés auront besoin d'ordinateurs puissants. Les nouvelles relations seront étoffées grâce à divers moyens électroniques comme la voix, la vidéo, l'utilisation interactive d'un écran partagé, etc. Nous vivrons dans un monde qui verra se multiplier les assistants numériques, à la maison comme au bureau, à côté d'ordinateurs hyperpuissants qui supporteront la gestion de la connaissance. »

En conclusion, je leur confirme que la vie sera formidablement passionnante quand ces changements seront devenus réalité, c'est-à-dire dans dix ans. Le monde sera radicalement différent de celui dans lequel nous vivons aujourd'hui. L'idée de Microsoft est de produire des logiciels qui relient tous ces outils numériques et permettent aux individus de créer des solutions, basées sur le mode de vie Web. C'est aussi simple que ça.

Le conseil d'administration a une dernière question, celle que tout le monde a en tête : que peuvent-ils faire, personnellement, pour être prêts pour le monde numérique ? Avant de les quitter, je leur livre quelques conseils : « Apprenez sur le tas. Les cadres doivent utiliser le courrier électronique pour se familiariser avec les nouvelles méthodes. Ils doivent également savoir à quoi ressemblent les sites Internet de leurs concurrents. Devenez des internautes. Commandez des livres et organisez vos déplacements sur Internet, et voyez comment ça marche. »

Vers la fin 1998, les PDG commencent à explorer le nouveau média Internet. Près de 50 % des lecteurs du magazine *Chief Executive* se servent d'Internet une heure ou deux par semaine ; ils ne sont que 25 % à se connecter tous les jours et 11 % ne se connectent jamais. Les particuliers sont nettement plus nombreux à s'en servir de façon intensive. Si vous voulez entrer dans l'âge du numérique, vous devez vous familiariser avec Internet afin d'être capable d'imaginer ce que le mode de vie Web signifiera pour votre entreprise – même si le changement prend plusieurs années. Vous devez impérativement trouver le moyen de vous immerger, vous et vos cadres, dans ces nouvelles méthodes et avoir du recul pour définir une stratégie adaptée pour les mettre en œuvre dans votre entreprise.

Éviter la complaisance

Pendant des années, les plus enthousiastes ont dit qu'Internet était « pour demain ». Selon certains pronostics, le grand changement est pour dans les douze mois à venir. Balivernes. Les adaptations sociales prendront des années et les infrastructures doivent d'abord être développées. Mais le jour où les changements sociaux et techniques atteindront la masse critique, le changement sera fulgurant et irréversible. Ce jour arrivera quand le mode de vie Web aura commencé à se répandre, peut-être d'ici à cinq ans. Comme je l'ai écrit dans *La Route du futur*[1], nous surestimons toujours ce qui arrivera dans les deux prochaines années et sous-estimons ce qui arrivera dans les dix prochaines. Ne sombrez pas dans l'inaction.

Peut-être vous précipiterez-vous pour créer des sites Internet. Et là, vous vous rendrez compte que vos clients et partenaires, dans leur grande majorité, ne savent pas s'en servir correctement. Vous vous direz alors : « Eh bien, Internet ne change rien, inutile de se focaliser là-dessus. » Le changement ne se fera pas du jour au lendemain et vous aurez le sentiment que rien de fondamental n'est en train de changer. Et puis, quelques années plus tard, le changement vous prendra par surprise et vous aurez du mal à rattraper votre retard.

Je n'imagine pas un seul secteur qui ne sera pas touché par Internet, ni même un seul qui ne le soit déjà. Les entreprises rêvent toutes d'être la première librairie, agence de voyages ou société de courtiers sur Internet, d'appâter les premiers clients, d'être sur toutes les lèvres, de se faire un nom.

Les entreprises qui se sont lancées très tôt ont l'avantage de l'ancienneté, mais ce n'est pas tout. Elles redéfinissent aussi les limites de l'entreprise. Amazon.com, qui a ouvert un site de vente de livres sur Internet, a commencé en vendant des CD. Il n'y a aucune raison pour qu'Amazon ne propose pas d'autres articles. Faire des économies et attirer de nouveaux clients peuvent vous inciter à installer votre entreprise sur le Web. Une fois qu'il y a interaction entre vous et vos clients, vous disposez d'un outil formidable pour exploiter cette relation interactive et offrir une gamme de produits plus large. Des moteurs de recherche comme Yahoo ! hébergent leurs propres site de voyage. Une entreprise branchée Internet n'est pas comme une banque, qui forme ses employés à un nombre limité de produits. La nature virtuelle d'Internet autorise tous les achats que vos clients souhaitent faire. Amazon est loin d'être un cas unique, vous en rencontrerez beaucoup qui élargissent ainsi leurs gammes de produits. Toute entreprise doit savoir que même si, dans son secteur, aucun concurrent ne franchit le pas, les gros acteurs déjà connectés, qui essaient de s'implanter dans tous les créneaux, s'engouffreront dans le vôtre.

Élargissez vos connaissances sur Internet dès aujourd'hui et repérez ceux qui, parmi vos clients, ont déjà adopté le style de vie Web.

1. Robert Laffont, 1995.

Servez-vous de ce groupe pour expérimenter vos idées. Dans dix ans, la plupart de vos autres clients auront eux aussi franchi le pas et vous serez prêt. Les exemples qui suivent dans cette section sont ceux d'entreprises qui ont adopté cette démarche pour être prêtes le jour J.

Pour une gestion plus performante

- Dans leur majorité, les transactions seront numériques et en libre service ; les intermédiaires devront apporter une plus-value ou périr.
- Le service clientèle sera la fonction à forte valeur ajoutée par excellence dans toutes les entreprises.
- Le rythme des changements et la demande d'une attention plus personnalisée de la part des clients contraindront les entreprises à adopter les processus informatiques en interne.

Évaluez votre système nerveux d'entreprise

- Votre équipe de direction s'est-elle familiarisée avec Internet et a-t-elle une idée de ce qui va changer dans votre activité dans les dix prochaines années ? Travaillez-vous avec votre équipe informatique à la concrétisation de cette idée ?

5

Les intermédiaires doivent apporter une plus-value

Les technologies vont remodeler l'économie et
transformer les entreprises et les consommateurs.
C'est plus que l'e-commerce, l'e-mail,
les e-transactions ou les e-dossiers.
C'est le « é » dans « occasion économique » tout court.
William Daley, ministre américain de l'Économie

À la veille du XXIe siècle, les entreprises doivent s'adapter à une nouvelle donne : Internet va tout changer. Au minimum, les technologies Internet bouleverseront la manière dont les entreprises, aussi petites soient-elles, agissent avec leurs employés, leurs partenaires et leurs fournisseurs. Toutes n'ont pas besoin d'Internet dès aujourd'hui pour dialoguer avec leurs clients, mais le jour est proche où un site Web institutionnel, qui permettra aux clients de traiter directement avec l'entreprise, sera aussi indispensable que le téléphone ou une adresse postale en leur temps. Déjà, la grande majorité des cinq cents plus grosses entreprises recensées par *Fortune* ont un site Web.

Internet réduit les coûts des transactions et de la distribution, il influe aussi sur les relations entreprises/clients. Internet crée plus de compétition entre les vendeurs et élargit leur potentiel de clientèle.

Avant Internet, les distributeurs et les revendeurs étaient un mal nécessaire. Aujourd'hui, les consommateurs peuvent négocier directement avec les fabricants impatients d'offrir leurs services sur Internet. Chaque fabricant a désormais la possibilité d'alimenter Internet, comme un magasin.

Avant Internet, réunir l'ensemble des informations sur les produits financiers, les options de voyage et d'autres biens de consommation demandait du temps. Une multitude de sociétés de services gagnaient leur vie en se chargeant de collecter et d'organiser ce type d'informations pour le compte de leurs clients. Aujourd'hui, malgré des outils de recherche encore imparfaits, les consommateurs ont la possibilité d'aller sur Internet pour trouver la plupart des données dont ils ont besoin, et les entreprises peuvent diffuser des informations à moindres frais grâce à Internet, sans succursales.

Le tableau ci-après indique les principales économies réalisées grâce à la vente en ligne.

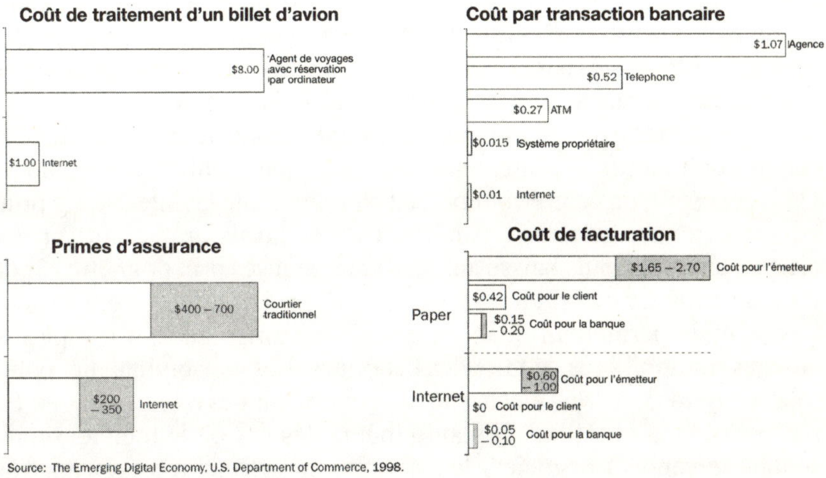

Internet réduit considérablement les frais liés à toute transaction commerciale, comme le montrent les exemples choisis : billets d'avion, opérations bancaires, assurances et paiement de factures.

En 1995, dans *La Route du futur*, j'ai employé le terme de « capitalisme sans friction » pour expliquer comment Internet a aidé à construire le marché idéal d'Adam Smith, où acheteurs et vendeurs se trouvent sans perdre du temps ni de l'argent. Trouver l'autre partie intéressée est le problème numéro un dans la plupart des marchés. Le second problème est de comprendre la nature et la qualité des biens et des services offerts. Grâce à Internet, l'acheteur n'a aucun mal à trouver des informations de base sur un produit – comment il est jugé par les associations de consommateurs ou d'autres organismes de contrôle indépendants – et à comparer les prix. Les acheteurs peuvent aussi communiquer leurs besoins aux vendeurs, qui sont ensuite en mesure de cibler leur clientèle et de placer d'autres produits.

Internet est un outil formidable, qui aide les consommateurs à trouver la meilleure affaire. Il est relativement facile de passer d'un site Web d'un distributeur à un autre pour repérer les meilleurs prix pratiqués sur tel ou tel produit. Au moins deux services différents proposent des comparaisons de prix en temps réel aux consommateurs qui souhaitent acheter des livres ou des CD. Les sites de certains voyagistes proposent des outils de recherche qui traquent les vols les plus avantageux. Une entreprise, priceline.com, inverse la relation vendeur/acheteur, puisque c'est le client qui fixe le prix qu'il est prêt à mettre dans une voiture ou un billet d'avion. Le prix est ensuite diffusé auprès des vendeurs. On ne sait pas encore avec précision quelle sera l'étendue de cette méthode, mais elle n'est possible qu'avec Internet.

Avec le temps, les logiciels automatiseront de plus en plus les achats comparatifs. « Marchander » sera un jeu d'enfant électronique. Dans cet esprit, un centre commercial en ligne visite les sites de ses principaux concurrents pour connaître les prix qu'ils pratiquent sur des articles courants, puis baisse automatiquement ses prix pour être sûr de toujours afficher un prix légèrement inférieur. Ces articles sont « sacrifiés », mais permettent quand même au commerçant qui n'a pas de charges immobilières de faire des bénéfices. Les consommateurs pourront se grouper par voie électronique pour obtenir des rabais, ce qui n'est pas possible aujourd'hui. Il y aura même des cas où le logiciel représentant le vendeur négociera le prix avec un logiciel représentant non pas un, mais des centaines ou des milliers de consommateurs.

Les gros marchés existants de produits interchangeables, comme le charbon ou l'acier, sont déjà bien médiatisés, et Internet ne changera pas grand-chose, ni dans la relation acheteurs/vendeurs, ni en matière de prix. Le Web apportera une plus-value dans des secteurs où la concurrence est plus rude, comme les services, et où les marchés sont petits ou dispersés. Comment un particulier peut-il trouver facilement un article d'occasion – voiture, ordinateur, matériel stéréo – qui réponde à certaines caractéristiques techniques et reste dans une certaine fourchette de prix ? Ce sera tout bénéfice pour les personnes qui souhaitent vendre ou acheter des objets rares en tout genre, comme des antiquités, des pièces de rechange de modèles anciens ou des articles bien spécifiques. Gap, par exemple, a constaté que les clients réguliers de ses commerces en ligne sont à la recherche de tailles que ses revendeurs n'ont pas en stock. Gap peut satisfaire la demande de ces clients, sans majorer les frais de stockage de ses distributeurs. Les ventes aux enchères virtuelles permettent de proposer des collections d'objets nettement plus variés qu'une salle des ventes classique et peuvent attirer des collectionneurs du monde entier. Le Web a une compétence qui n'appartient qu'à lui seul, celle de réunir des individus et, à ce titre, il créera des marchés qui n'existaient pas auparavant.

Sur le Web, certains commerçants mettront en œuvre une politique de prix variables, déjà couramment pratiquée sur les marchés conventionnels. Nombre de magasins d'appareils électroniques et domestiques fondent leur publicité sur les prix garantis et promettent de s'aligner sur le prix le plus bas que le client trouvera. Cette stratégie leur permet de dire qu'ils ne vendent pas moins cher, puisque les prix affichés sont plus élevés. Certains magasins marchent si bien qu'ils pratiquent effectivement deux prix : un prix normal pour l'acheteur impulsif et un prix pour l'acheteur patient. Il est fréquent que les maisons de vente directe par correspondance publient plusieurs prix dans différents catalogues, qui visent chacun un segment du marché. Quand vous passez votre commande, l'agent commercial commence par vous demander votre numéro de client ou votre numéro de catalogue, ainsi, il ou elle sait d'emblée quel tarif appliquer.

Le but de la manœuvre est d'attirer les acheteurs sensibles au prix, tout en appliquant des marges supérieures sur les articles vendus aux acheteurs moins regardants. En fait, les vendeurs fixent leurs tarifs en fonction de ce qu'un individu est prêt à payer. Cette idée peut sembler radicale, mais elle est aussi vieille que l'imposition progressive. Les frais de scolarité sont établis sur le même principe, avec une remise appelée « aide financière », qui varie selon les ressources et les biens de la famille.

Les techniques utilisées par les commerçants directs sont rudimentaires en regard de toutes les possibilités offertes par Internet. Les vendeurs identifieront les visiteurs assidus de leurs commerces interactifs et mettront à leur disposition des informations et des services personnalisés. Si un site Web commercial réussit à savoir quel prix un client était prêt à mettre dans le passé, il pourra baisser son prix pour l'inciter à acheter.

Beaucoup de sites hébergés sur le Web proposent aux utilisateurs de s'inscrire. Les renseignements demandés comprennent leurs nom et adresse, leur profil, et des informations sur leurs crédits en cours. Ces données sont censées permettre aux entreprises d'offrir à leurs clients un service et un support de meilleure qualité et de cibler leurs opérations de marketing, mais les consommateurs doivent avoir la possibilité d'accepter que leurs données personnelles soient exploitées à des fins commerciales. Aujourd'hui, le commerce électronique fonctionne sur une base d'autosurveillance, puisque les vendeurs sollicitent l'accord des acheteurs pour le routage des données. Nous étudions une technologie qui permettra aux consommateurs de prédéfinir les types de données que leurs ordinateurs mettront à la disposition d'autres systèmes sur un réseau. Le logiciel sera contrôlé par l'utilisateur et lui évitera de ressaisir toujours les mêmes données.

Acheter sur le Web augmentera le nombre des livraisons de colis et réduira le volume des lettres, des prospectus et des factures. Pour les articles peu coûteux, les frais de livraison ne compenseront pas l'économie liée à un achat sur le Web. La poste et les professionnels de la livraison privée ont là une occasion fabuleuse d'adapter leurs services à la demande.

Pour la grande majorité des produits, les consommateurs seront les premiers bénéficiaires. Pour les produits et services uniques, les distributeurs élargiront le cercle de leurs clients potentiels et pourront appliquer des tarifs plus élevés. Plus les consommateurs adopteront le style de vie Internet, plus l'économie se rapprochera du marché parfait d'Adam Smith, dans tous les secteurs du commerce.

Apporter une valeur ajoutée aux transactions

Comme les clients peuvent négocier directement avec les fabricants et les prestataires de services, la plus-value apportée par le simple transport de biens ou d'informations sera faible. Divers commentateurs ont prédit « la mort de l'intermédiaire ». La valeur de l'intermédiaire « subi » chutera rapidement à zéro. Les agences de voyages qui se contentent de réserver des billets d'avion sont condamnées à disparaître. Ce type de transaction à gros volume et à faible valeur ajoutée se prête parfaitement à un site de réservation en libre service sur Internet. À l'avenir, les agences de voyages devront faire plus que réserver des billets ; elles devront créer l'aventure totale. Le voyagiste qui propose des circuits très personnalisés dans les vignobles en Italie ou en Californie sera toujours très demandé.

Si vous êtes un intermédiaire, Internet, associé à la promesse de prix moins élevés et de services plus rapides, peut vous « démédiatiser », balayer votre rôle de conseil entre le producteur et le consommateur. Si Internet menace de vous désarçonner, une solution possible pour vous remettre en selle est d'utiliser Internet. C'est ce qu'a fait Egghead.com (anciennement Egghead), un gros distributeur de logiciels, après des années de lutte pour survivre. Egghead a fermé tous ses magasins en 1998 et a ouvert des boutiques sur Internet. Supprimer les frais immobiliers ne peut être qu'une tactique, en aucun cas une stratégie. Egghead propose aujourd'hui un certain nombre de nouveaux programmes interactifs qui s'appuient sur Internet, comme la vente aux enchères électronique pour quelque cinquante catégories différentes de matériels et de logiciels informatiques, et pour des ordinateurs recyclés. Egghead propose des prix de liquidation sur des systèmes accessibles sur son site Web et diffuse chaque semaine par e-mail une « Hot List » d'offres exclusives, réservées à ses abonnés. L'avenir dira si Egghead a gagné son pari (apporter de la valeur ajoutée à l'intermédiaire), mais l'entreprise a bien compris le principe.

D'une manière ou d'une autre, tous les détaillants doivent compter avec Internet. La réussite de la librairie Amazon.com, qui n'existe que sur Internet, a contraint Barnes & Noble à combiner ses magasins en dur avec une présence solide dans le cyberespace, et à faire équipe avec Bertelsman, un groupe médias international, dans un joint-venture en ligne.

Avec Internet, les fournisseurs de services ont le choix entre deux stratégies : gros volumes et prix bas, ou exclusivité et service clientèle de qualité. Si vous appartenez à la première catégorie, servez-vous d'Internet pour créer une approche en libre service. Mettez un maximum d'informations à la disposition de vos clients et réalisez les transactions via votre site Internet en offrant le meilleur prix. Il n'y aura que peu d'entreprises dans chaque créneau qui seront les acteurs des gros volumes, la plupart devront par conséquent trouver le moyen de tirer profit d'Internet pour réduire leurs coûts, et aussi fournir d'autres services.

En 1992, E*Trade Securities est la première société de services financiers à proposer une approche en libre service à faibles coûts sur Internet. Le groupe Forrester estimait à trois millions le nombre de clients des courtiers en ligne aux États-Unis à la fin de 1997 et prédisait qu'ils seraient quatorze millions cinq ans plus tard. En 1998, au moins soixante-dix sociétés boursières proposaient des transactions sur les valeurs en ligne et le volume ne cesse d'augmenter. Le commerce en ligne représente plus de 20 % des transactions. Quelques services de courtage en ligne, destinés aux investisseurs expérimentés et n'offrant pas de recherche, perçoivent un faible montant sur chaque transaction. Mais la plupart offrent une série de recherches et de services pour se différencier, et touchent plus sur les transactions.

Ces nouveaux services financiers en ligne mettent à l'épreuve les maisons d'agents de change traditionnelles, habituées à offrir leurs services en personne ou par téléphone. La majorité des données que ces sociétés fournissent à leurs clients sont désormais gratuitement disponibles sur Internet. Ces firmes doivent prendre une décision stratégique cruciale : utilisez-vous les technologies pour jouer le même jeu que les traders électroniques ? Si oui, que faites-vous pour faire la différence ? Ou utilisez-vous les technologies pour valoriser vos atouts, c'est-à-dire vos consultants, habitués à gérer des relations sur le long terme avec la clientèle ? Si vous optez pour la seconde stratégie, comment pouvez-vous exploiter les technologies pour être plus performant, et comment pouvez-vous détourner la popularité d'Internet à votre avantage ?

Prendre une décision capitale

En 1997, Merrill Lynch & Company, longtemps leader incontesté des services financiers traditionnels, décide de réviser en profondeur son approche commerciale et commence par répondre à ces quelques questions. Depuis plus d'un siècle, Merrill Lynch gère les investissements de ses clients en amassant des montagnes de données financières, en les analysant et en élaborant des plans financiers sur le long terme. En 1997, la compagnie administre ainsi plus de 5,7 billions de francs. Mais entre 1992 et 1997, avec l'apparition des traders à faibles coûts, puis du commerce électronique, ses cadres supérieurs doivent admettre que leur stratégie est dépassée. Comme le souligne Howard Sorgen, vice-président et responsable des technologies pour la clientèle des particuliers de Merrill Lynch : « Nos clients changent. Nous serions fous de penser que nous, nous ne devons pas changer. »

Merrill Lynch doit rentabiliser son principal atout : ses conseillers financiers, qui passent une grande partie de leur temps à retrouver des données – cotes des actions, rapports de recherches, données comptables des clients, informations sur les produits Merrill Lynch, taux d'intérêt et autres informations dispersées. Le peu de temps qu'il leur reste, ils le consacrent à leur activité de conseil. Les systèmes informatiques de la firme coûtent cher et sont lourds à utiliser. La base de données clients, les informations sur les produits, les prix, les rapports de recherche se trouvent dans des systèmes différents et incompatibles. Les bureaux des conseillers financiers sont envahis par plusieurs terminaux, qui sont reliés chacun à une douzaine d'applications, avec des commandes clavier différentes et ésotériques.

Il est impératif pour Merrill Lynch d'améliorer l'accès à l'information, de sorte que ses conseillers financiers puissent réaliser leurs objectifs : aider leurs clients à faire fructifier leur fortune. Si, jusqu'à présent, sa connaissance collective des marchés financiers et les compétences dont elle fait profiter ses clients donnent une longueur d'avance à Merrill Lynch sur ses concurrents, demain, la société devra y ajouter les technologies. Telle est la conclusion des directeurs de Merrill Lynch.

Merrill Lynch décide alors de configurer son système d'information autour du flux des données dont ses conseillers ont besoin. Le nouveau système doit être « centré sur les conseillers financiers », proposer un contenu riche et des outils d'analyse sophistiqués, intégrés aux micro-ordinateurs, pour aider les conseillers à développer, mettre en place et surveiller les plans financiers des clients. Cet environnement informatique doit être robuste et inclure des systèmes audio et vidéo, afin que les conseillers puissent écouter les infos du monde entier, ainsi que du matériel de formation vidéo. Ils doivent aussi pouvoir collaborer. Merrill Lynch ne veut pas se charger de la construction du système. Pour économiser du temps et de l'argent, la société veut des produits clés en main.

Quand les directeurs de Merrill Lynch se présentent au conseil d'administration, ils demandent un budget de 5,7 milliards de francs pour acquérir les technologies qui maintiendront la position de leader de la société dans le secteur des services financiers. 5,7 milliards de francs est un joli pari sur l'avenir. Le conseil d'administration ne s'attarde pas sur le montant, ni sur le retour sur investissement. Ce qui l'intéresse, c'est la survie et la prospérité à venir. Merrill Lynch doit continuer de se différencier de ses concurrents traditionnels et pouvoir affronter une nouvelle forme de concurrence. Le conseil d'administration est d'accord sur le fait que le meilleur moyen d'être compétitif est de donner aux collaborateurs de la société les outils de la connaissance.

Le conseil d'administration donne le feu vert pour ce qui sera un projet de 4,7 milliards de francs étalés sur cinq ans. Mais il avertit aussi que les cinq ans ne doivent pas devenir huit ans, et ces 4,7 milliards de francs, 10 milliards. Cela ne sera pas le cas : Trusted Global Advisor (TGA) est prêt en octobre 1998, pour un coût approximatif de 4,8 milliards de francs. Avec en tête un impératif – soutenir les conseillers financiers – l'équipe informatique de l'entreprise consacre une année à évaluer et concevoir un système nerveux sur lequel la compagnie bâtira son avenir mondial.

Le système de Merrill Lynch intègre une nouvelle infrastructure de télécommunication, des micro-ordinateurs et des logiciels performants, ainsi qu'une alimentation en données électroniques sur les marchés. Merrill Lynch consacre au total 1,4 milliard de francs au développement des logiciels. La plus grosse part des autres dépenses – système de télécommunication, données électroniques sur les cotes des valeurs boursières et informations, par exemple – aurait de toute façon été nécessaire, quels que soient les logiciels. Comparée à la maintenance de l'infrastructure et des applications existantes, la différence réelle en termes de coût tourne autour de 1,4 milliard de francs sur quatre ans. Pour un peu plus de 342 millions de francs annuels, soit environ 20 000 francs par conseiller financier, Merrill Lynch change tout le système d'information destiné aux quatorze mille sept cents conseillers financiers de sept cents bureaux aux États-Unis et aux deux mille conseillers répartis dans le monde.

Howard Sorgen me présente la solution de Merrill Lynch, qui exploite de façon optimale chaque aspect de l'informatique pour donner les informations aux utilisateurs, rapidement et intelligemment.

Comprenant qu'il faudrait des années pour récrire les applications juridiques des anciens systèmes et pour intégrer tous les systèmes de base de l'entreprise, l'équipe informatique crée un « interprétateur » universel, une interface commune à tous les utilisateurs pour la plate-forme de TGA, qui réunit tous les systèmes de Merrill Lynch – anciens, nouveaux et futurs. Cet interprétateur « *super browser* » permet aux collaborateurs de Merrill Lynch de travailler avec n'importe quelle application locale du serveur client, du système hérité et du navigateur Web, de façon cohérente et intuitive.

Indépendamment de leur origine, les données sont organisées logiquement en pages d'information, structurées en sections, chapitres et livres. Tout le monde comprend la métaphore du livre et une approche sur le mode du « classeur de feuilles volantes » offre une certaine souplesse dans l'organisation des informations. Dans le coin supérieur droit de l'écran TGA, un centre d'information personnalisable contient en temps réel les informations que les conseillers financiers doivent avoir en permanence devant les yeux. Un conseiller peut surveiller une douzaine de titres clés, des signaux de communiqué sur les grandes entreprises, des radiodiffuseurs comme *CNN Live*, et la messagerie électronique. Les dossiers de TGA sont également personnalisables. Un conseiller peut cliquer sur le dossier Stock Exchange et sélectionner les places boursières qu'il souhaite consulter : NASDAQ, New York, Tokyo, etc. En sauvegardant les nouvelles sélections dans le dossier Stock Exchange, il lance le chargement en temps réel des données de ces places boursières.

La plate-forme TGA autorise une évaluation rapide des résultats d'un portefeuille par rapport aux objectifs financiers d'un client, ce qui, auparavant, était une opération fastidieuse. Le conseiller financier voyait que le portefeuille de son client n'atteignait pas les objectifs, mais il devait exécuter plusieurs scénarios pour arriver à comprendre ce qu'il devait changer. L'évaluation des portefeuilles de trois cents clients, qui dans leur grande majorité ont plusieurs comptes, n'était pas une sinécure. Aujourd'hui, TGA affiche automatiquement plusieurs tableaux de données. Le conseiller financier peut dire d'un seul coup d'œil si le portefeuille atteint l'objectif et réaliser des simulations à partir de différentes variables, comme augmenter l'épargne du client ou le risque, réduire les objectifs, etc., et visualiser sur des graphiques comment tel ou tel choix affectera les avoirs du client. Un jour, les clients pourront exécuter ces simulations sur leur ordinateur personnel.

Le travail des conseillers financiers comprend aussi une part de tâches administratives : état des dépenses, appels des clients, envoi de courriers électroniques. Pour cela, il leur suffit de cliquer sur des onglets qui lancent automatiquement l'application appropriée, traitement de texte, tableur ou gestionnaire. Un conseiller financier n'a pas besoin de connaître le nom de ces applications, il n'a pas à se soucier de savoir sous quel système elles fonctionnent, ni comment les ouvrir.

L'interface utilisateur de TGA est programmée pour les scénarios courants. Un conseiller qui affiche la page News pour suivre en temps réel les communiqués des agences de presse utilisant un téléscripteur peut rechercher le symbole des actions d'une entreprise (par exemple MER pour Merrill Lynch) sur le téléscripteur opérationnel du centre d'information, sans quitter la page News. La page affiche instantanément les articles relatifs à cette entreprise. Si un conseiller a précisé un filtre, par exemple pour l'Asie, la page News affiche uniquement les articles qui concernent la région asiatique. Un clic sur Stock History ouvre Microsoft Investor, qui le renseigne sur les actions de l'entreprise. Si le chargement des données du marché du vendeur s'arrête, le système s'en rend compte et inscrit un point d'interrogation dans le champ des cotes qui suit le dernier chiffre connu.

Comment moderniser dix bureaux par semaine

Pendant un peu moins d'un an, Merrill Lynch modernise ses bureaux au rythme de dix par semaine. Deux semaines avant la conversion d'un bureau, une équipe se rend sur place pour former le personnel au nouveau système. Les formateurs l'initient aux fonctions de base et à l'utilisation du système d'aide en ligne, qui prévoit un prompteur en ligne et des démonstrations multimédias. Le dimanche, veille du passage au nouveau système, les formateurs organisent une session de trois heures. Une fois que le système est opérationnel, ils restent encore une semaine sur place, afin de s'assurer que tout le monde est prêt.

Le vendredi après-midi qui précède, une équipe d'installateurs arrive et profite du week-end pour faire le vide dans les bureaux. L'intégralité de l'ancienne infrastructure disparaît : terminaux, vieux ordinateurs, câbles et boîtiers électriques inutiles. Ils installent des connexions Internet à haut débit, des ordinateurs équipés d'un processeur Pentium Pro pour chaque employé et trois serveurs multiprocesseurs – un pour les cotes boursières, un autre pour le chargement d'informations et le troisième pour le courrier électronique.

Le lundi matin, tout est prêt à fonctionner. Le taux d'assimilation est nettement supérieur aux attentes de Merrill Lynch. L'expérience informatique de la plupart des employés, un système intuitif et une bonne formation sont les clés de la réussite de l'opération.

Le système suit les opérations du conseiller financier et note ses intérêts spécifiques. Comme un superassistant, il exécute les tâches de routine, sans qu'on le lui demande. Par exemple, un conseiller financier peut indiquer au système de lui transmettre automatiquement les nouvelles importantes concernant telle entreprise, de représenter sur un graphique les résultats d'un titre sur trente jours ou sur cinq ans, d'afficher des graphiques analogues pour les trois principaux concurrents de cette entreprise, ainsi que le rapport bénéfice-prix, les avis des études de Merrill Lynch sur la société, etc. Chaque fois que le consultant clique sur ce titre spécifique, toutes ces informations s'affichent en deux secondes. La société, soucieuse de documenter et de dupliquer les meilleures pratiques, surveille avec soin l'utilisation du système par ses consultants les plus expérimentés, dans le but de créer des modèles électroniques de leur travail dont tout le monde pourra profiter.

Les supérieurs hiérarchiques de Merrill Lynch, en plus d'avoir les mêmes informations que les conseillers financiers, ont une version de TGA qui leur permet de contrôler les résultats de l'entreprise et d'autres données commerciales. Les directeurs des succursales ont un ensemble personnalisé de « classeurs de feuilles volantes », au même titre que les cadres moyens, le personnel du central de la firme, les professionnels de l'assurance et l'équipe du support. Les professionnels de l'assurance, par exemple, ont accès aux tableaux de garantie et aux réglementations relatives aux assurances, tandis que le personnel administratif a accès à des applications d'information et de réservation pour les déplacements. Chacun a le sentiment que le système est conçu spécialement pour lui ou elle.

Les conseillers, une évolution exemplaire

Le passage au nouveau système informatique a obligé les conseillers à évoluer. La réussite implique désormais autre chose qu'une patiente accumulation de connaissances ou le fait de savoir où chercher l'information ad hoc. Un des vétérans de la société, trente-cinq ans d'expérience, déclare qu'en plus de réduire les recherches de plusieurs heures à quelques minutes, la capacité du système TGA à tracer la courbe de certains paramètres (résultats de la société, rapport bénéfice-prix, etc.) permet à un conseiller expérimenté de repérer l'entrée la plus prometteuse sur le marché et d'être présent tout de suite.

Les conseillers financiers ont plus de temps pour établir des liens plus forts avec leurs clients. Ils étaient habitués à se référer à leurs notes et à leurs documents quand ils discutaient avec un de leurs trois cents clients. Quand un client appelait, ils cherchaient désespérément l'information dont ils avaient besoin : l'avaient-ils ? Ou bien était-ce un assistant ? Désormais, les enregistrements de tous les contacts clientèle sont centralisés dans un dossier informatique. Les renseignements sur sa vie privée – le fait qu'il ait deux enfants scolarisés, par exemple – permet au conseiller de personnaliser sa relation avec le client et de lui fournir des informations pertinentes.

Merrill Lynch s'est longtemps demandé si la société devait partager une version de son système avec ses clients. Il y a eu des discussions philosophiques interminables sur la manière d'exploiter le système pour attirer des clients. Merrill Lynch a tranché : en donnant plus d'informations aux clients, la relation entre le conseiller financier et ses clients sera enrichie, et non appauvrie. Merrill Lynch discute longuement avec ses clients et passe ses concurrents en revue. À la même époque, les consommateurs découvrent Internet et le commerce électronique. La société décide de réagir promptement.

Merrill Lynch développe une version de TGA destinée à ses clients, Merrill Lynch Online, qui leur permet de faire des recherches, d'accéder à des données comptables, de réaliser des paiements et d'autres fonctions de base. La société espère une adhésion de deux cent mille clients la première année, soit une moyenne de cinq cent cinquante par jour. Au lieu de cela, ce sont sept cents à huit cents personnes qui s'abonnent chaque jour et Merrill Lynch atteint ses objectifs en sept mois. Le profil des clients séduits par le service en ligne surprend Merrill Lynch, qui pensait toucher en premier lieu des utilisateurs jeunes, rompus à Internet. En fait, ce sont ses vieux clients, plus fortunés, qui sont les plus enthousiastes.

Le succès du service pilote Merrill Lynch Online encourage la société à proposer plus de données sur les marchés, d'informations comptables et d'options de paiement. Actuellement, ses clients ont la possibilité de contacter leurs conseillers financiers sur la messagerie électronique, d'obtenir des cotations différées et les cours du jour des fonds communs de placement, de consulter des rapports d'étude, de réaliser des paiements et de transférer des fonds. Ils ont aussi la possibilité de faire des transactions.

Après réflexion, Merrill comprend qu'Internet est à la fois une chance et une menace. Internet délivre plus d'informations, mais l'information ne fait pas la *sagesse financière*. Une société de conseil financier doit encourager ses clients à se connecter pour s'informer et communiquer, de façon que ses conseillers financiers puissent consacrer plus de temps à prévoir et à dialoguer avec eux. Un conseiller peut appeler un client et lui dire : « Avez-vous lu ce rapport d'étude sur Merrill Lynch Online ? Parfait. Parlons maintenant des répercussions sur votre portefeuille. »

Un client informé pose de meilleures questions. Les discussions sont plus approfondies et vont à l'essentiel. Mieux informés et mieux armés, les clients ont plus confiance dans leurs décisions. Ils sont à même d'agir sur les conseils d'un conseiller financier, qui est compétent pour leur donner les clés de ces informations. Il y a plus d'échanges entre les conseillers et les clients, qui peuvent leur faire part de leurs réactions sur les améliorations ou les nouveaux services qu'ils désirent. La société ne tâtonne plus. Merrill Lynch envisage même de créer une synchronisation totale, de façon que les conseillers financiers et les clients aient sous les yeux la même chose, sur le même écran, au même moment. Quand nous en serons là, aiment à dire les collaborateurs de Merrill Lynch, « ce sera vraiment magique ».

Changer la dynamique entreprise-client

L'investissement informatique de Merrill Lynch est la parfaite illustration de la valeur que la société accorde à ses collaborateurs. Pendant la période de mise en place du système, le marché a enregistré une forte hausse des cours boursiers, qui a été suivie d'une période de morosité due à la crise des marchés asiatiques, aussi est-il difficile d'évaluer directement l'impact financier du nouveau système. Merrill Lynch, cependant, annonce une augmentation de plus de 5,5 milliards de francs en capitaux réalisés grâce à Merrill Lynch Online. Sans ses nouvelles capacités, ces capitaux ne seraient peut-être pas revenus à Merrill Lynch.

La polémique qui fait rage entre les agents de change en ligne et les agents de change qui offrent un service complet se répétera dans d'autres branches. Les sociétés qui ne travaillent qu'en ligne sont convaincues que la faiblesse des frais de transactions fera craquer les clients. Les fournisseurs de services complets pensent que, si les clients veulent être conseillés, ils ont besoin d'un spécialiste. Ce qui intéresse avant tout le consommateur, c'est savoir s'il paie pour les transactions ou les conseils, et avoir l'assurance qu'il en aura pour son argent.

Il ne fait aucun doute qu'Internet augmente les attentes des clients. Les soixante-dix sociétés d'agents de change en ligne découvrent que le modèle à faible coût et en libre service crée une forte compétition pour entrer dans la cour des grands. En reconnaissant la nécessité d'offrir un plus, même les entreprises du commerce électronique doivent faire face à plusieurs combinaisons de services et de prix, et elles tentent de trouver la formule magique pour laquelle les clients sont prêts à payer. Chaque entreprise devra s'adapter pour attirer l'attention des consommateurs dans le marché surpeuplé de l'âge de l'information.

Pour une gestion plus performante

- Internet contribuera à la mise en place d'un « capitalisme sans friction » en mettant directement en contact vendeurs et acheteurs et en leur donnant plus d'informations mutuelles.
- Comme Internet fait baisser les coûts des transactions, l'intermédiaire est condamné à périr ou à apporter une plus-value à son activité.
- Seules quelques entreprises réussiront en pratiquant le prix le plus bas, la plupart devront élaborer une stratégie qui inclut un service clientèle de qualité.
- Si vous misez sur le service clientèle, dotez vos collaborateurs d'outils d'information numériques afin qu'ils se connectent avec les clients et gèrent leurs contacts.

Évaluez votre système nerveux d'entreprise

- Votre système informatique permet-il à vos collaborateurs de consacrer plus de temps à l'analyse et moins de temps à la collecte des informations ?
- Utilisez-vous des serveurs pour intégrer des applications provenant de plusieurs sources, notamment de systèmes plus anciens et rigides ?
- Disposez-vous d'une seule infrastructure pour supporter les applications destinées à vos collaborateurs et à vos clients ?

6

Rapprochez-vous de vos clients

Le retour sur mes investissements en commerce électronique ? Vous avez perdu la raison ? Demandez à Christophe Colomb quel a été son retour sur investissement dans le Nouveau Monde !
Andrew Grove, directeur d'Intel

Avec l'explosion du commerce électronique, ce ne sont pas seulement les intermédiaires qui pourront trouver de nouveaux moyens d'utiliser Internet pour renforcer leurs relations avec les clients. Les commerçants qui voient dans le commerce électronique plus qu'une caisse enregistreuse numérique seront les grands gagnants. Les ventes sont le but ultime, bien sûr, mais les ventes elles-mêmes ne sont qu'un élément de l'expérience en ligne des consommateurs. Certaines entreprises se serviront d'Internet pour dialoguer avec leurs clients d'une manière impossible auparavant et feront de la vente l'élément d'une séquence de services pour lesquels Internet offre des opportunités uniques.

Il est important que les consommateurs aillent plus loin que le simple plaisir de discuter avec leurs amis. Le bouche-à-oreille est le moyen le plus efficace pour un produit ou une entreprise de bâtir sa réputation et Internet est le média par excellence. Si un consommateur n'apprécie pas un produit ou la manière dont un vendeur l'a traité, il peut très bien envoyer un e-mail à tous ses amis ou coller un message sur un tableau d'affichage lu par tout le monde. Un site automobile appelé AutoWeb.com invite ses clients à s'exprimer par e-mail sur la qualité des services des vendeurs, puis supprime de sa liste les vendeurs mis en cause, qui refusent d'améliorer la qualité de leurs services.

Aujourd'hui, les principaux concurrents des commerces en ligne sont les commerces traditionnels, qui arrivent encore largement en tête en termes de volume des ventes. En 1998, les ventes en ligne ne représentaient guère plus qu'une erreur de virgule dans le volume mondial, avec seulement 0,5 % des ventes totales au détail pour les sept plus grosses entreprises. Mais ce pourcentage augmentera rapidement dans les dix prochaines années. Quand le commerce électronique se sera imposé, les principaux concurrents des sites Internet ne seront plus les magasins traditionnels, mais les commerces en ligne.

Les activités qui connaîtront une croissance rapide sur le Web incluent les services financiers, les assurances, les voyages, les ventes aux enchères et la vente de matériels informatiques. Actuellement, les acheteurs en ligne sont des internautes chevronnés. Les transactions en ligne rapportent des milliards de francs à des entreprises comme Cisco Systems, Dell Computer et Microsoft. Les consommateurs de demain seront sur Internet. Chrysler s'attend à ce que le volume de ses ventes en ligne grimpe et passe de 1,5 % aujourd'hui à 25 % dans quatre ans. Même les plus sages prévoient un taux annuel de croissance de 45 % pour les ventes en ligne. Les prévisions les plus optimistes avancent un chiffre d'affaires de 9 milliards de francs en l'an 2000. À mon avis, elles sont loin du compte.

Le catalogue en ligne d'Eddie Bauer permet à un client d'envoyer son nom, sa taille et une liste d'articles qui lui plaisent, de façon que ses amis et sa famille puissent lui choisir les cadeaux qu'il aime. Finies les mauvaises tailles ou les horribles cravates. Geffen Records fait la promotion de ses artistes et des artistes de labels associés sur son site Web, mais il vend aussi les productions d'autres labels. Le site propose également des T-shirts et d'autres produits dérivés à l'intention des fans, ainsi que des films. Pour créer une communauté, le site héberge des forums de discussion pour les fans et répond vingt-quatre heures sur vingt-quatre aux questions envoyées par e-mail.

Dell et Marriott International se sont lancés très tôt dans le commerce électronique, convaincus que, « si on le met en place, les clients suivront ». Leur objectif était d'utiliser le flux d'information, rendu possible par Internet, pour atteindre directement les clients et créer un niveau de service qui, tout naturellement, favoriserait l'augmentation de leurs ventes.

Se relier à temps à Internet

Dell, fournisseur de matériels informatiques, est l'une des premières grosses entreprises à s'être lancée dans le commerce en ligne. Avec un chiffre d'affaires supérieur à 100 milliards de francs, Dell commence à proposer ses produits sur le Net à la mi-1996. Très vite, son chiffre d'affaires passe de 5,5 millions par semaine à 5,5 millions par jour. Il ne s'arrête pas là, et passe à 17 millions de francs par jour, puis à 28 millions. Et ça continue. Les acheteurs d'ordinateurs apprécient la fluidité des modalités d'achat sur le Web. À l'heure où ce livre est sous presse, le site Dell recense plus de 1,5 million de visiteurs par semaine et traite 11 % de ses transactions en ligne. Dell espère atteindre 50 %, peut-être dès l'an 2000.

Dell peut dire qu'une grande partie de ses clients en ligne sont de nouveaux clients, car son chiffre d'affaires sur le Web affiche un taux de croissance nettement plus rapide que son chiffre d'affaires global, mais la société ne s'attarde pas là-dessus. Au lieu de cela, l'entreprise parle du « chiffre d'affaires généré par le Web », qui inclut la manière dont le Web supporte d'autres ventes. Le Web rationalise les transactions et réduit les appels du support technique.

Michael Dell, le fondateur de la société, est un vieux briscard de la vente directe et du commerce assisté par ordinateur. À douze ans, le petit Michael se fait 11 000 francs en vendant des timbres par correspondance. Au lycée, il place des souscriptions à un journal en se servant de son Apple II pour dresser une liste des adresses des jeunes mariés et des familles qui viennent d'emménager dans la ville. Il gagne assez pour s'acheter une BMW. Jeune étudiant à l'université du Texas en 1983, Michael achète les surplus des revendeurs locaux de matériels informatiques à prix coûtant, gonfle les machines et les vend par téléphone à un prix inférieur à celui pratiqué par les revendeurs. Un an plus tard, il quitte l'université pour créer sa société informatique, qui opère sur le même principe de la vente directe.

Dès les débuts d'Internet, Michael s'y intéresse. Il sait qu'Internet peut étendre la relation directe de Dell avec ses clients du téléphone à l'ordinateur de bureau. Dell arrive à la conclusion que, pour tourner à plein régime, sa société doit intégrer Internet dans sa stratégie commerciale globale et créer une unité dédiée au commerce et au support technique en ligne.

En débutant tôt, alors qu'Internet sort timidement du cercle des étudiants et des technologues pour atteindre le grand public, Dell perce dans le commerce électronique à une époque où la majorité des entreprises en parlent, mais où peu se branchent. Dell ne sait pas ce que les clients attendent d'Internet. Les clients eux-mêmes ne le savent pas vraiment. Dell crée un premier site qui délivre des informations sur ses produits, permet de passer des commandes simples et invite les clients à faire part de leurs réactions. Dell apprend des suggestions qu'il reçoit, souvent en ligne.

Au fil du temps, Dell apporte des centaines de modifications à son site, procède à trois mises à jour majeures et à de nombreuses améliorations mineures. Par exemple, le menu *options* est conçu sur le mode des « boutons de radio », qui facilitent la sélection des options. Étape par étape, Dell ajoute de nouvelles fonctions, notamment la possibilité de suivre l'état d'une commande et d'obtenir le service clientèle ou le support technique. Progressivement, ces éléments bouleversent les pratiques commerciales de Dell.

Changer le rôle des forces de vente

Michael Dell voit aujourd'hui dans la vente directe « différentes combinaisons du face-à-face, de l'oreille-à-oreille et du clavier-à-clavier. Chacun trouve sa place. Internet ne remplace pas les gens, il augmente leur efficacité. En déplaçant les interactions de routine sur le Web et en permettant aux utilisateurs de faire certaines choses eux-mêmes, nous faisons gagner du temps à nos forces de vente, qui peuvent faire des choses intéressantes avec les clients ».

Auparavant, les clients n'avaient qu'un seul moyen pratique de communiquer avec l'entreprise : le vendeur envoyé par Dell pour leur vendre un ordinateur. Et ce vendeur était formé pour résoudre les problèmes du client. Quand Dell introduit sa nouvelle technologie, il doit s'assurer de deux choses : que la nouvelle solution sera au moins aussi pratique que le téléphone, et que ses commerciaux adapteront leurs méthodes commerciales.

« Il nous a fallu treize années pour mettre en place une culture fondée sur un service clientèle de qualité. Ce service reposait surtout sur nos vendeurs, qui étaient à la disposition des clients en permanence. Nous voulions introduire un nouvel élément, déclare Michael. L'élément le plus délicat n'était pas la technologie, mais le changement de comportement de nos vendeurs et de nos clients. Simplicité et confort étaient l'objectif suprême. Nous devions élaborer un système Internet suffisamment pratique pour que nos clients valorisent mieux leur temps

**Dell réduit ses dépenses
pour le service clientèle et le support**

Internet supprime de nombreux frais, pas seulement les frais liés aux ventes.

Chaque semaine, quelque cinquante mille clients se connectent sur le site de Dell pour s'assurer de l'état de leur commande. Si 10 % de ces clients appelaient au lieu de se servir du service en ligne, ces cinq mille appels, dont le coût varie entre 15 et 30 francs, représenteraient pour Dell une dépense de 85 000 à 140 000 francs par semaine.

Chaque semaine, 90 000 fichiers sont téléchargés à partir du site de la firme. Répondre au même nombre de demandes de logiciel par téléphone et envoyer à chaque client le logiciel par la poste coûteraient à la société 855 000 francs par semaine.

Chaque semaine, plus de deux cent mille utilisateurs consultent les astuces de dépannage de Dell sur le Web. Chacune de ses astuces économise à la société un appel à 85 francs du support technique. Les économies réalisées sur une année se chiffrent à plusieurs millions de francs.

Ces options en libre service améliorent la productivité de Dell, mais profitent aussi aux clients. Le système en ligne de Dell a permis à une grande entreprise d'économiser 11 millions de francs par an en frais de dépannage.

qu'avec le téléphone. C'était la seule façon de les désaccoutumer des contacts personnels. Et ce n'était pas une mince affaire. »

Offrir plus d'informations en ligne ne dévalorise pas le travail de l'équipe des vendeurs de Dell. Avec plus de reports et d'outils de recherche en ligne, accessibles aux consommateurs et aux commerciaux, le commercial a des contacts moins fréquents mais plus substantiels avec le client. Comme Merrill Lynch, Dell est d'avis qu'un client instruit est un meilleur client. Les commerciaux de Dell jouent le rôle de consultants, ils aident les clients à élaborer un plan de transfert technologique, des programmes de crédit-bail ou de modernisation de leur parc informatique. Ils cernent l'activité des clients et leur expliquent comment les technologies peuvent contribuer à améliorer leurs résultats financiers. Les transactions sur le Web réduisent le temps que les agents commerciaux passent à traiter les commandes, à vérifier l'état des commandes et à répondre aux demandes de services. Les agents commerciaux ont plus de temps pour conseiller le client, établir de solides relations et vendre. Et ils ont toujours la possibilité d'apporter leur aide, quand la situation le requiert. Le client peut envoyer un bon de commande partiellement rempli à l'agent commercial et profiter de ses conseils avant de confirmer la commande.

Une des originalités de Dell en matière de support technique a été de créer plus de cinq mille pages Premier spéciales, conçues sur mesure pour ses principaux clients. 65 % des activités en ligne de Dell concernent les petites et moyennes entreprises, et les pages Premier sont pour Dell un moyen d'accroître son activité d'entreprise.

Un gros client, ou un client dans un certain segment de clientèle, comme le gouvernement ou les universités, se connecte à une page qui lui est réservée. La page montre les options d'achat en fonction de la politique de l'organisation, affiche les configurations machine standards et des prix négociés à l'avance, ainsi que des informations sur la commande, l'historique de la commande et des données d'accès au compte. Les organisations peuvent préautoriser les achats jusqu'à un certain montant, si bien que les commandes peuvent être traitées immédiatement. Les agences gouvernementales connaissent les prix des systèmes autorisés par les contrats de l'administration des services généraux. Quand une commande arrive, elle est automatiquement notifiée au client, qui reçoit le numéro du transport aérien.

Une seconde page sécurisée contient des données confidentielles à l'intention des directeurs des achats ou des cadres supérieurs de l'organisation. Cette page fournit des données comptables que les clients reçoivent habituellement dans les rapports mensuels. Un fabricant utilise cette page pour retrouver les achats et les dépenses à imputer à chaque département, et une compagnie pétrolière s'en sert pour suivre l'évolution de son parc informatique. Cette seconde page a réduit de 15 % les dépenses de Dell concernant la fourniture de données comptables à ses clients.

Déplacer les priorités de développement

Avec Internet, les méthodes de développement des applications changent. Dell est habitué à concevoir des outils dont ses collaborateurs se servent pour le support téléphonique. Aujourd'hui, chaque développement important d'un outil est d'abord testé, pour voir s'il mérite d'être installé directement sur Internet, à l'intention des clients. Si tel est le cas, Dell va voir les développeurs. Le dernier grand projet de développement interne de Dell pour les outils de support a coïncidé avec le moment où Internet atteignait une masse critique. La société s'est servie de ces outils en interne pendant des mois et a procédé à quelques modifications, avant de les « adapter pour les clients ».

Internet a également affecté le mode d'utilisation de ses systèmes d'arrière-plan. Le système principal de Dell supporte le système des commandes téléphoniques, qui mobilisent quelques employés seulement. Ce système est capable de traiter des centaines de milliers de transactions chaque semaine, mais il est *incapable* de gérer des milliers de clients qui passent leurs commandes en ligne. Généralement, il est désinstallé le week-end, afin de procéder à des opérations de sauvegarde et de maintenance. Le système Internet doit donc être disponible sept jours sur sept, vingt-quatre heures sur vingt-quatre.

Dell résout le problème en couplant l'ordinateur central avec une série de ses propres serveurs Power Edge, équipés de processeurs Pentium Pro. Ces serveurs gèrent le logiciel et les bases de données de gestion du site Web pour le suivi des commandes et le support. Grâce à une technologie de réplique, Dell traite les demandes à l'aide de l'un de ses serveurs frontaux. Le contenu est réfléchi sur tous les serveurs, si bien que le chargement de la transaction peut être distribué. En cas de forte affluence, Dell peut coupler un nouveau serveur en une heure. Tout ce que l'équipe d'Internet doit faire, c'est créer une copie des dernières données sur un nouveau serveur, ajouter ce serveur au réseau et signaler au système de réplique la présence d'un nouveau serveur système.

Dell doit éliminer quelques défauts dans les procédures de télétransmission et de téléchargement des données. Un jour, en effet, le logiciel de l'ordinateur principal, qui vient d'être modifié, brouille les liaisons des serveurs Web. Résultat, les écrans d'ordinateurs proposés sur le site Web sont vendus « zéro » dollar. Une centaine de commandes arrivent dans le court laps de temps entre l'affichage de ce superprix et l'intervention de Dell. La société doit ensuite téléphoner à tous les clients pour expliquer son erreur. L'incident provoque une prise de conscience du niveau d'assurance qualité qu'exige le commerce électronique, et Dell améliore ses processus de maintenance logiciel pour s'assurer que l'erreur ne se reproduira plus.

« Dans ce cas, c'était juste gênant pour nous, explique Scott Eckert, directeur de Dell Online, la société fondée pour créer le site Internet de Dell. Nous étions entrés très tôt dans la partie et nos clients étaient compréhensifs. Mais la leçon a été claire. Nous avons pris conscience que plus notre volume de vente augmentait, plus l'impact potentiel de la moindre erreur pouvait être ahurissant. Une année plus tard, ce genre d'erreur aurait été inacceptable pour un site Web aussi fréquenté que le nôtre. Alors que certaines entreprises considèrent leur site comme une brochure publicitaire, ou un simple divertissement, notre site est commercial. Il demande plus d'attention qu'un système de comptabilité interne. La moindre erreur est immédiatement visible pour le monde entier. »

La circulation en temps réel des données de vente sur le site Internet et le système de traitement des commandes jouent un rôle de premier plan dans la compétitivité de Dell. Au lieu d'avoir des stocks pour quatre-vingts jours, comme les revendeurs (bien qu'ils essaient eux aussi de réduire leurs stocks), Dell n'a que huit jours de stocks, et encore, ils sont principalement constitués de puces et d'unités de disques durs. Le temps d'assemblage est de quatre heures seulement. Les machines sont généralement livrées aux clients dans les trois à cinq jours qui suivent la réception de la commande.

Le modèle commercial de Dell repose sur les stocks. Plus la société réduit ses stocks, plus elle libère de capitaux qu'elle peut investir dans d'autres activités qui génèrent des revenus. Les stocks réduits se traduisent par une économie de plusieurs centaines de millions de francs en actifs. Dans le même temps, la nécessité d'avoir un service clientèle de qualité implique de ne jamais être à court de stocks. Les technologies de l'information sont le seul moyen d'équilibrer les besoins. « Les biens immobiliers étaient considérés comme un avantage, dit Michael. Aujourd'hui, on y voit un point faible. Plus on colle à l'information parfaite sur la demande, plus on peut se rapprocher du zéro stock. La formule est simple. Plus de stocks signifie moins d'information, et plus d'information signifie moins de stocks. Nous échangeons les biens immobiliers contre l'information. »

Sur sa lancée, Dell franchit un nouveau pas dans le développement de son site Web : il personnalise encore plus ses services sur ses pages Premier, informatise entièrement les processus de commande de ses gros clients et élimine les documents imprimés. Même quand les acheteurs ont la possibilité de passer leur commande en ligne, les procédures d'autorisation au sein de l'organisation de l'acheteur se font sur imprimés. Dell va donc offrir aux entreprises une application qui intègre la base de données des commandes dans le système d'achat du client. Des outils de rapports souples donnent aux clients la possibilité d'interroger les systèmes d'information de Dell et de générer leurs propres rapports d'état.

Dell propose déjà ses services sur Internet dans trente-six pays et en dix-huit langues. L'entreprise prévoit de poursuivre le développement de ses services Internet au plan international, afin que tous les clients profitent de ses sites Internet.

Expérimenter un nouveau service

Marriott International, première société hôtelière du monde, a vite compris qu'Internet peut faire plus que réserver des nuits d'hôtel. Avec un chiffre d'affaires de plus de 55 milliards de francs, Marriott gère plus de mille cinq cents hôtels dans le monde, sous différentes enseignes. La société ouvre son premier système de réservation en ligne en 1996. Marriott a beau déclarer que son système est rudimentaire et expérimental, à la fin de l'année, il génère un revenu de 5,7 millions de francs. Ces résultats attirent l'attention de la direction. Comme Dell, Marriott pressent qu'Internet a un immense potentiel, sans vraiment savoir comment. Début 97, la société crée une équipe spécialement chargée d'Internet, Interactive Sales and Marketing Department, dirigée par Mike Pusateri.

Dès le départ, la solution Internet de Marriott bénéficie du soutien inconditionnel de la société et d'une étroite collaboration entre l'équipe commerciale et l'équipe informatique. Le vice-président des ventes, Rich Hanks, est un fervent défenseur d'Internet. C'est lui qui crée le département de Pusateri, l'embauche, lui donne une bonne équipe et l'aide à consolider son activité. Le responsable de l'information, Carl Wilson, nouveau venu chez Marriott, travaille avec Pusateri sur les problèmes techniques, il contribue aussi à obtenir le soutien de la direction.

Les études de marketing de Marriott font la preuve qu'Internet constitue un fort potentiel pour l'activité de l'entreprise. En 1997, une enquête américaine sur les utilisateurs d'Internet, FIND/SVP, révèle que l'un des premiers sujets de recherche sur le World Wide Web concerne les voyages. D'après le groupe Forrester, les voyages viennent en deuxième position des achats en ligne. Enfin, une étude de Yankolevitch indique que les utilisateurs des services touristiques cherchent avant tout des informations sur leur destination.

C'est là que Marriott intervient.

Pour Marriott, conclut Mike Pusateri, Internet doit créer une boucle de communication qui fournira un service de meilleure qualité, qui à son tour attirera une nouvelle clientèle. « Les sociétés informatiques se sont emparées du phénomène Internet il y a plusieurs années, mais la grande majorité des industries est tout juste en train d'en prendre conscience, déclare Mike Pusateri. Internet est le média du service par excellence – il fournit des services selon une procédure plus rapide, plus conviviale et plus personnelle que tout ce que les clients ou les entreprises ont jamais connu. Et le service, c'est la raison sociale de Marriott. Nous ne possédons même pas les murs de nos hôtels. »

Que pouvons-nous faire pour vous ?

Marriott est une des premières entreprises à concevoir une page d'accueil interactive. Grâce à un moteur de recherche sophistiqué, vous pouvez trouver un hôtel Marriott à partir de n'importe quel critère : situation, commodités sur place, aménagement des chambres et offre de loisirs. Vous pouvez obtenir rapidement une liste des hôtels de Phoenix qui disposent d'une salle de conférences, de connexions pour ordinateurs dans les chambres et qui sont proches d'un terrain de golf. Ou bien vous pouvez consulter la liste des hôtels Marriott situés dans un rayon de quinze kilomètres autour de la succursale de votre société de Dallas, au Texas. Vous cliquez sur l'icône *boîte à idées* pour faire part de vos commentaires aux départements du service clientèle de chaque hôtel Marriott.

Vous pouvez également consulter des pages Web, qui recensent les commerces, les restaurants ou toute autre forme de divertissement proche de l'hôtel. Un système géographique intégré vous donne accès à plus de seize millions d'entreprises et de points intéressants dans le monde. Vous pouvez demander un itinéraire pour vous rendre dans n'importe quel hôtel à partir de n'importe quel endroit, ou l'inverse, grâce à des cartes routières en couleurs. Si vous avez envie de manger chinois ou si vous voulez connaître le magasin de reprographie le plus proche, le système géographique vous propose six options dans un rayon de trente kilomètres, ainsi que l'itinéraire pour vous y rendre.

Une fois que vous avez sélectionné un hôtel, vous pouvez aisément vérifier s'il y a des chambres disponibles, à quel tarif, et réserver une chambre. Vous pouvez également réserver des chambres via d'autres services en ligne connus, comme TravelWeb et Microsoft Expedia. Le site de Marriott contient des liens vers plus de mille pages Web. Quel que soit le site de réservation choisi, Marriott est présent.

Personnaliser le site Web pour chaque visiteur

Marriott personnalise ses services en ligne pour tous les visiteurs. Le site ne se contente pas de proposer une simple liste statique ou des liens vers des listes statiques que les utilisateurs se contentent de faire défiler. Toutes les informations sont sauvegardées dans une base de données et sont affichées en fonction des critères de recherche de l'internaute. Le logiciel d'arrière-plan adapte le site de façon dynamique, comme une session, et chaque visiteur a une vue personnalisée du site de Marriott selon ses intérêts.

À lui seul, le site de Marriott, fréquenté par quinze mille personnes par jour en moyenne, génère un chiffre d'affaires mensuel supérieur à 11 millions de francs en 1997. Marriott peut difficilement dire quel pourcentage la société aurait réaliser sans Internet, mais la société sait que le site attire plus de clients aisés qui optent pour ses hôtels haut de gamme. Le tarif moyen d'une chambre louée par un client Internet est supérieur à la moyenne.

Pendant que d'autres sociétés commencent timidement à ouvrir des sites interactifs, Marriott va plus loin et a recours à des technologies plus sophistiquées, comme le multimédia, qui permet aux hôtes et aux voyagistes potentiels d'avoir une expérience visuelle d'un hôtel. Au lieu de plans statiques, les clients ont une vue panoramique des couloirs et des équipements, pour ce qui s'apparente à une « réservation avec vue ».

Marriott s'est rendu compte, comme d'autres sociétés, que plus un site est interactif, plus les clients achètent. Un site dynamique génère plus de réservations et d'activités. Marriott envisage d'enrichir son site et de le personnaliser encore en y ajoutant un élément « profil des clients ». Supposons que je veuille passer un week-end tranquille à une distance raisonnable de Seattle. Je pourrai entrer les noms de deux ou trois hôtels Marriott que j'apprécie beaucoup, mais qui se trouvent dans d'autres régions. Marriott me recommandera alors des hôtels ou endroits similaires, proches de Seattle. Le site Web me proposera de lire les commentaires d'autres clients qui ont séjourné dans l'un ou l'autre de ces endroits.

« Nous sommes déjà passés du monologue au dialogue sur notre site Web, explique Mike Pusateri. Nous devons maintenant faire évoluer le dialogue vers un forum. Les profils de nos clients ne nous permettront pas uniquement de mieux les servir, de leur faire des suggestions en fonction de ce qu'ils apprécient, cela nous permettra aussi de mettre en contact les clients de Marriott. C'est une sorte de groupe de discussion à l'intérieur de notre site Web, mais le logiciel fait tout le travail à notre place. »

Marriott a la conviction que cette plus-value apportée à sa démarche fera la différence avec les autres chaînes d'hôtels. Le but n'est pas de créer un « marché aux puces virtuel », où les clients viennent chiner le meilleur prix. Marriott n'est pas toujours l'option la moins chère. La société suit plutôt le modèle de Nordstrom et propose une série de critères qui n'ont rien à voir avec le prix, ses programmes contribuant surtout à consolider sa fidélité envers ses clients.

Au lieu de se passer des intermédiaires, Marriott les intègre dans ses services clientèle. Sur son site, la société réserve des emplacements spéciaux aux voyagistes et aux organisateurs de conférences, qui ont ainsi la possibilité de mieux servir leurs commanditaires. Dans la section qui leur est réservée, les voyagistes apprennent comment trouver Marriott à partir de pratiquement tous les grands réseaux de réservation. Les organisateurs de conférences peuvent lancer une recherche d'hôtels en fonction de leur situation, de leurs équipements, du nombre de lits et de salles de réunion, des dimensions et des capacités de ces salles. Le site suggère également des hôtels qui se prêtent à telle ou telle activité. Aujourd'hui, le site fournit des plans détaillés des salles de réunion ; à l'avenir, elles seront présentées dans une vidéo.

Des milliers d'organisateurs de conférences visitent le site de Marriott, pour la simple raison que cela leur évite de se déplacer physiquement. Ils peuvent voir sur le Web tout ce qu'ils ont besoin de voir. Marriott a réussi à faire comprendre que cette communauté est importante pour la chaîne d'hôtels. Peu après son ouverture, le site de Marriott a eu droit à de bonnes critiques dans les publications spécialisées des voyagistes, et, depuis, le site est florissant.

Vous vous demandez peut-être comment Marriott a su que les organisateurs de conférences et les voyagistes seraient assez nombreux à fréquenter son site pour rentabiliser ses investissements dans des outils spécialement conçus à leur intention ? Marriott s'est servi de la technologie. Quand la société a ouvert son site, elle a lancé une enquête en ligne et reçu sept mille réponses en un mois, dont un nombre étonnant d'intermédiaires du tourisme. Elle a également découvert que les réponses provenaient pour moitié de personnes qui voyagent pour leurs affaires et de personnes qui voyagent pour leur plaisir. Ces deux groupes ont des intérêts radicalement différents : les hommes d'affaires veulent gagner du temps en ligne, les touristes veulent passer du temps en ligne. Marriott a adapté son site pour satisfaire les deux groupes. Sur la page d'accueil, un bouton rouge de « réservation » facilite la tâche des voyageurs d'affaires et des touristes pressés de réserver une chambre. Pour les autres, qui veulent des contenus sur leur destination sans téléchargement interminable, le site propose des images, des cartes et des itinéraires.

Pour rester en contact avec ses clients, Marriott continue ses enquêtes annuelles en ligne par e-mail, et reçoit un millier de réponses par jour.

Se brancher Internet

Mike Pusateri estime que la direction de Marriott doit se familiariser avec la technologie et comprendre son importance, pour cela, il use d'un moyen inhabituel : il achète vingt moniteurs qu'il fait livrer au domicile des directeurs de Marriott. Il veut qu'ils comprennent que le Web va devenir omniprésent et que le grand public va l'adopter. « Notre société prétend satisfaire les besoins et les désirs de ses clients, nous nous devons de parler leur langage, rappelle Mike Pusateri. Je leur ai dit que d'ici peu de temps nos clients demanderaient des outils comme celui-ci dans nos chambres d'hôtel afin de pouvoir surfer sur Internet, sans bouger de leur lit ou de leur fauteuil. Ils m'ont écouté. »

Mike Pusateri s'assied à côté des directeurs et navigue avec eux sur les sites susceptibles de les intéresser. En six mois, Internet et le World Wide Web font partie de leur vie. « Des directeurs ont commencé à me héler à la cafétéria pour me dire qu'ils avaient visité leur site automobile préféré ou qu'ils avaient appris des choses sur telle maladie. Ce n'était plus un phénomène "étranger". Ils étaient personnellement impliqués. »

Mike Pusateri crée un Web Policy Board, un organe exécutif composé de représentants du service technologies de l'information et des ventes, des enseignes, des franchisés, des ressources humaines et des communications internes. « Réunir tout le monde, spécialement au niveau de la direction, pour réfléchir à une stratégie Internet, a été un premier pas important », explique Mike. Plus tard, Marriott constitue le conseil Web, un groupe de travail informel de vingt-cinq à trente personnes, responsables des contenus dans divers domaines. Le groupe de travail se réunit une fois par mois afin d'améliorer la coordination et de partager les meilleures expériences.

Mike Pusateri et Carl Wilson collaborent depuis le début et chacun des deux hommes s'efforce de voir le monde du point de vue de l'autre. Quand il a pris son poste, Pusateri, l'homme d'affaires, a fait appel à un consultant une fois par semaine pour l'initier aux arcanes de la technique. Lors de la première réunion du Policy Board, Wilson, le technologue, a préconisé que Marriott évalue les activités commerciales aussi bien que les infrastructures techniques d'autres sociétés leaders sur le Web.

Votre site Web est-il performant ?

La plupart des entreprises font appel à des firmes extérieures pour créer leurs sites Web et la majorité des dirigeants partent du principe que leurs connaissances techniques limitées ne leur permettent pas de juger du niveau de qualité de leur site. En fait, rien n'est plus facile : utilisez-le vous-même. Est-ce que l'expérience est simple ? L'information est-elle bien organisée ? Obtenez-vous rapidement des réponses à vos questions ? Est-il aisé de remplir son caddie électronique, ou bien avez-vous toutes les peines du monde et faut-il passer d'un article à l'autre ? Chaque entreprise qui atteint virtuellement un consommateur doit développer des produits intuitifs. Vous devez tester rigoureusement tout ce que vous proposez à vos clients sur le Web. L'occasion de faire une première bonne impression ne se présente pas deux fois.

À la demande de Marriott, fine.com, le développeur du site Marriott, organise des stages chez Boeing, qui a certainement le plus grand intranet des États-Unis, et chez Microsoft, dont les sites Internet sont parmi les plus actifs. L'équipe de Marriott, y compris des cadres, l'équipe technique et les personnes chargées de la communication interne ont droit à un « vidage de cerveau » sur la manière dont Boing et Microsoft utilisent Internet. Ils discutent technologies, stratégies de transfert, coordination interne et coordination avec des parties extérieures, comme les franchisés de Marriott. Par la suite, l'équipe de fine.com discute pendant deux jours avec Marriott des choses que chaque unité de la chaîne d'hôtels devrait faire sur Internet.

À l'avenir, les hôtels intégreront Internet dans d'autres procédures que la seule fourniture de renseignements sur les itinéraires et les chambres. L'accès à Internet doit aussi faire partie de l'équipement des chambres. La plupart des grands hôtels proposent des connexions modem dans les chambres, ils ont des salles de réunion où les clients peuvent bénéficier d'équipements informatiques. À l'avenir, les hôtels qui s'adressent à une clientèle d'affaires proposeront des connexions à haut débit dans toutes les chambres et les plus grands hôtels proposeront des stations d'accueil et des écrans largement dimensionnés. Ainsi, les hommes d'affaires pourront brancher leurs portables et être aussi productifs en voyage qu'au bureau.

Placer les services Web dans leur contexte

Michael Dell, dont l'activité repose sur le contact direct avec les clients, a vu dans Internet une extension naturelle de sa philosophie. De son côté, Marriott est arrivé à la conclusion qu'Internet est un moyen fabuleux d'élargir ses relations avec la clientèle. Les deux entreprises utilisent les nouvelles possibilités offertes par Internet pour y ajouter une valeur unique.

Les entreprises suivent le même raisonnement pour développer des services Internet performants. La coordination interne dépend en tout premier lieu du soutien apporté à l'initiative Internet par l'institution, de la direction commerciale et d'une coopération étroite des services techniques. La coordination au niveau de la direction a été plus évidente chez Dell, qui est une entreprise informatique, mais, suivant l'exemple Marriott, Dell a créé une unité spéciale Internet. Pour se lancer sur le réseau, Marriott a bénéficié du soutien inconditionnel de sa direction, d'un ténor des affaires et d'une campagne parfaitement orchestrée pour former et impliquer ses cadres supérieurs.

Marriott et Dell ont compris que le commerce doit être une interaction d'Internet et des contacts personnels. Ce n'est pas l'un *ou* l'autre. Les gens ont tendance à opposer la froideur d'un écran à la chaleur d'un face-à-face, ils présument que l'interaction de personne à personne l'emportera. Comme ils ne voient pas la place d'Internet dans le spectre marketing-vente-service, ils sous-estiment les capacités du réseau. Les entreprises intelligentes sauront combiner services Internet et contacts personnels dans des programmes qui donneront à leurs clients les bénéfices de ces deux types d'interaction.

Si vous voulez vous contenter de transférer des transactions sur Internet, utilisez les communications en ligne pour le partage de l'information et les communications de routine, et réservez le face-à-face aux activités qui ont la plus forte plus-value. En plus d'utiliser Internet pour simplement faire des réservations et passer des commandes, les clients trouvent qu'Internet est un média parfait pour collecter les informations, évaluer un rapport qualité-prix, vérifier l'état d'une commande, diagnostiquer et résoudre des problèmes courants, ainsi que pour d'autres tâches relativement simples. De plus en plus, dans ce contexte, les forces de vente sont appelées à devenir des consultants.

Au fur et à mesure des évolutions des technologies Internet, les clients n'auront plus à faire la différence entre le support Web et le support téléphonique lorsqu'ils seront confrontés à des problèmes épineux. Quand ils navigueront sur une page Web, il leur suffira de cliquer sur une touche pour obtenir un support Web ou téléphonique. Pour les petits problèmes, ils cliqueront sur un bouton pour envoyer un e-mail. S'ils ont besoin d'une réponse immédiate, ils cliqueront sur un bouton d'appel d'un agent du service clientèle. Afin de mieux comprendre le problème, l'agent aura sous les yeux la même page Web que son interlocuteur et toutes les informations du client s'afficheront simultanément sur l'écran de l'agent.

Deux méthodes existent pour créer une connexion vocale. La première consiste à utiliser un même protocole Internet pour la voix et les données. Grâce à ce protocole, l'agent peut lire la page Web que consulte le client et la même connexion supporte l'échange vocal avec le client. Bien que ce soit le moyen le plus simple d'obtenir une communication vocale et Web simultanée, la bande passante limitée dont disposent généralement les utilisateurs ne permet d'obtenir qu'une qualité de son médiocre. Dès lors que la bande passante sera plus large, cette méthode sera utilisée sur tous les sites Web.

Le second moyen consiste, pour le logiciel, à déterminer si le micro-ordinateur de l'utilisateur est capable d'établir une connexion téléphonique classique. Dans ce cas, quand l'utilisateur clique sur une touche pour parler à un agent, l'ordinateur compose le numéro de téléphone et établit la connexion avec l'agent, via une ligne vocale classique. L'intérêt de cette méthode, c'est que vous avez une qualité de son excellente, mais coordonner la voix et le Web est une opération plus complexe.

Plusieurs entreprises proposent des solutions qui s'appuient sur l'une ou l'autre de ces méthodes, voire sur les deux. Une société, eFusion, a un commutateur que les entreprises peuvent intégrer dans leurs sites Web. Lorsqu'un utilisateur clique sur ce bouton, il est connecté directement au central téléphonique de l'entreprise. L'agent et l'appelant peuvent naviguer dans le même contenu simultanément, tout en discutant via une connexion vocale. Ce système fonctionne sur une simple ligne téléphonique. Les utilisateurs ont simplement besoin d'un ordinateur multimédia équipé d'un logiciel de téléphonie Internet, comme Microsoft NetMeeting. Dell a ajouté un commutateur sur son intranet, qui permet à ses employés d'obtenir un support technique, et la société envisage de l'intégrer à son site Web. Les communications simultanées Web et vocales deviendront la norme dans de nombreux secteurs, comme les services bancaires et hypothécaires, les services publics et les sociétés de cartes de crédit, dans la mesure où les individus seront de plus en plus nombreux à adopter le « style de vie Web », un concept que je décris dans le chapitre suivant.

Le jour où les connexions en bande large seront la norme, ni les entreprises ni les utilisateurs ne feront plus la différence entre le support Web et les autres formes de support. Ce sera aux entreprises de concevoir leurs sites intelligemment. Cliquer sur une touche de liaison pour dialoguer avec un interlocuteur ne sera pas le premier réflexe d'un internaute. La plupart des entreprises devront faire en sorte d'inciter les utilisateurs à consulter eux-mêmes les réponses et à ne demander une communication avec un agent du service clientèle uniquement quand ils en ont vraiment besoin. Le site doit guider l'utilisateur vers une liste de questions fréquemment posées, un assistant automatisé qui les guidera vers une solution.

Sur les connexions à faible débit, une photo de l'agent du service clientèle pourra s'afficher pour donner un tour plus personnel à la conversation. Avec une connexion à haut débit, l'utilisateur pourra aussi avoir une liaison vidéo directe avec son interlocuteur. Cette intégration des technologies Web et vocales sera un changement radical. Les entreprises ont déjà la largeur de bande nécessaire pour le mettre en place en interne et ce n'est qu'une question de temps avant que le grand public en soit doté.

Dès lors que les entreprises seront plus nombreuses à se lancer dans le commerce virtuel, comment pourront-elles conserver leur avance ? Les premières à s'être installées sur Internet, comme Dell et Marriott, ont l'avantage de l'ancienneté, elles ont appris ce qui marche et ce qui ne marche pas et elles profitent de leur réputation. Elles tirent aussi avantage de leurs programmes de fidélité. Dell utilise les bulletins électroniques pour garder le contact avec ses clients, propose des nouvelles ciblées et des promotions aux abonnés. Marriott permet à ses clients d'échanger leurs points Avantages Marriott par e-mail. L'atout majeur de ces entreprises pionnières est peut-être le feed-back permanent dont elles ont bénéficié concernant leurs sites et leurs programmes. Ce feed-back les aide à améliorer en permanence leurs procédures. Leur objectif est de faire en sorte que leurs sites Web conservent plusieurs versions d'avance sur leurs concurrents potentiels. C'est ce que Michael Dell signifie lorsqu'il dit que l'innovation apportée aux procédures est aujourd'hui la raison première de son avance sur ses concurrents.

Que ce soit chez Marriott ou chez Dell, le succès est dû à des sites Web interactifs et personnalisés, qui leur permettent d'élargir leur clientèle à moindres frais et de la fidéliser. La personnalisation exemplaire de leurs sites jouera un rôle de plus en plus important dans le commerce en ligne. Là où les commerçants classiques investissent des sommes considérables dans la pierre pour multiplier leur présence et font du battage pour placer leurs articles auprès de l'acheteur moyen, les commerçants en ligne se servent du numérique pour personnaliser leurs articles en dialoguant avec chaque acheteur individuel. Dans le cas de Marriott, la personnalisation interactive attire plus de clients dans les hôtels de ses enseignes. Dans celui de Dell, elle contribue à vendre des micro-ordinateurs. Dans les deux cas, la capacité à atteindre la clientèle avec des services personnalisés induit de nouvelles recettes.

Pour une gestion plus performante

- Un site Web performant implique de créer, pour les clients, une nouvelle expérience qui tire profit des capacités uniques d'Internet.
- Pour réussir sur le Web, la direction doit avoir conscience des capacités d'Internet et soutenir les projets d'essais et d'investissements.
- La majorité de vos interactions avec vos clients sur Internet concernera le support plutôt que la vente. La nature d'Internet, c'est-à-dire le bouche-à-oreille, vous coûtera cher si vos clients font une mauvaise expérience sur votre site.
- Un bon site Web peut faire évoluer vos vendeurs vers le conseil.

Évaluez votre système nerveux d'entreprise

- Votre système nerveux vous permet-il d'offrir un service personnalisé aux internautes qui visitent votre site Web ?
- Votre système nerveux vous permet-il d'échanger des produits contre des informations ?
- Votre infrastructure Web est-elle configurée pour intégrer facilement un support vidéo et téléphonique à l'avenir ?

7

Adoptez le style de vie Internet

Dans les territoires de chaque nation civilisée,
partout où le langage humain est connu et où
le commerce a ses marchés, les fils électriques qui relient
le monde en un réseau de vie palpitante font entendre
leur voix dans toutes les langues.
Un auteur anonyme décrivant les effets du
télégraphe en 1878 (extrait du *Victorian Internet*)

Si vous demandez à vos amis pourquoi ils se servent de leur téléphone pour discuter avec leurs amis ou pourquoi ils allument leur poste de télévision pour se distraire ou regarder les infos, ils vous regardent d'un air amusé. Mais si vous leur demandez s'ils ont adopté le « style de vie électrique », ils pensent que vous êtes devenu dingue. Dans les pays développés, on considère les appareils électriques comme une évidence. Ils sont là et nous les utilisons. Mais les personnes d'une cinquantaine d'années se souviennent de l'époque où quelques familles seulement avaient la télévision. Nos grands-parents ont connu celle où la plupart des foyers ruraux aux États-Unis vivaient sans électricité. Quelques personnes âgées sont nées avant l'installation des réseaux électriques dans les villes. Il y a un siècle, le télégraphe reliait pour la première fois les quatre coins du globe avec des communications rapides. Il a fallu attendre plus de cent ans pour que le « style de vie électrique » remodèle la civilisation.

Quand les rues et les habitations ont été raccordées au réseau, l'électricité a d'abord été réservée à l'éclairage. Personne ne prévoyait à quel point le courant électrique allait changer notre mode de vie.

L'éclairage électrique était plus sûr, plus propre, plus vif et plus souple que le gaz naturel, le kérosène ou la bougie. Une fois l'infrastructure en place, de nouveaux produits innovants ont fait leur apparition : réfrigérateurs, phonographes et climatiseurs sont des applications des nouvelles technologies, adaptées aux nouveaux besoins. Les applications les plus révolutionnaires de l'électricité ont été le téléphone, la radio et la télévision. Tous ces nouveaux équipements ont modifié notre économie et notre style de vie. Les individus n'en rêvaient pas avant la création de l'infrastructure.

Parce qu'Internet est une infrastructure de communication mondiale qui a besoin de l'électricité pour fonctionner, on pourrait être tenté de dire que sa diffusion est une extension du « style de vie électrique ». Mais Internet crée une nouvelle manière de vivre que j'appelle le « style de vie Internet ». Comme le style de vie électrique, il se caractérise par des innovations rapides. L'infrastructure des connexions à haut débit a atteint une masse critique, elle engendre de nouveaux logiciels et matériels qui changeront nos vies. Des outils intelligents comme les micro-ordinateurs sont de plus en plus puissants et de moins en moins chers. Depuis qu'ils sont programmables, ils se prêtent à de multiples applications. D'ici à dix ans, la majorité des Américains et des individus dans le monde auront adopté le style de vie Internet. Se connecter sur le Web pour avoir des nouvelles, pour apprendre, pour se divertir et pour communiquer sera un automatisme. Ce sera aussi naturel que d'attraper le téléphone pour discuter avec une personne ou commander un article d'un catalogue aujourd'hui. Le Web servira pour payer des factures, gérer ses biens, communiquer avec son médecin et diriger une entreprise. Tout aussi naturellement, vous vous promènerez avec un ou plusieurs petits appareils sans fil pour être joignable en permanence et gérer vos affaires, où que vous soyez.

Pour beaucoup de gens, le style de vie Internet est déjà une réalité. En 1998, plus de quarante millions d'Américains se branchaient régulièrement sur le Web, contre vingt-deux millions l'année précédente. La même année, l'internaute moyen s'est connecté en moyenne huit à neuf fois par mois, pour un total de trois heures et demie passées en ligne.

Il est intéressant de constater que les adeptes du style de vie Internet se servent d'Internet pour apprendre et acheter autrement. Quand le robot Sojourner se pose sur Mars, en été 1997, le site Web de la NASA est pris d'assaut par quarante-sept millions de personnes en quatre jours, toutes veulent en savoir plus que ce que leur apprennent les médias traditionnels. Quoi que vous pensiez du rapport Starr sur le président Clinton, Internet est le seul média capable de diffuser rapidement ce document de quatre cent quarante-cinq pages. Entre six et neuf millions de personnes le consultent au cours du premier week-end qui suit sa publication. Les entreprises fournissent toute une variété d'information et de services, qu'il s'agisse des cotes boursières en temps réel, de résultats sportifs ou de guides touristiques. Vous pouvez acheter pratiquement tout sur le Web, des tableaux impressionnistes aux nouveaux « collectors », comme les boîtes à déjeuner métalliques des écoliers à l'effigie des superhéros de dessins animés. Le Web est un vecteur idéal pour créer des communautés. Il existe des sites dédiés à la recherche des enfants disparus, à l'adoption des animaux de compagnie, etc. Les sites destinés aux citoyens sont très fréquentés. L'un d'eux recense tous les pollueurs industriels aux États-Unis, propose des cartes et offre la possibilité de faire des recherches par nom d'entreprise ou par localité. Il a attiré trois cent mille visiteurs dans les cinq heures qui ont suivi son ouverture, uniquement par le bouche-à-oreille.

Jusqu'à un certain point, un changement culturel aussi radical que l'adoption du style de vie Internet sera une question de génération. Ce sont les enfants, qui grandissent avec les nouvelles technologies et pour qui elles sont choses acquises, qui nous révéleront pleinement leurs potentiels. Sur la plupart des campus américains, la culture Web a déjà atteint une masse critique. L'utilisation de l'ordinateur personnel, les réseaux à haut débit et les communications en ligne sont courants. Les universités ne se servent plus de formulaires, elles inscrivent les étudiants sur le Web. Ceux-ci peuvent consulter leurs notes et même envoyer leurs travaux par e-mail. Des enseignants dirigent des groupes de discussion en ligne. Les étudiants écrivent à leurs amis et à leur famille par e-mail, aussi naturellement qu'ils leur téléphonent. Les étudiants sont les derniers collaborateurs. Leur « travail » consiste à apprendre, à explorer et à trouver des relations inattendues entre les choses. Les contenus des cours ne sont pas aussi importants que l'apprentissage de la réflexion et de l'analyse. Les étudiants développent des compétences Internet, qui les aideront à apprendre tout au long de leur vie. Les entreprises, quant à elles, ont l'occasion d'apprendre de la manière dont les étudiants se servent d'Internet pour organiser et gérer leur vie. Leur approche est un guide sur la manière dont le grand public se servira d'Internet dans dix ans.

L'adoption de la technologie pour le style de vie Internet se fera plus rapidement que l'adoption de l'électricité, de la voiture, de la télévision et de la radio, comme le montre le tableau qui suit. L'usage se répand via le poste de travail informatisé et via les amis et la famille. Les salariés qui utilisent un micro-ordinateur au bureau commencent par en installer un à leur domicile pour travailler, puis ils finissent par s'en servir pour plein d'autres activités. Beaucoup de personnes de plus de cinquante ans, guère susceptibles d'assimiler les nouvelles technologies dans leur vie, voient dans Internet un moyen de rester en contact avec leurs amis et leurs familles. Un de mes amis a récemment reçu des e-mails de septuagénaires qui « surfaient sur Internet » dans le cadre de recherches généalogiques. Des utilisations radicalement nouvelles d'Internet, que personne ne peut prévoir pour l'instant, bouleverseront le monde au XXIe siècle, aussi radicalement que les utilisations imprévues de l'électricité au XXe, mais plus vite.

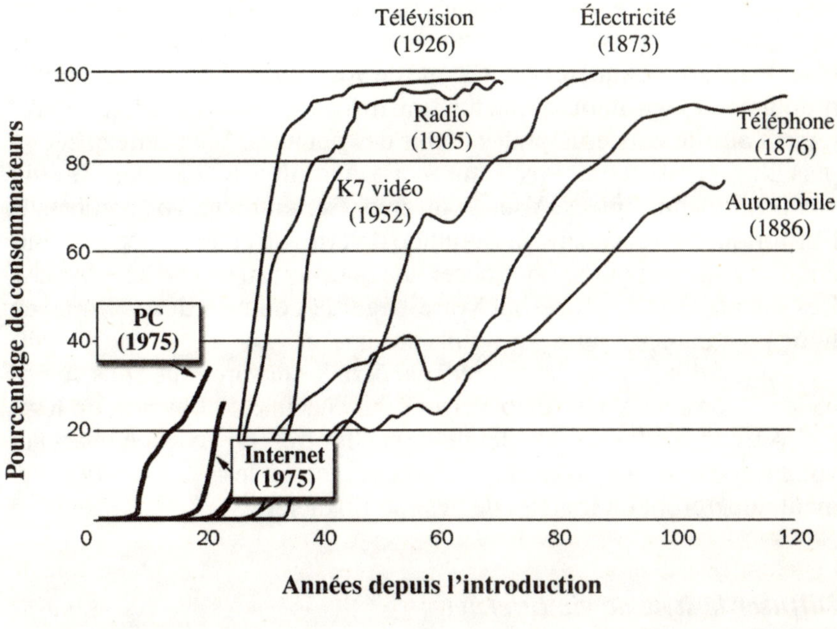

L'ordinateur personnel et Internet se répandent bien plus vite que les technologies qui ont bouleversé le XXe siècle. Tout comme elles considèrent aujourd'hui que les styles de vie créés par l'électricité et l'automobile sont une évidence, les populations des pays industrialisés ne tarderont pas à considérer le nouveau style de vie Internet, rendu possible par la technologie informatique, comme quelque chose de naturel.

Quand le grand public se connectera en masse, une des mutations les plus fondamentales sera le niveau d'adoption d'Internet pour gérer les situations financières en ligne, y compris les opérations bancaires et hypothécaires, les services publics et les cartes de crédit. En 1998 aux États-Unis, seulement un million de factures, sur un total de quinze milliards, ont été réglées par paiement électronique. Un modeste service clientèle en ligne le permettait. En fait, bien que les gens aient la possibilité de payer certaines factures en ligne, dans pratiquement tous les cas, ils continuent de recevoir leurs factures sur papier. D'après les estimations du ministère du Commerce américain, le jour où le paiement électronique sera partout possible, les frais liés au traitement des factures chuteront de plus de 115 milliards de francs par an.

D'ici à deux ans, la plupart des entreprises proposeront le paiement électronique et les organismes financiers auront un site unique, qui permettra aux clients de payer leurs factures mensuelles. À partir de votre page Web, vous cliquerez sur l'icône de votre société de carte de crédit, d'un grand magasin ou d'une administration, et vous accéderez directement au site concerné pour obtenir des données. Vous aurez accès à plus d'informations sur vos factures que vous n'en avez aujourd'hui sur vos factures imprimées. Vous pourrez passer en revue vos comptes et l'historique de vos paiements. Au lieu d'écrire un courrier séparé, vous cliquerez sur un bouton pour poser une question au sujet d'une facture. Les commerçants utiliseront votre page de contrôle des factures en ligne pour vanter d'autres produits et services.

Aujourd'hui, vous devez noter par écrit les factures que vous voulez payer et combien vous devez verser pour chacune. À l'avenir, un logiciel vous permettra de calculer en ligne les effets de vos paiements sur votre solde bancaire. Vous paierez à échéance. Et les systèmes de paiement intégreront un logiciel de gestion financière.

Diffuser le style de vie Internet

Vers la fin de l'année 1998, environ la moitié des foyers américains étaient équipés d'un micro-ordinateur et la moitié d'entre eux avaient une connexion Internet. Les pourcentages sont nettement inférieurs dans les autres pays. Réduire les coûts des communications à haut débit, de telle sorte que les particuliers aient une connexion permanente, et simplifier l'utilisation des logiciels sont deux opérations indispensables pour que le style de vie Internet entre dans les mœurs. À mon avis, plus de 60 % des foyers américains auront un ordinateur personnel et 85 % d'entre eux auront un accès à Internet en 2001. Si les autres pays veulent atteindre des taux d'équipement identiques, ils devront investir dans les infrastructures de communication.

On sous-estime les possibilités de perfectionnement des matériels et des logiciels. Un seul exemple : les technologies des écrans. Je me sers d'un écran à affichage à cristaux liquides (LCD) de vingt et un pouces. Son prix n'est pas abordable pour l'instant, mais, d'ici deux ou trois ans, il le sera. Dans cinq ans, un écran LCD de quarante pouces sera à la portée de toutes les bourses. La qualité des écrans influera profondément sur ce qu'on lira directement sur l'écran, et non plus sur papier.

Les prix des ordinateurs personnels baissent aussi. Dans le passé, les innovations se sont concentrées sur la fabrication d'ordinateurs plus performants, à un prix donné. Aujourd'hui, l'innovation vise aussi à réduire les coûts. Un ordinateur personnel performant coûte moins de 5 500 francs, et les prix bas multiplient les débouchés. Si on fait une projection sur dix ans, on trouvera des ordinateurs au prix des téléviseurs classiques. En fait, la frontière entre un poste de télévision et un ordinateur personnel sera floue, car les décodeurs des téléviseurs au câble seront dotés de processeurs bien plus puissants que ceux que l'on trouve actuellement sur la plupart des ordinateurs haut de gamme.

Les petits compagnons personnels vont envahir le marché. Il y aura les ordinateurs portables, déjà sur le marché, de nouveaux traceurs et des ordinateurs de la taille d'une sacoche, qui contiendront nos coordonnées personnelles et qui se prêteront aux transactions électroniques. Le téléphone, la radio et la télévision numériques auront de nouvelles fonctions. Il y aura des appareils de poche, d'autres seront disposés dans les différentes pièces de la maison. D'autres encore seront montés dans les véhicules de série. Quelques-uns nous permettront de consulter notre boîte aux lettres électronique, notre messagerie vocale, nos titres, la météo et l'état d'un vol. Ces appareils seront connectés avec fil ou sans fil, grâce aux infrarouges ou aux fréquences radio. Ils fonctionneront indépendamment les uns des autres, mais ils synchroniseront automatiquement les données.

Changer la vie domestique et l'expérience télévisuelle

Ces appareils feront partie de nos activités quotidiennes. Avant de quitter votre bureau en fin de journée, votre compagnon numérique personnel téléchargera les messages reçus et, parmi eux, la liste des courses envoyée par votre épouse. Chez l'épicier, vous téléchargerez une nouvelle recette à partir d'un kiosque, et tous les ingrédients dont vous avez besoin pour votre recette s'ajouteront à votre liste de courses. Votre compagnon numérique sera assez intelligent pour communiquer avec tous les appareils qui doivent connaître votre maison et votre lieu de travail, mais il mettra à jour uniquement les ustensiles de cuisine nécessaires pour votre recette.

Une tablette installée dans la cuisine vous permettra de contrôler l'état de la maison. Si l'icône de la chaudière clignote, cela signifie que vous devez changer le filtre. Une vidéo placée sur la façade de la maison signale toute personne qui s'arrête devant votre porte en votre absence. Les prix des caméras numériques de sécurité connectées sur le réseau baisseront et ces caméras seront installées un peu partout pour lutter contre le vol. Certains centres de jour et certaines écoles proposent aux parents d'avoir un œil sur leurs enfants, grâce à des caméras de surveillance et à un accès protégé par un mot de passe.

Pendant que le repas mijote, vous consultez le site Web personnel de votre famille. Les membres de votre famille ont utilisé le vote électronique pour sélectionner une demi-douzaine d'activités possibles en vue de la prochaine réunion de famille et vous chargent de l'organisation. Un des agents informatiques agit comme un valet électronique. Il sait déjà que vous avez réservé un vol, et il vous propose des activités, entre autres une sortie en rafting, qui est sur la liste des activités proposées. L'agent vous informe également qu'il a trouvé un vol moins cher. Vous réservez la sortie en rafting et les billets.

Tout en regardant la télévision, vous faites dérouler le guide de programmation électronique ou vous servez d'un autre agent informatique pour connaître les programmes. Comme vous lui avez indiqué vos préférences télévisuelles, il vous suggère plusieurs programmes parmi les centaines de propositions des chaînes numériques. Vous choisissez un spectacle de rodéo. Vous savourez la prestation, tout en sélectionnant le menu interactif pour participer à un concours et attribuer des notes aux participants. Les notes des téléspectateurs comptent pour moitié dans le résultat final. Un spot publicitaire vante les qualités d'une fourgonnette. Les autres téléspectateurs ont aussi droit à une pub pour une camionnette, mais, d'après votre profil, vous êtes plutôt un acheteur potentiel d'une voiture familiale.

Toujours grâce au menu interactif, vous découvrez qu'un spectacle de rodéo est prévu dans la ville où, justement, votre réunion de famille doit avoir lieu. D'ailleurs, votre famille vous a dit qu'elle voulait assister à une activité en extérieur, alors vous réservez des places pour le rodéo. L'activité est automatiquement ajoutée au programme, que vous envoyez par e-mail au reste de la famille.

Le développement d'une télévision intelligente et interactive aboutira quand la télévision passera de la transmission analogique à la transmission numérique. Dans le premier cas, les images et le son sont transmis par signaux, dans le second, ils sont transmis par bits numériques. La transmission numérique est moins sujette aux distorsions, les erreurs se corrigent plus facilement et elle offre une meilleure qualité d'image et de son. C'est le cas de la télévision à haute définition, ou HDTV. Vers la fin de l'année 1998, quarante et une stations aux États-Unis ont débuté la radiotélédiffusion numérique haute définition.

La télévision numérique améliore la qualité de radiodiffusion, mais pas seulement. Les compagnies du satellite et du câble s'en servent déjà pour proposer leurs bouquets de chaînes. Avec le temps, le plus fort impact de la télé numérique sera sa capacité à intégrer d'autres données numériques, des programmes interactifs, des agents informatiques intelligents, de la publicité ciblée et des offres commerciales, ainsi qu'un accès au Web. Les radiodiffuseurs ajouteront des plus à leurs bouquets, comme des liens vers des sites Web ou des contenus Web entièrement nouveaux en complément de leur offre de programmes, ou encore la possibilité d'enregistrer des morceaux de musique ou des logiciels sur des disques DVD, en échange d'une taxe. Pour cela, une liaison bidirectionnelle est nécessaire, ce qui ne pose aucun problème avec les nouveaux systèmes de câblage en télévision. Les anciens systèmes devront être perfectionnés. La télévision satellite et radioélectrique utilisera les lignes téléphoniques ou une communication sans fil synchronisée pour être interactive.

Les nouvelles technologies simplifieront l'interface du téléviseur. Enregistrer un ou plusieurs programmes à des heures et à des jours différents est une véritable gageure avec les systèmes analogiques. Enregistrer un programme sur une chaîne pendant qu'on en regarde un autre sur une autre chaîne oblige à bidouiller les câbles de votre poste, du magnétoscope et du décodeur ! À l'avenir, l'enregistrement sera simple comme bonjour, il suffira de dire à votre téléviseur le nom de la série et de l'épisode.

D'ici à dix ans, il sera normal d'utiliser la parole pour communiquer avec sa télévision, son ordinateur ou un autre compagnon personnel. Les technologies combineront la reconnaissance vocale et le langage naturel, et l'ordinateur sera alors capable de deviner vos intentions. La voix de synthèse fera des progrès considérables et remplacera cette voix de robot qu'on peut entendre aujourd'hui. Votre téléviseur et votre ordinateur personnel seront équipés d'une caméra et seront capables de comprendre vos gestes et les expressions de votre visage. Ils sauront si vous vous adressez à eux, à une personne ou à un autre appareil, et sauront interpréter vos réactions émotionnelles. Si vous semblez désemparé, ils vous proposeront une aide interactive. Ils s'adapteront à votre comportement, qu'il s'agisse de programmer vos émissions TV préférées ou de sélectionner vos activités types sur ordinateur. Les ordinateurs qui « voient, écoutent et apprennent » ouvriront les nouvelles technologies à des domaines inaccessibles à une interface clavier ou souris.

L'évolution de la télévision numérique se fera en trois étapes : la construction de l'infrastructure, qui demandera encore plusieurs années ; l'intégration des nouvelles capacités dans les systèmes de la radiodiffusion, du câble et du satellite ; les innovations engendrées par les nouvelles infrastructures. Il faudra beaucoup de recherches et de feedback de la part des consommateurs pour connaître les utilisations les plus intéressantes des nouvelles infrastructures.

Les grands réseaux comme NBC, MSNBC, CNN et MTV, et aussi quelques radiodiffuseurs locaux, expérimentent déjà les contenus interactifs, en complément de leurs programmes réguliers. À l'occasion de la cérémonie des Emmy Awards, en septembre 1998, les téléspectateurs ont eu accès à des informations supplémentaires sur les catégories et les personnes proposées, ainsi qu'à des séquences vidéo et audio enregistrées sur scène, ils ont pu écouter des interviews enregistrées en coulisses et participer à des jeux-concours, à un vote et à des zones de conversation.

Nombre de problèmes devront d'abord être résolus, si l'on veut créer une télévision simple et entièrement numérique pour les téléspectateurs. Il existe trop de techniques de cryptage différentes et incompatibles en télévision numérique : une pour les ondes, une pour les systèmes câblés et une pour les liaisons entre les décodeurs et les téléviseurs. Les fabricants d'ordinateurs personnels se sont mis d'accord sur les formats des données destinées aux appareils connectés grâce à un nouveau standard appelé « bus série universel » (universal serial bus, USB) qui connectera la plupart des nouveaux appareils numériques, mais ce n'est pas le cas des fabricants d'appareils électroniques grand public.

La bande passante, c'est-à-dire la capacité d'un système de communication numérique à transporter des informations, reste l'obstacle majeur pour une adoption massive du style de vie Internet dans tous les pays. La bande passante est aussi le poste des dépenses les plus lourdes. Dans les pays développés, les entreprises n'ont généralement aucun mal à obtenir la bande passante dont elles ont besoin pour passer au numérique, car la plupart des entreprises de télécommunications les relient par câbles à fibres optiques. Mais équiper les habitations, les écoles et les bibliothèques demandera énormément de temps, alors que c'est impératif pour une société entièrement connectée. Il ne fait aucun doute que nous ne verrons pas les bénéfices du style de vie Internet tant que les systèmes à bande large ne seront pas en place. Certains gouvernements, notamment à Singapour, se sont engagés à installer ce type de systèmes dans le cadre de leur politique sociale. Les gouvernements d'autres pays, comme les États-Unis, le Royaume-Uni et l'Australie, comptent sur la concurrence entre les compagnies du téléphone et du câble pour mettre en place l'infrastructure nécessaire. Les autres pays partent de zéro. L'étape décisive consistera, pour ces pays, à encourager la concurrence dans le domaine des télécommunications.

La bande passante destinée à Internet continue de croître rapidement et ne sera pas un facteur limitant, dans la mesure où ajouter des câbles entre les grandes régions géographiques est relativement peu coûteux. Ce qui pose problème et coûte cher, c'est ce qu'on appelle le « dernier kilomètre » : obtenir une plus grande bande passante à la sortie des « gros câbles » des principaux services de transmission vers les habitations des particuliers. Les progrès technologiques qui seront réalisés dans les dix prochaines années feront baisser les coûts. La technologie DSL (*digital subscriber line*, ligne d'abonné numérique), qui utilise les signaux numériques au lieu des signaux analogiques traditionnels via les lignes téléphoniques, offre déjà une plus grande largeur de bande qu'un fil téléphonique classique. Les modems câblés commencent à se répandre.

La pose de nouveaux câble en fibres optiques ne représente pas un investissement considérable hors des régions industrielles à forte densité de population. Les coûts se calculant surtout en heures de travail, il ne faut pas compter sur une baisse significative. Pour cette raison, les pays du monde industrialisé et en développement attendent beaucoup des systèmes de communication par satellite.

Cinq systèmes satellite à bande étroite, comme ceux d'Iridium, ont été construits pour les communications vocales. Un autre système, proposé par Alcatel, fournira une couverture régionale à bande large (transmission à grande vitesse). Une troisième technique, celle de Teledesic, fournira des communications mondiales à bande large, un « Internet-dans-le-ciel ».

Installés à seulement huit cents kilomètres de la Terre, ces systèmes en orbite basse fourniront une faible latence, capitale pour les applications interactives sur Internet. Les satellites de communication géostationnaires, placés à treize mille sept cents kilomètres dans l'espace, accusent un retard d'une demi-seconde à chaque fois que des données sont reçues et réémises. Les satellites en orbite basse n'étant pas stationnaires, une grande constellation est nécessaire pour avoir l'assurance qu'un satellite au moins est toujours dans l'axe d'une station de réception terrestre.

Comme pour tout concept pionnier, les constructeurs, les lanceurs et les opérateurs de ces systèmes satellite ont encore du chemin à faire. Ils doivent investir encore, perfectionner les technologies et créer des systèmes de distribution adaptés. Mais une fois en place, ces systèmes ne demanderont que des petites antennes pour desservir des endroits comme les bureaux, les usines, les plates-formes pétrolières, les bateaux, les écoles et les maisons.

Les satellites qui couvrent les pays développés assureront aussi la couverture des régions non développées. Les régions du monde qui n'ont pas les moyens de construire leur propre infrastructure, que ce soit une banlieue d'une petite ville du monde industrialisé ou une région reculée d'un pays rural, profiteront de l'âge de l'information. Une exploitation non commerciale sera possible à moindre coût.

Les scientifiques du monde entier explorent les nouvelles technologies. Et les anciennes. Récemment, un ingénieur britannique a mis au point un moyen de communication vocale et de transfert de données qui fonctionne sur le circuit électrique d'une maison. Il est possible qu'un jour les services Internet entrent dans les maisons et les entreprises via nos installations électriques. Des technologies comme DSL, le modem câblé, les satellites en orbite basse et la transmission via le circuit électrique sont passionnantes, car elles ne nous obligent pas à déterrer nos câbles et à remplacer le « dernier kilomètre » de fil de cuivre qui relie la plupart des bâtiments au réseau dans les pays développés. Créer une infrastructure Web dans le monde entier est un travail titanesque, mais les progrès sur tous les fronts sont tels que la rapidité des évolutions surprendra tout le monde dans les dix prochaines années.

Faire reculer les limites du travail et de la vie

Les implications sociales du style de vie et de travail Internet sont énormes. Beaucoup craignent que les ordinateurs et Internet ne se traduisent par une dépersonnalisation à tous les niveaux et ne créent un monde plus froid, sans fantaisie. Quand le téléphone est apparu, certains ont eu peur qu'il ne nuise aux contacts personnels. Tout comme deux personnes se parlent au téléphone, alors qu'elles se seraient rencontrées si ce moyen de communication n'existait pas, deux personnes peuvent très bien s'envoyer un e-mail alors qu'elles se seraient rencontrées avant l'apparition d'Internet. Chaque média entraîne son lot d'abus. L'évolution des habitudes personnelles et professionnelles sur le Web se poursuivra. Il est tentant de dire que le style de vie Internet, où chacun vivra dans son petit monde, fera éclater la société. Je crois que le contraire est tout aussi vrai. Tout comme le téléphone et l'e-mail ont augmenté les contacts entre des personnes vivant dans différentes communautés et entre des personnes qui bougent, l'ordinateur personnel et Internet nous donnent un autre moyen de communication. Ils n'en suppriment aucun.

En réalité, la capacité à utiliser Internet pour déplacer ou redéfinir les frontières de nos communautés renforce les liens personnels et culturels. La ville d'Amsterdam, aux Pays-Bas, favorise les débats sur l'urbanisme, la sécurité et la drogue, via Internet, et ses citoyens peuvent contacter la police par e-mail. Un site égyptien destiné aux enfants, Little Horus Web, contient plus de trois cents pages d'informations et d'illustrations qui couvrent sept mille ans de civilisation égyptienne. Le site propose aussi des photos de l'Égypte actuelle, des documents sur sa vie économique, culturelle et sociale. La section Voyage donne des idées de destinations adaptées aux enfants. Le style de vie Internet élargit les horizons, il ne les rétrécit pas.

Tous les contenus étant disponibles, le problème est d'opérer une sélection, surtout si les enfants y ont librement accès. Internet touche un public mondial, ce qui peut choquer varie d'un pays à l'autre. Il est difficile de pister les auteurs de contenus illégaux et, dans ce contexte, la censure est une tâche complexe. Vu les caractéristiques d'Internet, la démarche la plus efficace consiste à combiner le blocage des sites pays par pays, l'autorégulation de la part des industriels et un logiciel de sélection des contenus. Les évaluations des contenus et les technologies de filtrage permettent aux utilisateurs de contrôler l'accès des sites, pour eux-mêmes et leur famille.

C'est la création de communautés qui enregistrera la plus forte croissance dans les prochaines années. Le Web augmente considérablement le nombre des communautés que vous pouvez intégrer. Dans le passé, vous aviez le temps de participer à la vie communautaire de votre quartier ou à une ou deux associations. Avec le Web, vos seules limites sont vos centres d'intérêt. Le Web a une vertu socialisante, puisqu'il met en contact des groupes de personnes qui ont le même esprit, indépendamment de la zone géographique ou du fuseau horaire. Que vous ayez envie de rejoindre un groupe de passionnés de bridge, de discuter avec des personnes qui partagent vos opinions politiques, ou de rester en contact avec votre groupe ethnique dispersé dans le monde, le Web est la solution idéale. Si vous voulez savoir ce que devient votre ville natale, idem. J'ai appris que des New-Yorkais transplantés sur la côte ouest satisfont leur soif de nouvelles en provenance de New York grâce au Web. Un site comme Third Age, qui offre un espace de communauté électronique aux seniors, est la parfaite illustration de la création de communautés électroniques. Le site donne des conseils sur la famille, la santé, les technologies, met en garde contre les arnaqueurs et propose des groupes d'expression.

Grâce au Web, vous rejoignez des communautés dans le monde entier et vous renforcez les liens dans votre propre univers. À Singapour, la densité de population et la politique du gouvernement ont fait de la cité un des leaders mondiaux dans le développement du câble à fibres optiques et des applications interactives. Le câble à bande large est un service public nécessaire, comme l'eau, le gaz, l'électricité et le téléphone. Pratiquement tous les bâtiments publics sont câblés et les autorités de Singapour estiment que plus de 50 % des foyers ont un ordinateur personnel.

Toutes les communautés câblées ne sont pas des centres urbains. Parthenay, une ville des Deux-Sèvres de douze mille habitants, est une des quatre villes numérisées dans quatre pays, supportées dans le cadre du projet Imagine de l'Union européenne. Le projet a été lancé par les villes et des industriels. Les citoyens utilisent l'intranet de Parthenay dans leur vie quotidienne, notamment pour faire leurs grosses courses. Les familles continuent d'aller au marché, comme chaque samedi, mais avec juste un petit panier pour acheter des produits locaux. En fait, aller au marché est devenu une activité sociale. Un café philosophique propose des sujets de réflexion et, chaque vendredi, les éleveurs de bovins se branchent sur leur forum d'expression pour débattre de leurs problèmes. Le but du projet Imagine, qui durera trois ans, est d'étendre cette solution intégrée à trente autres villes européennes.

Aux États-Unis aussi, plusieurs villes sont numérisées. Les quatre mille foyers de Coldwater, dans le Michigan, sont reliés à un système câblé à grande vitesse pour la télévision, l'accès à Internet, le téléphone numérique et l'accès au réseau de la communauté. Une famille a conçu un site réservé au billard et a vendu pour 255 000 francs de queues de billard en six jours. À Lusk, dans le Wyoming (mille cinq cents habitants et quinze mille têtes de bétail), les bâtiments sont équipés de câbles à fibres optiques. Les habitants se servent de leur ordinateur pour tout, que ce soit pour gérer les troupeaux et étudier les pâturages ou pour commercialiser une crème pour les mains à base de cire d'abeille. Un garçon de quinze ans, ingénieur en logiciel diplômé, est le consultant technique pour toute la ville. Les habitants de Lusk ont adopté le style de vie Web pour que leur ville ne meure pas et que leurs enfants ne soient pas obligés de partir pour faire partie du monde extérieur.

Comment trouverons-nous le temps de vivre le style Internet et de rejoindre plus de communautés ? Le Web permet d'être plus efficace qu'auparavant. Vous pouvez trouver rapidement la cote de votre voiture à l'Argus, organiser un voyage ou trouver tout ce que vous avez besoin de savoir le jour où vous vous lancez dans un achat important. C'est facile avec le Web. Nous consacrerons certainement une partie du temps que nous passons aujourd'hui à lire ou à regarder la télévision à naviguer sur la grande toile. Une étude britannique réalisée en 1998 montre que près de 25 % des adultes qui ont un accès Internet regardent moins la télévision qu'avant.

Sortir des limites du passé

Une grande partie de ce livre explique comment avoir toutes les informations dont on a besoin au bout de ses doigts. La plupart des gens sont à la recherche du meilleur prix pour un article ou veulent se tenir au courant des grandes questions qui touchent leurs communautés locales ou nationales. Nous avons vécu sans ces informations, tout simplement parce qu'elles étaient trop difficiles à obtenir. Sans nous en rendre compte, nous nous en arrangions. Le style de vie Internet ne changera pas la nature humaine, ni les bases existentielles de l'individu. Au contraire, le style de vie Internet donnera à un plus grand nombre une chance de mieux servir leurs intérêts.

Pour le consommateur, le style de vie Internet aura un effet positif. Le Web est le plus grand centre commercial du monde et il aura un choix incomparable. Il pourra trouver tous les articles qu'il veut, souvent personnalisés, et il sera livré à domicile. Le Web produira un monde véritablement centré sur le consommateur, qui veut un service plus rapide, des relations plus fortes et personnelles. Avec le style de vie Internet, les entreprises seront dans l'obligation de développer un système nerveux d'entreprise pour pouvoir suivre leurs marchés.

Le Web met en communication les collègues, les amis et les familles d'une manière nouvelle. Les communautés d'intérêt regroupent des citoyens du monde entier et le gouvernement a là un potentiel pour impliquer plus que jamais ses électeurs. En permettant aux individus d'acheter, d'avoir des nouvelles, de se rencontrer, de se distraire et de bavarder selon des moyens que nous commençons seulement à découvrir, Internet devient le jardin public du village global de demain.

Grâce au style de vie Internet, les individus peuvent balayer les barrières qui les entourent depuis si longtemps qu'ils ont fini par les considérer comme figées. Le style de vie Internet n'a pas pour objet de compliquer nos vies trépidantes. Quand nous l'aurons adopté, ce style de vie paraîtra une évidence, au même titre que le style de vie « électrique » aujourd'hui.

Pour une gestion plus performante

- Les prix des ordinateurs personnels continuent de baisser et de plus en plus de foyers se connectent, conséquence : le style de vie Internet créera plus de transactions en ligne.
- Le style de vie Internet modifie les relations entreprises/clients et gouvernements/citoyens. Au bout du compte, le style de vie Internet responsabilise le citoyen consommateur.
- La convergence entre le micro-ordinateur et la télévision créera une nouvelle expérience et un nouveau média de programmation et de publicité.

Évaluez votre système nerveux d'entreprise

- Avez-vous commencé à communiquer avec vos clients via Internet ?
- Savez-vous de quels systèmes et outils numériques vous avez besoin, si la majorité de vos clients décident de traiter via le Web et de bannir les méthodes traditionnelles ?

8

Abolir les limites de l'entreprise

La connectivité permet d'être plus indépendant, tandis que l'indépendance incite à se connecter de plus en plus.
Stan Davis et Christopher Meyer, *BLUR : The Speed of Change in the Connected Economy*

Le flux de données numériques change la manière dont les individus et les organisations travaillent, ainsi que la manière dont le commerce franchit les frontières des organisations. Les technologies Internet aboliront aussi les limites des entreprises, quelle que soit leur taille. En cela, le « style de travail Internet », qui consiste à utiliser les outils et les processus numériques, permet aux organisations et aux individus de redéfinir leur rôle.

Une entreprise peut se servir d'Internet pour travailler avec des juristes ou des comptables qui restent « à l'extérieur » de ses murs, ils ont alors le statut de consultants et non d'employés. Un des fondements de la réingénierie est que les entreprises doivent se concentrer sur leurs compétences clés et sous-traiter le reste. Internet permet d'appliquer ce principe fondamental, en décidant quels seront les employés qui travailleront sur le site de l'organisation et quels seront ceux qui travailleront à l'extérieur, comme auxiliaires, consultants ou partenaires. Les compétences clés de Microsoft sont la création de produits logiciels en grande quantité, la collaboration avec d'autres sociétés de logiciels et la fourniture d'un support et d'un service clientèle. Nous sous-traitons un certain nombre de tâches qui ne ressortissent pas à ces catégories, du support technique pour nos employés à la production industrielle de nos progiciels.

Le style de travail Internet permet de mieux réagir en cas de demande imprévue. Si vous avez ponctuellement recours à des compétences spécifiques, il vous faut des employés flexibles. Grâce à Internet, plus d'entreprises peuvent reprendre à leur compte les méthodes des studios de cinéma pour traiter une grande partie de leurs affaires. Les grands studios de Hollywood ont des employés à plein temps pour gérer les aspects financiers, de marketing et de distribution, ainsi que des projets en cours, mais la partie créative, l'équipe à plein temps chargée de la réalisation, est réduite au minimum. Quand un projet de film est adopté, un directeur réunit un groupe de personnes extérieures pour réaliser le film. Une fois le film dans la boîte, le groupe se disperse. Tout le monde, du directeur aux acteurs, en passant par le directeur de la photographie et le machiniste caméra, part vers de nouveaux projets.

Les technologies Internet permettent d'organiser différents types de projets sur ce modèle. L'auteur d'un projet qui veut réunir une équipe peut se connecter sur Internet, décrire le projet et chercher des personnes disponibles. Les individus et organisations qui ont les compétences requises font part de leur intérêt et l'auteur du projet peut rapidement former son équipe. Les demandeurs d'emploi trouveront sur le Web plus d'offres qui s'harmonisent avec leurs intérêts et leurs desiderata, qu'ils soient hautement qualifiés ou qu'ils souhaitent travailler à des horaires précis. Pour réunir des individus autour d'un projet, le Web est bien plus efficace que le classique « je vous rappelle ».

Malgré l'émergence de frontières nouvelles et flexibles, les grosses entreprises ne vont pas se démanteler pour créer des sociétés de production dédiées chacune à un projet. Elles doivent exceller dans l'exécution interne de leurs compétences. Les grosses entreprises continueront d'équilibrer leurs tâches comme elles le faisaient jusqu'alors, simplement, elles se serviront des technologies pour être plus productives. Chaque entreprise devra trouver la taille et la structure d'organisation qui lui conviennent le mieux, mais on peut dire que la tendance dominante ira vers une réduction de la taille des entreprises.

Pour Microsoft, le recours à des sous-traitants est un moyen de limiter l'augmentation de nos effectifs et de réduire nos frais de gestion, mais cela ne signifie pas que nous n'embauchons plus. Le style de travail Internet, où chaque entreprise s'organise de façon optimale, nous permet d'étendre notre réseau électronique de partenaires et, je l'espère, nous évite de nous développer dans des secteurs inadaptés et d'être improductifs à cause de frais généraux trop élevés.

Les petites et moyennes entreprises peuvent exploiter la possibilité de déplacer les limites offertes par le Web pour agir à plus grande échelle, sans embauches ni bureaux supplémentaires. Une petite entreprise compétente peut proposer et diriger une production cinématographique, un projet de construction ou une campagne publicitaire, en faisant rapidement appel à d'autres entreprises et professionnels. Elle peut agir comme une grosse société virtuelle pour étudier le projet à des fins lucratives. Comme l'équipe peut être dispersée une fois le projet mené à son terme, l'entreprise peut gérer des effectifs, sans supporter les charges engendrées par des embauches à plein temps. Les petites entreprises peuvent utiliser le Web pour s'agrandir, sans pour autant avoir des effectifs permanents.

Changer de style de travail

Les implications du style de travail Internet rendent nerveux les employés, quelle que soit la taille de leur entreprise, et c'est compréhensible. Ils présument que, si leur entreprise décide de se restructurer autour des technologies Web, leur emploi est menacé. C'est faux, à moins que le terme de « restructuration » ne soit qu'un subterfuge pour masquer des licenciements. Quand une entreprise réduit ses effectifs, des emplois sont perdus. Quand elle confie certaines tâches à l'extérieur, les emplois se déplacent. Le but n'est pas d'ôter du travail, mais d'en confier la responsabilité à des spécialistes extérieurs. Il est bien plus rentable pour les entreprises, dont Microsoft, de confier à une société extérieure l'installation et la maintenance des ordinateurs de bureau, d'une part parce que ces entreprises spécialisées sont en mesure de développer des méthodes bien plus performantes à l'échelle mondiale, d'autre part, parce que nous pouvons faire jouer la concurrence pour les prix.

Les employés que la perspective de sous-traiter certaines tâches angoisse estiment que le travail doit être fait « à l'intérieur » de l'entreprise, et non « à l'extérieur ». Quand une entreprise se restructure, certains employés peuvent être déplacés. Malgré leurs craintes, compréhensibles, les employés devraient voir dans ces changements une occasion de définir la fonction qu'ils aimeraient endosser et choisir une structure dont la taille et la politique leur conviennent. Ou bien, ils peuvent saisir ce changement radical pour créer leur propre entreprise. Il n'y a pas très longtemps, un rédacteur free-lance a observé que

Microsoft sous-traitait de plus en plus la rédaction des documents et y a vu une chance. Aujourd'hui, cette personne a une jolie entreprise, qui gère une douzaine de rédacteurs indépendants. Les collaborateurs de Microsoft n'ont qu'à dire ce qu'ils attendent, ils ne passent plus leur temps à essayer de coordonner le travail d'une cohorte de personnes différentes. D'une manière générale, les restructurations profitent aux employés compétents.

Le style de travail Internet est particulièrement adapté aux juristes, aux comptables, aux ingénieurs et aux médecins qui travaillent souvent seuls ou en petite équipe. L'une des raisons qui incitent les spécialistes à s'organiser en sociétés est la possibilité de gérer les fluctuations dans la demande. Désormais, au lieu de se regrouper pour se répartir la charge de travail, ils ont la possibilité de travailler seuls et d'utiliser Internet pour trouver des clients. Les législations ou les habitudes seront peut-être des facteurs limitants. Dans la plupart des pays, les médecins et les juristes sont limités dans leur recherche de clientèle. Mais, même s'ils ne peuvent pas aller directement à la rencontre de nouveaux patients ou clients, ils peuvent proposer leurs services à des firmes établies.

Avec le Web, le statut d'indépendant n'est plus l'apanage des athlètes, des artistes, des comédiens et d'autres grands noms du monde des affaires ou de la création. Pratiquement tous les collaborateurs peuvent se lancer. Déjà le pool des « travailleurs indépendants », qui comprend des travailleurs qui ont créé leur emploi, des entrepreneurs indépendants et des travailleurs temporaires, totalise près de vingt-cinq millions d'Américains. Un des avantages, quand on crée son propre emploi, est la diversification, car le risque de se retrouver sans travail est réduit si on a plusieurs employeurs.

Tout le monde ne choisira pas le statut de travailleur indépendant. Beaucoup de personnes préfèrent travailler pour une grosse entreprise. Elles aiment l'idée d'appartenir à une organisation, de travailler sur des projets à long terme, la continuité associée aux gens et à la culture d'un poste spécifique. Elles investissent dans leur carrière et l'entreprise investit en elles. Chez Microsoft, les postes les plus intéressants, comme le développement de logiciels, sont des secteurs clés et ne sont pas sous-traités. Les entreprises comme la nôtre travaillent dur pour inciter leurs meilleurs collaborateurs à rester. Beaucoup de développeurs et de chercheurs rejoignent Microsoft parce qu'ils y voient une chance de concevoir des logiciels ou de développer des technologies qui seront utilisés par des millions d'utilisateurs. Comme les artistes, ils veulent que leur travail soit connu d'un public aussi large que possible.

Le style de travail Internet abolit les contraintes géographiques

Avant le Web, la plupart des travailleurs étaient liés à des contraintes géographiques. Si vous aviez envie de vivre à Greenwood, dans l'Arkansas, ou à Aiken, en Caroline du Sud, il vous était difficile de travailler à plein temps ou à temps partiel pour une société leader dans votre domaine de compétence. Si vous vouliez travailler pour une grosse entreprise, vous n'aviez pas intérêt à vivre dans la région idéale pour la pêche à la mouche.

Le Web abolit la nécessité de vivre près de son lieu de travail. Dans quelques années, le télétravail sera courant, et sa nature changera. Aujourd'hui, les télétravailleurs ont des fonctions qui ne requièrent pas une présence physique au bureau, ils écrivent ou font des analyses, par exemple. L'e-mail et le téléphone créent une interaction avec les collègues ou les clients, mais le télétravail reste une pratique solitaire. À l'avenir, les systèmes de vidéoconférence, de collaboration électronique sur des documents et l'intégration du téléphone dans l'ordinateur créeront une téléprésence au bureau, impossible aujourd'hui pour les travailleurs à domicile.

Grâce à ces technologies, la situation géographique n'est déjà plus un obstacle au travail. Plusieurs sociétés de logiciels en Inde se chargent du support clientèle pour des entreprises américaines. Profitant du décalage horaire, elles planchent sur les problèmes des clients pendant que l'Amérique dort et transmettent la solution à la première heure – heure américaine. Récemment, deux étudiants danois en informatique qui travaillaient sur le campus Microsoft de Redmond, Washington, ont été les premiers dans l'histoire à passer des examens oraux transatlantiques sur Internet pour terminer leur licence. Un ordinateur a rendu inutile leur présence physique devant le jury au Danemark. Les étudiants ont pu prolonger leur séjour aux États-Unis et poursuivre leur stage pratique.

NetMeeting, la technologie de communication utilisée par ces étudiants, est largement applicable au télétravail. Pythia, une petite société informatique de l'Indiana qui écrit des logiciels pour des instances législatives, intègre NetMeeting dans le développement de ses logiciels. Les clients et les ingénieurs de Pythia sont en majorité installés aux États-Unis, mais le responsable du développement vit en Grèce. Les développeurs et les employés aux États-Unis se servent de la téléphonie Internet pour discuter des caractéristiques des produits. Chaque partie peut prendre le contrôle de l'écran et l'utiliser comme un tableau blanc sur lequel chacun peut dessiner un organigramme ou écrire un programme.

Le Web offrira une plus grande égalité des chances aux spécialistes du monde entier. Aujourd'hui, si vous voulez connaître le salaire d'une personne et que vous vouliez rester poli, demandez-lui dans quel pays elle vit. La disparité des salaires entre les pays est telle que vous avez immédiatement la réponse à votre question. Dans vingt ans, vous devrez lui demander : « Quelle est votre formation ? »

Ceux qui veulent travailler pour une grosse entreprise, comme ceux qui n'en ont aucune envie, auront des alternatives intéressantes. Le style de travail Internet rend les choses plus faciles à ceux qui ont de solides compétences, mais qui décident de ne pas travailler à plein temps, volontairement ou non. Comme ils peuvent trouver plus de travail sur Internet et travailler à distance, de nouvelles possibilités s'ouvriront à eux et la société puisera dans cette pépinière de talents. Les collaborateurs vivront où ça leur chante et structureront leur travail comme ils le souhaitent, tout en travaillant activement pour les entreprises qui les embauchent ou avec lesquelles ils collaborent. Dans le style de travail Internet, les employés peuvent exploiter à l'extrême l'espace de liberté offert par le Web. Le style de travail dépendra du choix des personnes actives.

En tant que chef d'entreprise, vous devez considérer lucidement vos compétences clés. Réexaminez les secteurs qui n'entrent pas directement dans vos compétences et demandez-vous si les technologies Internet peuvent vous permettre de vous débarrasser de ces tâches. Confiez à l'extérieur la responsabilité de ces travaux et utilisez les outils de communication modernes pour collaborer étroitement avec vos sous-traitants. Ils sont vos partenaires, et non des employés. Passez en revue les employés qui ont de solides spécialités et qui n'ont pas envie de travailler à plein temps. Des outils de communication plus performants vous permettent d'utiliser leurs compétences sur une base suivie. La concurrence pour embaucher les meilleurs collaborateurs est appelée à se durcir dans les années à venir. Les entreprises qui offriront le plus de flexibilité à leurs employés auront l'avantage sur les autres.

Pour une gestion plus performante

- Le Web redéfinit les frontières entre les organisations et entre les individus et les organisations ; il permet à une entreprise de se restructurer pour être plus performante.
- Le style de travail Internet permet aux employés d'adopter le télétravail et de collaborer à distance avec leurs employeurs et partenaires.
- Le Web permet aux grandes entreprises d'apparaître plus petites et plus flexibles et aux petites entreprises d'apparaître plus grandes qu'elles ne le sont en réalité.

Évaluez votre système nerveux d'entreprise

- Votre système nerveux d'entreprise vous permet-il de travailler sans friction avec des professionnels, juristes ou comptables, qui sont « à l'extérieur » de l'entreprise ?
- Votre système nerveux vous aide-t-il à vous concentrer sur vos compétences clés et à sous-traiter le reste ?
- Votre système nerveux vous aide-t-il à mieux équilibrer les tâches ?

9

Premier impératif : coller au marché

La vitesse ne tue pas toujours :
dans les technologies de pointe, si vous n'avancez pas
rapidement, vous mourez.
Richard McGinn, PDG de Lucent Technologies

Les clients veulent des produits d'une qualité irréprochable à des prix modiques et le plus vite possible. Pour toutes les entreprises, qu'elles vendent des services, qu'elles fabriquent ou distribuent des produits, les délais de mise sur le marché rétrécissent alors que les impératifs de qualité sont inchangés et les marges calculées au plus juste. La technologie de l'information est un des facteurs essentiels qui expliquent la rotation plus rapide des produits, leur meilleure qualité et la stabilité des prix depuis une dizaine d'années.

Peu d'industries illustrent autant cette double pression du temps et de la qualité que l'industrie automobile. Les Japonais ont su renouveler leurs modèles et en améliorer la qualité dans les années 80, quand les voitures américaines se laissaient distancer. Les constructeurs japonais étaient capables de passer de la conception à la fabrication d'une voiture en trois ans, alors qu'il fallait quatre à six ans à leurs homologues américains avec des coûts plus élevés.

Les entreprises américaines ont réagi en supprimant les cloisons qui séparaient conception, fabrication et vente, et en améliorant la communication avec leurs partenaires extérieurs. Les designers, les ingénieurs, les fournisseurs, les responsables de la fabrication se sont mis à travailler en équipes étroitement soudées communiquant par ordinateur, et sont ainsi parvenus à diviser par plus de deux le temps qui sépare la conception de la vente du produit. La technologie de l'information a entraîné d'autres progrès notables dans l'industrie automobile, notamment grâce à la conception assistée par ordinateur et aux logiciels en 3D qui permettent aux ingénieurs de concevoir un véhicule sans avoir à construire de prototype : ils peuvent détecter et résoudre les éventuels problèmes de compatibilité des pièces et en modifier la conception sans avoir à les usiner. Le chapitre 12 montre en détail comment l'information numérique permet d'optimiser le système d'approvisionnement, mais on peut remarquer que l'intégration des constructeurs automobiles et de leurs fournisseurs permise par les systèmes informatiques a déjà diminué le taux d'erreur dans les livraisons de pièces détachées de 72 % et réduit de huit heures hebdomadaires le temps de travail nécessaire à la fabrication d'une voiture.

Les consommateurs achètent aujourd'hui de meilleurs véhicules produits plus rapidement. Les nouvelles marges de productivité dégagées par Ford illustrent les progrès de l'industrie automobile dans son ensemble. En 1990, Ford avait besoin de plus de cinq ans pour passer de la conception à la vente d'une automobile et il fallait compter une moyenne d'un défaut et demi par véhicule fabriqué. En 1998, Ford avait réduit son cycle de production à moins de vingt-quatre mois et on comptait une moyenne de 0,8 défaut par voiture, comparable à celle de la plupart des constructeurs automobiles. Pour raccourcir encore les délais de fabrication, les grands groupes automobiles projettent d'utiliser Internet pour que les ingénieurs des autres régions du monde, l'Inde ou l'Asie par exemple, relaient leurs homologues américains quand la journée de ceux-ci s'achève et leur communiquent le résultat de leurs recherches dès le lendemain matin[1].

Garder le rythme malgré la complexité croissante des problèmes

Dans certaines industries, le problème principal ne réside pas tant dans l'amélioration du délai de mise sur le marché que dans son maintien, compte tenu de la complexité croissante des problèmes rencontrés. Intel a, par exemple, pu maintenir un délai de production de quatre-vingt-dix jours pour ses puces, qui équipent la plupart des PC, malgré la complexité grandissante des processeurs qu'il fabrique.

1. *Cf.* « The emerging digital economy », ministère américain du Commerce, avril 1998.

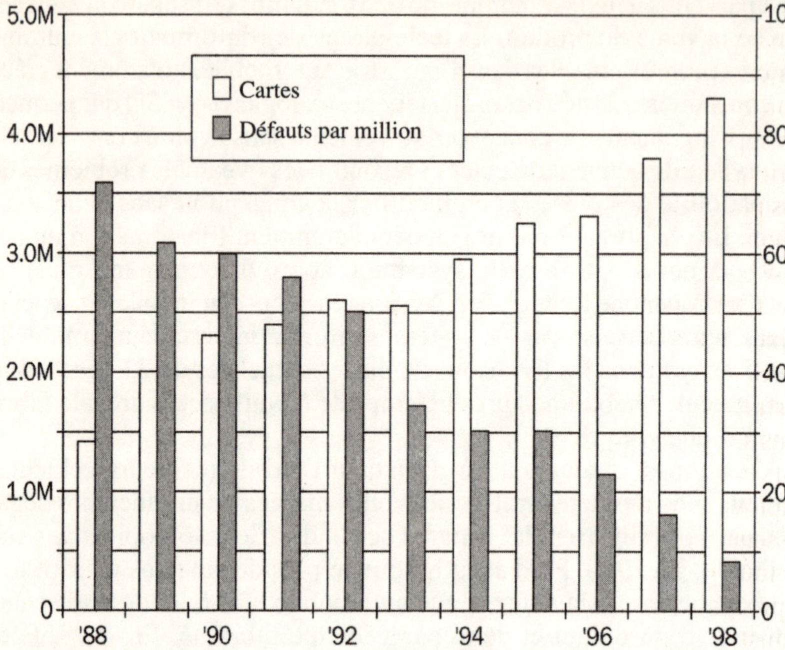

Source : SIEMENS Electronics

La firme allemande Siemens utilise des outils de CAO et de simulation pour minimiser le délai de mise sur le marché et améliorer la qualité de sa production de contrôleurs logiques programmables (CLP), de petits dispositifs qui assurent le fonctionnement de nombreuses machines industrielles. Le feed-back permanent des résultats de la production vers les outils de CAO produit une amélioration constante. En dix ans, Siemens a amélioré le délai de fabrication des CLP par un facteur 2,5, tout en réduisant par un facteur 10 le nombre de défauts. L'utilisation d'outils informatiques pour réduire les délais de fabrication et améliorer la qualité aura un impact sur toutes les industries.

Le nombre de transistors intégrés dans un microprocesseur est passé de vingt-neuf mille en 1978 à sept millions et demi en 1998 et la capacité des microprocesseurs a été multipliée par dix mille pendant ces deux dernières décennies. Vers 2011, Intel pense pouvoir fabriquer des puces qui contiendront un milliard de transistors. Ce progrès exponentiel est confirmé par la loi de Moore selon laquelle la puissance des microprocesseurs double tous les dix-huit à vingt-quatre mois. Si des produits comme les voitures et les céréales obéissaient à la même loi que les microprocesseurs, une voiture moyenne coûterait environ 140 francs et une boîte de céréales 5 centimes.

Intel utilise toute une série de techniques de gestion et de production numériques pour maintenir sa productivité et intègre un nombre toujours plus élevé de transistors dans un microprocesseur de la taille d'un ongle. Dans les années 70, les techniciens d'Intel portaient des tabliers et manipulaient les tranches de silicium avec des pinces. Aujourd'hui, les techniciens travaillent dans un environnement cent fois plus propre que le bloc opératoire le mieux stérilisé. Et ce sont des robots qui manipulent l'impressionnante quantité de pinces nécessaires au « bourrage » des microprocesseurs.

Chaque génération de puces exige la construction de nouvelles usines plus performantes qui coûtent plus de 5 milliards de francs. En 1998, Intel a lancé une stratégie innovante baptisée « Reproduction parfaite » pour maintenir un niveau d'efficacité et de qualité uniforme dans ses usines de microprocesseurs. Pour éviter d'avoir à multiplier les tests et les essais lors de la mise en fabrication de ses nouveaux modèles, Intel associe les directeurs d'usine au développement des microprocesseurs afin de s'assurer que les chaînes de production pourront produire en toute fiabilité les énormes volumes de puces nécessaires. Une fois le processus au point, il est « parfaitement reproduit » dans tous les sites industriels, ce qui assure une rapidité de mise à niveau et une productivité optimales de toutes les usines du groupe.

Pour réduire les tâtonnements dans le développement, Intel a aussi lancé un programme intitulé « Développement 2000 » pour que chaque ingénieur bénéficie des progrès accomplis par toutes les équipes du groupe. En étudiant ses méthodes de conception pour les microprocesseurs Pentium et Pentium Pro, Intel a en effet découvert que plus de 60 % des problèmes rencontrés par les concepteurs de ces puces avaient déjà été résolus par une autre équipe. Il est très probable que, dans tous les services de recherche et développement qui coiffent de nombreuses équipes sans intégration informatique suffisante, on découvrirait des chevauchements et des répétitions similaires.

Pour s'assurer que ses ingénieurs assimilent les apports de leurs collègues, Intel a créé une base de données contenant les méthodes les plus éprouvées de résolution des problèmes techniques et développé un moteur de navigation pour en permettre l'accès depuis ses différents sites d'ingénierie. Le grand fabricant de microprocesseurs a aussi créé des logiciels pour vérifier l'exactitude des circuits imprimés et détecter d'éventuels défauts de fabrication. Grâce à ces logiciels, Intel a multiplié par deux en quatre ans la vitesse de mise sur le marché de ses nouveaux produits. La firme a donc de bonnes chances d'atteindre son objectif « Design 2000 » : maintenir son rythme de production et supprimer les retards dus aux erreurs de conception des nouveaux modèles de microprocesseurs.

La réduction du délai de mise sur le marché permise par les innovations technologiques ne concerne pas seulement la fabrication ou les technologies de pointe. Dans l'édition, les outils d'information ont réduit de moitié (de dix-huit à neuf mois) le laps de temps qui sépare la décision de publication de la publication effective d'un manuscrit.

Mobiliser toute l'entreprise pour être les premiers

Bien que les banques soient depuis toujours de grands utilisateurs de technologies de l'information, les réglementations auxquelles elles sont soumises ne les ont pas encouragées à innover ou à accélérer les délais de mise sur le marché de nouveaux programmes et services. La banque Bradesco, la plus importante banque du Brésil, avec vingt millions de clients, constitue une exception remarquable à cette règle. Dès sa fondation, elle a fait de la notion de délai de mise sur le marché une préoccupation de chaque instant.

Avec ses deux mille deux cents agences, les actifs de la banque Bradesco s'élèvent à 345 milliards de francs et elle sert plus de trois millions de clients par jour. Elle a été la première entreprise privée brésilienne à utiliser des ordinateurs dès 1962 et la première banque à offrir des guichets automatiques et un système de banque à domicile dès 1982. Le niveau de l'inflation au Brésil contraint les banques à stocker et à actualiser quotidiennement une énorme quantité d'informations. Aujourd'hui encore, les banques américaines et européennes, malgré la puissance de leurs moyens d'archivage, ne stockent pas autant d'informations récentes sur les comptes de leurs clients que les banques brésiliennes. On appelle souvent la banque Bradesco « la banque à battre au Brésil » parce qu'elle s'appuie sur les technologies de pointe pour élaborer des solutions innovantes pour ses clients. Pour mieux fidéliser sa clientèle, la Bradesco ne fournit pas seulement des services bancaires traditionnels à ses clients mais toutes sortes de services financiers.

Pour rester en tête de la compétition, la Bradesco vise des délais de mise sur le marché courts, de quelques semaines tout au plus (contre six mois chez certains de ses concurrents). La banque veut aussi proposer ses nouveaux produits ou services en même temps à tous ses clients, ce qui la contraint à planifier rigoureusement sa logistique.

La Bradesco, qui avait créé un logiciel de gestion de trésorerie pour aider une PME à gérer ses comptes fournisseurs et ses comptes clients, a proposé cette application à ses clients et plus de quatre mille entreprises l'utilisent désormais. Pour un autre client, la Bradesco a mis au point un système de carte de salaire qui permet aux employés d'être réglés directement par les guichets automatiques de la banque même s'ils ne possèdent pas de compte dans la banque. Cette carte est maintenant utilisée par mille trois cents entreprises et la banque espère l'étendre rapidement à deux mille autres entreprises, soit au total un million d'employés, dans les mois qui viennent.

La Bradesco a été la première banque à offrir ces deux services.

En 1996, la banque Bradesco est devenue la première institution financière brésilienne – et la cinquième du monde à offrir des services bancaires sur Internet. Durant l'été 1998, elle est devenue la première banque au monde à fournir un service bancaire en ligne aux malvoyants : un synthétiseur vocal lit à voix haute le contenu de la page Web à l'utilisateur. En 1998, trois cent cinquante mille de ses quatre cent quarante mille clients en ligne avaient opté pour la gestion de leur compte bancaire par Internet de préférence à l'ancien système de télétraitement et le nombre de ces clients croît de 12 % par mois. Les services bancaires en ligne ont connu une réussite beaucoup plus rapide au Brésil que dans les autres pays. Le site Web de la banque, Bradesco Net, offre aux clients de la banque une vaste gamme de services financiers.

Bradesco propose également une dizaine d'options d'investissement sur le Net, parmi lesquelles des fonds communs de placement. Elle s'est associée avec une vingtaine de partenaires commerciaux pour créer des boutiques Web accessibles via le site de la banque ou celui de ses partenaires. Ces distributeurs fournissent un catalogue de produits et la banque se charge du reste. Les clients choisissent les produits qu'ils désirent acheter comme ils le font sur n'importe quelle boutique en ligne. La différence, c'est que le paiement est effectué par un virement immédiat du compte du client sur celui du partenaire commercial de la banque. Cette connexion directe avec le compte du client évite à celui-ci de fournir le numéro de sa carte de crédit en ligne. Bradesco Net permet au consommateur de tout acheter, des chocolats aux téléphones cellulaires, de payer ses factures et même de régler ses impôts et ses taxes.

Autre exemple du désir de Bradesco d'être le premier sur le marché, son adhésion à Internet à une époque où la plupart des gens ne voyaient en Internet qu'un « sympathique divertissement ».

Alors que d'autres banques craignaient qu'Internet ne les supplante,

Bradesco a persévéré. « Nous entendons souvent les chefs d'entreprise, surtout dans le secteur des services financiers, se plaindre des nouvelles technologies qui permettent à des intermédiaires non financiers de les contourner et de proposer directement des services à leurs clients, explique Alcino de Assunção. Nous nous y refusons. Chez Bradesco, nous nous efforçons d'anticiper les évolutions prévisibles. La technologie n'est menaçante que si l'on reste les bras croisés et qu'on laisse les concurrents s'en servir. Elle nous sera bénéfique si nous l'utilisons pour proposer nos services de concepteurs de systèmes d'information. Alors, la banque devient un intermédiaire qui apporte une valeur ajoutée à ses clients. »

Bradesco Net, qui est désormais le plus important site commercial Internet du Brésil, a l'opportunité de devenir un site portique – un passage obligé pour de nombreux Brésiliens qui veulent accéder à Internet. Quel meilleur moyen de fidéliser ses clients ?

Pourtant la banque reconnaît qu'elle devra encore améliorer son système nerveux d'entreprise dans le futur. Aujourd'hui, la Bradesco recueille beaucoup d'informations sur ses clients via ses différents services, épargne, cartes de crédit, prêts, assurances, etc. L'objectif de la banque est de relier ces différentes informations pour créer un profil complet du client de la banque. En ciblant les profils socio-démographiques de ses clients, la banque peut leur offrir des services plus adaptés ou pratiquer la vente croisée des nouveaux services que sa technologie lui permet de développer si rapidement. En recherchant les règlements d'assurances automobiles, par exemple, la banque pourra aussi offrir des prêts automobiles aux clients qui ont financé l'achat de leur véhicule ailleurs. À ceux qui effectuent de gros achats, la banque pourrait offrir des promotions spéciales sur de nouveaux produits, ou des prêts hypothécaires à des taux d'intérêt modiques.

Les informations qu'elle enregistre sur chaque client sont un des actifs les plus précieux de la banque. Toutes les transactions financières sont déjà archivées. À la banque de concevoir les systèmes les mieux adaptés pour exploiter ces informations. La Bradesco, qui a initialement bâti son infrastructure sur des applications verticales, projette de connecter ces applications afin de mieux connaître ses clients et leur usage global des services de la banque. Il faudra plusieurs années à la Bradesco pour synthétiser toutes ces informations, mais, une fois cet objectif atteint, elle sera capable de concevoir et de procurer rapidement à ses clients un plus grand nombre de services « à la carte ».

Maîtriser le cycle de vie du produit

Le cycle de vie ne s'est sans doute raccourci nulle part autant que dans l'industrie du PC. Les changements qu'a entraînés le raccourcissement des délais de mise sur le marché laissent présager les mutations qui vont toucher d'autres secteurs industriels. Dans ce contexte d'évolution rapide, l'optimisation du flux d'information numérique n'est pas une amélioration parmi d'autres, mais une condition essentielle du succès.

En quelques années, le cycle de vie des produits Compaq a chuté de dix-huit à douze mois et était descendu, fin 1998, à neuf mois pour les produits professionnels et à quatre mois pour les produits de grande consommation. Avec ses anciens systèmes d'information, Compaq avait besoin de quarante-cinq jours pour faire remonter les informations sur ses ventes dans le monde entier et établir un planning de production précis. Au moment où l'entreprise communiquait ce planning à ses fournisseurs, elle arrivait déjà à mi-course de la durée de vie moyenne de ses produits (quatre mois). Dans une industrie où le cycle de vie est roi, l'entreprise doit être capable d'une grande souplesse de planification pour rester compétitive.

Compaq a mis en œuvre un progiciel de gestion intégrée (ERP), à partir d'un progiciel de marque SAP. Un bon système ERP permet de suivre les phases de la production au jour le jour et de contrôler la réactivité des méthodes de fabrication. Chez Compaq, le système ERP a permis de définir plus précisément le plan de fabrication, de mieux utiliser les capacités de production, d'optimiser la gestion des stocks et de respecter les délais de livraison.

Le projet ERP a remplacé l'émiettement des systèmes de planification antérieurs depuis déjà plusieurs années dans les sites industriels du monde entier. Toutes les usines Compaq utilisent désormais le progiciel SAP, et trente-neuf de ses quarante-six succursales l'ont aussi adopté. Compaq a aussi instauré un système de planification de la production qui permet de rassembler toutes les données sur les fournisseurs, les ventes et les capacités de production dans un seul système de stockage informatique, toujours grâce au logiciel SAP.

Cette intégration apporte à Compaq une cohérence de toutes les informations, nécessaire à la planification des ventes et de la production au niveau mondial. Depuis la mise en place de ce système, le cycle de planification est passé de quarante-cinq jours à une semaine. C'est le laps de temps généralement nécessaire pour obtenir un instantané du marché et planifier les ventes à moyen et long terme. Compaq accentue cependant ses efforts pour réduire ses délais de fabrication. L'entreprise s'approche actuellement d'une capacité de planification quotidienne des approvisionnements fournisseurs. À terme cette capacité de planification descendra à quatre heures.

Tout en réduisant son cycle de planification, Compaq a aussi mis en place des systèmes de contrôle en temps réel qui lui permettent de réagir à des variations imprévues de la demande. En utilisant les mêmes données, l'entreprise obtient un bilan instantané de la situation (capacités d'approvisionnement et commandes) toutes les huit heures. Grâce à ces données en temps réel (au lieu d'informations vieilles d'un ou plusieurs jours), Compaq espère pouvoir s'adapter plus souplement aux évolutions du marché. Si l'entreprise enregistre, par exemple, une commande de sept mille ordinateurs de bureau, les planificateurs et les fournisseurs de Compaq peuvent déterminer instantanément si l'entreprise a les moyens de faire fabriquer les pièces nécessaires et de répondre à la demande dans les délais.

Pour développer ce type de réflexe collectif, Compaq a transféré ses systèmes d'échange de données sur Internet. Alors que la complexité du système EDI (Electronic Data Interchange) entraînait des temps de réaction de plusieurs jours, cette solution permet à l'entreprise d'instaurer un échange commercial ininterrompu par courrier électronique avec ses partenaires. Quand une commande est enregistrée, les fournisseurs la découvrent sur leurs ordinateurs au même moment que le planificateur de Compaq.

John White, un des ex-dirigeants de Compaq, compare l'installation du système ERP à l'opération qui consiste à remplacer les ailes et les moteurs d'un avion en vol. L'entreprise doit continuer à fonctionner pendant l'installation des nouveaux systèmes. Durant cette époque de transition, les bénéfices de Compaq sont passés de 42 à 210 milliards de francs et l'entreprise a absorbé la Digital Equipment Corporation qui venait également de se convertir aux progiciels de gestion SAP avec une approche légèrement différente.

White recommande d'appliquer le nouveau progiciel de gestion intégrée (ERP) dans un secteur défini, services des ventes, succursales ou usines, par exemple, et d'installer le système dans son intégralité plutôt que de perturber continuellement la marche de l'entreprise en installant les systèmes d'achat, de financement, de fabrication et de planification l'un après l'autre.

Une entreprise a le choix entre deux approches de l'ERP. La première consiste à acheter tous les logiciels à un unique fournisseur : on obtient alors une intégration optimale. La seconde consiste à acheter chaque module à un fournisseur différent en cherchant le « nec plus ultra » dans chaque catégorie. Dans la vague récente de conversion à l'ERP, l'exigence de simplicité d'intégration a conduit de nombreuses entreprises à bâtir tout leur système ERP avec un seul fournisseur. Mais, avec l'unification progressive des normes des logiciels de gestion, le recours à différents fournisseurs deviendra plus aisé.

Autre paramètre important, l'« individualisation » de chaque système ERP. Certains logiciels restent compatibles avec les versions ultérieures et sont utilisables malgré leur individualisation. Dans d'autres cas, l'adaptation aux nouvelles versions suppose une perpétuelle révision des programmes antérieurs. À l'avenir, la conception radicalement nouvelle des logiciels sur mesure simplifiera beaucoup leur intégration avec les nouvelles versions des systèmes ERP.

Cette perspective – une compatibilité simplifiée entre logiciels d'origines différentes et versions successives du même logiciel malgré leur individualisation – illustre les recherches les plus récentes de Microsoft et des fabricants de logiciels avec lesquels nous collaborons. Ensemble, nous faisons évoluer les normes de l'industrie pour permettre aux entreprises de tirer le meilleur parti de leur système ERP.

Plus de puissance et plus de rapidité

L'objectif d'une production en temps réel suppose une augmentation de puissance des systèmes informatiques. Avec les anciens micro-ordinateurs, il fallait de huit à dix heures pour établir un planning de production. Grâce à ses propres systèmes de PC surpuissants, Compaq a déjà réussi à ramener ce temps à vingt-cinq minutes. Mais, pour répondre instantanément à un accroissement soudain de la demande, Compaq a besoin de programmes résidents en mémoire fonctionnant en temps réel. Les nouveaux serveurs PC de soixante-quatre bits permettent à Compaq de stocker en mémoire les problèmes de gestion les plus complexes (huit mille références de pièces détachées, quarante-six succursales disséminées dans le monde entier, six sites industriels principaux et douze centres de distribution).

Ces nouvelles capacités illustrent l'interdépendance croissante de la technologie et de la gestion, et les progrès décisifs qu'entraîne l'évolution de l'informatique professionnelle. Sans processeurs puissants, sans flux de données numériques, il ne serait tout simplement pas possible pour Compaq de raccourcir ses cycles de production. S'il faut huit à dix heures pour calculer un planning et qu'on ne puisse pas mettre à niveau la base de données ni même y accéder durant ce temps, comment le système d'information de l'entreprise pourra-t-il réagir avec la rapidité qu'exige une économie de la distribution instantanée ?

La technologie Publish and Subscribe est un des autres ingrédients décisif du futur de Compaq. C'est la passerelle entre l'ERP et les systèmes de planification. Publish and Subscribe est une méthode d'extraction de données fiable et qui fonctionne presque en temps réel. Dès que des changements (situation des commandes et des stocks) sont confirmés, le système de données répercute ces changements vers un serveur de réseau interne qui les retransmet automatiquement vers les PC de tous les responsables concernés. Cette technologie permet à Compaq de diffuser l'information à ceux qui en ont besoin sans engorger la base de données.

La technologie Publish and Subscribe permet également aux partenaires extérieurs d'être immédiatement informés des derniers développements de la situation. Plus besoin de multiplier les contrôles de routine, le programme se charge de les avertir en temps réel sur leurs PC.

Vers des délais de mise sur le marché toujours plus brefs

Les systèmes numériques permettent à toutes les entreprises de raccourcir spectaculairement les délais de mise sur le marché, même si la distribution de marchandises exigera toujours une certaine quantité de temps et d'énergie. Nicholas Negroponte, chercheur au MIT, compare la différence entre des produits et des bribes d'information avec la différence entre translation d'atomes (objets physiques, voitures, ordinateurs...) et transfert de bits (objets électroniques, analyses financières, émissions de télé...). Les producteurs de bits peuvent utiliser l'Internet pour réduire leurs délais de distribution à presque rien. Les fabricants d'atomes ne peuvent pas encore téléporter leurs objets à travers l'espace, mais ils peuvent utiliser la vitesse de transmission numérique des bits pour augmenter spectaculairement leur réactivité : l'essentiel du temps nécessaire à la production d'un objet quel qu'il soit est consacré à la coordination du travail et non à la fabrication elle-même. Une étude du gouvernement britannique montre qu'il s'écoule presque une année entre le moment où le minerai d'aluminium est extrait du sol et celui où les canettes qu'il a servi à fabriquer sont empilées sur les étagères des supermarchés. L'essentiel de ce temps est englouti par de multiples tâches bureaucratiques dans lesquelles, aujourd'hui encore, le support papier est roi.

De bons systèmes d'information peuvent supprimer l'essentiel de ces délais. Et les fabricants de produits « matériels » découvriront que le service en ligne – où, là encore, le bit a supplanté l'atome – sera aussi important pour le consommateur et donc pour leurs produits que l'objet dont ils assurent la distribution. La vitesse de livraison et l'interaction avec le client rendues possibles par Internet transforment effectivement les produits en service. Les entreprises de produits doivent aujourd'hui se comparer non plus aux meilleurs de leurs concurrents, mais aux meilleures entreprises de services. Elles doivent s'assurer que leur culture collective et leurs infrastructures optimisent la vitesse dans la recherche, l'analyse, la coordination et l'exécution des tâches, et considérer leurs sites Web non comme des gadgets chics mais comme des outils à part entière du développement et de l'amélioration de leurs produits.

L'obstacle le plus important à la vitesse est en fin de compte culturel. Il faut modifier les perceptions des employés de l'entreprise concernant la vitesse à laquelle les tâches de chacun doivent être effectuées. Tous doivent comprendre que si l'on ne satisfait pas à la demande des clients assez rapidement, sans rien rogner sur la qualité, un concurrent le fera. Une fois que les esprits ont accepté cette réalité incontournable, la technologie numérique permet des réflexes ultrarapides.

Pour une gestion plus performante

- Le délai de mise sur le marché s'amenuise dans tous les secteurs de l'économie, qu'il s'agisse de vente de produits matériels ou numériques. L'utilisation de la technologie numérique améliore spectaculairement votre position concurrentielle et contribue décisivement à faire de votre entreprise la première sur le marché.

- L'obstacle le plus important à la vitesse n'est pas technique mais culturel. Il faut convaincre tous les employés que la survie de l'entreprise dépend de l'accroissement de la rapidité du travail de chacun.

- L'installation d'un progiciel de gestion intégrée (ERP) vous aidera à imposer la rigueur et la standardisation nécessaires à une saine gestion financière.

Évaluez votre système nerveux d'entreprise

- Utilisez-vous les flux de données numériques pour obtenir une rotation plus rapide des stocks, une meilleure qualité des produits et des prix plus bas ?

- Avez-vous instauré un système de télécommunication entre les fabricants, les fournisseurs, les ventes et les autres fonctions afin de réduire vos délais de planification ?

- Disposez-vous de systèmes numériques qui vous permettent de réagir aux variations de la production au jour le jour ?

TROISIÈME PARTIE

MAÎTRISER L'INFORMATION POUR MIEUX PENSER SA STRATÉGIE

10

Les mauvaises nouvelles doivent voyager vite

Les entreprises spécialisées en technologies de pointe ont une constante, la hantise de l'échec, et prêtent une attention toute particulière à l'évolution du marché.
Guillermo G. Marmol, société McKinsey

J'ai un instinct naturel pour traquer les mauvaises nouvelles. Quand quelque chose va mal, je veux en être informé. Les gens qui travaillent pour moi l'ont parfaitement compris. Je reçois parfois des e-mails qui commencent ainsi : « Dans la série *les mauvaises nouvelles doivent remonter plus vite que les bonnes,* en voici une. »

Dans toute entreprise, même les bonnes, beaucoup de choses ne tournent pas rond. Un nouveau produit peut faire un flop. On est surpris par la soudaine défection d'un client qui préfère une autre marque. Un concurrent lance un produit qui conquiert un vaste marché encore inexploité ou vous subtilise des parts de marché. La perte de parts de marché est le type même de mauvaise nouvelle qui devrait alarmer toute entreprise.

D'autres mauvaises nouvelles reflètent des problèmes internes de l'entreprise : le lancement d'un produit va être retardé, un produit ne fonctionne pas comme vous l'espériez, vous n'avez pas su recruter les collaborateurs adéquats pour mener à bien vos projets.

Pour un chef d'entreprise, il est essentiel d'être capable d'assimiler toutes les mauvaises nouvelles quelles qu'elles soient et d'en comprendre la cause au lieu de les nier. Le gestionnaire efficace est celui qui exige qu'on lui annonce d'abord les mauvaises nouvelles et ensuite les bonnes. Vous ne pourrez pas réagir efficacement aux nouvelles décevantes si elles ne vous sont pas communiquées à temps.

Les mauvaises nouvelles sont prioritaires parce qu'il faut s'atteler aussitôt à la solution de la difficulté. Dès que vous prenez conscience d'un problème, tous les collaborateurs de votre entreprise doivent se mobiliser pour le résoudre. Vous pouvez juger de la valeur d'une entreprise, de l'efficacité de son système nerveux, à la rapidité avec laquelle elle mobilise toutes ses ressources intellectuelles pour résoudre ses problèmes les plus épineux.

L'informatique accélère la vitesse de réaction de l'entreprise devant toutes les urgences. Autrefois, la réaction des entreprises aux mauvaises nouvelles était nécessairement lente et, quand elles parvenaient aux oreilles des patrons, la situation avait eu tout le temps d'empirer. La seule façon rapide de leur transmettre l'information était le téléphone, il fallait donc les déranger. Avant de pouvoir résoudre un problème, il fallait fouiller les dossiers pour collecter les informations nécessaires ou rechercher la personne qui les détenait. Une fois ces informations (tardivement et incomplètement) recueillies, les intéressés communiquaient par téléphone ou fax. Toutes les étapes de ce processus prenaient beaucoup de temps.

Même avec le téléphone et le fax, le traitement des événements inquiétants restait lent et lourd. Malgré l'arrivée des unités centrales de traitement et l'informatisation massive des données commerciales, l'extraction rapide de ces données reste si difficile que ces réserves d'informations ne sont pas d'une grande utilité en période de crise. Les ordinateurs sont restés longtemps trop chers pour les sociétés les plus modestes. On est entré dans l'ère de l'information, la vitesse de transformation de celle-ci a augmenté prodigieusement et pourtant les données essentielles sont restées consignées sur papier. Nous avons tardé à utiliser les systèmes numériques pour exploiter rapidement ces informations.

Internet n'a pas toujours été la priorité numéro un de Microsoft. Son arrivée a bouleversé notre métier et provoqué un des événements les plus inattendus auxquels nous ayons eu à répondre. En fait, en 1995, divers experts prédisaient qu'Internet allait mettre Microsoft hors course. C'était la pire nouvelle qu'on puisse imaginer. Nous avons utilisé notre système nerveux d'entreprise pour surmonter cette crise.

Faire taire ses doutes, mais pas trop longtemps

Il y a quelques années, Microsoft a été l'une des rares entreprises à investir massivement dans la télévision interactive en escomptant un développement rapide de ce marché. Nous avons collaboré avec la TCI et la Southwestern Bell et en 1995 nous avons lancé à Tokyo un projet-pilote en partenariat avec la Nippon Telephon and Telegraph Corporation.

À mesure que le temps passait, nous découvrions que les investissements grimpaient et les retombées commerciales étaient plus modestes que ce que nous avions escompté. La télévision interactive n'allait pas entrer dans la réalité aussi vite que nous l'avions espéré, et pas de la façon dont nous l'avions espéré. Mais pourquoi nous a-t-il fallu à tous si longtemps pour le comprendre ?

On peut répondre simplement que la nature humaine répugne à admettre les mauvaises nouvelles. Le passage de la télévision analogique à la télévision numérique a pris plus longtemps que prévu, la baisse des coûts n'a pas été aussi rapide que prévu et les nouvelles applications étaient trop rares pour que la construction de l'énorme infrastructure nécessaire suscite un grand enthousiasme chez les fournisseurs de réseaux. Pourtant, nous n'avons pas reconnu ces obstacles, nous avons refusé de les voir.

Toute nouvelle aventure industrielle est un pari. On doit dans une certaine mesure faire taire ses doutes quand on se donne un nouveau défi. Mais il faut aussi savoir remettre en question ses hypothèses de départ et se demander si le marché pour tel nouveau produit ou service existe vraiment. C'est une tâche ingrate. Voudriez-vous être celui qui convoque la réunion où l'on va décider que toute cette aventure a assez duré et qu'il est temps de renoncer ?

Rétrospectivement, les membres de notre équipe de télévision interactive nourrissaient de sérieux doutes sur ce projet et son orientation stratégique. Entre autres indicateurs, le nombre de collaborateurs qui ont quitté l'équipe pour d'autres secteurs de l'entreprise a clairement montré que quelques personnes savaient que nous faisions fausse route.

Finalement, Craig Mundie, le vice-président chargé du projet a convoqué la réunion des « mauvaises nouvelles ».

Nous avons décidé de transférer certaines technologies issues des recherches sur la télé interactive, comme la cryptographie et les logiciels multimédias, dans des produits que nous pouvions lancer rapidement. Craig est resté responsable des technologies pour les ordinateurs de poche. Nous avons conservé un petit noyau de gens pour continuer à travailler sur notre projet de télé grand public – essentiellement pour continuer à creuser la question en attendant l'arrivée de la télé numérique, survenue deux ans plus tard.

Pour tenter une nouvelle aventure industrielle, vous devez avoir la foi, au moins un certain temps. Mais il faut également rester attentif aux mauvaises nouvelles et garder assez d'agilité pour s'adapter aux nouvelles opportunités qui surgissent.

Rebondir

Le 24 août 1995, nous avons lancé Windows 95, le plus ambitieux système d'exploitation d'ordinateurs personnels, avec la plus grande campagne de publicité de l'histoire de l'informatique. La couverture médiatique de cet événement a été énorme, des centaines d'articles et d'émissions de télé dans les mois qui ont précédé le lancement. Nous étions décrits comme invincibles, nous avions supplanté nos concurrents dans le domaine des ordinateurs de bureau. Le magazine *Windows* a écrit : « Cette année, pour le meilleur ou pour le pire, Microsoft gagne la guerre. » Un éditorial de *Time* disait que Microsoft était « le centre de gravité de l'univers informatique ».

Deux mois plus tard, pourtant, la presse adoptait un tout autre ton. Le public avait pris conscience de l'explosion d'Internet et les gens avaient l'impression que Microsoft n'avait pas été invité à la fête. Les journalistes disaient même que nous n'avions pas « pigé » ce qui arrivait. Internet nous enterrait. Des petits concurrents rapides et agiles allaient nous mettre sur la touche. Les propos de l'analyste financier Rick Sherlund, un spécialiste de Microsoft depuis longtemps, ont fait les gros titres de la presse nationale quand, à la mi-novembre, il a déprécié notre action en expliquant que « nous n'avions pas une stratégie Internet convaincante ». Le futurologue Paul Saffo a résumé les convictions de nombreux observateurs en déclarant : « La marée montante va détruire tout ce que Microsoft a construit. » À la fin de l'automne, la révolution Internet avait éclipsé Windows 95 pour devenir l'événement informatique de l'année.

Le 7 décembre 1995, nous avons tenu notre première conférence stratégique Internet où nous avons présenté en avant-première la gamme des technologies que nous développions pour intégrer Internet dans nos produits clés. Un an après cette annonce, tous nos produits importants étaient « adaptés Internet » et nous en avions élaboré quelques autres centrés sur Internet. Nous sommes désormais fortement présents sur plusieurs secteurs importants d'Internet et notre part des moteurs de navigation croît rapidement. Aucune société ne dominera jamais entièrement Internet, mais Microsoft s'y est imposé comme un des acteurs essentiels.

Comment, me demandent souvent la presse et nos clients, avons-nous réussi à virer de bord si vite ?

D'abord nous n'avons jamais négligé Internet, contrairement à ce qu'ont pu croire certains observateurs extérieurs. Nous n'étions pas tout à fait des blancs-becs en la matière. Nous avions développé plusieurs technologies dédiées à Internet. Dès 1991, nous avons recruté J. Allard, un spécialiste du travail en réseau, afin de nous assurer que nous élaborions les technologies adaptées. Et Microsoft a contribué à créer et à soutenir plusieurs associations Internet. À la mi-1993, nous avions conçu le support du protocole élémentaire de travail en réseau de notre logiciel Windows NT, aussi bien pour le serveur que pour l'ordinateur distant. À cette époque nous étions aussi déjà assez avancés dans le développement de notre service en ligne, qui est devenu MSN.

Nous avions installé un site Internet dans un couloir de notre siège pour tester notre connectivité Internet. Pour ce site, destiné à tester la compatibilité de nos technologies avec toute une série de systèmes, nous avons légèrement augmenté la puissance du logiciel MS-DOS disponible sur place. J. Allard jetait son grappin sur tous ceux qui passaient à sa portée, qu'il s'agisse des nouveaux chefs de produit ou des vice-présidents, pour leur montrer le travail en cours et leur communiquer son enthousiasme sur les potentialités d'Internet. Pendant dix semaines, les clients ont téléchargé deux fois plus de copies de cette version de MS-DOS sur ce site que sur CompuServe, une effervescence qui nous a montré qu'un événement important se préparait.

Soyons clair : en 1993, Internet n'était pas notre priorité numéro un mais la cinquième ou la sixième. Notre nouveau site mobilisait trois ordinateurs sur une table devant le bureau de J. Allard, avec des instructions écrites à la main précisant comment se connecter à Internet. Allard avait obtenu qu'on installe une dérivation et un câble jaune courait sur le mur de son bureau et du couloir. Quatre fiches branchées sur les prises du bureau d'à côté alimentaient en électricité tous ses appareils. Tous ces câbles étaient fixés par du ruban adhésif. Bref un capitaine de pompiers n'a pas tardé à faire son apparition, menaçant de fermer le site de Microsoft à cause des risques d'incendie de l'installation. La semaine de sursis obtenue par Allard lui a permis de transférer ses machines dans nos locaux techniques où nous avons commencé à transformer notre ébauche d'installation de site Internet en un projet Microsoft à part entière.

Le premier ordinateur individuel « Internet »

La « machine memex » du Dr Vannevar Bush, inventée en 1945, préfigurait nos outils d'information modernes. Bush, directeur de l'Office américain de la recherche scientifique pendant la Seconde Guerre mondiale, avait prédit le développement d'un appareil permettant de stocker livres, enregistrements et communications en faisant apparaître les informations à l'écran. Cette machine pouvait contenir des centaines de milliers d'informations, enregistrer des pages manuscrites, annotées et des photographies. Un « système d'indexation associatif » permettait d'instaurer des liens permanents entre des objets pour retrouver plus rapidement des « informations momentanément importantes » dans ce dédale d'informations.

La memex de Bush, un énorme bureau-machine dans lequel les microfilms stockés étaient manipulés par manettes, évoque irrésistiblement pour nous les gesticulations un peu burlesques d'un prestidigitateur derrière un rideau de fumée. Mais son analyse du problème (notre façon de traiter l'information est inadéquate) et la solution qu'il a trouvée (un appareil où toutes les informations sont stockées et organisées) étaient foncièrement justes. La memex préfigurait, avec la technologie mécanique des années 40, le PC multimédia connecté à Internet. Bush a même prédit l'équivalent des moteurs de recherche d'Internet en « inventant des raccourcis à travers l'énorme masse d'informations disponibles ».

Les progrès de la technologie ont métamorphosé la vision de Bush et, alors même qu'elle est devenue réalité, elle nous paraît bien démodée.

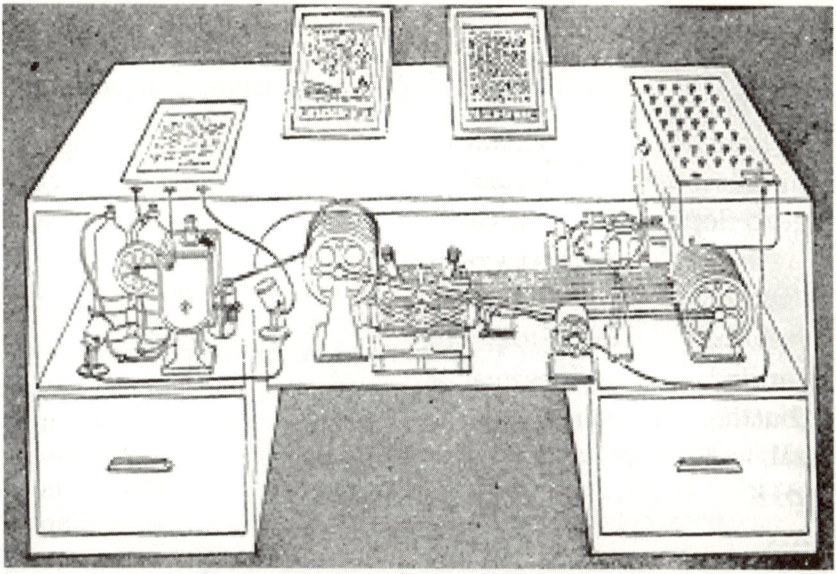

La machine memex, basée sur la technologie des années 40, est un précurseur du PC relié à l'Internet, capable d'emmagasiner de grandes quantités d'informations sur un sujet donné.

À cette époque, nous n'avions pas encore élaboré d'approche stratégique globale pour Internet. Nous n'imaginions pas que ce réseau créé pour des chercheurs et des techniciens deviendrait le réseau commercial mondial qu'il est à présent. Nous étions axés sur les applications techniques à large bande comme la vidéo-conférence et la vidéo à la carte. La capacité de l'Internet à convoyer des informations numériques était si limitée que nous ne le considérions que comme une étape secondaire de notre travail. À notre grande surprise, tous les ingrédients nécessaires se sont conjugués et ce seuil critique a été rapidement atteint.

Sa popularité soudaine a modifié toutes les règles du jeu et sa croissance n'a cessé de s'accélérer. Les gens ont accepté les défauts d'Internet à cause de l'énorme quantité d'informations et des possibilités de communication qu'il leur offrait. Les fournisseurs d'accès ont rapidement saisi cette opportunité, créant un effet de rétroaction positif et une croissance exponentielle. Pour la seule année 1993, les utilisateurs d'Internet ont doublé, atteignant le chiffre de vingt-cinq millions.

La force d'impulsion qui a fait réagir Microsoft ne venait pas de moi ou des autres dirigeants de l'entreprise, mais d'un petit groupe de collaborateurs dévoués qui ont anticipé l'évolution des événements. Grâce à nos systèmes informatiques, ils ont été capables de rallier tout le monde à leur cause. Leur histoire illustre notre politique : il faut donner à tous les employés intelligents, dès leur arrivée dans l'entreprise, la plus grande liberté d'initiative. C'est une stratégie évidente, de simple bon sens pour des entreprises de l'ère de l'information, où tous les collaborateurs devraient participer à l'élaboration de la stratégie. Notre capacité de nous investir dans l'Internet était liée à la technologie que nous utilisons – la technologie est très souvent la clé de voûte de la stratégie. Les collaborateurs de Microsoft se sentent-ils libres de m'envoyer des e-mails parce que nous croyons en une organisation horizontale ? Ou bien notre organisation est-elle horizontale parce que les gens ont toujours eu cette liberté ? Depuis très longtemps, tous les collaborateurs de Microsoft disposent d'un PC et du courrier électronique. C'est un aspect célèbre de notre culture d'entreprise qui a conditionné notre façon de penser et d'agir.

Rencontres physiques et électroniques

J. Allard, Steven Sinofsky (mon assistant technique à l'époque) et quelques autres personnes ont été les instigateurs de notre réaction devant le succès croissant d'Internet. En janvier 1994, J. Allard a écrit un mémo dans lequel il exposait les opportunités et les dangers de l'Internet. Par hasard, la semaine suivante, Steve s'est rendu à l'université Cornell pour recruter de nouveaux éléments. Alors qu'il était bloqué sur place par une tempête de neige pendant deux jours, il eut tout loisir d'observer l'usage que l'université faisait des ordinateurs. Steve est lui-même diplômé de Cornell et il a travaillé en tant qu'étudiant en technologies de l'information. Il a été sidéré de constater les changements révolutionnaires introduits à Cornell depuis sa visite de l'année précédente.

Dans son compte rendu, Steve s'émerveillait de découvrir que cette école était « supercâblée ». Environ un tiers des étudiants disposaient de PC, certains départements universitaires en allouaient à leurs élèves et l'université avait également installé des kiosques informatiques d'accès libre et gratuit dans certains espaces publics. Presque tous les étudiants utilisaient le courrier électronique. Beaucoup de professeurs communiquaient avec leurs étudiants par ordinateur et les étudiants harcelaient leurs parents pour s'abonner. Une grande variété d'informations, y compris l'essentiel du catalogue de la bibliothèque Cornell, était disponible en ligne. Un étudiant pouvait consulter en ligne le calendrier de ses cours, les notes qu'il avait obtenues à ses examens, l'état de son compte et ses éventuels arriérés de paiement, les informations sur les aides financières et l'annuaire de l'université. L'université faisait d'énormes efforts pour mettre à la disposition des étudiants toutes sortes d'informations sur le Web. Steve a même assisté à une vidéo-conférence en direct sur Internet.

Il a été frappé par l'intégration profonde de cette technologie dans la vie du campus en un temps record et par le rapport tout naturel que les étudiants entretenaient avec elle. Il nous expliquait que pour eux « ces services en ligne sont aussi omniprésents et banals qu'un service d'assistance par téléphone » et que « la rapidité avec laquelle ils avaient intégré ce nouvel accès à l'information dépassait l'assimilation de toutes les autres technologies qu'[il] avait connues dans [sa] vie, y compris l'ordinateur personnel lui-même ». Les étudiants se plaignaient même de ne pas pouvoir s'inscrire à leurs cours par Internet.

J. Allard et Steve ont émis un certain nombre de recommandations sur les actions que Microsoft devrait entreprendre pour participer à cette révolution. Steve s'était concentré sur les utilisateurs et les changements culturels et J. Allard avait exploré les conséquences techniques de l'Internet pour toute une série de produits Microsoft. Il remarquait que nous étions en retard sur beaucoup de concurrents dans ce domaine, mais que grâce à « notre agilité et à notre créativité, nous les rattraperions rapidement », compte tenu de « l'efficacité de la communication entre les équipes de Microsoft ». J. Allard voyait une « grande synergie potentielle » entre ces équipes, mais il soulignait également « le désastre potentiel » qui nous attendait si nous n'arrivions pas à coordonner ces efforts à l'échelle de l'entreprise. Il avait établi la liste des équipes qu'il pensait que nous devions mobiliser pour notre projet Internet.

Les mémos de Steve Sinofsky et J. Allard ont rapidement fait le tour de l'entreprise par courrier électronique. Ils ont déclenché une avalanche de conversations électroniques. Les contributions portaient sur de multiples problèmes : Comment nos systèmes d'exploitation doivent-ils s'adapter à Internet ? Que doit signifier « configuré pour Internet » ou « adapté Internet » pour Microsoft Word, Microsoft Excel et toute notre gamme de logiciels de bureautique ? Quelles conséquences pour nos outils de messagerie ? De quels nouveaux produits avons-nous besoin ? Quelles sont les technologies Internet qui doivent être vendues comme de nouveaux produits et celles qui doivent être incorporées dans nos produits existants ? Quelles technologies devons-nous vendre sous licence ? Devons-nous nous concentrer d'abord sur un usage professionnel des technologies dans l'entreprise ou sur les façons dont le grand public va les utiliser ?

Les idées fusaient de toutes parts. Parfois, l'une d'elles recevait un accord rapide, parfois la réaction prenait la forme d'e-mails catégoriques : « Tu te trompes complètement ! » Les employés nous incitaient régulièrement, les autres dirigeants de Microsoft et moi, à accélérer le mouvement. Nous avons multiplié les postes Internet afin que les gens puissent apprendre à s'en servir par eux-mêmes. Nous avons demandé aux cadres moyens d'explorer l'Internet, de s'en faire une impression personnelle et de nous présenter leurs conclusions sur les sites intéressants. On a pris l'habitude de vérifier les sites des concurrents tous les matins. Je le fais encore. J'ai dans mon bureau un PC dédié à l'exploration d'un certain nombre de sites Web, parmi lesquels ceux de nos concurrents, afin de voir comment les différentes entreprises utilisent le Web pour promouvoir leurs produits et instaurer un dialogue interactif avec les consommateurs.

Ces explorations individuelles ont débouché sur des dizaines et des dizaines d'excellentes idées. Rapidement, grâce au courrier électronique, les employés se sont mis à échanger leurs opinions, à approfondir leurs points de vue, à débattre des différentes voies à explorer. Les discussions par courrier électronique ont entraîné des réunions informelles, souvent animées, de petits groupes qui discutaient dans les couloirs de la société : courrier électronique et discussions de couloir, c'est comme ça que s'est élaboré l'Internet chez Microsoft. À mesure que le nombre de sujets abordés augmentait, des groupes plus petits se formaient pour étudier problèmes et sous-problèmes, toujours par courrier électronique. Assez rapidement, un grand nombre d'employés appartenant à différents secteurs de l'entreprise sont venus renforcer cette réflexion. J'avais de longs échanges par courrier électronique avec des dizaines de gens sur tous les sujets, qu'il s'agisse de notre stratégie industrielle pour les services en ligne ou de notre approche technique des hyperliens.

Rester concentré et agir vite

Nous avons fait connaître notre plan de développement et nos différentes actions sur le réseau interne de l'entreprise afin que tous ceux qui s'y intéressaient puissent le découvrir. Les cadres de tous niveaux le consultaient et le complétaient régulièrement. Quand les projets d'un secteur prenaient du retard, des collaborateurs d'autres secteurs venaient les épauler.

Pour qu'une grande entreprise réagisse rapidement, surtout dans un domaine où l'éventail des possibilités est aussi vaste qu'Internet, il faut mobiliser des centaines de personnes qui apportent des idées. Mais il faut aussi savoir les concentrer sur des problèmes spécifiques, sinon aucune décision n'est prise et toute cette cogitation ne débouche sur rien de concret. Notre système nerveux d'entreprise informait et impulsait nos décisions. Le courrier électronique charriait un flot continu de réflexions et d'analyses qui a permis à nos équipes d'élaborer des points de vue et des recommandations fortes. Quand cette chaîne de réflexions et de recommandations était assez fournie, nous partions en séminaire pour préparer les décisions finales. Puis nous fixions les priorités et coordonnions le travail entre les groupes les plus importants. En 1994, nous avons organisé trois retraites à quelques mois d'intervalle. Après la première, le 6 avril 1994, j'ai envoyé un courrier électronique à mon équipe pour lui annoncer : « Nous allons miser gros sur Internet. »

J'ai consacré ma semaine de réflexion d'avril 1994 à l'Internet et aux problèmes du multimédia. (Au cours de cette semaine de réflexion, deux fois par an, j'ai l'habitude de me concentrer sur les problèmes les plus difficiles que doit affronter l'entreprise et de mettre entre parenthèses tous les autres.) Nous avons établi un premier bilan de notre action en août 1994. Une fois encore, ce sont les employés nouvellement recrutés qui ont fait « marcher la baraque ». J. Allard, qui était alors chef de projet et avec qui je n'avais pas de contact direct, a dirigé la réunion avec l'aide de Steve Sinofsky et de quelques autres experts. Comme J. Allard l'a expliqué : « Ils étaient comme des gosses qui s'invitent à un conseil d'administration. »

Une de nos préoccupations majeures, à cette époque, était de savoir si nous pouvions convertir nos bases de données internes sur les produits et les ventes en format hypertexte HTML pour Internet. Une grande partie de cette mine d'information pouvait intéresser les clients et nous pensions qu'elle apporterait un atout majeur à notre site Web qui commençait à décoller. L'un des experts qui assistaient à cette réunion a déclaré que les défis techniques de cette conversion étaient insurmontables. L'orateur suivant a annoncé qu'il avait déjà mis au point ce système de conversion. Malgré les réticences de son chef de service qui lui avait affirmé que son équipe ne travaillerait jamais sur les projets Internet, il s'était entouré de quelques doux dingues et avait déjà converti des milliers de dossiers en format HTML. Certains de ces dossiers étaient déjà disponibles en ligne. J'étais aux anges devant tant d'initiative.

Début 1995, quelques mois avant le lancement de Windows 95, toutes les équipes de Microsoft avaient défini leur charte Internet et commencé à développer des produits. Des produits additionnels pour Internet, des logiciels d'intégration à Internet, mais aussi des produits nouveaux.

Dans un mémo de mai 1995 envoyé par courrier électronique et intitulé « Le raz de marée Internet », j'ai résumé nos orientations et décisions stratégiques et annoncé une réorganisation de l'entreprise pour adapter chaque secteur de Microsoft à nos objectifs Internet. Je me suis efforcé d'envoyer un message clair à toute l'entreprise sur l'importance de ces objectifs : « L'évolution d'Internet durant les prochaines années décidera de l'avenir de notre industrie pour longtemps... Internet est l'événement le plus important depuis l'invention du PC d'IBM en 1981... Les transformations très rapides d'Internet nous imposeront de réviser nos stratégies à intervalles réguliers et d'améliorer considérablement notre communication interne. Ce ne sont pas seulement nos produits qui vont changer, mais notre façon de diffuser l'information et les logiciels, ainsi que la façon dont nous communiquons avec nos clients et l'assistance que nous leur apportons. »

À l'époque où nous avons rendu publique notre stratégie Internet, en décembre 1995, la machine tournait à plein régime et nous foncions vers nos objectifs. Comme je l'ai dit plusieurs fois depuis, si nos concurrents nous dépassent, ce ne sera pas *faute* de nous être concentrés sur Internet, ce sera parce que nous nous serons *trop* focalisés sur Internet.

La présence de Microsoft sur le Web s'était améliorée, mais...

Au milieu des années 90, nous ne fabriquions pas seulement des produits dédiés à Internet. Comme d'autres entreprises, nous apprenions aussi à utiliser Internet pour promouvoir nos produits et nos services. Le 2 novembre 1995, j'ai passé plusieurs heures à naviguer sur la page d'accueil du site Microsoft sur le Web et j'ai expédié un e-mail cinglant à treize dirigeants de la société dont les équipes travaillaient pour le site Microsoft. Thème : « Marketing Microsoft sur le Web ». Je critiquais les mises en pages trop compliquées, les incohérences entre les différentes pages et l'abus de graphiques tape-à-l'œil dont le téléchargement ralentissait l'accès aux véritables informations.

« Notre présence sur le Net s'est sans aucun doute améliorée, mais il s'en faut encore de beaucoup qu'elle ait atteint le niveau nécessaire. Notre site reflète mal notre désir de montrer aux gens l'importance que nous attachons à Internet... Il reste très insuffisant. La qualité d'une bonne page Web ne se mesure pas à la taille de ses graphiques bariolés. En regardant les nôtres, on a plus envie de reculer d'un pas pour les contempler que d'y chercher des informations utiles. Nous avons besoin d'un éditeur de page d'accueil qui essaie d'intégrer autant d'informations que possible sur cette page et non de créer un labyrinthe de pages qu'on ne finit pas de parcourir. »

J'ai renvoyé mes collaborateurs au site du journal *Boston Globe*. « Ils utilisent des images de taille modeste afin de ne pas trop ralentir l'exploration. Contrairement à nous, ils les accompagnent d'un minimum de texte, et pas seulement d'un mot où cliquer, pour aider les gens à décider s'ils ont envie d'aller plus loin. »

Voici quelques-unes de mes réactions à une sélection de pages Microsoft :

« Songez au nombre de clics nécessaires pour parvenir

« *a*) à une promotion séduisante,

« ou *b*) à une présentation accrocheuse parce que détaillée des produits...

« Notre matériel le plus valable est à chercher dans la rubrique "Nouveautés" ou "Top Infos"», ce qui prête à confusion. C'est sur ces pages que j'ai vraiment trouvé quelque chose à me mettre sous la dent... Il faut beaucoup plus d'infos sur chaque page, des données substantielles sur les produits. Des vraies infos. Rendre les offres vraiment excitantes...

« Sur les pages consommateurs, rien n'attire vraiment l'œil. Rien ne permet de comprendre que nous venons de lancer des produits prodigieux. On ne trouve pas non plus le moindre commentaire élogieux d'un spécialiste... Je n'ai même pas pu trouver les informations substantielles que je cherchais. »

Dans ce cas, la mauvaise nouvelle est venue directement du patron. Elle a eu l'effet escompté. Lors de notre conférence stratégique Internet, un mois plus tard, ces problèmes avaient pour l'essentiel été résolus.

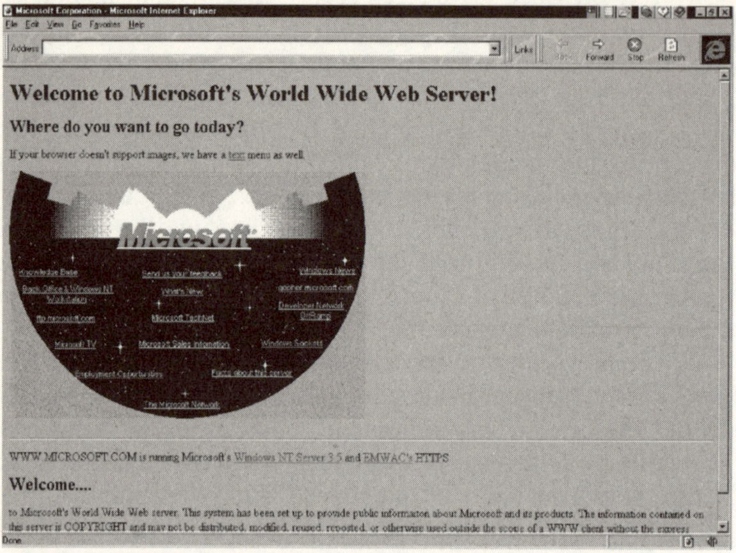

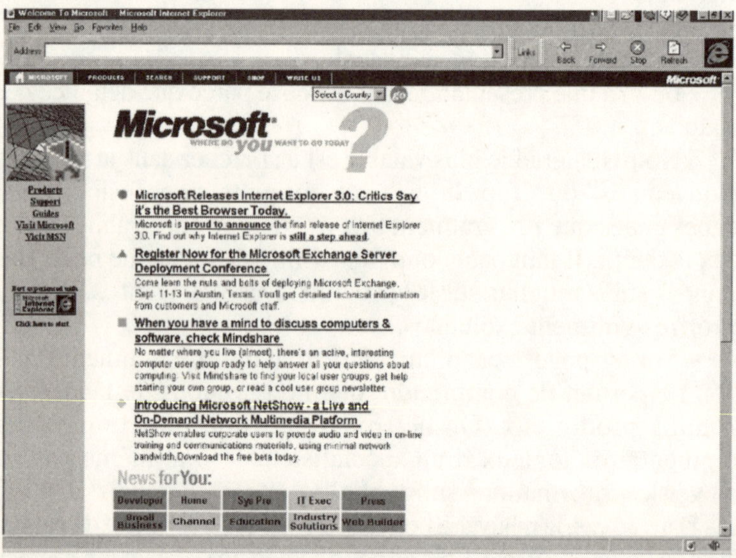

Le feed-back de ses clients a conduit Microsoft à améliorer et raffiner constamment la conception, l'organisation et le contenu du site Web de la compagnie. Le site est entièrement revu au moins une fois par an.
Le site original (*en haut à gauche*) ressemblait trop à « L'étoile de la mort » du film *La Guerre des étoiles* et a été rapidement remplacé.

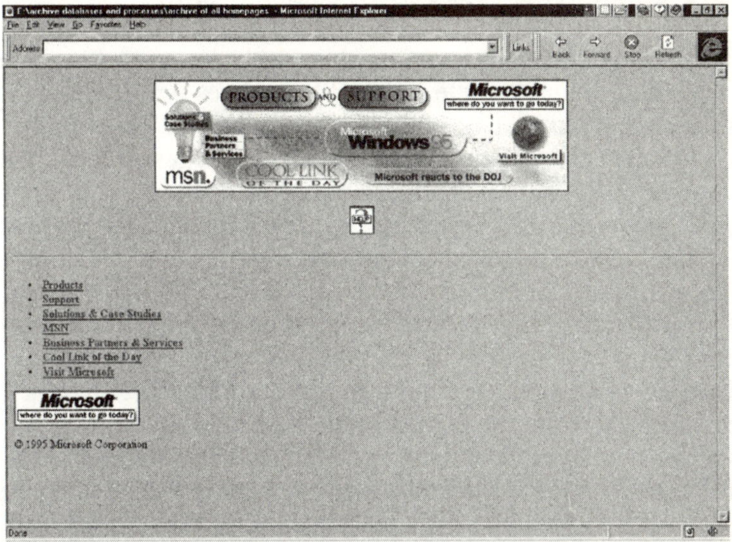

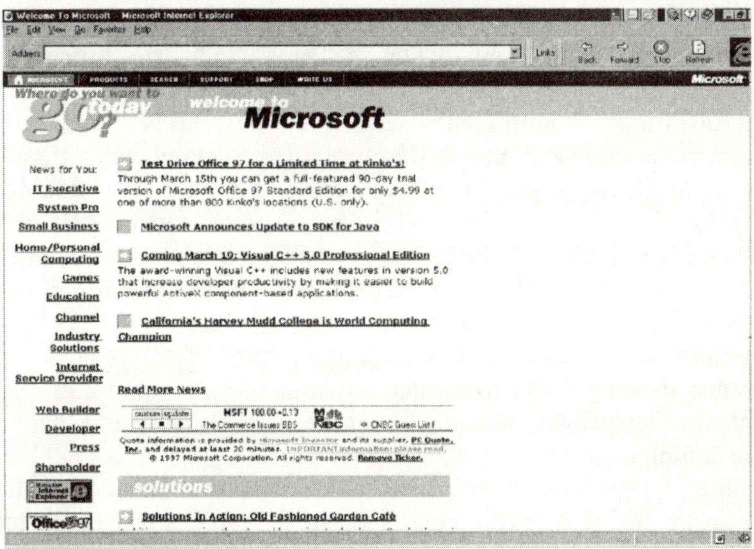

Un autre (*en haut à droite*) poussait trop loin l'idée de la « page blanche » et obligeait les utilisateurs à cliquer sur de trop nombreux boutons pour accéder à l'information. Des versions plus récentes (*en bas*) affichent les nouvelles importantes sur la droite et un guide détaillé du site à gauche, combinant les avantages d'un graphisme dépouillé et d'une grande aisance de navigation.

Prendre l'avantage avec le courrier électronique

Durant cette crise, nous avons pris nos décisions les plus importantes au cours d'entretiens en tête à tête. Mais toutes ces décisions s'appuyaient, en amont, sur des échanges par courrier électronique. Le courrier électronique ne saurait remplacer les échanges directs. Il permet de s'assurer qu'un travail préparatoire assez consistant optimisera les échanges personnels. Le temps est trop précieux pour ne pas le réserver aux faits et aux recommandations basés sur des analyses solides. Un chef d'entreprise veut être sûr que ses entretiens déboucheront sur des décisions efficaces et qu'il n'est pas en train de tirer des plans sur la comète.

Bien sûr, nos concurrents utilisent aussi les outils électroniques. Dans les technologies de pointe, le courrier électronique est considéré comme une vieille lune. C'est un acquis aussi répandu et banal que le PC. Le courrier électronique est même devenu si banal qu'à la fin de 1996, quand j'ai prédit dans un article qu'il serait utilisé par la majorité des entreprises d'ici la fin de 1997 – prédiction qui s'est réalisée -, deux journalistes spécialisés m'ont vivement critiqué. « Bill Gates prédit le passé », ont-ils ironisé, en substance. Dans l'industrie informatique nous utilisions certes tous le courrier électronique depuis quinze à vingt ans, mais ces journalistes ne s'étaient pas avisés que, même en 1996, à peine plus de la moitié des entreprises de la planète utilisaient le courrier électronique. Quelle que soit l'extension formidable de l'e-mail, les entreprises n'en tireront pas le retour sur investissement qu'elles peuvent en attendre tant que *tous* les collaborateurs n'utiliseront pas leur courrier électronique plusieurs fois par jour. En guise de comparaison, dans une entreprise où le courrier électronique fait partie intégrante de la culture maison, le collaborateur lambda envoie une moyenne de cinq à dix messages par jour et en reçoit vingt-cinq à cinquante ; les usagers intensifs en envoient et en reçoivent bien plus d'une centaine par jour.

Nous autres, dans l'industrie du PC, avons tendance à oublier parfois que nos outils expliquent en partie les rapides progrès de toute l'industrie. Nous sommes tous capables de réagir rapidement à l'innovation d'un concurrent ou de résoudre le problème urgent d'un client. Mais l'aptitude d'une entreprise de la taille de Microsoft à réagir aussi rapidement et mieux que nos concurrents plus petits témoigne du dynamisme et du talent de nos employés et de nos équipes dans leur utilisation des systèmes informatiques. Les discussions par courrier électronique stimulent beaucoup l'initiative et la responsabilité personnelles. Cet élément clé de notre système nerveux d'entreprise contribue à transformer les cadres supérieurs de simples filtres d'information en « dynamiseurs ».

Le courrier électronique induit un effet de nivellement dans la hiérarchie d'une entreprise. Il encourage les simples employés à prendre la parole... et les cadres supérieurs à écouter. Quand nos clients me demandent quelle est la première chose qu'ils peuvent faire pour exploiter le potentiel de leurs systèmes d'information et stimuler la coopération de leurs employés, je réponds toujours : « Le courrier électronique. »

Rester attentif aux mauvaises nouvelles

Les mauvaises nouvelles peuvent être vraiment démoralisantes. Quand vous apprenez l'échec d'un produit, vous êtes tenté de penser : « Je ne veux pas en savoir plus ! Je crois que je vais rentrer à la maison et travailler sur autre chose, maintenant. » Quand vous perdez un client, vous pouvez avoir tendance à vous dire : « Ce client n'est pas très malin. Il vient de prendre une mauvaise décision. » Les pires réunions sont celles où des collègues essaient d'expliquer l'échec d'un produit ou la perte d'un client. Mais elles valent mieux que le silence et la passivité de collaborateurs qui se gardent bien de vous annoncer que quelque chose cloche. Si un concurrent vient de lancer un produit supérieur, ou si vous perdez un client, résistez à la tentation de chasser cette pensée de votre esprit. Ignorer les mauvaises nouvelles est le plus sûr moyen de courir à la catastrophe.

Dans son livre, *Only the Paranoid Survive* (« Seuls les paranoïaques survivent »), Andrew Grove, le président d'Intel, affirme la nécessité pour un chef d'entreprise de rester attentif aux évolutions et à ce qu'il appelle les « virages décisifs » qui modifient la donne d'un marché. Grove explique à quel point il est important que les cadres moyens, « souvent les premiers à comprendre que ce qui marchait bien avant ne marche plus tout à fait aussi bien », annoncent les mauvaises nouvelles aux dirigeants. Sinon, dit-il, « ceux-ci comprennent souvent trop tard que le monde change – et le patron est souvent le dernier informé ».

Andy donne comme exemple de « tournant essentiel » la réaction trop lente de la direction d'Intel à la crise qu'a connue la première version de son processeur Pentium, fin 1994. Certains processeurs souffraient d'un défaut de fabrication mineur. Intel a commencé par nier le problème, que les spécialistes décrivaient comme un bogue sans grande importance et qui ne devait toucher qu'un tout petit nombre d'usagers. Mais les consommateurs ont réagi négativement. Pour les utilisateurs professionnels du processeur, un défaut même mineur pouvait être rédhibitoire. Et le grand public qu'Intel s'efforçait de séduire s'inquiétait à l'idée que les PC recèlent un tel défaut. Intel a subi un « bombardement incessant » (dû, pour une grande part, au rassemblement spontané des consommateurs sur Internet) jusqu'au moment où Intel s'est décidé à offrir le remplacement gratuit du processeur défectueux à tous ceux qui en feraient la demande. Peu de consommateurs ont demandé à changer leur processeur, mais la colère du public est immédiatement retombée.

Andy, qui est lui-même ingénieur, a confié qu'il avait été un des derniers à comprendre que son entreprise devait être capable de répondre à une telle crise comme tout industriel fabriquant des produits destinés au grand public le devrait, pas en un mois comme Intel à l'époque, mais en quelques jours.

« Il a fallu un torrent de critiques implacables avant que je comprenne que quelque chose avait changé et que nous devions nous adapter à notre nouvel environnement... La leçon que j'en tire, c'est que nous devons tous nous exposer au vent du changement. Nous devons être ouverts avec nos clients, aussi bien les fidèles que ceux que nous risquons de perdre si nous restons prisonniers du passé. Nous devons être ouverts aux employés du bas de l'échelle qui, si on les encourage, nous donneront de précieuses informations. »

Certains experts disent que les entreprises luttent contre le changement parce qu'elles n'ont pas été conçues pour changer. La hiérarchie s'y oppose. La culture de l'entreprise considère l'innovation comme risquée et suspecte. L'expérimentation qui se conclut par un échec est sanctionnée. On observe parfois une réaction similaire devant les mauvaises nouvelles. Les petits employés hésitent souvent à transmettre les mauvaises nouvelles et beaucoup de cadres supérieurs ne veulent pas en entendre parler. Il ne fait pas de doute que la structure et la culture d'une entreprise constituent souvent de redoutables obstacles.

Le changement d'attitude à l'égard des mauvaises nouvelles doit venir du sommet : le PDG et l'équipe dirigeante doivent insister pour obtenir les mauvaises nouvelles et inciter leurs collaborateurs et leurs clients à une transparence rigoureuse. Les « oiseaux de mauvais augure » doivent être récompensés et non punis. Pas question de débrancher le système d'alarme et d'aller se rendormir si l'on tient à la survie de son entreprise.

La plupart des entreprises informatiques que Tom Peters et Robert Waterman citaient dans leur best-seller de 1982, *Le Prix de l'excellence*, ont subi de sérieux revers depuis la parution du livre. IBM a souffert de l'apparition des PC dans les années 80 et 90. Digital, qui avait coupé l'herbe sous le pied d'IBM avec ses micro-ordinateurs, s'est fait dépasser par des concurrents qui ont lancé des ordinateurs personnels considérés à l'époque par Digital comme des « jouets ». Wang, qui n'a pas vu venir la révolution de l'ordinateur personnel, a fini par perdre le marché des machines de traitement de texte au profit de sociétés qui fournissaient des logiciels pour PC et non pour des systèmes spécialisés.

Ces excellentes entreprises communiquaient pourtant avec leurs clients. Leurs collaborateurs étaient intelligents et actifs. IBM avait lancé le premier PC en 1981, imposant la norme qui a fait du PC une machine commerciale. Mais IBM a continué pendant deux décennies à considérer les PC à partir de ses ordinateurs plus complexes. Cette vision a faussé et ralenti sa réaction devant une évolution technologique fondamentale. Après avoir laissé Compaq le devancer avec un PC de trente-deux bits, IBM a vu sa part du marché des PC passer de 55 % à 15 % en deux ans. Elle stagne aujourd'hui sous la barre des 10 %. Digital, malgré la grande réputation de ses produits et services, a résisté pendant vingt ans jusqu'à ce que Compaq, un fabricant de PC, le rachète en 1998. Wang a déposé son bilan avant de réapparaître comme intégrateur de systèmes.

Ces exemples pris dans l'industrie informatique ne sont que les illustrations les plus récentes du refus d'accepter les mauvaises nouvelles. En 1920, Ford détenait 90 % du marché de l'automobile populaire et représentait 54 % de la production automobile totale des États-Unis. Sa position semblait inexpugnable. Pourtant, en 1927, les progrès techniques de la General Motors et d'autres constructeurs automobiles ont forcé Henry Ford à prendre des mesures draconiennes et à fermer sa plus grande usine pendant un an pour la réorganiser complètement. Aujourd'hui, Ford est toujours un des plus grands constructeurs automobiles du monde, mais la marque n'a jamais retrouvé sa position d'avant 1927. Un employé de Ford avait pourtant vu venir cette évolution dans les années 20. Cet ingénieur qui a fait part de ses nouvelles conceptions à sa direction a payé sa témérité de sa place. La direction de la firme n'a pas voulu écouter son message.

Dans l'aviation commerciale, Douglas avec sa série de DC était, au lendemain de la Seconde Guerre mondiale, loin devant son concurrent Boeing. Douglas était si absorbé par l'exécution de ses commandes pour le DC-7 à hélices qu'il a pris un retard décisif dans le passage aux avions à réaction. Boeing a construit le 707 sur une hypothèse audacieuse, sans une seule commande ferme mais sans remords. Douglas fait aujourd'hui partie de Boeing.

Mais ce refus d'accepter les mauvaises nouvelles et de prendre des mesures n'est pas seulement un phénomène économique. L'histoire regorge d'exemples bien plus graves. Beaucoup de livres ont été écrits sur les raisons qui expliquent l'impréparation des États-Unis à l'attaque aérienne de Pearl Harbor qui a précipité l'entrée du pays dans la Seconde Guerre mondiale. Selon l'historien Gordon Prange[1], l'armée américaine n'est pas parvenue à surmonter son « manque de préparation psychologique ». Pourtant les câbles ne cessaient d'arriver aux QG des amiraux et généraux du Pacifique pour les avertir de l'imminence d'actions hostiles de la part du Japon. Des messages cryptés ont contribué à semer une certaine confusion dans les troupes stationnées à Hawaii. Dans les dernières vingt-quatre heures précédant l'attaque, des sous-officiers disposant d'indices flagrants concernant le lieu et l'heure de l'attaque ont fiévreusement transmis les informations à leur hiérarchie, mais personne n'a été capable de reconstituer le puzzle avant qu'il ne soit trop tard.

Il ne sert à rien de se montrer réceptif aux mauvaises nouvelles si l'on n'est pas capable de faire remonter ces informations vers le sommet et d'en obtenir une réaction rapide. La technologie numérique d'aujourd'hui assure aux entreprises une diffusion de l'information et une réactivité optimales.

Réagir aux mauvaises nouvelles

La vitesse à laquelle une entreprise peut réagir à une urgence est proportionnelle à ses réflexes collectifs. Les mauvaises nouvelles provoquent des réactions de peur et de malaise chez ses employés, mais ce n'est pas grave tant que ces sentiments sont éprouvés collectivement. J'ai décidé, de mon propre chef, en 1994 et 1995 de placer Microsoft

1. Gordon Pange, *At Dawn We Slept* (« À l'aube nous dormions »), McGraw Hill, New York, 1981.

en état de crise au sujet d'Internet. Pas pour paralyser mes collaborateurs mais pour les inciter à réagir. C'est au chef d'entreprise qu'il revient de créer le contexte dans lequel les gens pourront analyser la situation et élaborer la réaction appropriée.

J'aime les bonnes nouvelles comme tout le monde, mais je les accueille en général avec un certain scepticisme : je me demande quelles mauvaises nouvelles elles cachent. Quand quelqu'un m'envoie un e-mail concernant un marché que nous venons de gagner, je me dis toujours : « Il y a beaucoup de marchés sur lesquels personne ne m'a envoyé d'e-mail. Cela signifie-t-il que nous les avons tous perdus ? »

Cette réaction peut sembler injustifiée, mais j'ai découvert que les gens ont tendance à envoyer des bonnes nouvelles quand des événements menaçants se préparent. Comme s'ils voulaient en atténuer le retentissement. Un bon système de courrier électronique permet une transmission rapide des mauvaises nouvelles, mais encore faut-il que vos collaborateurs veuillent vous envoyer ces mauvaises nouvelles. Parfois, je me dis que l'essentiel de mon travail de PDG consiste à les écouter, et à réagir. Si vous ne réagissez pas, vos collaborateurs cessent de vous communiquer les mauvaises nouvelles. Et c'est le début de la fin.

Dans trois ans, tous les produits que mon entreprise fabrique actuellement seront dépassés. La seule question est de savoir si c'est nous qui les dépasserons ou si un concurrent nous dépassera nous. Dans les dix prochaines années, si Microsoft garde sa position phare, nous devrons affronter au moins trois crises majeures. C'est pourquoi nous devons toujours progresser. Demandez à tous ceux qui ont travaillé chez Microsoft et ils vous diront que la caractéristique culturelle de cette entreprise, si elle en a une, c'est que nous nous considérons toujours comme les plus vulnérables. Aujourd'hui comme autrefois, comme chaque jour depuis vingt ans, je suis hanté par la vulnérabilité de mon entreprise. Et si je l'oublie trop longtemps, un concurrent finira par me supplanter. Je me bats pour que nous soyons toujours les premiers et les mieux informés, que nous investissions dans la recherche à long terme et que nous utilisions les mauvaises nouvelles pour ajouter des fonctionnalités innovantes à nos produits. Un jour, nous nous endormirons sur nos acquis et un concurrent nous dépassera. Un jour, un petit jeune aux dents longues mettra Microsoft sur la touche. J'espère seulement que ce sera dans cinquante ans et pas dans deux ou cinq ans.

Pour une gestion plus performante

- L'aptitude d'une entreprise à réagir à des événements imprévus, bons ou mauvais, est un indicateur essentiel de ses chances de succès dans la compétition économique.
- Une des fonctions stratégiques essentielles du PDG consiste à traquer les mauvaises nouvelles et à pousser l'entreprise à réagir.
- Les employés doivent être encouragés à communiquer les mauvaises nouvelles autant que les bonnes.
- Plus la hiérarchie de l'entreprise est proche de la base, plus les employés seront enclins à lui transmettre les mauvaises nouvelles et à en tirer les leçons.
- Il faut récompenser les expérimentations méritantes même quand elles se soldent par des échecs.

Évaluez votre système nerveux d'entreprise

- Le système nerveux de votre entreprise vous permet-il de connaître à temps les mauvaises nouvelles, quelles qu'elles soient ?
- Le système nerveux de votre entreprise vous permet-il de recueillir rapidement les informations indispensables et de mettre aussitôt des équipes au travail pour résoudre vos problèmes ?
- Pouvez-vous constituer des équipes virtuelles qui associent des collaborateurs de différents services, villes, pays ?

11

Quand les mauvaises nouvelles deviennent bonnes

Les sociétés de services les plus performantes
se distinguent en offrant à leurs clients
un surcroît de qualité sur des points cruciaux pour
leurs clients et qui leur garantissent le succès.
J. Heskett, W.E. Sasser et C.Hart,
Vers un nouveau service : changer les règles du jeu

Quand vous accueillez les nouvelles désagréables non comme négatives mais comme la preuve d'un besoin de changement, elles cessent de vous accabler. Vous commencez à les considérer comme autant d'occasions d'apprendre. Tout dépend de la façon dont vous abordez vos échecs. Et croyez-moi, chez Microsoft nous en connaissons un bout sur les échecs. Au début des années 80, notre logiciel tableur Multiplan n'a jamais pu s'imposer face à son concurrent Lotus. Nous avons passé la fin des années 80 à travailler sur une base de données appelée Omega avant de renoncer finalement au projet en 1990. Nous avons axé notre stratégie en matière de systèmes d'exploitation sur une élaboration conjointe d'OS/2 avec IBM, mais ce projet a été stoppé en 1992 après que nous y avons englouti des centaines de millions de dollars et d'innombrables heures de développement. Au début des années 90, nous avons dû renoncer à notre projet d'assistant numérique personnel Newton à cause de sa technologie défectueuse. En 1993, nous avons lancé un projet dont nous pensions qu'il allait révolutionner la bureautique et en particulier les photocopieurs et les fax, mais Microsoft at Work n'a jamais marché. Au milieu des années 90, nos émissions de télévision sur MSN Internet ont fait un four.

L'accumulation de tous ces échecs aurait pu m'accabler au point de m'ôter toute envie de travailler. Au contraire, je me réveillais chaque matin galvanisé par les défis du jour et par notre aptitude sans cesse plus forte à utiliser les mauvaises nouvelles d'aujourd'hui pour aider à résoudre les problèmes de demain.

Ce que nous avons appris avec notre tableur Multiplan nous a aidés à élaborer Excel, un tableur graphique qui était le produit le plus avancé de sa génération quand il est sorti sur le marché en 1985, et qui garde une longueur d'avance sur ses concurrents. Les leçons tirées de l'échec du projet de base de données Omega ont porté leurs fruits quelques années plus tard quand nous avons lancé Access qui est devenu le système de base de données le plus populaire pour ordinateur de bureau.

Le système d'exploitation radicalement nouveau que nous souhaitions développer devait être la version 3.0 d'OS/2 et il a finalement accouché de Windows NT. Nos expériences antérieures en matière d'ordinateurs portables nous ont aidés à comprendre les exigences techniques d'un marché croissant pour lequel nous avons mis au point l'actuel système d'exploitation Windows CE. Et nos investissements dans Internet nous ont appris que, pour nos clients, notre rôle sur Internet devait consister à fournir des logiciels pratiques et performants comme Expedia (voyages), MS Investor (finance) et Sidewalk (loisirs).

C'est parce qu'elles tirent les leçons de leurs erreurs et améliorent sans cesse leurs produits que les entreprises remportent leurs paris. La disponibilité à l'égard du client est un aspect essentiel de cet effort. Il faut rester constamment à l'écoute des observations, des critiques et des souhaits des clients pour améliorer produits et services.

En informatique, les clients en demandent toujours plus. Si vous améliorez la fiabilité d'un logiciel, les clients disent : « Génial ! mais en ce qui concerne la modularité ? » Si vous améliorez la modularité, ils demandent plus d'intégration. Les clients en demandent toujours plus et ils ont bien raison.

Être à l'écoute des clients suppose d'accepter leurs plaintes sur les défauts de nos produits actuels. Mais l'histoire a montré qu'il était difficile d'obtenir que les commentaires négatifs des clients remontent jusqu'à nos équipes de recherche et développement.

Entre nos clients et les gens qui pouvaient résoudre leurs problèmes s'intercalait une longue chaîne inefficace d'employés et de bureaucratie. Quand les critiques des clients atteignaient leur but, il était souvent difficile pour les ingénieurs qui développent ces produits de les interpréter correctement et de savoir quelle valeur leur attribuer. Tous les retards accumulés rendent parfois impossible l'amélioration d'un produit au lancement imminent. Tout au plus ces critiques peuvent-elles servir pour sa version suivante. Comme je l'expliquerai plus loin, nous en avons beaucoup appris sur l'amélioration rapide et réactive des produits avec les années. Je recommande l'approche suivante pour intégrer les plaintes et les souhaits des clients dans le développement des services et des produits :

– Se concentrer sur les clients les plus malheureux.

– Utiliser la technologie pour rassembler un maximum d'informations sur leurs expériences malheureuses avec votre produit et découvrir quelles améliorations ils souhaitent.

– Utiliser la technologie pour transmettre rapidement les nouvelles à ceux qu'elles concernent.

Si vous prenez ces trois mesures, vous transformerez l'expérience accablante des mauvaises nouvelles en un processus passionnant d'amélioration de vos services et produits. Les clients malheureux sont toujours un souci. Mais ils représentent aussi votre meilleure chance. C'est en vous efforçant d'écouter et d'apprendre au lieu de vous murer dans une attitude de dénégation que vous ferez des plaintes de vos clients votre meilleure garantie de qualité et de progrès.

Offrir de solides garanties à vos clients

Les hôtels et les compagnies aériennes offrent en général une « garantie de satisfaction » à leurs clients. Si vous n'êtes pas satisfait du service de la compagnie, vous bénéficiez d'une réduction ou d'un surclassement valable pour la prochaine fois. La garantie de satisfaction est en fait un outil commercial destiné à vous inciter à revenir.

La chaîne d'hôtels Promus basée à Memphis, Tennessee, a adopté une démarche radicalement différente. Promus, dont le chiffre d'affaires était de 30 milliards de francs l'an dernier, a été la première chaîne à offrir de ne pas facturer le séjour de ses clients s'ils avaient la moindre critique à formuler. Et n'importe quel employé de Promus peut en prendre la responsabilité, qu'il soit réceptionniste, femme de ménage, agent d'entretien...

Pour des raisons évidentes, les clients adorent la garantie Promus. Debbi Fields, PDG de Mrs. Fields Inc., une chaîne de pâtisseries et d'épiceries fines, est descendue un jour dans un hôtel Promus et elle a indiqué à la réception qu'elle n'avait trouvé ni savon ni serviettes de toilette en arrivant dans sa chambre. La réceptionniste a déchiré sa facture et lui a dit que son séjour était gratuit. D. Fields a été si impressionnée qu'elle a décidé que ses collaborateurs descendraient désormais dans les hôtels de la chaîne et elle a en outre fini par entrer dans le conseil d'administration de Hampton/Promus.

Une garantie de ce genre n'est pas seulement une astuce pour mettre le client à l'aise. Cette garantie est aussi un gage d'amélioration de la qualité du service. On trouve cet argument exposé dans l'ouvrage *Vers un nouveau service : changer les règles du jeu*. Les auteurs expliquent qu'une telle garantie encourage « l'entreprise tout entière à se concentrer sur les clients et *leur* notion de la qualité du service et non sur la définition venue d'en haut d'un service de bonne qualité ». Des informations fiables sur la qualité des services offerts aident à détecter les points faibles et la garantie « insuffle toujours un sentiment d'urgence chez les employés concernés. Le résultat final, bien sûr, c'est une loyauté inébranlable de la part du client ».

Une garantie « inconditionnelle » de la part d'une entreprise de services comme Promus signifie que les plaintes des clients auront des conséquences. Les clients aiment ce principe même s'ils ne sont pas tout à fait sûrs a priori de son efficacité. Quand ils savent qu'ils peuvent s'y fier entièrement, ce sont des clients pleinement satisfaits.

Autre point important, la garantie incite les responsables à régler les problèmes immédiatement. Parce qu'ils coûtent de l'argent à l'hôtel, les problèmes ne sont pas négligés, classés sans suite. Les conséquences financières des plaintes de la clientèle, la pression des collègues et le défi d'une réputation à défendre incitent tout le personnel à assurer un service irréprochable. Et quand on donne à tous ses employés le pouvoir d'offrir un séjour à un client, un pouvoir énorme en fait, on a tout intérêt à les former à bien faire leur travail.

Quand Promus a proposé cette politique, certains franchisés ont réagi négativement : « Vous êtes fous, les pique-assiette vont se précipiter, ils vont nous ruiner ! » Si bien que Promus a inauguré sa stratégie avec prudence. Il s'est avéré que les remboursements étaient beaucoup plus modestes que prévu – environ 0,3 % du chiffre d'affaires. Promus a aussi découvert que « l'intention de revenir » était plus élevée de 50 % chez les clients qui invoquaient la garantie que chez les autres.

Les franchisés ont rapidement adopté cette politique commerciale.

Utiliser la technologie pour étayer les garanties

Promus utilise les technologies de l'information pour connaître les expériences des consommateurs malheureux et les convertir en progrès dans la qualité du service – pour empêcher aussi que la garantie ne soit appliquée trop souvent.

Les plaintes sont localisées par la base de données centrale de la chaîne. Promus repère rapidement les hôtels où un même problème se répète (des réceptionnistes désagréables ou des chambres à la propreté douteuse, par exemple) et travaille avec les directeurs des hôtels pour le résoudre. Cette technologie permet aussi à Promus de repérer les éventuels clients qui seraient tentés d'abuser de la générosité de la chaîne en critiquant la qualité du service pour obtenir des séjours gratuits. À ces mécontents intéressés, Promus envoie une lettre courtoise déplorant le fait que la chaîne semble incapable de satisfaire leurs exigences et les invitant à fréquenter d'autres hôtels.

Cette base de données centrale permet aussi à Promus de suivre à la trace les clients réguliers de la chaîne. Si vous êtes un homme d'affaires qui a l'habitude de fréquenter régulièrement quatre ou cinq hôtels de la chaîne et que vous cessiez soudain vos séjours, vous recevrez une offre spéciale pour vous inciter à revenir.

La base de données clients de Promus contient environ 30 millions d'informations qui sont mises à jour chaque soir et permettent à la chaîne de personnaliser le séjour de ses clients. L'agent de voyages, le réceptionniste et la centrale de réservation connaissent les préférences de chacun de leurs clients. Quand vous arrivez dans un hôtel Promus, l'hôtesse d'accueil sait que vous préférez une chambre non-fumeur ou un lit double, ou que vous avez besoin d'oreillers spéciaux à cause de vos crises d'allergie.

Ce réseau global de communication interne a permis à la chaîne d'utiliser ses informations non seulement pour gérer ses réservations ou consolider son système de garantie mais aussi pour optimiser sa gestion commerciale au jour le jour. Promus a baptisé ce système de gestion « le kit prêt à l'emploi du directeur d'hôtel ». Le coût de la formation d'une réceptionniste – pour un poste qui connaît un taux de rotation annuel de 100 % – est passé de 66 000 à 18 000 francs par employé. Au lieu de passer deux semaines dans une classe, les employés nouvellement recrutés sont formés par l'hôtel qui les emploie et cette formation ne dure que deux à trois heures.

Les nombreuses tâches des employés de chaque hôtel, qu'il s'agisse

Un système de réservation plus intelligent à chaque transaction

Les franchisés de Promus ont maintenant accès aux informations sur les ventes et le chiffre d'affaires qui les aident à fixer les prix de leurs chambres et à les vendre. En utilisant les informations sur les réservations de toute la chaîne, le système 21 de Promus calcule la « rentabilité par chambre disponible » et le meilleur tarif que les franchisés peuvent obtenir pour chaque chambre et pour toutes les nuits de l'année.

En contrôlant les disponibilités et les intervalles entre les réservations, le système 21 compare ces chiffres avec les éléments similaires d'autres années. En cas de déficit de réservations, ce système augmente le nombre de chambres bon marché. En cas d'afflux de réservations, il maintient la plupart des chambres au tarif normal. Le logiciel peut comparer l'intérêt d'une réservation pour deux nuits le jour même avec la probabilité d'une réservation de quatre nuits commençant le lendemain. Il peut avertir le réceptionniste que les réservations seront faibles ce soir-là et lui recommander de surclasser un bon client dans une meilleure chambre. Enfin, le système 21 conseille le réceptionniste sur les réservations.

Dans un métier où le personnel d'accueil est souvent mis dans l'embarras par des « ergoteurs » qui prétendent pouvoir obtenir un meilleur prix à l'hôtel d'en face, le système 21 soulage employés et clients des marchandages sur les tarifs des chambres. Promus peut proposer le meilleur prix sans sacrifier sa rentabilité. Les clients sont assurés d'obtenir le meilleur prix compte tenu de la date et de leurs préférences.

de réserver la salle de conférences, d'enregistrer des clients ou d'établir une facture, sont intégrées dans une procédure unique. Le système de calcul global des réservations permet aux employés d'indiquer un tarif de chambre en toute sécurité. Les directeurs de chaque hôtel ont désormais accès aux chiffres de vente et à toutes les informations comptables et commerciales auparavant réservées aux cadres supérieurs du siège de la chaîne. Un franchisé qui possède dix hôtels peut, par exemple, vérifier chaque matin sur un PC les résultats de la veille, et les comparer à ses comptes prévisionnels. Si les chiffres d'occupation d'un hôtel lui paraissent médiocres, il pourra sur-le-champ envoyer un e-mail aux directeurs concernés en leur demandant de mobiliser le personnel afin d'accroître l'occupation des chambres et le chiffre d'affaires. Les chefs d'exploitation du siège, qui ont accès aux mêmes données, peuvent aussi prodiguer leurs conseils aux hôtels dont les résultats sont insuffisants.

L'architecture du PC permet, pour un coût modique, d'adapter la gestion de Promus à l'évolution du marché et d'optimiser l'intégration des informations et des activités aussi bien au niveau du siège que des franchisés.

Utiliser les mauvaises nouvelles pour les transformer en bonnes nouvelles

La plupart des entreprises de distribution ont une approche de la garantie différente de celle des entreprises de services comme les hôtels ou les compagnies aériennes qui ne disposent que d'un nombre limité de chambres ou de sièges à une date donnée. Microsoft offre à ses clients une garantie normale de retour du produit sous trente jours avec remboursement. Mais, comme Promus, nous avons compris l'importance de la technologie pour répercuter et analyser et utiliser les critiques de la clientèle aussi rapidement que possible.

Nous avons commencé à collecter des informations sur les problèmes de nos clients en provenance de nos services logistiques en 1985 et sommes arrivés à mettre en place un système de flux continu en 1991. Nous avons commencé par utiliser le téléphone puis différents outils de recueil de données comme le courrier électronique et les forums de discussion sur Internet. Nous en sommes maintenant à notre troisième génération d'outils électroniques de collecte de commentaires sur nos produits.

L'équipe spécialement chargée d'utiliser ces outils est l'équipe d'amélioration des produits. C'est la « voix » du consommateur. Ses membres passent au crible une grande quantité de mauvaises nouvelles et quelques bonnes nouvelles. C'est leur occupation à plein temps. Ils se concentrent exclusivement sur ce que nos clients nous disent et que nous préférerions ne pas entendre, mais devons pourtant entendre. Ils analysent les critiques des clients et font pression, au nom des consommateurs, pour faire évoluer certains logiciels, en les améliorant ou en leur ajoutant de nouvelles fonctionnalités, afin de les adapter à la demande. Bien qu'ils appartiennent aux équipes de support clients, leur rôle premier ne consiste pas à assister les clients mais à améliorer les produits Microsoft.

L'équipe d'amélioration des produits dispose d'un outil pour l'analyse et la gestion des incidents clients qui traite sept à huit millions d'informations brutes par an. Six millions d'informations sont retransmises par les supports techniques, essentiellement par téléphone, mais aussi via le Web. Un million de données nous parviennent par l'entremise de Premier, notre support technique destiné aux professionnels. Le reste des commentaires émane de différentes sources. Les ingénieurs support saisissent les comptes rendus de problèmes au fur et à mesure de leur réception dans la base de données. Les problèmes qui sont saisis en ligne entrent directement dans la base de données. Les courriers électroniques sont convertis dans un format qui leur permet d'être introduits dans celle-ci.

À partir de cette base de données, l'information sur chaque produit est extraite sous forme d'échantillon statistiquement représentatif, après quoi elle est analysée afin que le problème soit rigoureusement défini et catégorisé. Comme chaque rapport d'incident est répertorié aussi bien sous l'angle de sa fréquence que du travail nécessaire à la résolution du problème, les questions les plus épineuses finissent par remonter à la surface, par produit et par thème – ainsi le nombre des problèmes réseau rencontrés par les utilisateurs de Windows –, ou par sujet et groupe de produits, comme la question de savoir si la gestion des fichiers est un problème général du logiciel Office.

Tous les commentaires de nos clients ne sont pas négatifs. Nous recevons aussi beaucoup de souhaits. Pour certains de ces souhaits, comme celui d'un Monsieur qui voulait obtenir un rendez-vous avec l'actrice Sandra Bullock, nous sommes impuissants. Il y a d'autres souhaits que nous refusons de satisfaire : ainsi pour ces personnes qui désiraient une visite guidée de ma maison. Et puis il y a les souhaits déroutants comme celui de ce client qui voulait que le logiciel Microsoft Flight Simulator lui permette de rallier les îles Fidji. Nous avons finalement découvert que les coordonnées qu'il entrait dans le programme venaient d'une carte imprimée sur son rideau de douche et n'avaient rien à voir avec les véritables coordonnées géographiques des îles.

Nous sommes beaucoup plus attentifs aux souhaits de nos clients (nous en recevons plus de dix mille par mois) concernant les perfectionnements à apporter à nos produits.

Après analyse des données qu'elles amassent, nos équipes d'amélioration des produits répertorient et hiérarchisent les problèmes et émettent des recommandations pour chaque équipe de développement. Elles interviennent assez tôt dans le cycle de développement pour que les modifications ou les caractéristiques nouvelles soient introduites dans la version suivante. Nous avons, par exemple, lancé Internet Explorer 4.0 en septembre 1997. Deux mois plus tard, nous en avons commercialisé une version légèrement modifiée qui permettait aux personnes handicapées de manier plus aisément ce logiciel. Mais cette version contenait aussi, entre autres améliorations, la solution de six des dix problèmes les plus importants que les clients nous avaient signalés dans les quelques semaines séparant ces deux lancements.

Nous avons réagi très rapidement parce que, chaque matin, l'équipe d'amélioration des produits rédige un rapport qui recense les problèmes les plus difficiles à résoudre. L'équipe Internet Explorer affecte ensuite des ingénieurs à la solution de ces problèmes. Après la sortie de la seconde version du logiciel, les appels au support technique ont chuté de 20 %.

Ce genre de contrôle et de réaction exprime un effort constant et global et s'applique à tous nos grands produits.

Nous utilisons aussi notre réseau d'entreprise pour répercuter les informations à toutes les parties intéressées, y compris en expédiant des pages Web par courrier électronique. En ce qui concerne nos produits les plus importants, tous les employés peuvent consulter un site Web pour faire le point sur les dernières plaintes et questions des clients. Quand un produit est lancé, l'équipe d'amélioration des produits expédie des rapports sur les réactions immédiates des clients. Des rapports plus détaillés sont expédiés chaque mois par les principaux chefs de produit. Ces rapports mensuels recensent les différents problèmes, détaillent les solutions à court terme et formulent des recommandations pour une solution définitive de ces problèmes. Les abonnés reçoivent des courriers électroniques avec des liens hypertexte vers ces rapports mensuels dès leur publication. Les plus fréquents visiteurs de ces sites sont les chefs de projet, les ingénieurs chargés de développer et de tester les nouveaux logiciels. Les rédacteurs d'articles en ligne explorent régulièrement le site afin de s'assurer que les thèmes qu'ils développent sont centrés sur les problèmes les plus importants pour les consommateurs et une autre équipe utilise le site pour découvrir de quels outils logiciels les clients ont besoin. Un bilan des problèmes clients est intégré dans les grands comptes rendus trimestriels que reçoivent les principaux dirigeants du groupe.

Un message d'erreur déroutant

Nous pourrions éliminer beaucoup d'appels au secours de nos clients en améliorant des éléments aussi simples que nos messages d'erreur. Il est assez choquant de constater à quel point ils sont parfois inintelligibles. Voici un de mes préférés, que peut-être un client sur mille doit être capable de comprendre : « Le client DHCP n'a pas pu obtenir d'adresse IP. Si vous voulez lire les messages DHCP à l'avenir, choisissez "oui", sinon, choisissez "non". »

J'adore ce « sinon, choisissez non ». Ce message suppose que tout le monde comprend la signification de DHCP – une méthode d'allocation d'adresses d'ordinateurs sur un réseau – mais que personne ne comprend la différence entre oui et non. Je n'ai pas compris ce message la première fois et, comme beaucoup d'utilisateurs, j'ai choisi « non », parce que je ne voulais plus jamais revoir ce message à l'avenir. J'ai commenté ce message d'erreur dans une récente présentation alors que j'insistais sur les progrès à accomplir dans la simplification des logiciels et quelques personnes ont pensé que j'enchaînais sur un problème technique en plein milieu de mon discours ! J'ai été heureux d'apprendre que nous avions amélioré ce message dans notre prochaine version de notre système d'exploitation Windows 2000.

Avez-vous déjà vu le message d'erreur qui dit que le système ne peut associer un fichier avec la bonne application ? Celui-là est vraiment frustrant. Si le système ne sait pas quel fichier va avec quel programme, comment pourriez-vous le savoir ? Et combien de messages d'erreur différents avez-vous obtenus en essayant de vous connecter sans succès à une page Web ? Peut-on vraiment, en lisant l'un de ces messages, comprendre les véritables raisons de l'échec ?

Le problème n'est pas seulement que les messages sont déroutants. C'est que le système tout entier n'est pas assez intelligent pour aider l'utilisateur à résoudre le problème. Au lieu d'alerter l'utilisateur sur une erreur incompréhensible, le logiciel doit résoudre le problème automatiquement ou guider l'utilisateur à travers les différentes étapes nécessaires pour le résoudre. Nous disposons maintenant d'assistants logiciels, par exemple, qui aident les utilisateurs à résoudre leurs problèmes d'impression ou leur proposent des raccourcis à l'avenir.

Aider les utilisateurs à résoudre leurs problèmes en toute sécurité

Ces dernières années, la clientèle de Microsoft et de la plupart des autres éditeurs de logiciels a changé : la base de cette clientèle est constituée de clients qui sont plus préoccupés par la simplicité d'utilisation de nos produits que par leurs possibilités techniques. Comme les entreprises utilisent de plus en plus de logiciels, un nombre croissant d'employés pas toujours très connaisseurs en informatique manient des ordinateurs. Et beaucoup d'entreprises qui n'ont a priori rien à voir avec cet univers sont obligées de s'y initier ne serait-ce que pour éditer leur page Web et pour communiquer électroniquement avec leurs clients. Nous devons apporter des outils intelligents à ces clients plus ou moins novices pour résoudre rapidement leurs bogues et leurs problèmes. Mais ce n'est pas suffisant : ils attendent de nous que le maniement de nos produits soit d'un abord simple. Nombre d'entreprises, de tous secteurs industriels, s'efforcent d'utiliser les commentaires de leurs clients pour rendre leurs produits plus intelligents à tous égards afin de limiter au maximum la quantité de « mauvaises nouvelles » qui accompagne le lancement d'un produit.

Beaucoup d'entreprises, en se ralliant au commerce électronique, devront apprendre à utiliser des outils sophistiqués pour fournir au consommateur un niveau d'assistance technique comparable à celui vers lequel Microsoft s'efforce de tendre. Elles s'apercevront que les clients hésitent et continueront d'hésiter un certain temps devant l'achat d'un produit ou d'un service électronique. Quelle sera sa difficulté d'installation ? Ce produit fonctionnera-t-il comme je l'escompte ? Si je rencontre des problèmes, obtiendrai-je l'aide dont j'ai besoin ? Et les utilisateurs amalgameront inévitablement les problèmes : s'ils éprouvent des difficultés à installer leur service en ligne ordinaire, ils seront d'autant plus réticents à se rallier aux services bancaires en ligne. Si le commerce électronique sur leur site ne donne pas les résultats escomptés, ils en concluront que ces problèmes sont liés à la technologie du commerce électronique en général plutôt qu'à la médiocrité de leur site Web.

Créer un feed-back continu d'information

La remarquable stratégie de service adoptée par la chaîne d'hôtels Promus donnera les mêmes résultats pour toute autre entreprise de services. Utiliser les technologies de l'information pour faire remonter les plaintes des consommateurs vers les services de développement des produits, comme nous l'avons fait chez Microsoft, est une stratégie universellement valable. Que vous vendiez des assurances ou de l'immobilier, que vous fabriquiez des camions ou des céréales pour le petit déjeuner, l'utilisation des systèmes d'information numériques pour fidéliser votre clientèle est cruciale si vous voulez prospérer dans l'économie d'aujourd'hui.

Vous pouvez collecter des informations auprès de vos clients même si vous ne disposez pas d'un système de collecte numérique, mais pas les analyser rapidement. Vous ne pouvez intégrer des informations non numérisées dans le développement en temps réel d'un service ou d'un produit, vous ne pouvez les répercuter directement aux ingénieurs chargés du développement. Les systèmes d'information numériques transforment le service à la clientèle, qui cesse d'être consécutif au développement d'un produit pour en devenir un moment à part entière. Et ce processus interactif encourage la réactivité et l'apprentissage collectif au sein de l'entreprise.

C'est le chef d'entreprise qui doit décider de faire converger les efforts de toute l'entreprise vers le client. Une fois cette décision prise, la numérisation de l'information permet de se concentrer sur les besoins de la clientèle. Chez Microsoft, le flux continu des informations en retour oblige les ingénieurs à travailler sur les problèmes qui tracassent le plus les consommateurs plutôt que sur ceux qu'ils jugent techniquement « intéressants ».

Toujours en revenir au client

Si l'on adopte un système permettant le flux électronique d'information en retour, il faut être prêt à répondre rapidement. Quand un client envoie une lettre à une société, il n'escompte pas de réponse avant une semaine en moyenne. Mais quand ce même client envoie un courrier électronique, il sait que son message arrive à destination en quelques minutes, voire quelques secondes. L'usage veut que l'on réponde à ce type de message en vingt-quatre heures au plus. Quelques jours d'attente, c'est déjà trop long. Si vos clients attendent plusieurs semaines, ils s'adresseront à une société plus réactive. Le courrier électronique demandant moins d'efforts que l'envoi d'une lettre, les entreprises recevront beaucoup plus de messages, il faut donc veiller à ce que les personnels et les systèmes dont ils disposent soient capables d'y répondre rapidement.

À propos de la durée des communications téléphoniques

Le feed-back continu d'information change totalement la nature du support client : en examinant le fonctionnement du support Microsoft en ligne, nous avons découvert que notre site Web gère la plupart des questions les plus simples des clients. Et le support téléphonique traite les questions les plus difficiles. Nous recevons de moins en moins d'appels, mais chaque appel dure de plus en plus longtemps.

Cette tendance peut paraître inquiétante, à première vue, parce que des appels plus longs signifient des problèmes plus graves. En réalité, la longueur croissante des appels est un bon signe. Le support technique par téléphone ne gère que les questions les plus difficiles. La société Dell Computer Corporation qui fournit un support en ligne de plus en plus étoffé a fait les mêmes constatations que nous. Je crois que cette tendance à des appels plus longs et moins nombreux se vérifiera pour de nombreuses entreprises qui offrent un support en ligne, quels que soient les produits concernés. Il faudra sans doute que le personnel du support téléphonique soit plus expérimenté à l'avenir, mais l'aide qu'il apportera au consommateur sera aussi plus élaborée.

Écoutez vos clients et saisissez leurs mauvaises nouvelles comme une occasion de transformer vos échecs en progrès. Les entreprises qui investiront dans un système nerveux qui leur permettra de recevoir, d'analyser et de tirer profit des critiques de leur clientèle prendront un avantage décisif dans la compétition économique. Les meilleurs patrons examinent plus souvent les plaintes de leurs clients que les résultats financiers de leur entreprise. Et votre système nerveux d'entreprise vous aidera à convertir les mauvaises nouvelles en améliorations et en services de meilleure qualité.

Pour une gestion plus performante

- Profitez des mauvaises nouvelles pour découvrir vos points faibles.
- Vos clients les plus mécontents sont votre plus précieuse source d'informations.
- Assurez-vous que votre stratégie et votre infrastructure garantissent une réponse rapide à vos clients.

Évaluez votre système nerveux d'entreprise

- Pouvez-vous recevoir et analyser électroniquement les informations en retour que vous recevez de vos clients pour découvrir les améliorations qu'ils désirent ?
- Votre système nerveux d'entreprise vous permet-il de répercuter rapidement les commentaires des clients aux collaborateurs qui peuvent résoudre les problèmes ?
- Pouvez-vous répondre rapidement aux questions et critiques de vos clients?
- Pouvez-vous aiguiller les questions simples vers votre site Web et réserver votre support téléphonique aux problèmes plus difficiles de vos clients ?

12

Connaître les données essentielles

Pour atteindre le nirvana, vous devez posséder les meilleures informations sur toutes les commandes (anciennes et nouvelles) passées par chaque client et sur tous les actifs de votre entreprise (aussi bien les actifs corporels que les différents éléments de votre inventaire). Et vous savez quoi ? Le seul moyen de recueillir, de conserver et de sécuriser ces informations consiste dans un usage intensif des technologies de l'information.

J. William Gurley, *Above the Crowd*

Si vous amenez votre voiture dans un garage Jiffy Lube pour une vidange et demandez la 10W-40, une huile recommandée pour conduite par temps chaud, le technicien de service commencera par vérifier sur son PC si le constructeur de votre voiture préconise bien ce type d'huile avant d'effectuer la vidange.

En fait, ce technicien pourra vous rappeler toutes les recommandations du constructeur concernant les intervalles entre les vidanges et les pièces de rechange que Jiffy Lube revend : l'huile, le filtre à huile, les feux avant, les essuie-glace, le liquide de freins, les plaquettes, etc. Tout cela à partir d'un terminal qui n'est qu'un simple PC.

Chaque garage Jiffy Lube assure l'entretien de quarante-cinq véhicules par jour et gagne en efficacité et en rapidité grâce à son nouveau système informatique. Les techniciens ne perdent plus leur temps à chercher les renseignements nécessaires dans des manuels, et le système informatique aide les gérants à calculer le nombre d'employés optimal pour chaque heure du jour et pour chaque jour de la semaine, d'où une substantielle réduction des heures supplémentaires. Mais, plus important encore, ce système évite aux clients de faire la queue. Dans ce métier, quand les clients voient une file d'attente, ils préfèrent tenter leur chance dans un autre garage. L'ancien système « tout papier » entravait la productivité de la chaîne.

Trois mois après votre visite, vous recevez une lettre qui vous rappelle la date de la dernière vidange pour planifier la prochaine. Jiffy Lube envoie trois cent mille à trois cent cinquante mille lettres de ce genre par semaine. La possession d'un dossier individuel sur chaque client avec l'historique des prestations effectuées devient un atout majeur des sociétés de services aujourd'hui. Le système mis au point par Jiffy Lube contrôle le nombre de kilomètres parcourus entre chaque visite et, après deux ou trois visites, commence à connaître les habitudes du client, ce qui lui permet d'optimiser sa distribution.

Quand Pennzoil l'a racheté en 1991, Jiffy Lube, le numéro un mondial des chaînes de garages spécialisés dans le dépannage rapide, perdait de l'argent. En 1997, les bénéfices de Jiffy Lube s'élevaient à 150 millions de francs, les profits les plus importants de son histoire, en hausse de 14 % sur 1996, avec un chiffre d'affaires de 4,5 milliards de francs et vingt et un millions de voitures avaient passé des visites d'entretien dans ses garages, soit 1,2 million de plus qu'en 1996.

La gestion de ces garages suppose un aller et retour quotidien d'information entre les points de vente et le siège. Les résultats des six cents garages appartenant à la société et des mille garages franchisés sont transmis chaque soir au siège de Jiffy Lube à Houston. La fusion avec une autre chaîne comparable, Quaker's State's Q Lube, a porté le nombre des points de vente à plus de deux mille cent. Les données sont acheminées vers une base de données clientèle de cent vingt mégabits qui a été récemment transférée d'une unité centrale sur un serveur PC. Les contrôleurs analysent immédiatement un certain nombre de mesures opérationnelles, le nombre de véhicules entretenus, les coûts, les recettes, les bénéfices actuels, les bénéfices attendus et les tendances. Les informations actualisées sur les performances de la chaîne sont accessibles dès le lendemain matin à cinq heures à tous les gérants des points de vente Jiffy Lube qui peuvent interroger la base de données pour obtenir les résultats de la chaîne. Chaque gérant s'informe ainsi de l'état des ventes, de la consommation moyenne des clients, du temps requis pour chaque tâche et du rythme de production de la veille.

Les cadres supérieurs peuvent étudier l'historique des résultats de

Jiffy Lube pour tous les garages. Les franchisés qui possèdent plusieurs points de vente peuvent connaître leur activité consolidée dans tous leurs garages. Les directeurs régionaux de Jiffy Lube, qui supervisent une dizaine de points de vente, utilisent ces résultats pour aider les gérants à accroître leur efficacité et leur productivité. Ce système est très souple. Si un directeur régional rédige un rapport spécial – s'il a, par exemple, détecté des fraudes ou des anomalies –, ce rapport est transmis électroniquement à différents points de vente pour être analysé sur place.

Les gérants des garages Jiffy Lube ne sont en général pas des experts en études de marché, c'est donc le siège qui se charge du marketing et des analyses de tendances au moyen de statistiques, de graphiques et de profils de clients types de Jiffy Lube. Les résultats de ces analyses font apparaître les recettes en fonction de l'environnement socio-démographique de chaque point de vente et permettent d'en déduire quel garage n'est pas aussi rentable qu'il pourrait l'être, ou encore quelles zones sont mûres pour une promotion.

Si les clients de la chaîne délaissent un garage Jiffy Lube pour s'arrêter dans un point de vente plus éloigné, le système donne à la chaîne la possibilité d'enquêter sur cette anomalie. S'agit-il d'une question de circulation ou d'un problème particulier dans le point de vente en question ?

Jiffy Lube commence à utiliser son système informatique pour planifier ses promotions. Un gérant qui, après avoir consulté la météo du lendemain, décide de promouvoir les essuie-glace obtiendra une réponse détaillée avec conditions et prix le lendemain à la première heure. À l'avenir, des systèmes d'information l'aideront à déterminer si la promotion a été assez rentable pour la répéter à un moment favorable ou si une promotion sur les boîtes de vitesses serait plus adaptée.

Son analyse approfondie des données socio-démographiques et son logiciel de géo-marketing aident aussi Jiffy Lube à prospecter et à choisir de nouveaux emplacements pour ses points de vente. À partir des informations recueillies sur les emplacements Jiffy Lube qui réussissent le mieux, et ceux des concurrents, le logiciel détermine de nouveaux emplacements potentiels. Il peut aussi dessiner une carte qui affiche les données du marché pour définir les zones riches en clients potentiels. Ce genre d'analyse renforce les relations de l'entreprise avec ses franchisés, car le siège peut fournir au franchisé de précieuses informations sur les prix des terrains, la proximité avec d'autres garages, etc.

Dans chaque garage Jiffy Lube, les informations sur les clients sont stockées dans une base de données locale. La taille de ces bases de données varie suivant celle du garage (de huit mille à cinquante mille clients). Jiffy Lube a décidé de rassembler ses dix-huit millions de dossiers véhicules et ses quatre-vingt-cinq millions de dossiers prestations dans une base de données nationale reliée à chaque magasin. Bientôt, les gérants des garages Jiffy Lube n'importe où aux États-Unis seront capables d'accéder au dossier des prestations effectuées sur la voiture du client qui se présente chez eux. Après chaque visite d'entretien et de réparation, le dossier est réactualisé et accessible à tous les autres garages de la chaîne.

Le niveau de service que Jiffy Lube offre à ses clients a radicalement changé ses méthodes de travail. Les gérants de Jiffy Lube n'attendent pas le chaland les bras croisés. Ils essaient d'en apprendre le plus possible sur leurs clients et leur marché et de s'y adapter. Les promotions sont plus ciblées : elles pourront par exemple viser un certain type de clients dotés d'un certain niveau de revenu et habitant à moins de cinq kilomètres d'un certain point de vente.

L'entreprise recueille aussi des informations sur les préférences de ses clients et leur envoie des lettres de rappel sur les services effectués et d'autres promotions par e-mail, pour ceux de ses clients qui préfèrent le courrier électronique. Ces messages par courrier électronique permettent à Jiffy Lube de personnaliser ses promotions et de réduire les coûts de ses routages en offrant un service plus pratique à ses clients.

La chaîne envisage aussi d'ouvrir un site Web, où ses clients, particuliers ou professionnels, pourront dialoguer avec le support Jiffy Lube en ligne pour mieux connaître le dossier de leur véhicule et les recommandations du constructeur. Ce site Web reprendra aussi toutes les promotions récentes et incitera ses visiteurs à se rendre au garage Jiffy Lube le plus proche.

Mieux connaître les données clés de son entreprise pour mieux la diriger

« Connaître les données clés de son business » est un précepte fondamental de tout chef d'entreprise. Vous devez pouvoir recueillir les données essentielles sur votre entreprise à tout moment. Elles sont indispensables pour vous, mais aussi pour vos rapports avec vos clients et vos partenaires. Et puis vous devez être capable d'interpréter ces données. Je ne suis pas en train de dire que vous ne devez penser qu'au résultat de votre bilan, mais vous devez avoir une vision aussi objective que possible de l'évolution de votre affaire sous toutes ses facettes. Si vous renoncez à des profits à court terme en échange de gains à long terme, par exemple, vous devez connaître aussi précisément que possible le coût de cet arbitrage. Les entreprises peuvent utiliser les données qu'elles recueillent pour améliorer l'efficacité de leur métier de base, mais aussi pour renforcer leurs relations avec leurs clients et leurs partenaires, élargir leur champ d'action et développer de nouveaux services et produits.

L'exemple de Jiffy Lube illustre le double usage que l'on peut faire des informations clients. Le premier consiste à rassembler ces données pour en tirer des statistiques, qui elles-mêmes permettent de dégager des tendances et des modèles sur lesquels on peut étayer analyses, planification et décisions. Le second consiste à recueillir des informations détaillées sur chaque client afin de lui fournir un service personnalisé. La plupart des exemples cités dans la seconde partie de ce chapitre illustrent ces deux manières d'utiliser les informations clients. En créant un flux continu de données numériques dont bénéficient tous les secteurs de l'entreprise, on parvient à optimiser la gestion de l'information, et donc le développement commercial et toutes les décisions d'ordre industriel.

Pour utiliser au mieux les données dont dispose l'entreprise, il est nécessaire de les saisir numériquement dès l'origine et de les analyser sous forme numérique à chaque étape du processus industriel et commercial, c'est-à-dire non seulement dans l'entreprise mais aussi dans les relations avec clients et fournisseurs. Une meilleure connaissance de ces données aidera les chefs d'entreprise à améliorer leurs relations commerciales et leur procurera un avantage concurrentiel déterminant.

Recueillir vos données

La saisie d'informations numérisées dès le départ supprime virtuellement les erreurs. Quand un nouveau client entre dans un garage Jiffy Lube aujourd'hui, le technicien note les informations clients sur un formulaire et saisit ensuite ces informations sur un terminal. À l'avenir, ces informations seront saisies directement sur ordinateur, ce qui limitera les risques d'erreur et le client attendra moins longtemps.

Chez Microsoft, nous avons accompli des progrès immédiats et spectaculaires dès que nous avons cessé de recevoir les commandes des clients par fax pour les enregistrer électroniquement. Notre application MOET (Microsoft Order Entry Tool, outil d'enregistrement de commandes Microsoft) est rapidement devenue un site Web évolué et destiné au commerce électronique avec le monde entier. MOET facilite la saisie numérique des commandes de nos distributeurs qui peuvent soit enregistrer leur commande sur le site en ligne, soit télécharger des fichiers de traitement par lots. Grâce à MOET, les erreurs de saisie informatique ont chuté de 75 %, à un niveau proche de zéro, et les factures des commandes des distributeurs sont établies automatiquement. Les distributeurs peuvent également trouver les dates de livraison ainsi que d'autres produits et services sur le site Web. Le site MOET, qui a généré 3,4 millions de francs de chiffre d'affaires en 1998, égale désormais le site de commande de Cisco Systems : ce sont les sites Web qui totalisent les plus gros chiffres d'affaires au monde.

Une fois que MOET a reçu et vérifié une commande, celle-ci est électroniquement acheminée vers le système de fabrication Microsoft approprié pour y être exécutée. Nos sites de fabrication utilisent les informations de MOET pour créer automatiquement des plans de production, ce qui nous fait gagner le temps normalement exigé par la création manuelle desdits plans. Ce bénéfice secondaire suppose nécessairement une saisie numérique à l'origine.

Celle-ci peut entraîner toute une série d'avantages. Coca-Cola, dont les systèmes d'information sont décrits en détail dans le chapitre suivant, recueille ces informations directement à partir de distributeurs automatiques intelligents reliés à un serveur central, qui transmettent leurs informations par téléphone cellulaire ou signaux infrarouges. Ces machines qui fonctionnent déjà au Japon et en Australie transmettent des informations comme le nombre de canettes distribuées, la quantité de pièces accumulées dans la machine ou les éventuels problèmes de fuite. Un programme du grossiste local analyse les données recueillies et édite un bordereau de livraison qui indique aux livreurs quels distributeurs approvisionner et avec quels produits le lendemain. Ce système de livraison a réduit le nombre de distributeurs en rupture de stock de 20 % à moins de 1 %, ce qui se traduit évidemment par une augmentation substantielle des ventes de Coca-Cola. C'est aussi un excellent système pour les chauffeurs-livreurs. Ils sont payés à la caisse et leur productivité a augmenté de 50 %. Grâce à cette efficacité dans la gestion de ses stocks et de ses livraisons, Coca-Cola espère doubler ses recettes au Proche- et au Moyen-Orient d'ici trois à cinq ans sans augmenter le nombre de ses embouteilleurs.

La numérisation des données à la source entraîne aussi de nouvelles opportunités commerciales sur le marché prétendument saturé des sodas. Sur les nouveaux distributeurs automatiques de Coca-Cola, des écrans utilisent la technologie interactive pour diffuser des publicités, des bulletins météo et même des plans de métro. Au Texas, un programme-pilote permet aux clients d'utiliser une carte de crédit pour acheter des sodas dans une station-service où ils se ravitaillent en carburant. Comme la plupart des gens qui paient directement à la pompe n'entrent pas dans la boutique de la station, ce système numérique qui permet de vendre des sodas à la pompe crée un segment entier de nouveaux consommateurs pour la marque.

Accélérer et développer le rythme des ventes

Siemens réseaux d'information et de communication, une division du groupe Siemens, est numéro un dans les systèmes de télécommunications professionnels PBX. Chaque entreprise choisit dans une gamme d'options PBX les équipements qu'elle désire pour composer un système téléphonique interne adapté à ses besoins. Siemens a créé un processus de vente complètement numérisé qui établit des devis rapidement, saisit et rectifie les commandes reçues, vérifie la compatibilité des pièces et assure le suivi de la commande de A à Z jusqu'à la fabrication.

Au début des années 90, la complexité des produits de Siemens imposait de longs calculs de la part des vendeurs et la vérification d'une énorme quantité de détails avant de pouvoir établir un devis. Chaque devis comprenait une partie ingénierie et il fallait s'assurer que les différents composants du système commandé soient compatibles entre eux. Toute modification de commande entraînait un surcroît de travail pour le service des ventes et des retards de fabrication qui se répercutaient sur les dates de livraison.

Pour résoudre ces problèmes, Siemens a mis sur pied une équipe de deux cents personnes représentant les ventes, l'ingénierie, le support clients, la fabrication, la logistique, les services financiers et les technologies de l'information pour concevoir un nouvel ensemble d'outils capables d'accélérer et de simplifier le processus de vente : le programme CRAFT. Celui-ci permet aux équipes de vente d'établir et de fournir aux clients toute une série de devis sans avoir besoin de procéder à des calculs détaillés ou à une analyse d'ingénierie immédiate. Les ingénieurs qui avaient l'habitude de travailler sur des configurations de systèmes commandées par les clients peuvent désormais consacrer leur temps à développer de nouveaux produits. Avec CRAFT, un vendeur peut récapituler les éléments d'une commande en moins d'une heure (contre plusieurs heures auparavant) avec une précision accrue. Les vendeurs qui perdent moins de temps en calculs complexes peuvent consacrer plus de temps à leurs clients. CRAFT fournit une série de critères de sélection qui suppriment les risques d'incompatibilité au fur et à mesure de l'établissement du devis, ce qui permet au vendeur d'enregistrer, de configurer et de planifier la fabrication en temps réel.

Les quatre cents à cinq cents commerciaux qui utilisent le système CRAFT à travers tout le pays expédient directement leurs commandes à la fabrication. Cet acheminement direct réduit les erreurs de commande et donc le nombre de modifications ultérieures, ce qui entraîne d'importantes économies. Il arrivait, auparavant, que des modifications de commande surviennent pendant la fabrication, parfois alors que le produit était sur le point d'être livré.

Les rabais ne sont plus conditionnés par le choix d'une option spécifique, mais par le volume global de la commande, et sont automatiquement ajustés quand des composants sont ajoutés ou retirés de celle-ci. Les responsables de la fabrication sont mieux informés, plus tôt, ce qui leur permet de mieux planifier la production. Grâce à cette rapidité de transmission de l'information, le temps nécessaire pour fabriquer un petit système est passé de cinq à six jours à moins de trois jours. Les demandes urgentes peuvent être satisfaites en moins de vingt-quatre heures. CRAFT a entraîné une augmentation significative des ventes sans recrutement de vendeurs supplémentaires.

Les clients sont les véritables décideurs

Les systèmes d'information numérique apportent d'autres avantages substantiels : la saisie et l'analyse de données numériques en temps réel permet de créer une boucle d'information entre une entreprise, ses partenaires et ses clients qui peut modifier le comportement de tous ses employés. La chaîne de grands magasins Marks & Spencer, une institution britannique qui possède trois cents magasins en Angleterre et quatre cents autres à travers le monde, a mis en place un système informatique qui permet de répondre immédiatement aux attentes des clients et d'apporter un service personnalisé en principe impossible dans un supermarché classique. Marks & Spencer est tellement attentif aux habitudes et aux désirs de ses clients que ce sont eux qui lui dictent ses décisions, en temps réel.

La chaîne anglaise distribue des articles ménagers, des vêtements, de l'épicerie et des produits gastronomiques dans la plupart des pays anglophones. Elle gère aussi le grand chemisier américain Brooks Brothers. Son chiffre d'affaires en 1998 a dépassé les 8 milliards de francs. Sa marge bénéficiaire de 15 % correspond à environ cinq fois la marge moyenne des chaînes américaines équivalentes qui était en 1998 de 3,2 %, selon la revue *Forbes* (janvier 1998). La chaîne attribue une grande part de son succès à son utilisation de l'informatique qui lui permet d'optimiser l'adaptation de son système d'approvisionnement aux besoins de sa clientèle.

Il y a seulement quelques années, la situation des systèmes informatiques de la chaîne était préoccupante. Comme la plupart des distributeurs, les acheteurs de la marque commandaient et répartissaient les marchandises dans chaque magasin en se basant sur leur appréciation personnelle des désirs des clients. Le système informatique ne fournissait qu'un historique rudimentaire des ventes des années précédentes. Il était impossible de prédire les ventes avec assez de précision pour éviter les ruptures de stock ou les rabais sur les invendus en fin de saison. Ces deux écueils classiques réduisaient notablement sa rentabilité.

L'ancien système informatique pouvait apprendre aux directeurs des ventes que la chaîne avait, par exemple, vendu trois mille costumes bleu marine, dix mille baguettes et trois cent mille sandwiches au rosbif mais pas qui avait acheté ces sandwiches et ces costumes, ce que ces clients avaient acheté d'autre ni comment ces clients avaient réglé leurs achats. Le système ne pouvait prévenir les responsables quand des clients achetaient des produits de remplacement parce que certains produits manquaient dans le rayon ou si les achats des clients réguliers étaient cohérents avec leurs habitudes d'achat. Ce système ne pouvait pas non plus aider le magasin à détecter de nouvelles tendances de consommation…

Quand les concurrents de Marks & Spencer ont commencé à pratiquer une politique de prix de plus en plus agressive et à rester ouverts plus tard – pour certains vingt-quatre heures sur vingt-quatre – le vieux système de traitement par lots de la marque s'est avéré incapable de modifier les prix assez rapidement ou d'aménager les horaires des magasins au-delà de vingt et une heures. La chaîne a continué d'ouvrir des magasins dans différents fuseaux horaires au cours des années 90, et son système est devenu de plus en plus incapable de synthétiser assez vite les informations sur les résultats de ses points de vente dans le monde entier.

L'inefficacité croissante de sa gestion des ventes coûtait de plus en plus cher à M&S. Au moment de renouveler son parc informatique, la chaîne a commencé à réfléchir à une réorganisation totale de son système d'information.

Décidée à ne plus dépendre d'un fournisseur unique, la chaîne a équipé ses trois cents magasins anglais de PC qui lui ont permis de mettre en concurrence ses fournisseurs pour toutes ses solutions de matériels et de logiciels. Tous ses magasins disposent à présent d'un serveur central et de quarante à cinquante PC Pentium II installés à toutes les caisses du magasin. Chacun de ces PC dispose d'une base de données complète sur les prix, si bien que les clients peuvent acheter n'importe quel produit dans n'importe quel rayon du magasin. Comme les nouveaux postes de travail sont plus puissants que les anciens systèmes, leur nombre est moins élevé. Les PC gèrent aisément les dizaines de millions de chiffre d'affaires quotidiens de la chaîne – quinze mille transactions à la minute pour l'ensemble des magasins. Aucun risque de panne générale : quelles que soient les défaillances du système, les caisses enregistreuses ne s'arrêtent jamais.

Marks & Spencer a introduit le nouveau système à Noël 1996 et la mise en place sera achevée dans tous les magasins de la chaîne dans le courant de 1999.

Connaître les clients à travers les sandwiches qu'ils achètent

Grâce à sa nouvelle infrastructure numérique, Marks & Spencer commence à recueillir une impressionnante masse d'informations sur les habitudes d'achat de ses clients. Les données collectées dans chaque magasin sont transmises électroniquement au centre de traitement de Londres. Leur analyse permet aux responsables marketing de la marque de prendre connaissance de l'état des ventes instantanément, ce qui permet à Marks & Spencer d'ajuster ses stocks le jour même dans tous les magasins de la chaîne. Autrefois, la chaîne approvisionnait ses magasins en sandwiches en se basant sur les ventes de la veille et faisait fabriquer ces sandwiches durant la nuit. Les quatre cents fournisseurs de la chaîne dans le monde entier pourront désormais fabriquer une moins grande quantité de nourriture à l'avance et moduler leurs commandes en fonction des relevés des ventes que la marque leur enverra régulièrement pendant la journée. Conséquence : plus de ruptures de stock, plus d'invendus excessifs et des produits plus frais pour les clients. Le système recevra aussi des informations des services météo et sera donc en mesure de faire des suggestions adaptées au climat : de la soupe si une vague de froid s'annonce ou des brochettes pour un barbecue si la journée est ensoleillée.

Grâce à une autre application similaire, Marks & Spencer collabore étroitement avec plus de trois cents fabricants de prêt-à-porter. Quand la chaîne lance une robe en deux coloris, bleu et rouge, par exemple, les directeurs des ventes apprennent rapidement laquelle se vend le mieux et sur quels marchés. Les sous-traitants travaillent en flux tendu : livrant des quantités modestes au départ, ils modulent leur production en fonction des ventes.

D'autres industries appliquent ces méthodes de flux tendus à la fabrication des composants et des pièces mécaniques. Marks & Spencer a été la première chaîne à appliquer cette méthode à la gestion de denrées périssables et d'un prêt-à-porter de qualité.

La base de données dans laquelle sont stockées les informations clients ne permet pas seulement de savoir quel produit un client a acheté tel ou tel jour, mais aussi quels autres achats ce client a effectués dans d'autres départements et de connaître l'heure exacte où ce client a effectué ces achats. Marks & Spencer peut synthétiser ces informations pour élaborer des stratégies de marketing extrêmement ciblées. Sachant que les clients britanniques achètent souvent de la crème fraîche avec leurs fraises et des biscuits avec leur café, la chaîne peut promouvoir et présenter ces produits conjointement dans ses rayons. Marks & Spencer peut aussi utiliser ces données à un niveau individuel pour inciter activement ses clients à accroître leur volume d'achats. Sachant que tel client est un amateur de vins fins et de fruits de mer, le magasin local peut lui envoyer par carte postale ou e-mail une invitation à une dégustation de vins et l'accompagner d'une brochure de recettes pour les fruits de mer. Connaissant sa préférence pour les vêtements d'un certain styliste, le magasin peut l'informer de l'arrivée de sa nouvelle collection.

Partir d'un point de départ objectif

L'alpha et l'oméga de la gestion d'entreprise se ramènent à une analyse rigoureuse des chiffres. Quels que soient ses autres efforts, si un chef d'entreprise n'a pas une vision détaillée de ce qui se passe dans son entreprise et qu'il prenne des décisions en se basant sur des données secondaires ou sur son seul instinct, il finira par le payer très cher.

Tous ceux qui ont participé à une réunion budgétaire avec le comité exécutif de Microsoft savent que nous insistons pour obtenir des chiffres aussi précis que possible et quelle importance nous attachons à une analyse approfondie de ces chiffres. Ce sont eux qui fournissent la base factuelle à partir de laquelle nous pouvons orienter le développement de nos produits. Ces chiffres sont les porte-parole impartiaux des goûts de nos clients. C'est pourquoi ils nous aident à déterminer nos priorités et forment le socle sur lequel nous basons nos choix stratégiques.

Rien ne remplacera les indications que fournissent les chiffres. Parfois mon ami Steve Ballmer, président de Microsoft Corporation, surprend les membres d'un groupe produit en leur montrant qu'il connaît mieux qu'eux leur politique de prix et leurs chiffres de vente (et ceux des concurrents), alors même qu'ils lui présentent leurs projets. Il a l'art de faire irruption dans la salle de réunion et de poser tout de go la question précise qui va faire sécher ses interlocuteurs. Il a révisé ses dossiers chez lui et il a réfléchi sérieusement aux questions que soulèvent les résultats qu'il a potassés. Les priorités stratégiques qu'il fixe sont basées sur des faits et il sait qu'il n'y a pas d'autre voie vers la réussite.

Les chefs de produit d'une entreprise et leurs supérieurs doivent s'imposer cette rigoureuse analyse des chiffres. Les autres secteurs de l'entreprise peuvent certes leur apporter des informations utiles, mais ce sont les cadres, qui gèrent le rapport avec les clients et les problèmes de concurrence, qui doivent scruter quotidiennement, obstinément, sous toutes les coutures, les résultats de leur activité. Et ces analyses doivent toujours servir à piloter l'action et pas seulement à susciter de nouvelles analyses. L'analyse devrait toujours conduire à une décision et à une action.

Partir d'informations numérisées permet de s'épargner beaucoup d'efforts et d'erreurs. Mais cette démarche permet aussi d'optimiser le traitement des données. La numérisation des données augmente l'efficacité de la fabrication, de la distribution, de la facturation et de tous les autres processus opérationnels. C'est aussi le seul moyen d'obtenir les informations assez vite pour répondre aux attentes des consommateurs avant les concurrents.

La nécessité d'obtenir des informations fiables qui permettent aux responsables de réagir instantanément est une des raisons pour lesquelles les « chiffres sur papier » me contrarient presque autant que les rapports sur papier en général. Une liste imprimée de chiffres de ventes ou de tendances de consommation de la clientèle est une information statique. Vous ne pouvez pas l'approfondir et l'analyser ou expédier par e-mail cette information et son contexte à quelqu'un pour en parler avec lui.

Vous ne savez pas ce qui se cache derrière ces chiffres. Votre liste à la main, il ne vous reste qu'à appeler un collaborateur et lui dire : « Je viens de lire ce rapport et j'y ai trouvé un chiffre qui m'a surpris. » La plupart du temps, l'anomalie est aisément expliquée : un client a passé ou annulé une grosse commande, d'où la distorsion. Rien de bien grave, pourtant vous restez perplexe devant ces résultats et vous aimeriez bien en savoir un peu plus. Vous croyez voir une tendance s'esquisser dans un rapport, mais vous renâclez devant l'effort de convoquer vos collaborateurs pour leur distribuer ce papier et leur demander de plancher dessus et, finalement, la difficulté d'approfondir votre enquête vous incite à oublier ce détail.

Quand les chiffres s'affichent sur un écran d'ordinateur, les collaborateurs de l'entreprise peuvent les étudier, les analyser globalement ou en détail, sous tous les angles, et les faire circuler on ne peut plus aisément. Un chiffre sur une feuille de papier est une impasse. Un chiffre sur un support numérique est le début d'un efficace processus de pensée et d'action.

Développer vos activités

L'information numérisée change votre façon de gérer votre entreprise. Sans un système informatique moderne, une chaîne de garages n'aurait aucune possibilité de développer ses services. Grâce à la gestion informatisée, les responsables des magasins augmentent leur chiffre d'affaires en proposant des promotions spécifiques ou des remises exceptionnelles à des clients bien ciblés au moment opportun. L'expérience de Coca-Cola avec ses distributeurs automatiques intelligents démontre amplement l'intérêt du « tout numérique » et aussi celui d'un nouveau modèle de gestion. Les distributeurs automatiques de Coca-Cola préfigurent les futurs magasins électroniques dont la gestion sera automatisée, capables de faire la publicité de leurs produits, de décider de leurs promotions et de passer leurs commandes. Aucune de ces options ne serait possible sans un point de départ où l'information est numérisée. Les distributeurs automatiques intelligents situés dans des zones reculées vont se généraliser.

Tisser un réseau de partenaires

La technologie numérique permet aussi à une entreprise de créer un réseau de partenaires qui débouche sur un meilleur service clients.

On peut créer une entreprise virtuelle dans laquelle échanges commerciaux, gestion de l'information et systèmes opérationnels sont entièrement intégrés. Avec cette organisation, vos partenaires s'adapteront aussi naturellement que vous aux modèles de comportement des clients que vos systèmes de collecte d'information feront apparaître. Quand ceux-ci sont conçus pour produire des flux de données à partir des clients et en direction de ceux-ci, ce sont les méthodes et l'organisation de tout le système d'approvisionnement qui s'alignent et adoptent des normes d'efficacité nouvelles. Le fonctionnement en flux tendu peut devenir la règle dans toutes les industries.

Les flux de données numériques rendent désormais possible la création d'une entreprise décloisonnée, mais cela suppose l'avènement d'une nouvelle culture d'entreprise qui assimile les fournisseurs et les sous-traitants à des « parents » et non plus à des « étrangers ». Dans le schéma traditionnel, ces partenaires ne sont pas traités comme des ingrédients essentiels à la satisfaction des besoins du client, qui est la finalité ultime. La vieille expression « chaîne d'approvisionnement » évoque les maillons d'une relation linéaire qui englobe fabrication, transport et distribution. L'approche nouvelle est celle d'un « réseau à valeur ajoutée », un tissu de relations alimenté par l'information numérique. Tous ceux qui contribuent à l'élaboration du produit doivent apporter leur valeur ajoutée et la communication circule de l'amont vers l'aval et vice versa. Les partenaires ne sont pas cantonnés au rôle de maillon inerte dans une chaîne immuable de processus, mais ils peuvent instaurer un dialogue interactif.

La chaîne de magasins Wal-Mart est la première à avoir reconsidéré son rapport avec ses fournisseurs, en fournissant à Procter & Gamble les informations sur ses ventes afin que P&G puisse faire ce qu'il sait le mieux faire, gérer les stocks et la distribution, et que Wal-Mart puisse faire ce qu'il sait le mieux faire, vendre des produits. Cette décision de transparence est le seul moyen de tirer le bénéfice maximal des nouveaux flux de données numériques. Selon la revue *Forbes*, Wal-Mart a réduit ses dépenses de 11 milliards de francs en 1997 grâce à une meilleure gestion de ses stocks. L'essentiel de ces économies provient de sa détermination à optimiser ses systèmes d'information pour mieux coopérer avec ses fournisseurs. Marks & Spencer a fait la démonstration que le partage de l'information réduit les coûts mais peut aussi ramener le temps de réaction à quelques heures partout dans le monde.

Jack Welch, le PDG de General Electric, le plus grand groupe industriel des États-Unis, a été l'un des premiers à parler de décloisonnement, cette idée que la solution des problèmes de l'entreprise passe par une coopération de tous les acteurs économiques concernés, qu'ils appartiennent ou non à l'entreprise. Comme on pouvait s'y attendre, GE a commencé à créer pour ses douze unités de production un réseau extranet qui deviendra probablement le plus grand du monde. Un extranet est un site privé Internet qui permet à plusieurs entreprises de partager des informations et de coopérer en toute sécurité. En 2001, GE espère majorer de 14 % son chiffre d'affaires initialement attendu, soit 28 milliards de francs, grâce à son extranet (contre moins de 1 % d'achats électroniques aujourd'hui). Une fois totalement déployé, cet extranet pourrait englober jusqu'à quarante mille partenaires commerciaux. Ce système assurera une collaboration de toutes les unités en temps réel. Les employés et les partenaires de GE pourront examiner et éditer les mêmes documents électroniques et en discuter en même temps sur Internet.

Dans une chaîne de valeur, les entreprises peuvent libérer un capital qui serait normalement immobilisé sous forme de stocks et réduire spectaculairement les frais de gestion de ces stocks, comme le montre l'exemple de Wal-Mart. (Et GE espère économiser entre 2,5 milliards et 4 milliards de francs grâce à son extranet.) Mais ces entreprises peuvent aussi améliorer la qualité de leurs produits. Environ 70 % de la valeur des produits Ford sont constitués par des composants fournis par des sous-traitants et des fournisseurs indépendants et le réseau numérique de Ford permet à la firme de coopérer rapidement avec ces fournisseurs pour résoudre les problèmes de qualité sur des pièces détachées. Avec un réseau à valeur ajoutée, les entreprises réagissent plus vite et avec plus de précision aux tendances du marché.

Accroître l'utilisation des informations numérisées

Si les avantages de la connaissance des chiffres clés et de la création d'un réseau à valeur ajoutée sont si probants, pourquoi un plus grand nombre d'entreprises ne s'y rallie-t-il pas ? Pourquoi l'usage des logiciels d'analyse comptable et financière ne se généralise-t-il pas pour anticiper les tendances de la consommation ? Pourquoi les entreprises restent-elles souvent incapables de mieux connaître leurs clients ?

La raison principale de ce retard est que trop peu d'entreprises instaurent une saisie numérique initiale. Les chaînes de distribution alimentaire ont été parmi les premières à se rallier au tout numérique. Au début, les scanners servaient à accélérer les passages en caisse, mais c'est au niveau de la gestion des stocks et des analyses de tendance qu'ils ont rendu les plus grands services. Numériser l'information dès l'origine exige cependant une grande rigueur : si six packs de sodas différents sont en promotion à 10 francs pièce, et que la caissière enregistre deux packs de deux marques sous la même référence, le prix total pour le client sera correct, mais le stock sera faux pour ces deux marques.

La mise en réseau des données numériques chez les distributeurs qui utilisent des réseaux privés et des terminaux reliés à des unités centrales s'est aussi avérée trop onéreuse. Même si les avantages des échanges de données sont évidents, moins de 5 % de tous les commerces américains utilisent l'ancienne norme EDI. Parfois, seul un des deux termes de la transaction est électronique et l'EDI est souvent relié à un fax. La plupart des commerces qui forment ces 5 % d'utilisateurs de l'EDI ne l'utilisent que pour passer des commandes et établir des factures. Ils n'échangent aucune donnée sur les ventes et la logistique pour optimiser la gestion de leurs stocks et de leurs livraisons.

Aujourd'hui, le PC et Internet suppriment complètement les problèmes techniques et de coût qui empêchaient les gérants de s'équiper en matériel informatique. Plus la plate-forme logicielle est homogène, moins les problèmes de connexion sont complexes et plus la constitution d'un réseau à valeur ajoutée devient accessible.

L'utilisation de l'information numérisée est encore très insuffisante dans les bureaux. Les systèmes « tout papier » existants induisent l'idée fausse que les données sont difficiles à obtenir sous une forme adaptée aux besoins de chacun. Parce que les données ne sont pas présentées sous une forme numérique, les gens travaillent avec des liasses de documents qu'ils ne peuvent parcourir ni analyser rapidement. Comment prendre des décisions efficaces sur de telles bases ? Le déficit de communication numérisée en interne dans tant d'entreprises offre une opportunité exceptionnelle à celles qui s'équiperont rapidement de prendre un avantage décisif sur leurs concurrents.

Pour conduire efficacement la transition vers une entreprise numérisée, un PDG doit se poser la question de la conversion numérique des nombreux documents que manient ses employés. Comment se débarrasser une fois pour toutes de ces montagnes de papiers ? Cette question ne concerne pas seulement les employés de son entreprise mais aussi le réseau de ses partenaires et de ses clients. Le travail de l'entreprise dans son ensemble doit être supporté par un flux rapide et fiable d'information qui permette au client de piloter vos réactions et celles de tous vos distributeurs comme si vous ne formiez qu'une seule entité. Si votre collaboration avec vos partenaires et vos clients est plus centrée sur les coûts et une gestion à vue que sur de véritables solutions commerciales qui apportent de la valeur ajoutée, il est temps de prendre un peu de recul et de reconsidérer vos méthodes de gestion.

Pour une gestion plus performante

- Connaître ses chiffres, ce n'est pas simplement prendre connaissance des résultats financiers mensuels de l'entreprise. C'est être capable d'utiliser ces résultats pour doper le marketing et les ventes.
- Un chiffre sur une feuille de papier est une impasse ; un chiffre informatisé est le point de départ d'une réflexion et d'une action profitables.
- Des chiffres rapides et précis, cela signifie, pour vous et vos partenaires, une réactivité immédiate aux attentes de vos clients.

Évaluez votre système nerveux d'entreprise

- Vos systèmes d'information enregistrent-ils les données de l'entreprise et tous les aspects de vos rapports avec vos clients et vos partenaires dès l'origine ?
- Pouvez-vous intégrer les résultats de vos partenaires dans vos systèmes ?
- Possédez-vous une base de données clients complète dont vous tirez le meilleur parti possible ?

13

Vers un travail plus intelligent

Nous considérons cette masse de données comme un capital à exploiter. Plus il y en a, mieux ça vaut, à condition d'avoir les outils pour les analyser, les synthétiser et devenir plus créatif.
Britt Mayo, directeur des technologies de l'information, Pennzoil

L'amélioration des systèmes informatiques doit entraîner une utilisation plus judicieuse des collaborateurs de l'entreprise. Grâce aux logiciels intelligents qui analysent en permanence les résultats des ventes, détectent les tendances et distinguent les produits rentables des autres, Marks & Spencer peut utiliser ses cinq cents à six cents acheteurs beaucoup plus efficacement. Au lieu de se plonger dans l'analyse d'épais comptes rendus des ventes du jour précédent, les acheteurs peuvent se consacrer à une activité beaucoup plus profitable : l'interprétation de ces données. Si les ventes se déroulent comme prévu, aucune intervention humaine n'est nécessaire, mais le nouveau système signale les produits dont les ventes sont supérieures ou inférieures aux prévisions. Les logiciels éditent automatiquement des rapports qui recensent ces exceptions et les acheteurs ne s'occupent que d'elles.

« Ces systèmes intelligents nous ont permis de délester nos collaborateurs de tâches répétitives pour les consacrer à des activités plus productives, explique Keith Bogg, directeur de la logistique et des technologies de l'information chez Marks & Spencer. Ils appliquent leur intelligence uniquement au traitement des cas exceptionnels et laissent les ordinateurs décider pour tout le reste. Ces collaborateurs peuvent procéder à de nouvelles sélections de produits, à des analyses du marché et à d'autres activités qui apportent une valeur ajoutée au lieu de se borner à l'analyse quotidienne des stocks. »

Les employés peuvent être redéployés vers la clientèle : il est beaucoup plus efficace commercialement de recevoir une note écrite par un être humain qu'une circulaire informatisée, ou un appel téléphonique émanant d'un employé et non d'une machine. Il est extrêmement précieux de pouvoir dialoguer directement avec un client qui a des réclamations à formuler ou des besoins spécifiques à exprimer. Dans un hôtel, par exemple, un logiciel intelligent peut réduire spectaculairement l'attente des clients à la réception et libérer les administratifs de tâches absorbantes et ingrates. Le souvenir que garderont les clients de leur séjour dans un hôtel ne sera-t-il pas bien meilleur avec une demi-douzaine de réceptionnistes supplémentaires à leur disposition ?

Le commerce électronique entraîne aussi de nouveaux défis. Dans un magasin réel, un vendeur peut deviner les goûts d'un client d'après ses questions, sa façon de s'habiller et sa manière d'être. Par contre, dans une boutique Internet, personne ne voit le client et le but du jeu consiste à inciter celui-ci à acheter le plus possible. Les gérants de magasins virtuels peuvent donc se livrer à un intéressant travail de détective : construire un profil client à partir de l'historique de sa navigation et de ses achats sur le Web. Ce profil suppose des capacités d'analyse sophistiquées.

L'analyse des informations numérisées donne de nouvelles perspectives à l'analyse humaine

Les instruments d'analyse des informations numérisées, tels ceux qu'utilise Marks & Spencer, changent aussi la nature du travail. Ces instruments sont si puissants qu'ils ont fait craindre à certains employés de Marks & Spencer qu'ils seraient remplacés par eux. Les hommes renâclent très naturellement à abandonner leur pouvoir de décision au profit des machines. Pourtant, avec l'aide d'une base de données assez importante, un ordinateur dépouille et trie les données beaucoup mieux qu'un être humain qui sera de toute façon incapable de dégager des modèles à partir de masses d'information trop importantes. Et les quantités d'information disponibles (bases de données, systèmes d'archivage, messageries et sites Web) connaissent une croissance exponentielle. La seule façon pour nous de tirer le meilleur parti de ces informations consiste à laisser les outils informatiques les analyser et les sélectionner à notre place.

On appelle *data mining* (exploitation des gisements de données) l'utilisation d'algorithmes numériques pour dégager des modèles à partir de volumes de données importants. La première étape importante dans l'exploitation des données est le traitement analytique des données en ligne (OLAP). On a découvert que des données originellement destinées à un traitement purement comptable constituaient un gisement utile à l'établissement de modèles statistiques, de schémas prévisionnels et de prises de décision. Les sociétés ont créé des entrepôts de données pour appliquer ces nouvelles méthodes d'analyses statistiques. On appelle *data marts* des échantillons de données concernant un aspect du travail de l'entreprise ou un de ses services.

Vos collaborateurs accèdent-ils facilement aux informations et aux chiffres sous forme numérique ? Peuvent-ils passer des récapitulations aux informations détaillées ? Peuvent-ils analyser les résultats sous différents angles et passer rapidement de l'un à l'autre ?

La polyvalence inégalée des outils numériques

Dans la plupart des entreprises, les informations sur l'activité sont présentées sous différents angles suivant les personnes auxquelles elles s'adressent. Les cadres de direction veulent souvent examiner un relevé consolidé des ventes, puis des états détaillés par région du monde et ensuite par pays. Les directeurs des ventes veulent voir les résultats par équipe et par vendeur ou par compte client. Les chefs de produit veulent voir les résultats par canal de vente et par région. Les contrôleurs financiers auront besoin d'examiner les états mensuels ou l'évolution annuelle des ventes, de comparer les résultats actuels aux résultats attendus, d'étudier l'évolution des ventes sur une période de plusieurs années, de convertir leurs chiffres dans différentes devises. Les services financiers d'une grande entreprise produisent très souvent un grand nombre de rapports différents pour satisfaire ces différents besoins.

Ces rapports peuvent souvent être réalisés de manière informatisée grâce à un tableur électronique. Des contrôles rapides permettent aux financiers de partir d'un résumé et de cliquer sur différentes rubriques pour obtenir des informations de plus en plus détaillées. Une autre fonctionnalité, le tableau croisé dynamique, permet de montrer les mêmes données selon différentes perspectives (résultats de ventes par vendeur ou présentation par client, par exemple). Quand ces fonctionnalités sont combinées avec des gabarits qui structurent les données sous-jacentes dans des formats standards, on obtient des rapports puissants et souples que chacun peut adapter à ses besoins spécifiques. De tels rapports peuvent aussi être expédiés à des collègues par courrier électronique pour de plus amples analyses et discussions sur leur contenu.

Les tableaux croisés dynamiques sont particulièrement puissants quand on les utilise avec les entrepôts de données d'une entreprise. Chaque entrepôt a en général des capacités d'édition de rapports limitées et seuls des techniciens qualifiés peuvent éditer des comptes rendus plus créatifs. Il arrive très souvent que les utilisateurs ne soient pas sûrs des détails complémentaires dont ils auront besoin, ce qui les incite à multiplier les demandes à la base de données qui a normalement besoin de vingt à trente minutes pour répondre. Les tableaux croisés dynamiques reliés à un entrepôt de données permettent à tous les utilisateurs de partir de questions générales et de les détailler progressivement. Grâce au petit nombre de données traité à chaque étape de la recherche, la réponse est très rapide. Cette interface peut s'étendre à une source de données dynamiques comme un marché boursier en temps réel.

Avec les outils informatiques, les chefs d'entreprise disposent d'analyses plus rapides et plus précises. Les comptables passent moins de temps à rédiger des rapports que la machine édite à leur place et peuvent se consacrer à l'analyse financière ou à l'étude d'exceptions. Pour les gens qui supervisent ces données financières, ces outils informatiques signifient une information plus rapide et de meilleure qualité, avec des clôtures mensuelles qui prennent quelques jours et non plusieurs semaines. Avec le même effectif, un service financier peut se consacrer à des tâches supplémentaires, comme la planification à long terme et l'analyse des immobilisations.

Les outils informatiques font ce que les rapports papier ne peuvent pas faire : donner à tous la possibilité de poser une question de plus. Parce que vous ne savez jamais quelle va être cette question, vous avez besoin d'outils qui vous aident à explorer les réponses à votre place.

L'éditeur HarperCollins utilise un système OLAP pour connaître les ventes de livres en temps réel afin de pouvoir imprimer juste assez de livres pour satisfaire la demande du distributeur. Cette méthode lui évite de trop importants retours d'invendus. Après une seule année d'existence, ce système a aidé HarperCollins à réduire les invendus sur ses titres les plus populaires de 30 à 10 % – économisant ainsi des dizaines de millions de francs.

Grâce au système OLAP, HarperCollins peut savoir quelle a été la rentabilité de tel titre, telle semaine avec tel distributeur. Mais OLAP a besoin d'un être humain pour diriger ses recherches et ni les bases de données traditionnelles ni OLAP ne peuvent trouver les réponses à des questions moins bien définies mais importantes comme : Lequel de mes clients préférera-t-il probablement le produit A au produit B ? Comment distinguer mes clients satisfaits de mes clients insatisfaits ? Quels clients de ma base de données présentent des « similitudes exploitables » avec quels autres clients de cette même base de données ? Les résultats de questions non spécifiques comme celles-ci provoqueraient un torrent d'informations non pertinentes. Les futurs logiciels d'exploitation de données traiteront d'énormes quantités d'informations et aideront les utilisateurs, même non statisticiens, à répondre à des requêtes extrêmement pointues.

Parmi les défis que l'exploitation des gisements de données aidera à relever figurent ceux-ci : prédire la probabilité d'achat d'un produit par un ou plusieurs clients à partir de critères d'âge, de sexe, de statut socio-économique, etc. Identifier les consommateurs qui ont des comportements de navigation sur Internet similaires, les préférences spécifiques de certains clients afin de pouvoir leur fournir un service individualisé, les séquences de pages Web fréquemment visitées. Repérer les groupes de produits dont l'achat est très souvent lié. Cette technique, généralement valable pour des commerçants qui souhaitent connaître les comportements d'achat de leurs clients, peut aussi permettre de détecter des fraudes dans les transactions commerciales.

L'exploitation des gisements de données est un instrument utile pour prédire les ventes et communiquer cette analyse à ses partenaires et à ses clients. Elle est utilisée dans l'industrie, la banque, les télécommunications, la géologie et la gestion des boutiques Web interactives. En reconnaissant des tendances de consommation sur un site Web, par exemple, le logiciel Microsoft Site Server Commerce 3.0 peut prédire les goûts des clients et personnaliser l'expérience du shopping en ligne des visiteurs. Les boutiques Web peuvent éditer des annonces, des promotions et des offres de vente croisées. Les techniques d'exploitation de données peuvent aussi empêcher qu'une boutique en ligne ne submerge ses clients d'e-mails avec des offres qui ne les intéresseront très probablement pas et supprimer ainsi un inconvénient qu'on néglige souvent : celui d'importuner des clients avec des informations non pertinentes.

Parmi les applications secondaires mais intéressantes des programmes d'exploitation de données, citons la détection des fraudes, l'analyse des données sur le placement des enfants qui contribue à une meilleure organisation des services sociaux, et la recherche de joueurs de basket-ball pour le championnat professionnel américain. Grâce à un logiciel d'exploitation de données, l'équipe de basket Utah Jazz a répertorié toutes les habitudes de jeu de Michael Jordan, des Chicago Bulls, y compris ses dribbles les plus retors. Mais l'analyse ne vaut jamais que ce que vaut votre aptitude à l'appliquer, surtout en sport : leur parfaite connaissance des tactiques de dribble de Michael Jordan n'a pas évité aux Utah Jazz de perdre le championnat de 1998 et c'est après un de ces célèbres dribbles que Jordan a donné le point de la victoire aux Chicago Bulls.

Les utilisateurs les plus courants des bases de données sont les services de marketing. American Airlines utilise les informations qu'elle recueille sur ses vingt-six millions de clients réguliers – les hôtels, les restaurants, les sociétés de location de voitures qu'ils préfèrent – pour étayer des campagnes de marketing qui lui ont fait économiser plus de 500 millions de francs.

Ces économies sont générées par la création de profils de consommateurs plus précis et par la réduction des routages. Une campagne de marketing direct pour des cartes de crédit, par exemple, devrait normalement entraîner un retour de 80 %. La banque Mellon s'était donné pour but de trouver deux cent mille nouveaux clients, ce qui aurait normalement exigé un routage vers dix millions de clients potentiels. Les services marketing ont préféré utiliser les techniques de l'exploitation des gisements de données pour établir trois mille profils des clients les plus prometteurs. En raffinant les critères, les analystes sont parvenus à un échantillon représentatif plus réduit qui a généré lors des tests marketing un taux de réactions favorables de 12 %. Ce taux a permis à la banque de n'envoyer que deux millions d'offres rigoureusement ciblées, au lieu des dix millions initialement prévues. Outre la réduction des coûts, la rentabilité moyenne des nouveaux clients dont les besoins correspondaient le mieux aux services de la banque Mellon était trois fois plus grande qu'avec un routage habituel.

Cet exemple illustre deux aspects importants de l'exploitation de données. Primo, sa puissance de traitement : la quantité de données brassées et le nombre de modèles explorés dépassent de loin les capacités des techniques d'analyse traditionnelles. Secundo, même des spécialistes très expérimentés trouveront un intérêt à l'exploitation informatique des données, comme le montre l'exemple de la banque Mellon où une équipe externe a obtenu en quatre fois moins de temps des résultats six fois supérieurs à ceux du département d'analyse statistiques de la maison fonctionnant avec ses méthodes habituelles. Un des buts du système est de réaliser des outils faciles à manier pour des utilisateurs non spécialistes.

L'exploitation de données en ligne va se généraliser. Lars Nybers, président du conseil d'administration de NCR, m'a décrit le menu standard du distributeur automatique de sa banque : désire-t-il ses instructions en anglais ou en espagnol ? À quel compte souhaite-t-il accéder ? Quel genre de transaction souhaite-t-il effectuer ? Souhaite-t-il effectuer une autre transaction ?… À la fin, le distributeur affiche un numéro de téléphone à appeler s'il veut contracter un emprunt-logement auprès de la banque. La plupart des utilisateurs de ce type de distributeurs sont confrontés à des menus similaires.

Mais voilà : Lars retire presque toujours la même somme d'argent sur le même compte dans ces distributeurs automatiques. De plus, il a déjà contracté un emprunt-logement auprès de sa banque et il rembourse des mensualités très importantes. Quand il introduit sa carte dans l'appareil, pourquoi cette machine ne lui demande-t-elle pas dans la langue qu'il utilise habituellement : « Lars, souhaitez-vous retirer le même montant que d'habitude sur votre compte courant ? » Et pourquoi ne lui propose-t-elle pas un service nouveau qui corresponde à son profil personnel ? Une telle proposition individualisée serait plus utile pour lui et pour la banque. L'information nécessaire pour poser ce genre de questions plus pertinentes se trouve quelque part dans un ordinateur. C'est NCR, l'entreprise de Lars, qui installe les programmes informatiques sur les distributeurs que Lars utilise et NCR a une grande expérience de l'exploitation de données. Lars est très attentif à la résolution de ce genre de problèmes pour ses clients.

L'exploitation systématique des données est un des ingrédients de la relation à la clientèle que la technologie de l'information permet d'individualiser. Avec les paramètres que lui procure ce type de programme, une entreprise peut éviter les procédures uniformes et présenter ses produits à un client d'une façon beaucoup plus attractive pour lui et donc profitable pour elle.

Cette possibilité de personnalisation modifie la définition des campagnes publicitaires sur tous les supports médiatiques. Alors que la télévision numérique gagne du terrain et avec l'engouement croissant pour la consultation des magazines et des journaux en ligne, la publicité va se personnaliser de plus en plus. Les annonces qui s'affichent sur l'écran varieront suivant le profil socio-économique du cybernaute.

Les entreprises pourront bientôt acheter des listings de profils socio-démographiques pour atteindre leurs clients potentiels. Si, par exemple, un consommateur a déjà acheté un certain type de voiture et que vous pensiez que le moment est venu pour lui d'en acheter une nouvelle, vous pourrez cibler ce consommateur plus précisément. Un grand constructeur automobile achètera peut-être d'autres listings pour promouvoir la notoriété de la marque, mais concentrera ses campagnes publicitaires sur les clients les mieux ciblés.

Nous constatons déjà des débuts de personnalisation sur le Web. Si un utilisateur saisit une localité dans un moteur de recherche, par exemple San Francisco, ou indique qu'il veut acheter un livre sur un thème particulier, une annonce concernant ce lieu ou ce thème s'affiche en même temps que l'information demandée. Ce type d'annonce liée à une demande, une préférence ou un projet individuel a évidemment un impact beaucoup plus fort qu'une annonce aléatoire.

La capacité d'individualiser ces annonces signifie que différents quartiers et même différentes familles d'un même secteur pourront recevoir des annonces différentes. Les grandes entreprises peuvent optimiser l'efficacité de leurs campagnes publicitaires et les PME s'interrogeront pour la première fois sur l'intérêt de spots et d'annonces. Aujourd'hui, beaucoup de supports publicitaires sont trop chers pour toucher de petits annonceurs. Bientôt, même l'épicier du coin pourra s'offrir des spots télé pour les gens de son quartier.

Ces annonces ciblées devraient faire le bonheur des consommateurs. La publicité les touchera plus directement. Certains consommateurs s'inquiéteront sans doute que des annonceurs puissent détenir trop d'informations à leur sujet, mais, comme je l'explique dans le chapitre sur le « style de vie Web », les logiciels permettront aux consommateurs de ne divulguer que les informations qu'ils désirent.

La diffusion de ces annonces est souhaitable, comme le montre un exemple : la plupart des abonnés à des publications spécialisées – sportives, scientifiques, de jardinage, de décoration ou sur l'automobile – lisent les publicités aussi attentivement que les articles. Si vous regardez la télé de la même façon, avec des centres d'intérêt précis, vous n'aurez sans doute pas d'objections à voir des spots publicitaires qui s'y rapportent.

Les *soap operas* (feuilletons à l'eau de rose) sont ainsi nommés parce que les annonceurs privilégiés en étaient les grands fabricants de lessive qui cherchaient à toucher un public traditionnellement féminin. L'idée d'un marketing télé ciblé n'est donc pas nouvelle. Mais les nouveaux systèmes de traitement de l'information, la télé numérique et la consultation de livres en ligne lui donnent une ampleur inédite. Cette combinaison va entraîner une révolution dans la conception de l'analyse marketing et des campagnes publicitaires.

Optimiser l'exploitation des gisements de données dans l'intérêt de chacun

Aujourd'hui, la plupart des systèmes d'exploitation de données sont assez chers (de 125 000 à 750 000 francs) pour une PME-PMI et peuvent coûter plusieurs dizaines de millions de francs pour une chaîne de supermarchés. Il y a cinq ans, une compagnie d'assurances a dépensé plus de 50 millions de francs pour un système d'exploitation de données. Le PDG de cette compagnie a déclaré qu'il savait qu'il aurait pu obtenir le même résultat pour beaucoup moins cher avec les technologies d'aujourd'hui mais que cet investissement avait été largement rentabilisé. Cette remarque en dit long sur la valeur des données que fournissent ces systèmes, mais les prix très élevés des anciens logiciels très complexes renvoient à une époque où seules les plus grandes entreprises, grâce à des équipes très nombreuses ou des consultants spécialisés, pouvaient tirer un profit maximal de ces informations.

Les informations sur les clients sont devenues un atout de plus en plus important, dans une économie de plus en plus compétitive et axée sur l'information. Toutes les entreprises et tous leurs collaborateurs utilisant l'informatique doivent tirer le meilleur parti de ces gisements de données. Ces nouveaux utilisateurs ne disposent pas de gros budgets ni d'experts spécialisés. Heureusement, alors que les capacités en exploitation de données deviennent disponibles sur des plates-formes PC très puissantes, on va assister à une chute des prix spectaculaire et l'exploitation des gisements de données va se généraliser dans des sociétés et des services de toutes tailles. Bientôt tous les utilisateurs professionnels seront capables de procéder aux analyses complexes auparavant réservées aux entreprises qui pouvaient y consacrer de gros budgets.

L'intérêt majeur de l'exploitation des gisements de données sera d'aider les entreprises à déterminer quels sont les produits les plus intéressants à fabriquer et comment fixer les prix de ces produits. Les entreprises seront en mesure d'évaluer différentes options de conditionnement et de prix pour déterminer les plus séduisantes et les plus rentables. De telles capacités sont particulièrement intéressantes pour les entreprises qui vendent des produits informatifs, services financiers, polices d'assurance, livres, dont les coûts de développement sont beaucoup plus élevés que les coûts de fabrication et dont la valeur est plus fonction de la demande que des ingrédients matériels qui les composent. Le secret de la réussite avec ces produits informatifs réside dans la compréhension du profil et des habitudes d'achat du client type.

Les compagnies d'assurances, par exemple, offrent des produits qui sont très rentables avec certains clients et beaucoup moins avec d'autres. L'exploitation des gisements de données peut apprendre aux compagnies quels sont les profils des consommateurs et les zones géographiques où les pertes liées aux sinistres sont très basses ou au contraire très élevées. Elles peuvent alors déterminer leur stratégie de marketing et de tarifs à l'égard des différentes catégories de clients, suivant leur âge, leur profil socio-économique et la rentabilité de la zone où ils résident. Quand vous disposez de cet éventail de critères, l'exploitation des gisements de données est extrêmement précieuse pour votre stratégie commerciale. Les banques ont un intérêt similaire à exploiter leurs gisements de données pour cibler de nouveaux clients. Les clients actuels sont de plus en plus enclins à changer de banque, ou à s'adresser aux sociétés de services financiers de plus en plus nombreuses. Les banques devront fortement accentuer leurs efforts de marketing pour gagner de nouveaux clients et ce marketing ne sera payant que si elles sont capables de connaître leurs clients les plus rentables.

Mais vous devez toujours vous poser la question de l'efficacité maximale : si vos profils consommateurs sont très similaires ou que votre base de données clients est infime, l'exploitation des données n'offrira qu'un intérêt limité. Un traiteur qui vend des spécialités culinaires à une petite clientèle de quartier n'a probablement pas besoin de procéder à une exploitation systématique de sa base de données. Une chaîne d'épiciers d'envergure nationale, si.

Grâce à ces nouveaux systèmes, les entreprises sauront mieux comment augmenter leur clientèle, vers qui diriger leurs efforts de marketing, comment calibrer leurs produits et fixer leurs prix, et comment attirer des clients particuliers. Une certaine créativité et une certaine adresse sont nécessaires pour moduler l'approche du conditionnement et des prix en fonction de ces informations, pour imaginer de nouveaux produits et de nouvelles promotions à partir des tendances que l'ordinateur fait apparaître.

Plus les instruments sont efficaces, plus les efforts de créativité seront performants. Il suffit d'affecter 3 à 4 % du salaire de vos collaborateurs à de meilleurs outils, des outils qui les libèrent et leur permettent d'appliquer leur énergie mentale à la recherche de réponses créatives aux modèles et tendances décelés par l'ordinateur. Utiliser l'information pour développer des produits et des services nouveaux et innovants et pour coopérer plus étroitement avec ses partenaires et ses clients demeurera toujours un effort strictement réservé aux êtres humains. Les logiciels extrairont toujours plus de minerai des gisements d'information, mais les êtres humains seront toujours nécessaires pour transformer ce métal brut en or.

Vos employés accèdent-ils facilement aux informations et aux données numérisées ? Peuvent-ils passer des récapitulations aux informations détaillées ? Peuvent-ils analyser les résultats sous différents angles et passer rapidement de l'un à l'autre ?

Pour une gestion plus performante

- Les logiciels d'exploitation de données vous permettent d'affecter vos ressources humaines au service à la clientèle, là où le contact humain fait toute la différence.
- Utilisez les résultats qu'ils vous fournissent dans les domaines où vous pourrez en tirer le meilleur parti.
- En vous demandant comment passer d'une publicité de masse à une publicité ciblée, vous changerez votre approche marketing.

Évaluez votre système nerveux d'entreprise

- Pouvez-vous effectuer des analyses sophistiquées des comportements d'achat de vos clients et utiliser ces résultats pour réaliser des analyses de tendance ou un service individualisé ?
- Pouvez-vous évaluer la rentabilité des divers groupes de clients qui sont les plus ou les moins rentables pour vous – par critères de revenu, d'âge, de répartition géographique, etc. ?
- Vos systèmes d'information permettent-ils à vos collaborateurs de ne plus s'occuper que des cas d'exception et de laisser les machines gérer la routine ?
- Vos collaborateurs peuvent-ils accéder facilement, électroniquement aux résultats chiffrés ? Passer des synthèses aux informations détaillées ? Consulter rapidement toutes les catégories de résultats sous tous les angles ?

14

Augmentez votre QI collectif

L'aptitude d'une entreprise à apprendre
et à traduire rapidement cet apprentissage en action
est l'avantage concurrentiel numéro un.
Jack Welch, General Electric

Il y a quelques années, nous avons découvert qu'il nous manquait des plans des bâtiments de notre campus de Redmond sur lequel nous avions entrepris des travaux. Le chef des services d'entretien des bâtiments du groupe venait de prendre sa retraite et nous lui avons téléphoné pour lui demander s'il savait où se trouvaient ces plans. Il nous a adressé à un électricien qui, par chance, avait gardé les plans en question ; en fait, c'était même la seule personne au monde à posséder tous les plans de tous nos bâtiments.

Les entreprises traditionnelles s'en remettent souvent à une ou deux personnes pour conserver l'histoire et les traditions d'un groupe, mais les entreprises modernes ont besoin d'une méthode plus sûre pour archiver et transmettre leur savoir-faire. Chez Microsoft, nous nous reposions beaucoup sur la tradition orale. Nous étions les plus grands constructeurs de bureaux des environs de Seattle, avec cent cinquante à trois cent mille mètres carrés bâtis par an, et toute notre « base de connaissances » d'informations cruciales se trouvait dans la tête de quelques personnes et dans leurs liasses de plans que nous n'avions même pas informatisés !

Alarmée par cet incident, la direction de l'aménagement et de la maintenance des sites du groupe a décidé que nous avions besoin d'un

« entrepôt de données » où nous pourrions conserver et enrichir toute la connaissance accumulée en deux décennies de construction. Nous avons saisi tous nos plans, nos diagrammes et nos dossiers de construction dans des logiciels de CAO et créé une norme de conception assistée par ordinateur pour permettre à nos agents immobiliers de poursuivre cette tâche. Nous avons transféré les documents électroniques existants de leurs systèmes dans les nôtres. Puis nous avons créé un site extranet auquel ils pouvaient accéder durant toute la durée des projets qui les concernaient. Tous les intéressés ont accès aux archives des phases antérieures de la construction – problèmes et solutions. Maintenant que nous sommes rentrés en possession de ces informations, nous pouvons élaborer des projets plus ambitieux, à des coûts plus avantageux, et les gérer avec une souplesse accrue.

Nos planificateurs financiers utilisent ce site extranet pour préparer une extension de nos bureaux ou l'ouverture d'une nouvelle filiale. Le personnel de Microsoft peut se former aux problèmes et aux coûts liés à la construction de grands projets immobiliers et des groupes internationaux utilisent notre expertise immobilière pour mieux gérer leurs propres projets de développement. Les plans d'architecte sont aussi disponibles sur notre intranet afin que les différents responsables de l'aménagement du groupe puissent discuter des projets en connaissance de cause. Les employés utilisent aussi ces plans pour découvrir où seront leurs nouveaux bureaux après un déménagement. En fait, à part une brève poussée d'intérêt pour la page concernant les menus de la cafétéria, c'est la page des plans qui a été la plus visitée de notre intranet.

Définir la gestion de la connaissance

Nos archives immobilières et nos archives concernant les marques et brevets sont des exemples de gestion collective de la connaissance. La gestion de la connaissance consiste à collecter et organiser l'information, la distribuer à ceux qui en ont besoin et l'affiner constamment par l'analyse et le travail d'équipe. Mais, comme le "reingeneering" avant elle, la gestion de la connaissance a revêtu presque tous les sens que chacun a voulu lui donner. Articles de journaux, analyses et études paraissent régulièrement sur ce concept. Des consultants et des sites Web sont dédiés à la gestion de la connaissance et un magazine sur ce thème vient d'être lancé à la mi-98. Quand des journalistes interrogent une entreprise spécialisée en bases de données, ils ne manquent pas d'affirmer que la gestion de la connaissance est le nec plus ultra des bases de données. Quand ces mêmes journalistes s'adressent à une société éditrice de logiciels de travail en groupe, ils assurent que la gestion de la connaissance définit l'enjeu même de la prochaine génération de ces « collecticiels ».

Essayons d'abord de nous entendre sur les termes : la gestion de la connaissance, au sens où je l'entends, n'est pas un produit de type logiciel ou une catégorie logicielle. La gestion de la connaissance est même antérieure à toute technologie. Centrée sur les objectifs et les processus d'une entreprise, elle traduit la nécessité de faire circuler l'information. La gestion de la connaissance n'est rien d'autre que la gestion des flux de données, la communication de l'information utile aux collaborateurs qui en ont besoin afin qu'ils puissent rapidement s'en servir. Elle remonte à l'idée de Michael Dertouzos selon laquelle une information est un verbe (dynamique) et pas un nom (statique). Et la gestion de la connaissance est un moyen et pas une fin.

La fin, c'est l'accroissement de l'intelligence institutionnelle – le QI collectif de l'entreprise. Sur les marchés dynamiques actuels, une entreprise a besoin d'un QI collectif élevé pour réussir. Recruter beaucoup de gens intelligents est une condition nécessaire mais pas suffisante du QI collectif. Le QI collectif mesure avant tout la qualité de la circulation de l'information dans une entreprise et l'aptitude des collaborateurs à intégrer les idées des autres dans leur travail. Le QI collectif d'une entreprise suppose un échange d'informations de tous ordres. Les progrès du QI collectif d'une entreprise résultent à la fois d'un apprentissage individuel et de la « pollinisation croisée » des idées de tous.

Dans une entreprise à haut QI collectif les employés coopèrent, s'informent et se mobilisent sur les projets en cours. Chaque équipe doit se fixer pour but de mettre en œuvre les meilleurs projets avec la cohérence et la concentration qu'une seule personne très motivée y apporterait. Les flux de données numérisées peuvent contribuer à cette cohésion collective.

Les dirigeants d'une entreprise doivent être convaincus de l'importance du partage de l'information, sinon aucun effort important de gestion de la connaissance ne pourra aboutir. Les chefs d'entreprise doivent montrer qu'ils ne sont pas enfermés dans leur tour d'ivoire, coupés de tous, mais qu'ils veulent s'engager aux côtés de leurs collaborateurs. Jacques Nasser, président de division chez Ford, envoie des e-mails tous les vendredis après-midi aux quatre-vingt-neuf mille employés de la firme à travers le monde pour leur communiquer les nouvelles de la semaine, bonnes ou mauvaises. Personne ne manque son message. Il lit aussi les centaines de réponses qu'il reçoit et un membre de son équipe est chargé de répondre à toutes les questions qu'on lui adresse.

Je n'envoie pas de rapports hebdomadaires, mais j'adresse aussi des courriers électroniques à nos collaborateurs du monde entier sur des sujets sensibles. Comme Jacques Nasser, je lis tous les e-mails que les collaborateurs de Microsoft m'envoient et j'en transmets certains à mes collaborateurs directs pour qu'ils s'en inspirent. Les courriers électroniques spontanés sont un moyen extrêmement efficace de garder le contact avec l'ensemble des employés de Microsoft. Nous utilisons aussi Windows Media Player qui diffuse en permanence des programmes audio et vidéo sur le réseau interne ou sur Internet pour informer les collaborateurs sur les événements industriels et médiatiques qui concernent Microsoft. Comme les PC n'ont pas besoin de télécharger tout le contenu pour pouvoir le diffuser, ces programmes médiatiques réduisent l'attente des utilisateurs et les capacités de stockage requises sur les ordinateurs individuels.

Les chefs d'entreprise, après avoir établi une atmosphère de coopération et de communication mutuelle des connaissances, doivent susciter des projets spécifiques de partage des connaissances dans toute l'entreprise et faire de ce partage un aspect essentiel du travail lui-même, et non un gadget. Ensuite, les dirigeants d'entreprise doivent veiller à ce que les employés qui pratiquent activement le partage des connaissances soient récompensés. Le vieux dicton « Savoir c'est pouvoir » encourage beaucoup de gens à accumuler les connaissances. Ils croient que c'est le meilleur moyen de se rendre indispensables. Le pouvoir ne repose pas sur un savoir jalousement préservé mais sur un savoir partagé. Les valeurs et le système de récompenses des entreprises d'aujourd'hui doivent refléter cette idée.

La gestion de la connaissance peut aider les entreprises dans quatre domaines principaux : la planification, le service clients, la formation et le travail en équipe. Si vous n'avez pas encore réfléchi à la gestion de la connaissance dans votre entreprise pour l'instant, commencez par choisir un ou deux domaines dans lesquels vous pourrez lancer des projets de gestion de la connaissance. Vous utiliserez le succès de ces projets pour encourager des projets de gestion de la connaissance dans vos autres secteurs d'activités. Dans quelques années, les entreprises les plus avancées auront atteint un niveau de partage numérique de la connaissance similaire à celui des entreprises que je vais maintenant décrire.

Vers un marketing sans frontière

Pas une marque n'est aussi connue que Coca-Cola, qui fabrique quatre des cinq sodas les plus vendus au monde. Environ les deux tiers des ventes de Coca-Cola et presque 80 % de ses profits proviennent des marchés internationaux. La firme utilise les technologies de pointe pour générer un flux de données qui soutient sa planification marketing et sa gestion de marques dans le monde entier. Et pas seulement pour ses boissons gazeuses. Coca-Cola, qui possède plus de cent soixante marques de boissons, jus de fruits, thés, cafés, boissons sportives et lactées, est présent dans presque tous les pays du globe.

La firme a été l'une des premières entreprises à établir un réseau mondial de communication avec son propre système de courrier électronique sur mesure dans les années 80. En 1997, Bill Herald, le directeur des technologies de l'information, a conduit la première enquête sur les stratégies de l'information de la marque pour s'assurer que celles-ci étaient cohérentes avec sa stratégie industrielle en général. Grâce à cette enquête, la firme a compris que, malgré ses investissements antérieurs, elle traitait trop souvent les technologies de l'information plus comme une dépense à contrôler que comme un moyen d'optimiser sa rentabilité. Après cette prise de conscience, les dirigeants de Coca-Cola sont passés du « Combien pouvons-nous économiser ? » à « Quels progrès pouvons-nous réaliser dans notre partage de l'information sans avoir à réinventer la roue ? ».

Cette enquête a débouché sur des initiatives pour standardiser l'environnement informatique de Coca-Cola à travers le monde : applications, systèmes d'exploitation de réseaux, systèmes de bases de données, bref toute l'architecture informatique de la marque.

Le système mondial des flux de données a consolidé les processus de recherche, de gestion de marque et de marketing global de la firme. Les services de marketing ont détrôné les services financiers comme plus gros consommateurs de technologies de l'information chez Coca-Cola : avant, l'analyse des coûts était la motivation première de la collecte d'information, aujourd'hui c'est l'analyse des marchés et des clients.

Si la célèbre marque de boissons gazeuses veut comprendre pourquoi les habitants du Bronx boivent moitié moins de Coca-Cola que ceux de Long Island ou comparer la consommation de sodas en France et en Belgique, les analystes marketing utilisent ses outils analytiques (Information For Marketing, ou Inform) pour exploiter ces données : composition ethnique de la clientèle, pénétration des boissons non alcoolisées et sodas sur le marché, adéquation de la marque et autres critères socio-démographiques. Inform intègre les données émanant des ventes et du marketing et les compare avec des statistiques d'instituts de recherche comme Nielsen ou celles de l'ONU sur le revenu par habitant dans chaque pays. Inform fournit un état de la situation dans chaque pays ou un tableau synoptique sur plusieurs pays par marques : parts de marché, attraction de l'image de marque… toutes les raisons pour lesquelles les consommateurs préfèrent certaines marques à d'autres.

Les informations sur les ventes sont accessibles sur Inform par marchés, points de vente, périodes et régions. Inform recèle plus de mille études sur les niveaux de préférence de marque dans les différents pays. Le programme peut détailler les caractéristiques des consommateurs quotidiens de Sprite dans tel township d'Afrique du Sud et rappeler leur consommation totale en mars dernier.

Ce système permet à Coca-Cola d'optimiser ses plans marketing dans de nombreux pays et de développer de nouveaux produits très ciblés. Coca-Cola-Japon, par exemple, produit plus de vingt-cinq nouveaux sodas, thés et cafés par an. Il faut de bons outils d'information pour planifier ces produits et évaluer leur succès.

Malgré la sophistication de son marketing et ses décennies d'expérience, les techniques de recueil de données des différentes filiales de la marque sont longtemps restées hétéroclites. L'accent était parfois mis sur les données quantitatives, parfois sur les données qualitatives, parfois sur les deux. Ces différents types de données induisaient d'énormes variations dans les plans marketing des différents pays où Coca-Cola est présent. Ces plans sont désormais édités par Inform. Le nouveau système de planification contient cent cinquante questions auxquelles doivent répondre les habitants. Le pourcentage du revenu disponible dépensé en boissons gazeuses ? Le taux de pénétration des marques de boissons gazeuses dans tel ou tel marché ? Inform veille à ce que chaque planificateur prenne en considération ces questions en lui fournissant tous les éléments de réflexion nécessaires. Cet accès instantané permet à l'utilisateur de développer rapidement son plan marketing. Les planificateurs sont rarement contraints à des recherches supplémentaires. Et chaque planificateur tire profit des expériences et de la sagesse accumulées par l'entreprise.

Un responsable marché au Zimbabwe qui veut lancer Sprite dans son pays avec les meilleures garanties de succès découvrira, par exemple, sur Inform que son homologue en Thaïlande a lancé le même produit six mois plus tôt et pourra même lui envoyer un e-mail pour discuter certains points délicats avec lui. Une fois la planification achevée, le plan d'activité et les documents préparatoires sont rassemblés et stockés sur Inform. Grâce à Inform, tous les responsables de marché suivent la même méthode dans la réalisation de leur plan marketing, mais chacun d'eux doit ajouter sa touche de réflexion personnelle. Coca-Cola veut améliorer continuellement la qualité de sa réflexion à travers Inform.

Le partage de la connaissance soutient aussi les campagnes de publicité globales de la firme – environ deux cent cinquante annonces par an, dont cinquante pour la seule marque Coca-Cola. Le concept de marketing global impose une méthode de test uniforme pour toutes les campagnes. Avec Inform, un responsable marketing peut explorer la panoplie des annonces testées pour trouver les plus adaptées aux caractéristiques d'un groupe de population ou d'un pays particulier. Le responsable de marché peut aussi décider s'il faut modifier la chute pour l'adapter à un environnement culturel particulier.

Grâce à Inform, les nouveaux employés de Coca-Cola effectuent leur mise à niveau plus rapidement. Ils ne dépendent plus pour leur formation d'autres cadres compétents dans un groupe de recherche ou une ville donnée. Les mêmes schémas informatisés de planification sont disponibles dans le monde entier et un responsable de marché transféré d'un pays à l'autre fournit très rapidement un travail d'une bien meilleure qualité qu'autrefois.

« Nous utilisons notre système d'informations clients pour bâtir des démarches commerciales qui soient universellement valables, explique Tom Long, vice-président et directeur du marketing stratégique chez Coca-Cola. Nous utilisons nos gisements d'information pour nous aider à fixer les meilleures méthodes en matière de plans marketing, de tests d'annonces publicitaires et d'analyse d'image du consommateur. Les technologies actuelles nous permettent de recruter de nouveaux employés, de leur montrer où puiser l'information et de les faire accoucher d'un solide plan d'activité. »

Inform a été mis au point en 1995-1996 et son usage s'est généralisé chez les employés de Coca-Cola en 1997. Les utilisateurs d'Inform étaient au départ les quatre cents responsables de marché du siège de la firme et depuis la mi-98 plus de deux mille cinq cents directeurs généraux, chercheurs, chefs de produit et cadres supérieurs l'utilisent dans le monde entier.

Les systèmes d'information ont permis de réduire les équipes en les rendant plus intelligentes : elles s'efforcent désormais d'anticiper les évolutions du marché au lieu d'y réagir. En fait, grâce à Inform, Coca-

Cola attache une importance croissante à la qualité de la réflexion de ses employés. L'information permet aux meilleurs employés de se démarquer des autres et elle exclut les mauvaises excuses. « Les outils de plan marketing sont incapables de réfléchir par eux-mêmes – les informations sont de premier ordre mais la valeur ajoutée, c'est le responsable marketing qui l'apporte, explique Tom Long. Nos exigences en matière de réflexion marketing se sont accrues, nous voulons des explications et plus seulement des descriptions. Les responsables de marché doivent pouvoir expliquer les comportements des consommateurs et Inform nous permet de nous concentrer sur cette tâche : l'information nous permet de tracer des perspectives neuves. »

Répondre plus rapidement au client

Deux sociétés, Yamanouchi Pharmaceuticals Co., le troisième groupe pharmaceutique du Japon, et Microsoft, ont fait des systèmes d'information basés sur le Web un ingrédient clé de l'amélioration de la qualité et de la rapidité des réponses aux questions techniques les plus ardues de leurs clients.

Les techniciens du support technique de Yamanouchi peuvent répondre immédiatement à la moitié des questions que leur posent médecins et pharmaciens. Pour trouver les réponses à des questions plus difficiles, ils ont recours à PRINCESS, un système de support technique en ligne. Grâce à son système de stockage optique des documents et à son moteur de recherche instantanée, PRINCESS permet au personnel du support d'effectuer des recherches électroniques sophistiquées par produits et mots clés. Ils soumettent aux spécialistes de ces produits les questions urgentes auxquelles ils ne peuvent répondre. Les recherches moins urgentes sont adressées par e-mail aux experts qui ont un délai maximal de sept jours pour répondre. Les résultats sont communiqués aux clients et saisis sur PRINCESS pour un usage futur.

En 1998, Yamanouchi a ouvert ce système d'information sur les produits à ses commerciaux sur son site Web interne. Conséquences : un accès plus facile à l'information, une capacité renforcée de résoudre les problèmes techniques des clients et un support technique téléphonique délesté d'autant. L'étape suivante, évidente, consiste à permettre aux médecins et aux pharmaciens un accès libre à la base de connaissances, mais pour l'instant une telle diffusion d'information tombe sous le coup d'une loi japonaise qui interdit toute « publicité » pour les produits pharmaceutiques. Le gouvernement japonais travaille actuellement à un assouplissement de cette loi.

Grâce au système PRINCESS, le groupe Yamanouchi est en mesure de fournir aux médecins et aux pharmaciens un plus grand nombre d'informations plus rapidement sur certains médicaments et, le cas échéant, de procéder à des essais complémentaires avant leur mise sur le marché. Yamanouchi compte sur ce système pour améliorer la coopération entre ses bureaux du Japon, d'Europe et des États-Unis. Le groupe croit qu'il sera un jour possible de mettre en œuvre un système qui transmettrait les informations adéquates aux intéressés et déterminerait automatiquement les tâches et les délais selon les réponses reçues.

Comme Yamanouchi, Microsoft utilise un système d'information en ligne pour répondre aux questions complexes que nos commerciaux, nos ingénieurs de support et nos directeurs techniques du monde entier répercutent à nos groupes de produits. De telles questions peuvent suspendre la décision d'achat d'un client ou stopper le déploiement d'un produit, si bien que Rich Tong, le vice-président de la gestion des applications Microsoft, a fixé un objectif précis à ses équipes : 90 % des questions des clients doivent obtenir une réponse dans les quarante-huit heures. Les chefs de produit de Microsoft ont des vies extrêmement agitées : présentations aux clients, recherche, suivi des ventes, support commercial, relations presse, support de présentation marketing et collaboration avec les responsables de programme pour préparer les lancements des nouveaux produits. Malgré la pression de la direction et la possibilité de répartir les questions entre les membres de l'équipe, parvenir à obtenir des chefs de produit qu'ils répondent en quarante-huit heures constitue un véritable défi.

N'importe quel commercial peut consulter le site Web InfoDesk, choisir un produit ou un problème dans un menu déroulant et poser sa question. La question est enregistrée avec les références du vendeur sur une base de données. Les commerciaux peuvent aussi poser leurs questions depuis le bureau d'un client ou en voyage. Ils reçoivent immédiatement un e-mail avec un numéro de référence et le nom de l'équipe qui sera chargée de résoudre leur problème.

Quand une question arrive, la base de données contacte par e-mail le chef de produit concerné. Si celui-ci n'a pas répondu dans les quarante-huit heures, lui et son supérieur reçoivent des courriers électroniques de rappel jusqu'à ce que l'un d'eux réponde. N'importe quel cadre peut consulter InfoDesk pour y trouver les questions qui ont obtenu une réponse et celles qui ont été différées une ou plusieurs fois. Quand un autre membre de l'équipe est sollicité pour résoudre un problème, il reçoit un e-mail et un lien vers le site Web pour des informations complémentaires. InfoDesk fournit aussi des statistiques sur les recherches effectuées. Si une équipe se plaint de recevoir trop de questions, par exemple, Rich ou un autre membre de l'équipe peut rapidement vérifier si cette plainte est confirmée par les statistiques.

Les commerciaux, outre les réponses à leurs questions, reçoivent un questionnaire en ligne sur la rapidité, la qualité et l'efficacité commerciale de la réponse. Ces réponses doivent en effet satisfaire la force de vente. Pas question de s'en tirer avec une réponse rapide mais oiseuse. La plupart des critiques sur ce support sont positives. Quand ce n'est pas le cas, les chefs de service sont priés de veiller à ce que le responsable du produit s'efforce de mieux faire.

InfoDesk n'est pas seulement un lieu où les vendeurs peuvent poser des questions. Un service qui répond aux questions fréquemment posées réduit le nombre des questions identiques ; grâce à des liens vers d'autres ressources internes, les commerciaux peuvent accéder à un riche gisement de connaissances. InfoDesk a stocké environ vingt mille questions et réponses dans sa base de données depuis trois ans. Cette mine d'information nous a non seulement aidés à répondre à des questions particulières mais aussi à dégager des tendances. L'analyse des questions nous aide à améliorer notre site Web et à créer de nouvelles pages pour des questions comme celle de l'an 2000. C'est particulièrement précieux pendant les bêta-tests. Des questions émanant de commerciaux sur le terrain nous aident à améliorer nos produits et notre documentation et à résoudre des problèmes de licences et de prix avant qu'un produit soit distribué à grande échelle.

Pour une formation sans contrainte

La formation est la forme de partage des connaissances la plus élémentaire et parfois la plus négligée dans les entreprises. Les cadres sont souvent trop occupés pour trouver le temps de suivre des cours ; ils se demandent où trouver des informations sur les programmes ; les inscriptions prennent du temps. La formation elle-même exige de quitter son bureau pour de longues périodes et les horaires ne tiennent jamais compte des problèmes professionnels urgents ou inattendus qui peuvent survenir.

Un outil de formation en ligne bien conçu supprime ces obstacles.

Un catalogue de cours et l'inscription en ligne font gagner beaucoup de temps. Les intéressés peuvent lire les descriptifs, les dates et les heures des cours. Demander à être informés par e-mail quand des cours auxquels ils souhaitent assister sont programmés. Quand on s'inscrit en ligne, il suffit de cliquer sur un bouton pour ajouter un cours dans son emploi du temps. Quand le cours est fini, chaque participant peut recevoir un questionnaire par e-mail qui s'efforcera d'évaluer son intérêt. Les formateurs et les administrateurs, libérés des problèmes d'intendance, peuvent concentrer leurs efforts sur le contenu des cours. Nous utilisons un tel système chez Microsoft et les lycées comme les universités adoptent des systèmes similaires pour gérer les systèmes d'inscription.

De manière encore plus significative, ces systèmes en ligne permettent aux collaborateurs de participer à des sessions de formation sans quitter leur bureau, à leur rythme et selon les possibilités de leur emploi du temps. Une technologie de transfert multimédia comme NetShow est un outil idéal de formation sur mesure. NetShow permet d'utiliser les informations audio et vidéo sur des réseaux internes ou sur Internet. Les présentations peuvent utiliser des diapos PowerPoint en complément. Le format de transfert de données en continu est le plus approprié pour des cours à durée de vie longue et qui intéressent un grand nombre de collaborateurs. Autre bonne technique de formation, la formation interactive en ligne qu'on peut enregistrer et regarder plus tard. La capacité pour des spectateurs d'annoter des présentations multimédias en dynamise beaucoup le contenu.

Les sociétés de formation elles-mêmes utilisent le transfert de données en continu pour donner des cours sur Internet. USWeb Corporation, une société spécialisée dans la formation aux technologies de l'information dans l'entreprise, a conçu un site, SiteCast, qui se consacre à la diffusion de séminaires de formation interactifs. Les participants peuvent assister aux sessions et intervenir et ils peuvent aussi se repasser ces sessions à volonté.

La formation en ligne est devenue très populaire chez Microsoft. En 1998, la participation en ligne a crû cinq fois plus vite que la participation aux cours classiques et rallié deux fois plus de participants. Cet accroissement indique que des collaborateurs qui ne disposaient pas jusque-là du temps nécessaire pour réaliser ce projet désirent accroître leurs connaissances professionnelles. La formation par transfert de données en continu permet désormais à nos chefs de produit et à nos experts de proposer une formation en ligne à tous les collaborateurs où qu'ils se trouvent dans le monde.

Optimiser le développement des produits

Les flux de données numérisées améliorent sensiblement la qualité de la coopération dans le développement des produits. Après des années d'études de produits de référence, en interne et en externe, Nabisco a mis au point des processus de développement extrêmement performants responsables de quelques-uns des biscuits apéritifs les plus populaires au monde et qui ont fait de cette société la numéro un ou la numéro deux dans presque toutes les catégories de produits où elle est présente. Son chiffre d'affaires avoisinait en 1997 les 50 milliards de francs.

Environ un tiers des produits que lance Nabisco devient des succès phénoménaux, un tiers enregistre une réussite honorable, et un tiers une performance médiocre. Ces résultats sont meilleurs que ceux de la moyenne de ses concurrents. (Seulement 20 % des nouveaux produits qui s'empilent sur les linéaires d'épicerie sont des succès commerciaux.) La compétition devenant de plus en plus acharnée et avec quarante à soixante projets développés simultanément par des équipes qui mobilisent de huit à trente personnes, Nabisco a compris qu'il fallait utiliser les technologies de l'information pour s'assurer un avantage concurrentiel dans ses processus de développement de produits.

Beaucoup d'idées de nouveaux produits alimentaires viennent de la recherche marketing, de l'observation des concurrents et des dernières recherches sur les produits alimentaires. Toute la difficulté est de savoir quoi faire de ces idées une fois qu'elles ont surgi. C'est ce processus de tri et d'affinement que Nabisco voulait améliorer.

La firme n'avait pas besoin d'un nouveau processus de développement de produits, mais d'une technologie de l'information qui lui permette de savoir quand et comment passer à la phase de développement pour améliorer spectaculairement son taux de succès. Cette technologie devait fournir des outils de contrôle bien définis, améliorer la communication entre les membres des équipes et permettre aux gens de prendre des décisions en maîtrisant toutes les données disponibles. Pour satisfaire ces exigences, Nabisco a créé Journey, un système électronique de développement de produits. En recourant à l'e-mail pour les ordinateurs de bureau et à l'e-mail conjugué avec une base de données sur un serveur, Journey structure les informations sur les projets autrefois stockés dans des classeurs ou éparpillés dans les disques durs des membres de l'équipe – et dans leur tête. Une série de règles de sécurité rigoureuses accorde ou refuse à l'utilisateur l'accès aux projets.

Supposons que Nabisco s'interroge sur la faisabilité du lancement d'un nouveau biscuit citron-gingembre. Les membres de l'équipe chargée de développer ce produit représentent le développement des produits, la fabrication, le marketing, les ventes et les services financiers. Vingt autres personnes participent au projet – cadres, hommes de terrain, financiers, équipes travaillant sur des projets voisins, etc. Tous les membres de l'équipe communiquent à travers Journey.

Quand le chef de produit clique sur le projet *citron-gingembre*, il peut passer en revue toutes les informations liées à ce projet en cliquant sur l'onglet électronique adéquat et accéder aux analyses financières et aux résultats de la recherche marketing. Il peut aussi prendre connaissance des actualisations grâce à un historique de tous les événements importants qui ont jalonné ce projet. Il peut s'informer de l'avancement du développement – le biscuit entre dans sa première phase d'étude en groupe test aujourd'hui, le dossier financier sera achevé vendredi, le service de R&D teste une saveur plus citronnée… Un forum de discussion électronique pourra aborder des sujets brûlants comme la « stratégie publicitaire », la « quantité de crème au citron à incorporer » et le « taux de matières grasses ». Tous les autres documents qui concernent ce projet sont stockés dans Journey. On peut en outre aisément ajouter un autre onglet pour faire apparaître le projet dans sa globalité, pour accéder à des diagrammes de Gantt, ou à d'autres tableaux synoptiques, ou encore à des analyses détaillées de la durée du projet et des ressources qui lui sont allouées.

Récemment, pendant le développement d'un produit, l'équipe de fabrication a été confrontée à un problème : le produit développait une texture indésirable pendant les tests de cuisson. Au lieu de s'en tenir à une discussion entre les membres de l'équipe, les responsables de la fabrication ont saisi le problème dans Journey pour engager un forum de discussion. Le programme a aussitôt averti tous les membres de l'équipe par e-mail « urgent ». Le service R&D a proposé d'ajouter un nouvel ingrédient pour modifier la texture. Un autre membre de l'équipe a prévenu ses collègues que l'addition d'un nouvel ingrédient impliquait une modification du conditionnement, aussitôt effectuée. Bref, le problème a été résolu en quelques jours, au lieu des semaines ou des mois que les anciennes méthodes auraient exigés.

Instaurer des règles rigoureuses de prise de décision

Journey ne sert pas seulement de système d'archivage pour les dossiers des projets, mais il intègre aussi les règles commerciales qui guident les processus de développement des nouveaux produits Nabisco – critères du succès financier, paramètres techniques et volumes de production des fours industriels de la firme, scores d'un produit dans les tests consommateurs, calcul des coûts de fabrication optimaux. Journey est capable de décider à quel moment il faut acheter de nouveaux équipements et si ces équipements pourront être réutilisés pour d'autres produits. L'application peut contrôler la conformité d'un projet avec les normes fixées par l'entreprise, suivre ses différentes phases, avertir tous les intéressés en temps utile et veiller à ce que le produit soit révisé si, à un moment quelconque du processus, il ne satisfait pas aux normes préétablies. Si le biscuit gingembre-citron n'atteint pas les notes minimales aux tests consommateurs, par exemple, Journey avertit les membres de l'équipe en charge du projet par e-mail afin qu'ils réévaluent le projet. Une fois les conclusions de cet examen intégrées dans le système, Journey avertit les intéressés qui décident si le projet peut aborder l'étape suivante.

Avant Journey, une équipe enthousiaste pouvait trouver un moyen de contourner des tests consommateurs insuffisants ou faire la sourde oreille aux avertissements des responsables de la fabrication sur les problèmes que rencontrait un produit. Aujourd'hui, Journey fournit des directives strictement chiffrées et fixe les conditions que doivent remplir les équipes pour pouvoir passer à l'étape suivante. Des exceptions sont cependant possibles. La direction de Nabisco peut décider de donner son feu vert à un projet dont les volumes de production seront en général médiocres mais intéressants dans certaines régions.

Une fois qu'un projet est achevé, Journey sert d'outil d'archivage principal et toute la documentation du projet y est stockée. Si quelqu'un commence à réfléchir à une autre idée de biscuit citron-gingembre plus tard et veut étudier les projets antérieurs de la firme, il y trouvera toute la documentation organisée par sujets.

Après un an et demi de fonctionnement du programme Journey, les budgets d'essai de Nabisco ont été réduits d'un tiers : la firme parvient à éliminer les projets à faible rendement avant la phase d'essais et ne teste qu'un petit nombre de produits plus prometteurs. Comme l'explique Eileen Murphy, directrice du développement des nouveaux produits chez Nabisco : « Tout programme de nouveaux produits devrait ressembler à une compétition darwinienne dans laquelle les projets se battent pour s'emparer de ressources limitées. Certains projets vivent et évoluent, d'autres meurent, éliminés par des projets plus forts. Journey a changé les règles de la compétition : elle était basée en partie sur les faits et en partie sur la capacité de persuasion du chef d'équipe, maintenant elle est essentiellement basée sur les faits – les calculs sont les mêmes pour tous les projets. »

Une boule de cristal électronique

Autre avantage de Journey, la direction de Nabisco possède maintenant les informations dont elle a besoin pour une « évaluation panoramique » du portefeuille de nouveaux projets en développement. Les cadres supérieurs peuvent rapidement et aisément jauger les nouvelles gammes de produits et décider si elles correspondent aux besoins de la firme à court et moyen terme. La mise au point ou l'actualisation d'un plan d'activité global était autrefois une énorme tâche qui exigeait qu'une personne procède à un examen industriel et financier de tous les projets en cours et synthétise ses informations manuellement. Journey effectue cette tâche automatiquement en éditant un rapport sur le Web qui récapitule les temps forts d'un projet. Outre cette récapitulation synoptique, les cadres peuvent obtenir des informations plus détaillées et effectuer des sondages sur un projet.

Grâce à Journey, Nabisco est parvenu à détecter des lacunes dans certaines gammes de produits deux ou trois ans à l'avance, assez tôt pour que la firme puisse accélérer la mise au point de certains projets, proposer de nouvelles idées pour remplir ce vide et garder un portefeuille de projets équilibré. La capacité du système à fournir une vue d'ensemble des plans de produits a constitué une découverte inattendue et extraordinaire. « Les lacunes dans les gammes de produits ont une influence directe sur notre chiffre d'affaires, explique Eileen Murphy. Avec Journey, nous pouvons intervenir suffisamment tôt pour capitaliser sur des changements potentiels dans les goûts des consommateurs. »

Maintenant, quand Nabisco pose les trois questions clés de toute nouvelle idée de produit – Le consommateur le veut-il ? Pouvons-nous le faire ? Sera-t-il rentable ? – Journey aide Nabisco à s'assurer que la réponse est « oui » avant de continuer.

Investir dans votre capital le plus précieux

Outre les bénéfices financiers et opérationnels de Journey, Nabisco a vu grimper le moral de ses collaborateurs. Les collaborateurs de nombreuses entreprises perdent beaucoup de temps à essayer de se tenir au courant de l'évolution des projets et à en informer leurs collègues. Cette course à l'information est souvent une des occupations les plus absorbantes et frustrantes des salariés. Grâce à Journey, les membres de l'équipe peuvent découvrir l'évolution des projets en pianotant sur les touches de leur clavier et, quand ils voient surgir des problèmes, émettre des suggestions qui ne seront pas perdues. Ils peuvent évaluer la cohérence d'ensemble d'un projet. Ces avantages, difficiles à mesurer, ont une influence extrêmement bénéfique sur la motivation des collaborateurs.

Pour recruter et retenir des gens intelligents, vous devez faciliter autant que possible leur collaboration avec d'autres gens intelligents. C'est ce qui fait d'une entreprise un lieu stimulant et dynamique. Une culture de coopération renforcée par un échange de données numérisées optimise les rapports entre les collaborateurs de l'entreprise. À partir d'un certain seuil critique de personnes à haut QI, l'effet d'émulation entraîne une multiplication des énergies et fait surgir de nouvelles idées. Les employés les moins expérimentés sont tirés vers le haut, toute l'entreprise travaille plus intelligemment.

La gestion de la connaissance ne donnera pourtant pas de bons résultats si elle ne fonde pas les méthodes et les plans d'activité des équipes et si celles-ci ne sont pas récompensées pour le partage d'information. Après chaque mission nous demandons aux consultants de Microsoft de saisir leurs solutions technologiques sur le site Web interne InSite. Dans les enquêtes de performance, les chefs de produit sont évalués sur la rapidité et la qualité des réactions de leurs équipes aux questions du terrain et les vendeurs sur la qualité de l'actualisation de l'information dans notre système d'analyse du marché. Chez Coca-Cola, la gestion de la connaissance entre en jeu pour l'évaluation de la qualité du travail et les cadres supérieurs qui évaluent les plans marketing étudient aussi les apports d'outils informatiques comme Inform. Nabisco pratique des évaluations « tous azimuts » de la qualité du travail dans lesquelles les collaborateurs sont évalués par tous ceux qui les entourent. Si un collaborateur ne fait pas circuler l'information ou ne s'appuie pas sur l'information des autres, ce fait apparaîtra dans son dossier professionnel.

Texas Instruments a inventé un prix « Pas inventé ici mais je l'ai fait quand même » pour encourager ses collaborateurs à partager leurs informations. Certaines entreprises utilisent des incitations – invitations dans de grands restaurants, bons d'achat dans des magasins ou distribution d'ordinateurs de poche – pour encourager leurs vendeurs à prendre le temps d'enregistrer des données correctes dans les systèmes d'analyse du marché. Nous-mêmes, chez Microsoft, avons offert des chemises-polos InSite aux sept cents premiers auteurs de contributions qui nous ont aidés à améliorer la qualité technique du site et des récompenses financières aux dix meilleures contributions (décrétées comme telles par les collaborateurs qui peuvent évaluer l'utilité d'une suggestion en votant électroniquement sur le Web).

Nabisco a mis en œuvre un programme de « Success Sharing » (Partage du succès) qui récompense le partage d'information chaque mois et un prix annuel du président pour les performances d'équipe. Une grande reconnaissance et une gratification financière même modeste peuvent contribuer spectaculairement à créer un esprit de partage des connaissances dans toutes les entreprises.

Peut-être nos équipes de vente sont-elles d'autant plus incitées à actualiser notre base de données que les membres de la direction de Microsoft, y compris moi-même, examinent régulièrement les informations clients fournies par les forces de vente, sur lesquelles sont basées les réunions budgétaires. Les commerciaux savent que leurs informations seront utilisées. La mise à jour des bases de données ne se réduit pas à une obligation de routine mais constitue un moyen d'aider à faire progresser l'entreprise et ses ventes.

La gestion de la connaissance est analogue à un investissement dans un capital intellectuel qui fera progresser le QI collectif, et renforcera la capacité de votre entreprise à optimiser la pensée et l'action de tous ses employés. L'idée de capital intellectuel va au-delà d'un simple concept de management. Le capital intellectuel est la valeur intrinsèque des pensées et des connaissances accumulées par vos collaborateurs. Une gestion avisée de ce capital aura un impact majeur sur la valeur de votre entreprise.

Aujourd'hui, les analystes financiers ne se contentent plus d'examiner les actifs physiques d'une entreprise et d'évaluer sa position sur un marché, mais ils s'interrogent de plus en plus sur la façon dont elle gère son patrimoine et ses ressources intellectuelles. Les analystes financiers parient que les entreprises dont le capital intellectuel est bien géré seront les numéros un du marché dans les années à venir, quelle que soit leur position actuelle.

Optimiser la gestion de la connaissance

Toute application sophistiquée de gestion de la connaissance contient un certain nombre de blocs fonctionnels. Les systèmes de gestion de la connaissance étudiés dans ce chapitre combinent technologie numérique (bases de données), documents (fichiers) d'information produit ou marketing, et logiciels de transmission de données et de contrôle des tâches, et la plupart comportent des capacités de recherche appropriées (technologies Web). Quand ces projets ont commencé, le monde des bases de données, le monde de l'e-mail, et le monde du Web ne communiquaient pas. Chacun de ces projets s'est bâti sur la technologie la plus centrale pour ses besoins et a effectué un bon travail d'intégration des autres technologies.

Dans le futur, vous n'aurez plus à vous demander avec quel bloc fonctionnel commencer. Grâce à la technologie des logiciels et à la richesse des bases de données et des applications qu'elle génère, les solutions seront beaucoup plus aisées à construire qu'avant. Pour l'instant, assurez-vous que toutes les solutions que vous construirez ou achèterez sont conformes aux normes PC et Internet afin qu'elles puissent s'adapter facilement aux autres technologies à mesure de l'évolution de vos besoins. Vous devez pouvoir accéder aux données numérisées et non numérisées simultanément. Trop souvent les données objectives comme les relevés de ventes mensuels se présentent sous un format rigide et vous ne pouvez pas obtenir simultanément les chiffres et les informations subjectives (comptes rendus de groupes de travail...). Si vous ne pouvez rassembler toutes les informations, des canaux de communication séparés vont se développer et la recherche des différents types de données entraînera un important gaspillage d'énergie.

Le modèle de partage de l'information que pratique Coca-Cola ou le processus original de développement des produits chez Nabisco ne pourraient tout simplement pas exister sans flux de données numérisées. Coca-Cola a voulu introduire une véritable mutation culturelle et industrielle, et passer d'une entreprise dotée d'une vision globale mais gérée localement à une entreprise dotée d'une vision globale et gérée globalement. L'usage de l'e-mail et d'autres outils informatiques intègre plus rapidement les gens dans l'entreprise et a permis à tous les collaborateurs utilisant l'informatique d'élargir spectaculairement leur rayon de communication. « Globalement gérée » ne signifie pas qu'un cadre d'Atlanta (États-Unis) prenne toutes les décisions pour un cadre de Nairobi (Kenya). Cela signifie que le cadre de Nairobi dispose des mêmes possibilités d'accès à l'information que le cadre du siège et que, disposant des mêmes outils d'analyse et de communication que lui, il collabore à une organisation mondialement intégrée.

Les stratégies marketing ont vraiment décollé quand les outils informatiques sont sortis des bureaux des patrons et que les équipes marketing du monde entier se les sont appropriés. La technologie a donné plus de pouvoir à des équipes locales de Coca-Cola mais en totale cohérence avec la stratégie globale de la firme. Et les informations numérisées ont permis à celle-ci de passer d'une planification trimestrielle à une planification en continu.

Je dis : puces sur le marché des composants, et l'ordinateur répond : marché aux puces

Toute solution de gestion de la connaissance devrait permettre à ses utilisateurs de rechercher facilement des informations – qu'il s'agisse de données numérisées spécifiques, tous les documents et fichiers relatifs à un projet ou un sujet donné, ou des énormes gisements d'information disponibles sur le Web.

Aujourd'hui, les moteurs de recherche sur le Web sont trop nombreux et aucun n'est assez puissant. La plupart des moteurs de recherche ne sont capables de localiser que des documents en format Web. Les utilisateurs doivent employer différents outils de recherche pour une information stockée dans un traitement de texte, dans un tableur, dans une base de données ou dans des fichiers e-mail.

Les recherches sur Internet donnent en général trop ou trop peu de résultats. D'abord, on obtient des milliers de réponses. Puis on précise un peu sa question et on n'obtient presque aucune réponse. Si on cherche des informations sur les puces les plus puissantes du marché, on risque fort d'obtenir (aussi) des informations sur les marchés aux puces.

Microsoft et d'autres entreprises informatiques travaillent sur des technologies qui catalogueront les matériaux en combinant de multiples mécanismes de stockage – Web, fichier, bases de données et e-mail – afin qu'une seule recherche offre de bien meilleures probabilités d'obtenir une réponse rapide. Microsoft soutient aussi la norme industrielle XML, une version dérivée de la norme Internet HTML.

Alors que HTML se contente de dire au PC comment agencer le contenu d'une page Web, XML décrit aussi ce contenu. Ce langage fournit notamment une méthode d'indexation des données pour la recherche documentaire. Par exemple, il peut attribuer à Bill Gates l'étiquette « nom de client » et à « One Microsoft Way » « adresse professionnelle ». D'autres applications peuvent agir sur les métadonnées (des données qui décrivent d'autres données) en copiant, par exemple, les informations clients dans les champs adéquats d'un dossier qui doit être mis à jour dans une autre application.

XML résout les problèmes conjoints de la recherche d'information à travers différents mécanismes de stockage et d'intégration d'applications dans des systèmes distribués. La flexibilité de XML entraîne le risque que des descriptions différentes de données génèrent des incompatibilités : Bill Gates, est-ce formellement un « nom » ou un « client » ? Ce danger de définitions incompatibles explique pourquoi nous travaillons avec les fournisseurs des meilleures solutions dans les secteurs de la distribution, de la finance et des soins médicaux pour obtenir un agrément à l'échelle industrielle sur les définitions des « étiquettes » (*tags*).

Quand les logiciels d'ordinateur comprendront mieux le langage naturel, nous aurons trouvé un nouveau moyen de simplifier les recherches d'information. Les logiciels expérimentaux qui comprennent les questions en langage naturel et sont capables d'interpréter correctement des séquences sémantiques de phrases normales parviennent déjà à supprimer les deux tiers des réponses des moteurs de recherche actuels avec une probabilité d'adéquation bien meilleure.

Les progrès continus effectués dans ce domaine signifient qu'à l'avenir nous parlerons ou nous saisirons des questions normales sur notre ordinateur et que celui-ci nous renverra les réponses les plus plausibles en optimisant les différents mécanismes de stockage existant. Si vous cherchez sur le Web les puces les plus puissantes du marché, on ne vous enverra plus au marché aux puces.

L'expression « gestion de la connaissance », un peu jargonnante, recouvre une idée simple : vous gérez des données, des documents et les efforts de vos collaborateurs. Votre but est de parvenir à ce qu'ils travaillent mieux ensemble, qu'ils partagent plus efficacement leurs idées, qu'ils rebondissent sur les acquis communs et fassent converger leurs efforts vers l'objectif commun. Le rôle du PDG consiste à susciter une atmosphère de partage de la connaissance et de coopération en donnant la priorité aux domaines où celui-ci est le plus précieux ; à fournir les outils numériques qui rendent ce partage possible ; et à récompenser les gens qui contribuent à optimiser la circulation de l'information.

Pour une gestion plus performante

- Instaurer une culture de partage des connaissances par une politique globale, des récompenses et des projets spécifiques.
- Les équipes devraient être capables d'agir avec la même cohérence et la même concentration qu'un individu très motivé.
- Chaque nouveau projet devrait s'élaborer directement à partir des expériences similaires conduites partout dans le monde.
- La formation devrait être possible depuis le bureau de chaque collaborateur. Toutes les ressources de formation devraient être accessibles en ligne, y compris les commentaires critiques sur la formation.

Évaluez votre système nerveux d'entreprise

- Possédez-vous un « entrepôt de données » où vous conservez et enrichissez les connaissances de votre entreprise ?
- Vos systèmes d'information permettent-ils un accès simultané à vos données numérisées et non numérisées ?
- Vos collaborateurs, vos partenaires et vos fournisseurs peuvent-ils accéder aux bases de données de l'entreprise en pianotant sur leur clavier d'ordinateur ?
- Vos systèmes d'information vous garantissent-ils des contrôles réguliers et efficaces du développement de vos produits ?

15

Qui ne risque rien n'a rien

Si vous voulez dire qu'on est en train de miser la boîte,
oui, j'y compte bien. Et je vous garantis
qu'on ne va pas s'arrêter.
T. Wilson, directeur général de Boeing de 1972 à 1988

Pour être leader sur un marché, il faut avoir ce que Jim Collins, auteur d'ouvrages économiques et consultant d'entreprise, appelle de « grands objectifs terriblement audacieux ». On ne peut pas se contenter de considérer l'état passé ou actuel du marché. Il faut aussi anticiper ses orientations possibles et celles qu'il pourrait prendre dans certaines circonstances, et ensuite piloter l'entreprise en s'appuyant sur les meilleurs pronostics. Bref, pour gagner gros, il faut parfois risquer gros.

Un gros pari peut se révéler un gros échec, mais aussi un gros succès. Au chapitre 11, j'ai raconté certains revers de Microsoft et montré comment les leçons que nous en avions tirées nous ont aidés à modifier à la fois nos produits et notre stratégie. Aujourd'hui, après bien des années, il serait facile de se dire que Microsoft était voué à réussir. Pourtant, à l'époque nous avons parié gros – y compris en décidant de créer cette société, le premier fabricant de logiciels pour micro-ordinateurs –, et beaucoup se sont moqués de nous. De nombreux industriels hésitaient à passer aux nouvelles technologies, craignant de compromettre leurs installations antérieures. Pour eux, la leçon a été rude. Décliner les risques de la première heure, c'est… décliner plus tard sur le marché. Mais, si vous pariez gros, seuls quelques-uns de vos paris auront besoin de réussir pour assurer l'avenir.

À l'heure actuelle, les « grands objectifs audacieux » de Microsoft sont les suivants : rendre les micros capables de performances qui leur fassent surpasser tous les systèmes existants, développer des machines qui « voient, écoutent et apprennent » et créer des logiciels qui puissent faire fonctionner les nouveaux périphériques compagnons. Autant d'initiatives qui sont la réponse de Microsoft à la convergence numérique, c'est-à-dire au moment où tous les appareils utiliseront cette technologie et devront forcément travailler les uns avec les autres. Que ces initiatives soient ou non couronnées de succès, le fait est clair : si nous voulons avoir un avenir à long terme, nous devons prendre des risques.

Prendre des risques est une chose naturelle pour une industrie naissante. Or l'industrie informatique en est à peu près au même stade de développement que l'industrie automobile dans les années 1910 ou que celle de l'aviation en 1930. L'une comme l'autre ont éprouvé des bouleversements commerciaux et techniques fondamentaux, et souvent chaotiques, avant d'arriver à maturité. Le même phénomène est en train de se produire pour l'industrie informatique. « Arrivé à maturité », on prend moins de risques. Mais, dans les industries bien développées où les distributeurs arrivent quasiment à égalité dans la plupart des secteurs, prendre le risque de voir la technologie de l'information changer les règles du jeu est encore le meilleur moyen de faire progresser à la fois les produits et le marché. Or, dans la compétition commerciale, la différence se fera d'abord sur la façon dont les sociétés travailleront avec le Web.

Faire un pari sur l'entreprise tous les vingt ans

Chez Boeing, l'une des plus grandes entreprises industrielles du monde, il y a une tradition : tous les vingt ans, on mise la compagnie sur des produits aéronautiques de pointe. Dans les années 1930, l'avionneur pariait sur un nouveau bombardier, devenu le célèbre B-17 de la Seconde Guerre mondiale. Dans les années 1950, il faisait le pari de construire le premier gros-porteur, le 747, sans avoir suffisamment de commandes pour être assuré de rentrer dans ses fonds. Si l'un ou l'autre de ces projets avait échoué, Boeing aurait sans doute mis la clé sous la porte.

Dans les années 1990, son défi majeur a été le 777, l'avion de ligne du futur. Premier Boeing à avoir été intégralement conçu sur ordinateur, il a aussi été le premier entièrement équipé de commandes par circuits électroniques : les ordinateurs gouvernent les systèmes de contrôle et éliminent ainsi les gros câbles imposés par les systèmes mécaniques. Le 777 a aussi été le premier Boeing construit avec de très grands fournisseurs internationaux, ce qui impliquait une collaboration numérique – à tel point que Boeing a eu besoin d'un nouveau câble à fibres optiques traversant le Pacifique jusqu'au Japon pour traiter le volume de ses communications électroniques. Ce problème de connaissances à grande échelle exigeait des innovations qui pouvaient introduire un risque majeur – mais avec, à la clé, un succès possible tout aussi majeur.

Conception automatisée plutôt que gaspillage automatisé

Deux événements ont persuadé Phil Condit, directeur général de Boeing, de passer au numérique. Ils sont tous deux survenus au milieu des années 1980, alors que Condit était en charge du projet 757. Le premier a été un appel de capitaux pour une machine qui coûtait plusieurs millions : un robot fabriquant des cales d'ajustage, de fines pièces de métal insérées entre deux éléments pour garantir une jonction parfaite. Cette machine qui valait des millions pouvait en fabriquer beaucoup, et vite. Condit a refusé ce qu'il a appelé un « gaspillage automatisé ». Et il s'est demandé s'il ne serait pas plus intelligent de faire en sorte que Boeing conçoive des avions qui n'aient pas besoin de ces cales d'ajustage.

Le second événement s'est produit à peu près à la même époque. Boeing utilisait déjà la CAO sur de petits projets. Dans l'un d'eux, une commande pliait des tubes hydrauliques en titane pour leur faire adopter des formes spécifiques définies par conception numérique. Les premiers ont dû être refaits ; ils ne correspondaient pas à la maquette. Pourtant, quelques jours plus tard, on apportait à Condit une maquette corrigée : les tubes conçus par ordinateur correspondaient parfaitement. Ils avaient été fabriqués correctement dès le départ. C'était la maquette qui était fausse. Lorsque les éléments conçus sur ordinateur ont servi à vérifier l'exactitude des maquettes physiques, et non l'inverse, Condit a compris qu'il était temps d'envisager une nouvelle approche.

L'objectif du projet initial était de réduire de près de 50 % les erreurs, remaniements et modifications. L'équipe du 777 a réussi. La maquette numérique a identifié plus de dix mille points d'interférence, des endroits où les éléments ne joignaient pas correctement ; ainsi, les concepteurs ont pu régler les problèmes avant que la production ne démarre. Sans la conception informatisée, on n'aurait pas découvert ces interférences avant la fabrication de l'avion. À la fin du projet 747, Boeing dépensait chaque jour 28,5 millions de francs en ingénierie, et essentiellement pour des rectifications. Sur le 777, la compagnie n'a pas eu à supporter ces frais. À la construction, les outils d'alignement laser ont découvert qu'une aile était parfaitement dans l'axe, tandis que l'autre sortait de l'alignement... mais de cinq centièmes de millimètre seulement ; et, sur les soixante-trois mètres et quelques de l'avion, le fuselage était désaxé... entre sept centièmes et deux dixièmes de millimètre. Cette quasi-perfection de l'alignement s'est traduite par une meilleure performance aérodynamique, un meilleur rendement du carburant et moins de remaniements à l'assemblage.

Le flux de l'information numérisée a modifié la façon dont Boeing travaillait avec ses fournisseurs japonais, qui fabriquaient certaines parties du fuselage et d'autres pièces. Sans les outils informatiques, Boeing aurait dû réaliser toute la conception à Seattle et envoyer une copie papier au Japon. Il n'aurait eu connaissance des problèmes qui se posaient qu'à la fabrication ou à la livraison. Au lieu de quoi, ayant réalisé la conception, il a envoyé électroniquement les études au Japon, et les ingénieurs locaux ont dessiné les plans détaillés. Les dessinateurs japonais ont rapidement pu vérifier auprès de leurs fabricants les difficultés que présentaient telle ou telle partie, et en avertir Boeing suffisamment tôt. Cette collaboration électronique a redéfini le rôle de chaque partenaire et rationalisé le travail de tout le monde.

Cependant, même si l'informatique a bien fonctionné dans la conception du 777, cette phase ne représente que 20 % de la tâche complexe que constitue la production d'un avion moderne. L'utilisation de l'information numérique chez Boeing ne faisait que commencer : il fallait s'attaquer aux 80 % restants – à savoir, des processus de production qui dataient de l'époque du B-17 et comprenaient au moins mille systèmes informatiques maison étroitement imbriqués, dont certains remontaient même à 1959. À en croire les responsables de la compagnie, ils avaient été élaborés dans « tous les langages informatiques connus ». Les carences du système faisaient qu'on pouvait fabriquer les mauvaises pièces ou *ne pas fabriquer* les bonnes.

En 1997-1998, les commandes du 737, l'avion le plus vendu par Boeing, ont grimpé en flèche, et la production s'est engorgée. Pour corser l'affaire, la compagnie menait alors une féroce guerre des prix contre Airbus, son rival dans le secteur des avions de ligne, et révisait ses méthodes de production tout en s'efforçant de maintenir les coûts à la baisse. Or, les clients des avionneurs prennent des décisions purement économiques. Ils savent combien leur coûte leur flotte en maintenance et en carburant : l'avionneur doit produire un appareil qui diminuera leurs frais, auquel cas il remplacera leur vieil avion. Sinon, personne ne l'achètera.

Le défi que se fixait Boeing – concevoir des avions toujours plus performants tout en diminuant ses coûts de production – ne pouvait être relevé qu'avec de nouvelles méthodes et de nouvelles façons d'utiliser l'informatique : il fallait travailler sur le Web du début à la fin du processus.

Concevoir un nouvel avion ou un nouveau spationef représente un énorme travail d'intégration. D'abord, chaque engin a une structure complexe, à laquelle on ajoute des systèmes de propulsion, la climatisation, des systèmes électriques et hydrauliques, l'avionique, etc. La question majeure est d'ordre spatial : quels systèmes adopter pour traverser les nombreux espaces restreints ? Les outils informatiques permettent aux ingénieurs de Boeing de voir à la fois des choses « simples » – électriciens et hydrauliciens ont-ils bien tous passé leurs lignes dans le même trou ? – et des choses complexes, comme la conception générale de la nouvelle station spatiale internationale, qui ne sera physiquement assemblée que dans l'espace. Ils permettent également de résoudre des problèmes multidimensionnels et aux variables multiples – par exemple, l'impact d'une chaleur ou d'un froid extrême sur la structure – et ce en faisant travailler ensemble divers experts, qui le sont dans leur partie, mais pas nécessairement dans celle des autres. Le travail qui reste à effectuer demeure complexe. Il ne s'agit pas de pousser un bouton pour obtenir un bel avion déjà conçu, mais, grâce aux outils informatiques, les ingénieurs peuvent voir ce qui pèche et commencer à discuter en se posant les bonnes questions.

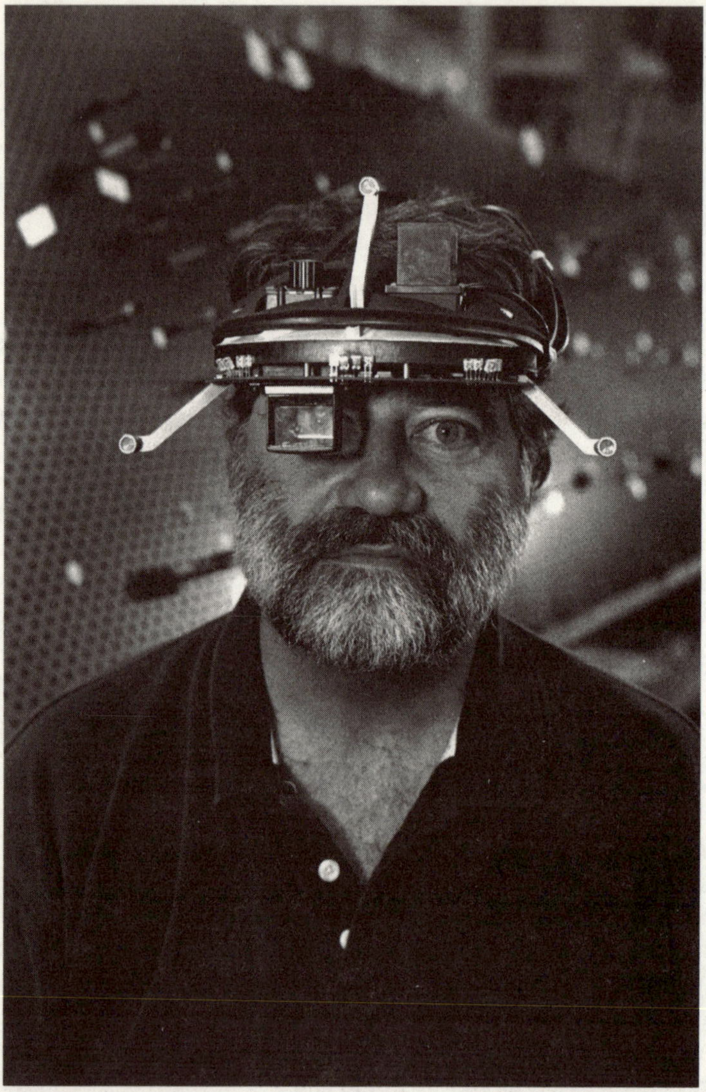

Ouvrier de Boeing.

Chez Boeing, on se sert de l'information numérisée pour la conception et la construction des avions, mais aussi pour l'installation des systèmes de pilotage. Dans une des usines du groupe, des lunettes de réalité virtuelle permettent aux ouvriers de visualiser l'emplacement des câbles hydrauliques et électriques dans la carlingue. Boeing a fait le pari que l'utilisation des systèmes informatiques d'un bout à l'autre de la chaîne permettra des économies de 30 à 40 % du coût de construction, économies indispensables pour réussir dans un marché où la concurrence est féroce.

C'est encore l'informatique qui va faire fonctionner toute la chaîne de production de Boeing, depuis l'achat des matières premières jusqu'au contrôle de la configuration et de l'assemblage, en passant par la conception des pièces, leur usinage et le dessin de l'avion. Ce nouveau système, déjà utilisé par vingt-cinq mille employés, fournit une unique source de données de production, et remplace les treize systèmes autonomes antérieurs. L'objectif est de faire en sorte que les cent mille employés de la construction l'utilisent à leur tour.

Ce qui rend exceptionnelle la démarche de Boeing, c'est que la compagnie projette d'intégrer les données numériques d'un bout à l'autre de la chaîne, en y incluant ses partenaires ; c'est aussi l'ampleur des processus intellectuels et de fabrication qu'elle numérise. Boeing exploite déjà le plus gros système mondial de commande de pièces sur le Web et utilise les outils numériques pour faire travailler ensemble des équipes virtuelles, comme c'est le cas dans sa collaboration avec Lockheed Martin sur le nouveau chasseur F-22. Au bout du compte, la compagnie pense que ses efforts vont lui permettre d'économiser 30 à 40 % sur les coûts de production.

Les micros en réseau sont d'une importance capitale pour que Boeing puisse créer un flux d'information dans toute la société. Au moment de la conception du 777 avec CATIA, un programme de conception assistée par ordinateur, huit macro-ordinateurs dans la région de Puget Sound et beaucoup d'autres encore au Japon, au Canada et ailleurs aux États-Unis ont supporté dix mille stations de travail spécialisées utilisées par les dessinateurs et les ingénieurs pour concevoir et fabriquer l'avion. La technologie qui va être implémentée dans un proche avenir permettra, via un micro-ordinateur, d'accéder aux données depuis n'importe quel endroit. Les clients eux-mêmes pourront avoir accès à certaines d'entre elles grâce à un CD personnalisé recensant tous les éléments et systèmes opérant dans les avions qu'ils ont achetés.

Phil Condit livre un sage conseil à ses confrères désireux de savoir quand et comment adopter le numérique : si vous vous apprêtez à le faire, faites-le complètement. Si vous essayez de conserver l'ancien système papier en même temps que le numérique, vous allez engager beaucoup d'efforts et de frais pour rien, les gens ne seront pas vraiment motivés, et l'ancien système restera la norme pour tout le monde. Le passage au numérique tient en partie de l'acte de foi, et en partie aussi de la confiance que vous inspirent les concepteurs du nouveau système, mais « il faut prendre des mesures drastiques et ôter leurs béquilles à tous les salariés ».

Accélérer la recherche contre le cancer

Si l'information numérique peut donner une seconde vie aux industries existantes, elle peut aussi aider à en créer de nouvelles. On en trouve un excellent exemple dans la recherche génétique, un domaine à haut risque, puisque les laboratoires doivent dépenser des sommes considérables pendant des années, sans aucune garantie de succès. Dans un pur domaine de savoir comme celui-là, le flux de l'information numérisée peut doubler la vitesse de la recherche et augmenter les chances de réussite. La recherche génétique est centrée sur l'ADN, une molécule complexe communément décrite comme l'élément de base de l'être vivant. Les gènes contenus dans l'ADN contrôlent chaque processus métabolique de la cellule : assimilation des substances nutritives, respiration ou construction de ses structures physiques. Par le biais du *codage*, ils déterminent le genre et la quantité de protéines créées ; et ce sont ces protéines qui sont responsables des processus chimiques dans la cellule. Mais, s'il est endommagé ou s'il a subi une mutation, l'ADN peut générer des instructions erronées qui produisent de mauvaises quantités de protéines ou en fabriquent des formes altérées. Alors les réactions chimiques au cúur de la cellule sont déséquilibrées. La cellule souffre, et l'organisme tout entier tombe malade ou meurt.

Comme l'ensemble des disciplines scientifiques, la recherche génétique progresse grâce à une suite de rapprochements inattendus. Plus les scientifiques disposent d'informations sur les travaux de leurs pairs, plus ils ont de chances de pallier les lacunes de leur domaine et de faire le lien entre des données qui n'ont apparemment aucun rapport entre elles. Il y a plus de vingt ans, ils ont été parmi les premiers à utiliser activement Internet pour échanger des informations. Et les généticiens d'aujourd'hui exploitent tout particulièrement les possibilités de collaboration uniques que leur offre Internet.

L'intensité de cette coopération est proprement stupéfiante. Les scientifiques ne cessent d'échanger des idées et de s'en livrer mutuellement des comptes rendus critiques par e-mail. Internet leur permet de trouver des articles pertinents parce que plus rapidement publiés. Ils se tiennent informés de ce que font leurs concurrents et des dernières avancées de la recherche. ICOS, une société de biotechnologie (je suis membre de son conseil d'administration), a publié sur Internet les derniers états de ses recherches : aussitôt, un chercheur qui étudiait la dégénérescence osseuse et un autre la capacité des femmes à mener à terme leur grossesse se sont manifestés. Chaque fois que je me rends chez ICOS, les chercheurs évoquent comme une chose toute naturelle leur collaboration avec tel scientifique de New York, tel autre de Saint Louis, ou tel autre encore du Royaume-Uni.

Au sein du laboratoire, les outils de collaboration améliorent l'échange d'informations entre chercheurs, synthétiseurs et chimistes. Ils ont besoin de travailler ensemble afin de découvrir de nouveaux gènes et des composés qui réagissent avec les produits de ces gènes pour créer de précieux médicaments. Les généticiens capables d'isoler un nouveau gène ou d'identifier un gène mutant ne sont souvent pas les mêmes que ceux qui découvrent quelles en sont les fonctions. L'union de ces savoirs est indispensable pour développer des médicaments, et les outils numériques, qui assistent le scientifique dans la phase de recherche et le chimiste dans l'analyse, sont une aide pour l'un comme pour l'autre. Le chimiste confronte graphiquement la structure chimique de la substance sur laquelle il travaille avec les composés connus ; ainsi, il peut déduire quel sera le comportement chimique probable de sa découverte. Un composé qui présenterait la même structure qu'un autre aux effets toxiques reconnus serait immédiatement éliminé des recherches ultérieures.

L'un des rapprochements les plus exaltants s'est produit lorsque ICOS a découvert que la surexpression d'un gène appelé ATR pouvait jouer un rôle majeur dans de nombreux cancers. À l'époque, le laboratoire essayait de trouver le moyen de diminuer la résistance des cellules tumorales aux rayons X, pour augmenter leur efficacité dans les traitements contre le cancer. Les rayons X endommagent les cellules en cassant l'ADN. Or, les protéines codées par le gène ATR font partie des défenses de la cellule qui, sentant l'ADN atteint, peut commencer à réparer. Si ICOS parvenait à inhiber l'expression du gène ATR dans les tumeurs, il ralentirait le mécanisme de réparation et faciliterait leur destruction par les rayons X.

Lorsque le labo a démarré ce projet, on en savait relativement peu sur le mécanisme de réparation de l'ADN dans les cellules humaines. En revanche, on connaissait le gène qui entravait la réparation des brins d'ADN endommagés par les radiations dans la cellule de la levure. ICOS et son correspondant britannique ont procédé à une recherche et à une analyse sophistiquées sur l'une des bases de données ADN d'Internet. C'est là qu'ils ont trouvé le gène humain équivalent, l'ATR, sur le chromosome trois, parmi les quarante-six existant chez l'homme.

Pendant ce temps, l'institut Vollum du Centre des sciences de la santé, à Portland, Oregon, découvrait un segment de chromosome humain qui contenait de nombreux gènes. Ce segment empêchait les cellules indifférenciées, appelées *cellules souches*, de se développer dans le tissu musculaire. Les scientifiques ont localisé le gène responsable sur le chromosome trois, et ont consulté Internet où ils ont trouvé les données relatives aux recherches poursuivies par ICOS. Les deux organismes se sont mis à travailler ensemble et ont découvert que l'ATR était le gène qui provoquait la prolifération des cellules indifférenciées, les empêchait d'acquérir des propriétés fonctionnelles spécifiques et de devenir des cellules musculaires ou nerveuses, par exemple. Les deux équipes ont alors visité un site Internet proposant une base de données sur les tumeurs ; là, ils ont constaté que l'on trouvait trop de répliques de l'ATR dans les cancers du sein, dans ceux de la prostate, ainsi que dans les carcinomes du poumon. Conclusion : une surproduction d'ATR pouvait provoquer ou favoriser de nombreux cancers.

Dans cette interaction scientifique, Internet a offert une médiation que n'aurait pu réaliser aucun autre support de communication. Sans le Web, ces chercheurs auraient pu rester longtemps, sinon éternellement, sans communiquer… Par le passé, leurs contacts étaient seulement le fruit du hasard. Internet a créé une sorte de « tableau noir » mondial sur lequel les scientifiques peuvent travailler conjointement. ICOS essayait de découvrir le gène « gardien » faisant qu'une cellule à l'ADN brisé se réparait avant de se reproduire. En collaborant avec l'institut Vollum, les chercheurs ont eu une heureuse surprise : inhiber l'ATR pouvait faire mieux qu'affaiblir les tumeurs et les rendre à leur état antérieur de cellules ordinaires.

Il est encore trop tôt pour savoir si les travaux sur l'ATR seront déterminants dans la lutte contre le cancer. ICOS a fabriqué l'ATR, l'a purifié, mais à présent le laboratoire doit lui trouver un inhibiteur efficace. Et c'est cet inhibiteur qui lutterait contre le cancer. On a le pied de Cendrillon et on cherche, parmi des milliers de pantoufles, celle qui lui ira.

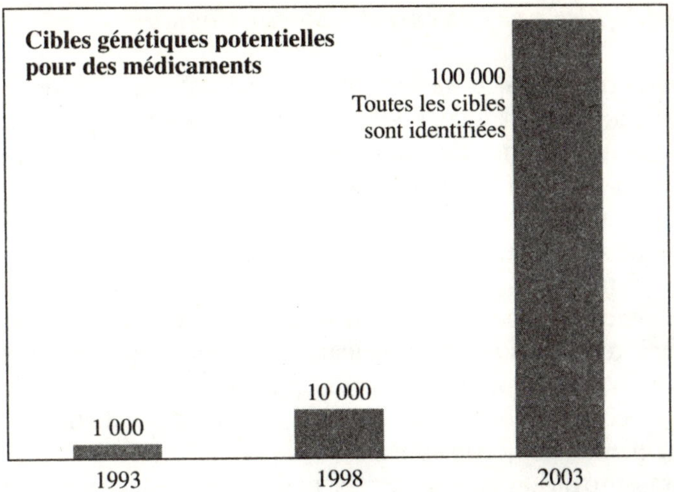

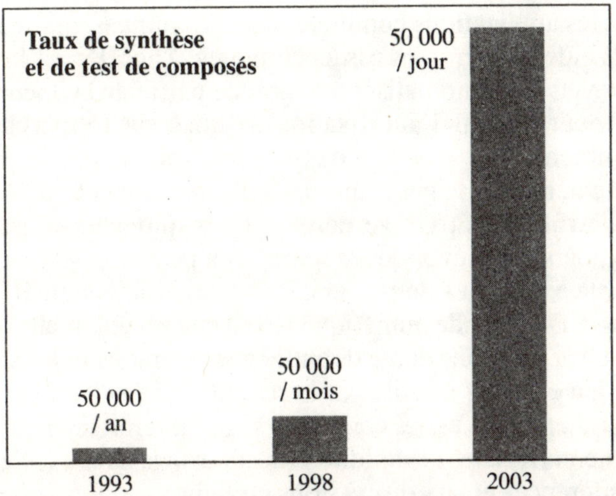

Les outils informatiques permettent une amélioration exponentielle de la recherche de traitements pour le cancer grâce à l'identification et au ciblage des gènes dont le mauvais fonctionnement cause la plupart des cancers. En dix ans, les chercheurs auront identifié la plupart des 100 000 à 150 000 gènes humains. Les outils numériques aident aussi les chercheurs à trouver des composés chimiques qui interagissent avec des gènes spécifiques et à tester l'efficacité ou la toxicité de ces composés. Une importante compagnie pharmaceutique pense pouvoir être capable de tester 50 000 composés par jour en 2003, contre 50 000 par mois aujourd'hui et 50 000 par an il y a cinq ans.

Faire ou défaire une entreprise biotechnologique

Savoir quels projets *ne pas* poursuivre peut faire... ou défaire une entreprise biotechnologique. L'information numérique contribue à éradiquer les coûts énormes que représentent les recherches inutiles et à améliorer la prise de décision dès les premières étapes – un résultat important puisque, en recherche et développement comme en production, chaque stade tend à être plus coûteux que le précédent. Grâce aux systèmes numériques, une société biotechnologique peut se permettre de redistribuer plus souvent les cartes et donc se donner plus de chances de parvenir à une découverte médicale. Les scientifiques échangent de plus en plus d'informations – par exemple, sur des sujets comme la toxicité de certains composés –, le taux de réussite à chaque nouvelle donne ne peut donc que grimper.

À mesure qu'un nombre croissant d'hommes de science se met à utiliser l'e-mail et Internet, les frontières entre la recherche, le développement et les applications commerciales s'évanouissent. Les outils électroniques aident à gérer les essais cliniques, à accélérer l'homologation des brevets et à automatiser une grande partie de la documentation requise pour obtenir l'autorisation de mise sur le marché. Les sociétés commencent à envoyer des applications numériques. On connaît même deux compagnies qui ont mis un ordinateur à la disposition des contrôleurs du gouvernement pour que ceux-ci puissent consulter les données et revoir les rapports – un peu excessif, peut-être, mais préférable à des piles de papiers. Les soumissions numériques – sur disquettes, CD ou bande numérique – sont encore volontaires, mais, d'ici à 2003, elles vont sans doute définitivement remplacer les soumissions papier. Un extranet installé par la société pharmaceutique à l'intention de ses chercheurs et des contrôleurs améliorerait de façon spectaculaire l'interactivité et la rapidité des contrôles, grâce à l'e-mail, aux vidéoconférences et aux discussions en ligne.

Les données numériques facilitent également les opérations commerciales. Glaxo Wellcome, un laboratoire pharmaceutique qui représente plusieurs milliards de chiffre d'affaires, gère numériquement l'installation de ses nouvelles unités dans des régions soumises à des réglementations différentes en matière de construction et d'équipement d'usines. Désormais, les employés partagent, vérifient et modifient électroniquement des plans de travail et d'autres documents, sans avoir besoin de se déplacer. Une démarche qui augmente la productivité, réduit les coûts et génère une trace d'audit.

Pour un grand laboratoire pharmaceutique comme Glaxo Wellcome, travailler avec le Web, c'est rendre possible la gestion des connaissances nécessaires pour créer et lancer sur le marché mondial des produits aboutis. Le flux de l'information numérique fait progresser les techniques de recherche. La compagnie capture des données sur des tests cliniques, des réactions contraires, des produits sur lesquels la recherche est en cours et des produits clés ; puis elle les stocke dans diverses bases de données traditionnelles et, de plus en plus, sur des pages Web. Les chercheurs ont également accès à des dizaines d'années d'archives sur les recherches menées par la société, ainsi qu'à des données issues d'agences de recherche, de magazines, de services et d'Internet.

La compagnie dispose d'outils de recherche et d'indexation qui aident ses employés à trouver des données. Mais son gain de productivité est dû pour une grande part à une utilisation plus intelligente d'outils simples, comme Microsoft Office et Exchange, qui permettent d'envoyer et d'éditer des documents dans le monde entier. Exchange a remplacé dix-sept systèmes e-mail différents et porte désormais quatre millions et demi de messages hebdomadaires à trente-quatre mille personnes réparties dans trente-huit pays. Cette collaboration intervient souvent entre des gens qui ne se sont jamais rencontrés physiquement.

Glaxo soumet chaque année dix à vingt produits pharmaceutiques à des organismes de contrôle. Chaque soumission implique cinquante à cent personnes disséminées dans six à dix pays différents, et le volume des documents peut atteindre cinquante à cent mille pages. Comme la plupart des laboratoires pharmaceutiques, Glaxo Wellcome a pour tradition de soumettre par séquences ses produits aux organismes de contrôle des différents pays. Les soumissions varient parce que des populations différentes sont susceptibles d'effets secondaires différents, parce que pays tropicaux et pays tempérés ne connaissent pas le même type de maladies et parce que les processus d'homologation ne sont pas les mêmes.

En utilisant des outils numériques sur des projets extrêmement complexes et impliquant un gros volume de données, Glaxo Wellcome est désormais capable de procéder à des soumissions parallèles. La compagnie dispose d'un dossier électronique central où chaque unité locale isole ce dont elle a besoin pour répondre à sa propre soumission. Le traitement électronique permet à Glaxo Wellcome de modifier ses procédures et d'accélérer le développement de ses produits. Le laboratoire avait coutume de tester d'abord ses vaccins contre la grippe en Angleterre, où étaient réalisées les recherches. Or, en 1997, il a été prêt à pratiquer les tests au printemps – pas vraiment la haute saison pour la grippe. Au lieu d'attendre l'hiver, il est allé le chercher là où il se trouvait – à savoir en Australie. Les systèmes numériques ont mis à disposition les données nécessaires pour que ses filiales australiennes puissent réaliser les essais avec six mois d'avance. Les dossiers papier auraient été trop peu maniables et trop peu fiables pour permettre pareille démarche. En fait, Glaxo Wellcome a troqué de l'information contre du temps – et des risques.

De ses dix à vingt soumissions annuelles, le laboratoire tire des ventes qui équivalent à un nouveau produit pharmaceutique important par an. Il ne s'agit pas, le plus souvent, d'un médicament unique représentant d'énormes bénéfices, mais plutôt d'une évaluation interne correspondant soit à un grand médicament, soit à trois ou quatre médicaments plus petits, mais qui, réunis, atteignent ce niveau de vente. Grâce à ses nouveaux outils d'information, l'année dernière, Glaxo Wellcome a déjà augmenté de 80 % son débit effectif d'homologations. Il est bien parti pour tripler la productivité de son secteur recherche et développement d'ici à 2001.

L'information disponible sur Internet et des outils informatiques bon marché permettent à des *start-up* biotechnologiques de rivaliser plus équitablement avec des sociétés beaucoup plus importantes. Ces petites entreprises ne pourraient même pas exister sans une technologie informatique abordable. Dans le même temps, la diffusion de l'information numérique permet aux grandes sociétés de mobiliser leurs ressources intellectuelles dans le monde entier. Les petites peuvent jouer dans la cour des grandes, et les grandes se montrer aussi agiles que les petites.

Dans le domaine scientifique, la technologie de l'information va bientôt pouvoir exploiter au maximum l'intelligence de ses talentueux chercheurs. Par le passé, les scientifiques – plus encore même que les autres collaborateurs – passaient la majeure partie de leur temps à réunir des données, et beaucoup moins à les analyser. Donner de meilleurs outils aux chercheurs, c'est leur permettre de se consacrer à des questions ardues plutôt qu'à la collecte et à la vérification de données : une idée enthousiasmante si l'on songe aux progrès considérables qu'elle peut entraîner. Comme le montre l'exemple de l'ATR, travailler avec le Web ouvre aussi de nouvelles pistes de recherche. La comparaison entre des séquences ADN serait impossible sur le papier, tandis que l'ordinateur analyse facilement ce genre de données.

Le tempérament de leurs employés et la nature de leur tâche font des entreprises de biotechnologie d'excellents exemples des applications possibles du travail avec le Web. Beaucoup d'entre elles sont apparues récemment et ont donc pu démarrer tout de suite avec le numérique. Si vous demandez à un biotechnicien s'il y a quelque chose de spécial dans sa façon de travailler, il va hausser les épaules et répondre qu'il ne fait rien d'exceptionnel : il se sert juste de micro-ordinateurs, de réseaux locaux et d'Internet. En biotechnologie, l'outillage électronique est une évidence.

Les outils informatiques et la possibilité pour les scientifiques de jeter un œil sur ce que font leurs collègues, grâce à la collaboration sur Internet, vont jouer un rôle déterminant dans la maîtrise ou la guérison de certaines des terribles maladies qui frappent encore les hommes partout dans le monde.

Le travail intellectuel : un territoire commun

À première vue, on pourrait penser que les avionneurs ont peu de points communs avec les entreprises de biotechnologie. Pourtant, à la base, ces deux industries reposent sur des mécanismes physiques complexes – fabrication des avions pour l'une, sélection et production de produits chimiques pour l'autre – qui requièrent une information numérique pour en rationaliser la gestion. Par ailleurs, elles sont toutes deux soumises aux contrôles intensifs que leur imposent les organismes officiels, contrôles axés sur la sécurité à court et à long terme. Les avionneurs comme les gros laboratoires pharmaceutiques utilisent aussi le commerce électronique pour resserrer les liens avec leurs fournisseurs et leurs associés partout dans le monde.

Qui plus est, à l'heure du numérique, où l'information se trouve au cœur de presque toutes les affaires, on peut discerner des similitudes plus profondes et plus nombreuses entre ces deux industries. Toutes deux fonctionnent autour d'un noyau intellectuel. Pour Boeing, le défi intellectuel sera, par exemple, de concevoir une aile qui ait une portance maximale, un coefficient de traînée minimal, et qui puisse être fabriquée à peu de frais. La compagnie est en train de créer de gigantesques machines très sophistiquées, qui contiennent des centaines de milliers de pièces censées s'ajuster et travailler ensemble à la perfection. Pour une société de biotechnologie, le défi intellectuel sera de concevoir un composé chimique ciblant un dérèglement très spécifique, d'ordinaire génétique, sans provoquer de préjudices secondaires. La compagnie est en train de créer des microéléments qui doivent s'engrener précisément avec les centaines de milliers d'autres éléments chimiques actifs composant la machinerie biologique du corps humain. Ces tâches intellectuelles requièrent la collaboration d'une foule de personnes dans la société, chez ses associés, et chez d'autres partenaires extérieurs. La gestion des connaissances est ici de première importance.

La nature de leurs industries fait que ces compagnies sont amenées à prendre de gros risques. Un seul avion à succès, et voilà l'avenir d'un avionneur assuré pour des années – le 747 a fêté son trentième anniversaire en 1998. Un seul médicament à succès, et ses énormes bénéfices permettent au laboratoire pharmaceutique qui l'a créé de financer beaucoup d'autres recherches. Les risques sont énormes, d'un côté comme de l'autre. Boeing a dépensé 5,7 milliards pour le 747, sans garantie de rentabilité. Une entreprise de biotechnologie peut facilement dépenser entre 1,5 milliard et 2 milliards de francs avant d'obtenir un produit commercialisable.

Dans beaucoup de domaines industriels, l'usage rationnel du numérique est peut-être le seul moyen pour une entreprise de se démarquer de la concurrence. Et dans les industries faisant appel à une technologie de pointe, l'information numérisée est la seule manière de faire de nouvelles découvertes. Pour cerner et résoudre des problèmes de connaissances encore inexplorés, il faut risquer gros... pour gagner gros – et il faut aussi un système nerveux d'entreprise qui optimise les chances de succès. La façon dont ces sociétés intègrent les outils informatiques offre un excellent modèle à toutes les compagnies, grandes ou petites, qui voudront travailler avec le Web pour gérer leurs activités dans l'avenir. Ces sociétés échangent de l'information contre du temps et des risques.

Pour une gestion plus performante

- Pour gagner gros, il faut parfois risquer gros.
- Mais, soutenu par le flux de l'information numérisée, ce risque est sans doute l'unique moyen véritable de découvrir de nouveaux produits et de pénétrer de nouveaux marchés.
- Un constructeur échange de l'information contre un inventaire. Une industrie impliquée dans la propriété intellectuelle échange de l'information contre un risque.

Évaluez votre système nerveux d'entreprise

- Passez-vous au numérique complètement ou juste partiellement ? Pouvez-vous lier numériquement votre gestion des connaissances, vos logiciels d'exploitation et vos systèmes commerciaux, afin de créer un environnement numérique continu ?
- Votre système numérique vous permet-il de transporter vos tests produits dans l'endroit du monde le plus approprié, tout en vous réservant les véritables opérations de vérification et de contrôle ?

QUATRIÈME PARTIE

POUR UNE ENTREPRISE INTELLIGENTE

16

Des processus qui valorisent vos collaborateurs

L'homme est tout simplement mal conçu pour un système mécaniste.
Thomas Peters et Robert Waterman, Jr.,
Le Prix de l'excellence

Une entreprise fonctionne grâce à des processus autonomes, analogues aux processus physiologiques élémentaires, comme la respiration, qui nous maintiennent en vie. Toute fonction qui définit la raison d'être d'une entreprise, par exemple un processus de fabrication, est un processus « autonome ». Cette fonction doit être aussi efficace et fiable qu'un cœur qui bat. Autre exemple de processus autonomes, les tâches administratives : l'enregistrement des paiements, le règlement des factures, l'émission des chèques, etc. Les processus administratifs sont aussi essentiels à la vie d'une entreprise que la respiration à un être humain. Si ces processus physiologiques élémentaires de votre entreprise flanchent, c'est toute l'entreprise qui tombe en panne.

C'est parce que ces processus opérationnels sont si importants et si onéreux que la plupart des grandes entreprises ont consenti ces dernières années d'importants investissements pour les automatiser. Mais, trop souvent, ces processus opérationnels restent séparés les uns des autres. Récemment encore, dans la fabrication de certaines pièces détachées aéronautiques, seul 10 % de la quantité de métal utilisée dans la fabrication finissait effectivement sur un avion. De nombreuses phases des processus de fabrication avaient été optimisées mais pas le processus dans sa globalité et cette négligence entraînait un énorme gaspillage.

J'évoquerai les différentes fonctions de l'entreprise dans d'autres chapitres. Dans celui-ci, je n'aborderai que les processus de production. L'automatisation des processus de production est nécessaire mais pas suffisante pour qu'une entreprise soit compétitive aujourd'hui. Un bon système nerveux d'entreprise peut vous aider à transformer vos fonctions opérationnelles élémentaires en atouts compétitifs.

Vous devez d'abord utiliser les technologies de l'information pour mieux comprendre les mécanismes internes de ces processus eux-mêmes afin de les rendre à la fois plus efficaces et plus réactifs à l'évolution des circonstances.

La société Entergy, de La Nouvelle-Orléans, a ainsi accru la durée de vie et la rentabilité de ses centrales électriques grâce à un nouveau système de contrôle informatique qui permet aux chefs d'exploitation de moduler plus précisément le rendement de ces usines et d'analyser leurs performances en temps réel. Les chefs d'exploitation peuvent sonder les générateurs et décider si une intervention mineure ou un ajustement des paramètres pourrait leur épargner une réparation et une immobilisation onéreuses plus tard. Ce système de contrôle des processus affiche le coût d'une baisse d'efficacité, si, par exemple, la température d'ébullition est de dix degrés trop basse pour une production optimale. En affichant le coût de ses paramètres opérationnels, Entergy transforme ses agents d'exploitation en gestionnaires. La société leur donne les informations dont ils ont besoin pour faire fonctionner efficacement leurs unités et une très large autonomie de décision. Et comme les coûts de production des usines d'Entergy sont accessibles, avec une minute de décalage, à l'équipe de direction, l'entreprise peut accroître sa rentabilité en augmentant la production d'énergie des usines aux coûts de fonctionnement les plus bas.

Un chef d'entreprise doit aussi être capable de faire circuler les données sur ses processus de production dans son entreprise. L'entreprise Stepan qui produit des surfactants, les agents actifs présents dans la plupart des produits de nettoyage, a mis au point un système de contrôle dernier cri qui a triplé le rendement de ses usines et lui a fait économiser des dizaines de millions de francs en rentabilisant mieux ses équipements. Mais ces extraordinaires gains de productivité ne sont pas aussi précieux pour Stepan que la flexibilité de ses systèmes de contrôle qui lui permettent de s'adapter aux demandes sans cesse nouvelles des clients, ou les nouvelles possibilités d'intégration avec les autres systèmes informatiques de la société. Stepan a utilisé son infrastructure PC pour construire toutes les connexions nécessaires afin de faciliter l'utilisation des données sur la production pour d'autres processus comme les plannings de fabrication et la gestion des stocks.

À l'avenir, toutes les usines de Stepan seront équipées de logiciels d'enregistrement de commandes, d'inventaire et de planification communs, et les cadres de direction du siège à Northfield, Illinois, pourront avoir une vue d'ensemble des capacités de production des onze sites de l'entreprise.

Quand un client demandera une modification de sa commande, l'entreprise n'aura qu'une opération à effectuer pour la notifier à ses onze usines et distribuer ce produit simultanément aux succursales de ce client dans le monde entier. En outre, toutes les fournitures, du trombone aux produits chimiques, seront commandées automatiquement, en fonction du niveau des stocks. Les vendeurs auront accès aux bases de données achats pour mieux planifier leurs livraisons. Les clients pourront connaître la disponibilité des produits par le Web et y enregistrer leurs commandes. Les informations sur les commandes seront à leur tour reliées en temps réel au système d'inventaire de Stepan pour garantir une disponibilité suffisante des produits chimiques sur les différents sites.

Enfin, il faut transmettre les données sur les processus de production aux agents de fabrication afin qu'ils puissent améliorer la qualité des produits eux-mêmes. Si vous fournissez la technologie adaptée aux employés pour les aider à effectuer des analyses rapides, ils transformeront ces données en informations qui vous aideront à améliorer l'organisation de la fabrication et à minimiser les défauts du système. Ici encore, le concept clé est celui de flux de données.

Créer des centaines de petites entreprises...

La General Motors a lancé Saturn Corporation en 1985 pour créer non seulement un modèle de voiture repensé de A à Z mais aussi une toute nouvelle manière de construire des voitures et de valoriser ses employés. L'objectif était de bâtir une entreprise dans laquelle la direction et les employés feraient converger leurs efforts vers un but commun et où tous partageraient un tel souci de la qualité qu'aucun service de contrôle de la qualité ne serait plus nécessaire. Ce « rêve » a produit d'impressionnants résultats. Le modèle Saturn a remporté le prix J.D. Power pour la qualité et la satisfaction du client pendant huit années consécutives et est devenu une sorte d'objet culte pour nombre de ses propriétaires.

Les employés de Saturn sont avant tout les membres d'une équipe. Les huit mille cinq cents employés sans exception portent le badge de leur équipe. L'attitude générale pourrait se résumer par le mot d'ordre « *Nous* est plus important que *moi* ». Les équipes sont des entités soudées et autonomes. Certaines ne se composent que de quatre membres, certaines de soixante, mais la plupart comptent douze à quinze personnes. Chaque équipe a une fonction spécifique – comme de construire des moteurs ou des portes – et chacun des membres de l'équipe est formé à effectuer environ trente tâches différentes, ceci pour ne pas démotiver les employés à force de tâches répétitives. Chaque équipe recrute ses propres membres et a le pouvoir de licencier quelqu'un qui est systématiquement en retard ou effectue un travail de mauvaise qualité. La rémunération des membres de l'équipe est conditionnée pour 20 % par la qualité de leur travail, la satisfaction des clients et les ventes, ce qui conduit ces équipes à se comporter comme de petites entreprises indépendantes.

Vous noterez que je n'ai rien dit jusqu'à maintenant des technologies dans le projet Saturn. Si vous ne croyez pas que chaque employé a le potentiel de contribuer au succès de votre entreprise, toutes les technologies du monde ne lui donneront pas cette capacité. Une fois que vous décidez que chaque employé doit pouvoir utiliser l'informatique, la technologie aide tous les employés à mobiliser leurs talents au service des objectifs de l'entreprise.

Le système SCADA

Comme beaucoup d'industriels, Saturn dispose d'un système SCADA (Supervisory Control and Data Acquisition) pour faire fonctionner son gigantesque complexe industriel. Le système SCADA contrôle plus de cent vingt mille capteurs, moteurs, transducteurs et commutateurs électriques qui lui permettent de vérifier chaque pièce en cours de fabrication au moins une fois par seconde.

L'ancien système de contrôle Saturn fonctionnait grâce à une centaine de mini-ordinateurs de type VAX/VMS. Les employés n'aimaient pas les codes compliqués et la lourdeur de fonctionnement de ces terminaux. Quand ils voulaient noter qu'un élément de portière était éraflé, par exemple, ils devaient commencer par entrer un code spécial et enchaîner toute une série d'autres codes spéciaux correspondant à ce problème particulier. Les ouvriers résolvaient le problème mais ils ne pouvaient pas toujours enregistrer cette solution et Saturn perdait des données historiques importantes.

Au début des années 90, Saturn est passé de l'ancien système CIMplicity aux PC et au tout récent système d'exploitation Windows NT dans ses usines de fabrication et d'assemblage, ce qui a beaucoup appris aux ingénieurs de Microsoft sur les caractéristiques d'un système d'exploitation dans l'environnement complexe d'un site industriel de ce type. (À l'époque ceux-ci ont passé de nombreuses nuits au téléphone avec leurs homologues de Saturn.)

Aujourd'hui le système de fabrication de Saturn comprend dix-neuf serveurs PC en production et trois dans un banc de test, plus soixante-dix mini-ordinateurs VAX plus anciens. Saturn compte, parmi ses logiciels de fabrication, CIMplicity, un éventail d'applications et d'outils de développement pour serveurs PC et des systèmes d'exploitation standard PC qui tournent sur environ trois mille cinq cents ordinateurs de bureau et cinq cents portables. Même les senseurs PLC sont maintenant remplacés par des PC.

Un agent de contrôle supervise toutes les opérations physiques de l'usine sur un seul écran qui peut afficher les données de n'importe quel senseur. Si un commutateur tombe en panne, il peut localiser aussitôt la panne et envoyer un électricien la réparer. Les cent vingt mille points de recueil de données envoient une analyse des données toutes les six secondes sous format graphique aux différents contrôleurs.

Donner aux employés les moyens de s'affirmer

Tous les employés disposent désormais d'ordinateurs équipés de logiciels multimédia et cette modification toute simple des conditions de travail a produit des effets spectaculaires chez Saturn. N'importe qui peut accéder à la section fabrication de l'intranet et découvrir une liste détaillée des dix problèmes de qualité les plus graves mis en évidence par les tests dynamiques lors des deux dernières heures. Grâce à une interface Web, on peut retrouver les données sur une base de données, les charger automatiquement sur un tableur et les analyser par pièce et par type de problème : garniture de portière, bloc moteur, peinture, soudure, assemblage, etc.

En étudiant un historique des données, un travailleur de l'équipe du bloc-moteur a un jour détecté une soudure défectueuse dans le moteur et il a fait économiser à Saturn 7,5 millions de francs en coûts de réparation potentiels.

Sur les modèles Saturn, trois à six modules informatiques internes contrôlent tout, des freins à l'airbag. Un ingénieur effectue les tests de contrôle de ces modules sur le réseau intranet de Saturn. Récemment, le système Saturn a été capable de repérer en moins de deux heures un type de panne très particulier sur le module de contrôle du bloc-moteur. La firme a alerté le fabricant de ce module qui a très rapidement reprogrammé la série défaillante et en a renvoyé une autre à Saturn sans qu'il ait été nécessaire d'arrêter la fabrication des voitures. Saturn procède aussi à un audit qualitatif régulier de ses véhicules en tirant au sort une dizaine de voitures chaque jour sur la chaîne de production. Le système télécharge sur l'ordinateur de poche de l'agent de contrôle le schéma en 3D qui correspond exactement au modèle qu'il a sous les yeux. Ce schéma guide le contrôleur dans son inspection de la voiture et l'aide à noter les défauts éventuels. S'il relève un problème sur l'aile avant gauche, par exemple, il clique sur l'aile avant gauche représentée sur l'écran pour obtenir une vue en gros plan de ce détail et un menu déroulant lui permet d'enregistrer le problème.

Après chaque inspection, les agents de contrôle connectent leurs ordinateurs de poche sur le réseau interne pour synchroniser les fichiers avec la base de données centrale. Les ingénieurs analysent les données du jour et les comparent avec les relevés quotidiens et hebdomadaires. Une pièce régulièrement éraflée sur la chaîne d'assemblage peut indiquer soit un problème dans le travail de l'équipe, soit une pièce difficile à assembler. Ces audits de qualité et le programme Manufacturing ont permis aux agents de contrôle de résoudre certains problèmes de finition des véhicules.

Toutes ces informations sur la qualité de la fabrication, qu'elles proviennent de contrôles de fin de chaîne ou d'audits de qualité, sont répercutées à l'ingénierie produits à travers les systèmes d'information Saturn Manufacturing installés sur PC. Tous les employés, ouvriers, contremaîtres et ingénieurs, ont accès à ces données, ce qui permet aux équipes de travailler ensemble pour améliorer la cohérence de conception et donc l'assemblage des véhicules. L'expérience des hommes de terrain se conjugue à celle des ingénieurs pour faire progresser la qualité des modèles. Les employés de Saturn sont tous qualifiés pour intervenir parce que ce sont tous des experts.

Redéfinir le rôle des travailleurs à la chaîne

Les trois entreprises dont j'ai parlé dans ce chapitre démontrent l'importance de l'optimisation des flux de données même dans des entreprises où l'information est déjà entièrement automatisée. Il est essentiel de confier des outils de diagnostic très performants aux ouvriers et aux contremaîtres et d'organiser la production à partir des flux de données. Idéalement, ces outils doivent intégrer toutes les étapes de la fabrication – des étapes qui cessent dès lors d'être considérées comme autant de tâches individuelles. M. Hammer aime à dire que le travail à la pièce est le dernier vestige des débuts de l'ère industrielle. Dans une entreprise moderne, chaque employé doit pouvoir intervenir d'un bout à l'autre du processus de fabrication. Je connais quelqu'un dont l'oncle a été employé vingt-cinq ans dans une usine automobile à poser des garnitures chromées et autres pièces de finition sur des voitures. C'était un bon travail dans les années d'après-guerre, mais qui se conformait strictement à l'approche courante des débuts de l'ère industrielle : décomposer un processus en petites tâches discontinues et confier chacune d'elles à une personne qui la répète sans arrêt avec un « coup de main inégalé ». Comparons cette approche avec la façon dont les employés de Saturn font leur travail aujourd'hui.

Avec la nouvelle organisation du travail, l'ouvrier cesse d'être le rouage d'une machine pour devenir l'acteur intelligent d'un processus global. Les soudeurs doivent maintenant posséder des notions d'algèbre et de géométrie pour trouver les angles de soudure à partir de graphiques en CAO. Les travailleurs des chaînes de montage doivent effectuer des mesures de production sophistiquées sur ordinateur. Les nouveaux photocopieurs numériques exigent des agents d'entretien qu'ils aient de solides notions d'informatique et d'Internet, et pas seulement qu'ils sachent manier un tournevis.

Les êtres humains restent essentiels dans les processus opérationnels. Une chaîne de fabrication souple suppose des ouvriers formés, informés – responsabilisés. Plus nous transformons les tâches en processus, plus nous devons responsabiliser les exécutants. Les ordinateurs vont sans doute éliminer certains métiers, mais ils transformeront dans de nombreux cas le travail répétitif en travail intelligent.

Les hommes sont mal équipés pour un travail répétitif et uniforme et détestent y être soumis alors que c'est exactement ce que les ordinateurs, les robots et toutes les machines savent le mieux faire. La gestion d'un processus de production est ce qui fait la différence. Et c'est le flux des données numériques générées par les systèmes informatiques modernes qui permet à ces gestionnaires de la connaissance de jouer leur rôle unique.

Des systèmes d'information efficaces apportent d'autres avantages. Seule une information précise et actualisée permet de lier la prime à la performance, à la qualité et à la satisfaction du client. Vous ne pouvez pas attendre la fin du mois pour évaluer les performances de chacun et procéder à des ajustements. Vous ne voulez pas d'un service spécial qui départage les performances de chaque équipe dans sa « course à la prime ». Vous voulez obtenir des informations quotidiennes sur les performances de vos équipes. Sans feedback, il est difficile de lier prime et performance, une pratique adoptée par un nombre croissant d'entreprises.

Grâce aux flux de données informatisées, Saturn se prépare aussi au « sur mesure de masse » qui allie l'efficacité de gros volumes de production avec la capacité de fabriquer le modèle précis que désire chaque client. Saturn est plus avancé que la plupart des constructeurs dans la fabrication de modèles sur mesure. Vous pouvez imaginer le jour où un client, dans le *showroom* d'un constructeur ou même chez lui, sur Internet, commandera le modèle avec les options précises qu'il désire et sera livré en quelques jours. « Fabriqué sur mesure », ce slogan qui est devenu de plus en plus populaire dans l'industrie du PC est destiné à jouer un rôle majeur dans les autres industries manufacturières, qu'il s'agisse de voitures, de vêtements ou de meubles.

Parce qu'elles sont destinées à traiter un nombre croissant de commandes spécifiques pour des machines complexes, les chaînes de fabrication devront devenir de plus en plus intelligentes. Comme le principe de la chaîne exclut tout retour en arrière, le sur mesure implique une coordination parfaite de tous les organes essentiels d'une voiture. Si un problème surgit, par exemple si une peinture s'avère défectueuse, le système de planification dynamique Saturn minimise les pertes de temps : un problème dans un travail sur mesure n'interrompt la chaîne de fabrication de Saturn qu'environ quinze à vingt minutes au lieu de plusieurs heures avec les anciennes méthodes.

Le logiciel de planification dynamique est très rentable non seulement parce qu'il résout des problèmes majeurs, mais aussi parce qu'il simplifie considérablement la transmission de l'information. Avec une seule infrastructure, un logiciel et des outils standards, la direction informatique de Saturn connecte certains composants standards qui permettent aux ouvriers d'extraire par eux-mêmes les informations dont ils ont besoin. Toutes les nouvelles applications peuvent être installées plus rapidement et à moindre coût. C'est pourquoi, ces cinq dernières années, les projets informatiques de Saturn ont été multipliés par quatre alors que le budget et les effectifs du service des technologies de l'information ne l'ont été que par deux.

Ce schéma d'organisation paraîtra une évidence banale dans un avenir proche, mais la plupart des entrepreneurs ne s'y sont pas encore ralliés. Jusqu'à une date récente, les coûts des matériels et des systèmes qui pouvaient gérer des chaînes de fabrication étaient prohibitifs et les interfaces complexes. On ne pouvait tout simplement pas collecter et analyser rapidement les données sur les problèmes rencontrés. De petits appareils portables rendront ce recueil de données encore plus simple. Comme Saturn, la firme Boeing s'est ralliée à un système de gestion et de contrôle de la production par ordinateurs de poche, raccourcissant les délais de résolution des problèmes de fabrication. D'autres entreprises utilisent ces portables pour remplacer la gestion des stocks sur support papier, ce qui a pour effet de diviser par deux le délai de collecte des données et d'améliorer l'exactitude des informations qui sont diffusées sur l'intranet au bout de quelques heures au lieu des semaines habituellement nécessaires à l'édition d'états de compte consolidés. Des réseaux sans fil permettront bientôt à ces ordinateurs de poche d'être présents pratiquement n'importe où et de répercuter leurs informations encore plus vite.

Les dirigeants de Saturn ont été les premiers d'une grande firme à venir nous voir au début des années 90 pour nous dire qu'ils voulaient gérer toute l'organisation de leur entreprise, de la fabrication à l'administration et à la direction, à partir d'une architecture PC. Nous avons été très impressionnés par l'audace de leur démarche. Ils ne venaient pas nous voir à cause des produits que contenait notre catalogue à l'époque mais parce qu'ils avaient compris l'intérêt de nos recherches. Les PC gagnaient en puissance ainsi que nos logiciels pour ordinateurs de poche. Saturn nous a beaucoup appris sur les exigences d'applications logicielles destinées à l'industrie. La solide relation qui s'est instaurée entre les deux entreprises a permis une meilleure intégration de la technologie moderne et des processus de fabrication.

La plupart des entreprises réservaient autrefois leurs outils d'information à des cadres supérieurs très bien payés, dont le traitement de l'information est le métier. Entergy, Stepan et Saturn démontrent que la construction de systèmes sur les flux de données et le fait de donner des outils d'information aux ouvriers de la chaîne de fabrication peuvent aussi dégager une substantielle valeur ajoutée. Entergy réorganise méthodiquement ses processus industriels essentiels et renvoie information et prise de décision vers le niveau opérationnel. Stepan utilise l'information pour gérer ses usines globalement afin de mieux s'adapter aux besoins de ses clients. Saturn utilise la technologie pour conjuguer l'expertise de ses ouvriers avec celle de ses ingénieurs, lier les systèmes de primes directement à la performance et préparer l'avènement du sur mesure de masse sur ses chaînes de montage. Ces trois entreprises appliquent des techniques de gestion de la connaissance à des opérations industrielles, au traitement de l'information, à l'évaluation de la qualité et des taux d'échecs pour rendre leurs processus industriels plus intelligents.

Donnez à vos employés un travail plus élaboré et de meilleurs outils et vous découvrirez qu'ils deviendront plus responsables et apporteront plus d'intelligence à ce qu'ils font. L'ère numérique nous impose de donner massivement accès à l'informatique aux employés.

Pour une gestion plus performante

- Plus les employés comprendront le fonctionnement des systèmes de production, plus ils pourront les faire fonctionner intelligemment.
- La réception de données en temps réel sur les systèmes de production vous permet de planifier la maintenance et donc de prévenir les pannes.
- Seule feedback en temps réel sur les systèmes de production permet de lier les primes aux progrès de qualité.
- Le travail à la tâche va disparaître, soit parce qu'il sera automatisé, soit parce que les tâches seront enchaînées dans des séquences qui exigeront des outils informatiques.
- Demandez-vous à quel point des ordinateurs portables et des réseaux sans fil peuvent améliorer le fonctionnement de vos systèmes d'information dans tous vos espaces de travail.

Évaluez votre système nerveux d'entreprise

- Vos agents de fabrication peuvent-ils accéder aux données en temps réel afin d'améliorer la qualité des produits ?
- Pouvez-vous intégrer vos systèmes de fabrication avec les autres systèmes d'information de votre entreprise, par exemple extraire les données des processus de production pour gérer les stocks ou coordonner la production avec les ventes ?

17

L'informatique est la base de toute réingénierie

Je ne considère pas l'informatique
comme un système autonome, mais comme
un excellent outil au service de l'entreprise. Et le plus
important, c'est peut-être que cet outil nous force à
nous poser sans cesse la question du « pourquoi ? ».
Paul O'Neill, PDG d'Alcoa

Depuis que Michael Hammer et James Champy ont lancé en 1994 le concept de réingénierie, partout dans le monde des entreprises se sont mises à réexaminer leurs processus de gestion, en s'efforçant d'éliminer, dans leur démarche de valeur ajoutée, la complexité organisationnelle et les inefficacités internes. En lisant le livre de Hammer et Champy, *Le Réingéniering*[1], j'ai retenu trois de leurs idées. La première, c'est qu'il faut régulièrement prendre du recul pour regarder de très près comment fonctionnent les processus. Résolvent-ils les vrais problèmes ? Peut-on les simplifier ? La deuxième idée, c'est que, si une tâche est partagée entre trop de collaborateurs, aucun d'eux n'aura une vision globale du processus, et le travail pataugera. La troisième idée enfin, étroitement liée à la deuxième, c'est que la multiplication des transmissions multiplie les points de défaillance potentielle.

Comme c'est souvent le cas lorsqu'il s'agit d'un nouveau concept, les idées simples mais profondes lancées par Hammer et Champy sur

1. *Le Réingéniering*, Michael Hammer et James Champy, Dunod, Paris, 1993.

la réingénierie ont déclenché un déluge de séminaires de gestion, de stages, de cours universitaires, d'articles de revues, et de témoignages de toutes sortes d'experts[1]. Dans la foulée, beaucoup d'hommes d'affaires se sont servis du mot *réingénierie* pour justifier jusqu'au plus minuscule changement de méthode de gestion dans leur entreprise. Il y a deux ans, un grand fabricant d'ordinateurs a entrepris une tentative de refonte des processus consistant à licencier la plus grande partie du service des ressources humaines. Le résultat, c'est qu'il n'est plus resté personne pour rationaliser ce qui n'était en réalité qu'une volonté de dégraissage. En l'absence d'experts en ressources humaines capables de conduire le changement, la société a fait un certain nombre de faux pas. Elle a racheté les contrats d'intervenants intérimaires et les a congédiés avant même qu'ils aient pu se mettre au travail – alors que leurs services avaient déjà été rétribués par l'entreprise. Des cadres très en vue, à la promotion récente, ont été mis à pied parce qu'ils étaient devenus les moins anciens dans leur nouveau grade.

Il est difficile de voir dans cette démarche une réduction un tant soit peu rationnelle de l'entreprise, et il ne s'agit en aucun cas de réingénierie. Michael Hammer a dit un jour en privé que « ce mot en était parfois arrivé à signifier pratiquement tout, sauf ce qu'il voulait dire ». Mais s'il est vrai que certains montrent pour cette idée un enthousiasme excessif, ou qu'ils l'utilisent pour masquer des licenciements, il est plus que jamais nécessaire de réexaminer régulièrement les processus, pour les rendre plus performants.

La création d'un processus de gestion est un projet d'envergure. Il faut une idée bien définie de l'objectif recherché, un début et une fin nettement identifiés, en termes de temps et de tâches à accomplir. Il faut aussi des jalons intermédiaires et un budget. Les meilleurs projets sont ceux qui comportent au départ une définition claire du scénario client. Il en va de même pour les projets de processus. Que le client soit interne ou externe à l'entreprise, l'idée reste toujours la même : comment la personne en question va-t-elle utiliser le produit ou le processus que vous êtes en train de mettre en œuvre ? Et en quoi l'un ou l'autre sera-t-il meilleur que les précédents ?

---

1. Une recherche du mot clé *réingénierie*, effectuée sur Internet en octobre 1998, a fait apparaître 189 940 documents, depuis des articles sur la reprogrammation de l'an 2000, jusqu'à un séminaire intitulé « Être sérieux en s'amusant ». Ce nombre dépassait largement ceux de tous les autres sujets de gestion: il était sept fois supérieur, par exemple, au nombre de documents sur la gestion de la connaissance.

Il faut également avoir une idée très nette des compromis qui seront nécessaires, et à tous les niveaux. Tout projet implique des compromis. S'il s'agit d'un projet de logiciel, par exemple, la direction souhaite que le produit soit petit mais riche en fonctionnalités, et qu'il puisse être fabriqué du jour au lendemain, à très bas coût. Comme elle veut tous ces avantages à la fois, il faut que les priorités soient explicitement établies. Si vous êtes assez malin pour fabriquer un produit riche en fonctionnalités, et que, pour y parvenir, vous soyez obligé d'augmenter la taille du logiciel, la direction pourra vous reprocher de ne pas avoir sacrifié quelques caractéristiques aux exigences de miniaturisation. Si vous réduisez le coût, il faut éviter qu'on ne vienne vous dire que vous auriez dû dépenser l'argent nécessaire pour y inclure un plus grand nombre de fonctionnalités. Il en va de même pour la création d'un processus informatique.

Il vous faudra rester souple face à des exigences qui évoluent, sans pour autant, à coups de changements insidieux, abandonner vos objectifs de conception initiaux. Faites preuve d'un esprit de décision réactif dans l'évaluation des changements à opérer, et gardez-en un peu en réserve pour réévaluer vos objectifs initiaux.

La rénovation des processus de distribution

Il y a quelques années, la sortie d'un nouveau produit de Windows NT a bien failli se trouver bloquée le jour où ce produit allait être expédié. Non pas à cause d'un contretemps, ni de tout autre problème de production, mais parce qu'il manquait les cartons de conditionnement. La maquette du carton avait atterri sur le bureau de quelqu'un qui était en congé, et y était restée lettre morte, si bien que les cartons ne sont pas arrivés au service de production en temps voulu, c'est-à-dire deux jours avant la date d'expédition. Leur fabrication demandait habituellement une dizaine de jours, et ce n'est que grâce à un travail acharné, de jour et de nuit, qu'on a pu les livrer à temps pour l'expédition.

Après cet incident, le directeur du service du conditionnement a convoqué une réunion pour analyser les causes de la défaillance. Une douzaine de personnes étaient présentes : des membres de services internes et deux sous-traitants. Il n'a posé qu'une question, que je pose très souvent moi-même chez Microsoft : « Pourquoi y a-t-il tant de monde ici ? » Dans n'importe quel type de réunion, je ne veux voir que les décideurs. Les autres doivent être occupés ailleurs, à résoudre d'autres problèmes. S'il y a plus de trois ou quatre décideurs dans une réunion, vous pouvez être certain que c'est justement le nombre de personnes présentes qui constitue l'essentiel du problème.

Le directeur en question a demandé au groupe de simplifier le processus et de rechercher les autres problèmes de coordination similaires concernant la dizaine d'autres produits provenant du même service : « Mettez au point un processus, et trouvez une solution qui convienne pour tous les produits. »

Pour le court terme, le groupe a défini le principe de la « déclaration de réception », selon lequel une transmission n'a pas abouti tant que son destinataire n'en a pas accusé réception. Plus d'envois à l'aveuglette, finies les bouteilles à la mer.

Le groupe de travail a également réduit de cinq à trois le nombre de transmissions. Cette mesure peut sembler mineure, mais, en réduisant les points de contact, elle réduit aussi les chances d'erreur et garantit la qualité d'un produit. En 1997, dans sa nouvelle unité de production, Dell Computer a réorganisé ses chaînes de production, de manière à réduire de moitié le nombre de manipulations sur un disque dur. La société a enregistré une baisse de 40 % des rejets dans la fabrication des disques durs et de 20 % des défaillances sur l'ensemble de sa production de micro-ordinateurs.

Chez Microsoft, les membres de tous les services chargés de transmettre des composants à la fabrication organisent régulièrement des réunions qui visent à optimiser leurs méthodes. La directrice des opérations de notre site européen de fabrication est venue d'Irlande pour discuter des problèmes que lui créaient certaines méthodes américaines. Nous avons fini par identifier un certain nombre de processus défectueux dans la préparation des matériaux destinés à la fabrication. Par exemple, nous avions utilisé une fois sur nos cartons de conditionnement une police de caractères particulière, sans nous rendre compte que cette police n'existait pas partout dans le monde. La conséquence, c'est qu'en Australie plusieurs de nos produits n'ont pas été mis sur le marché en temps voulu pour la période des fêtes, et cela nous a coûté très cher.

Les responsables de tous les services concernés se sont réunis pour définir un processus global de production qui mette à profit les outils numériques pour améliorer la coordination. Nous avons créé une application pour suivre le parcours de tous les composants, depuis les cartons et les étiquettes jusqu'aux prototypes et aux codes logiciels proprement dits. Grâce aux informations sur tous les composants du réseau, les chefs de produit et tous les employés peuvent désormais savoir à tout moment où en est leur processus de fabrication. Un système bien défini permet, entre autres avantages, d'étendre à toute l'organisation les progrès apportés à l'une ou l'autre étape du processus.

Dans le même temps, nous avons également commencé à sous-traiter notre fabrication. Ce changement signifiait que nous devions fournir des matériaux complets pour la fabrication « clés en main ». Et le processus devait reposer entièrement sur le système d'information luimême, et exclure toute intervention humaine. Un de nos objectifs était que « les opérations n'occupent pas toujours le devant de la scène ». Les outils numériques servant à améliorer l'organisation interne permettent désormais de coordonner avec un fabricant extérieur la phase finale du processus: la construction du produit elle-même. Parallèlement à cette application du suivi des composants en interne, nous avons mis au point un autre outil qui permet aux sous-traitants de suivre l'état d'avancement de la sortie d'un composant. Les distributeurs et les sous-traitants se servent également de cet outil pour télécharger des données et pour commander des matériaux. Dans ce cas, nos outils ne nous ont pas seulement permis de résoudre le problème de processus interne à l'entreprise, ils ont aussi permis à une entreprise extérieure d'assumer une charge de travail plus importante.

On pourrait se demander pourquoi diable nous avons décidé de devenir des fabricants ? Avant les processus informatisés, nous n'avions pas le choix. Mais aujourd'hui, nos outils informatiques sont suffisamment sophistiqués pour nous permettre de sous-traiter la fabrication, tout en nous assurant qu'elle répond à nos cahiers des charges.

Au bout de cinq ou six mois, ces équipes ont non seulement reconfiguré les processus défectueux déjà détectés, mais elles en ont découvert et désamorcé quelques autres, de véritables bombes à retardement qui n'avaient pas encore explosé. Les nouveaux outils ont contribué à identifier les problèmes potentiels à l'intérieur du processus et ont permis à tous les acteurs de les résoudre avant l'apparition de conflits ou d'omissions. On ne saurait assez insister sur l'intérêt pour l'entreprise de la prévention numérique des problèmes.

La création d'un processus qui organise les étapes de votre solution

L'histoire de la mise au pont de HeadTrax, une application Microsoft à usage interne, illustre bien la manière dont fonctionne la symbiose entre les besoins de l'entreprise et la technologie, pour créer de nouveaux processus dont l'existence n'était pas envisageable avant l'informatique. HeadTrax est un *logiciel de flux de données* qui gère les mouvements de personnel, qu'il s'agisse d'embauches, de promotions, de transferts ou de changements à l'intérieur d'un département.

Les étapes de la création de HeadTrax montrent qu'il faut parfois répéter longuement un processus pour comprendre le problème à résoudre. Une compréhension imparfaite du processus à mettre en œuvre et de l'objectif à poursuivre constitue un obstacle majeur dans tout projet technologique. C'est la raison pour laquelle il est habituellement plus sûr de commencer par des processus relativement limités, pour les étoffer par la suite. Quelle que soit la qualité de la planification, on s'aperçoit souvent qu'on n'a pas assez bien compris les besoins de l'utilisateur. Si, après avoir passé dix-huit mois à mettre au point une solution complète, vous vous apercevez que vous vous êtes trompé, ou que les besoins de l'entreprise ont changé entre-temps, vous vous retrouverez en mauvaise posture. Mieux vaut utiliser dès le début de la démarche des outils informatiques qui vont en moins de six mois vous fournir un système qui fonctionne, et que vous pourrez améliorer au fur à mesure que vous recevrez l'information en retour des utilisateurs.

La première version de notre logiciel de traitement des ressources humaines nous est apparue parfaite jusqu'à ce que les messages électroniques commencent à atterrir dans les messageries de nos chefs de service pour approbation. Certains cadres étaient ravis de pouvoir traiter en ligne la plupart des mouvements de personnel, mais d'autres, noyés par les quantités à gérer, souhaitaient ne recevoir que ce qui concernait les embauches et les transferts de postes à responsabilité. L'ancien support papier permettait plus facilement de déléguer les problèmes mineurs et nous avons dû ajouter cette fonction au système. La deuxième version fonctionnait de manière satisfaisante, mais la cohérence du processus laissait un peu à désirer. Certains dossiers très importants pouvaient se trouver délégués à des niveaux inférieurs, tandis que des mouvements secondaires continuaient à être soumis à l'un ou l'autre des dirigeants. En collaboration avec Andersen Consulting, nous nous sommes aperçus que les quinze départements les plus importants de Microsoft géraient douze processus de traitement différents. Nous avons réduit ce nombre à trois, qui se trouvent au cœur de la version 3.0. de HeadTrax.

Aujourd'hui, les directeurs de département ou de service traitent tous les mouvements de personnel en ligne. Tous ceux qui les reçoivent ont la possibilité de repousser une demande, de la faire modifier par le demandeur, et de se la faire renvoyer. Ils peuvent également l'approuver avec certaines modifications, pour qu'elle puisse suivre son cours. Et tous ceux qui sont concernés par la demande recevront par e-mail la demande modifiée, de façon à pouvoir la réexaminer. Dans le passé, la plupart des rejets de demande de changement étaient dus à des questions mineures ou à des problèmes de code erroné. HeadTrax a mis fin à ce type de rejets.

Une fonction particulière, qui s'est avérée être la fonction la plus importante de HeadTrax, est celle dite du « bon pour pouvoir », qui permet à un directeur de déléguer à d'autres ses responsabilités de ratification de toutes les catégories de demandes. Il peut arriver qu'un vice-président délègue à l'un de ses adjoints administratifs l'approbation d'une nomination ou d'un changement de routine, et à ses cadres supérieurs les demandes de primes ou de promotion de membres de leur équipe. La fonction « Mandataire/Pour pouvoir » permet aux cadres d'ajouter des exceptions qui leur font gagner du temps, sans pour autant bloquer le processus d'approbation. Si un département de mille personnes change de centre de coût ou si des équipes entières se trouvent remaniées au cours d'une réorganisation, un adjoint administratif peut faire apparaître les différents groupes simultanément et procéder à toutes les modifications en appuyant sur un seul bouton.

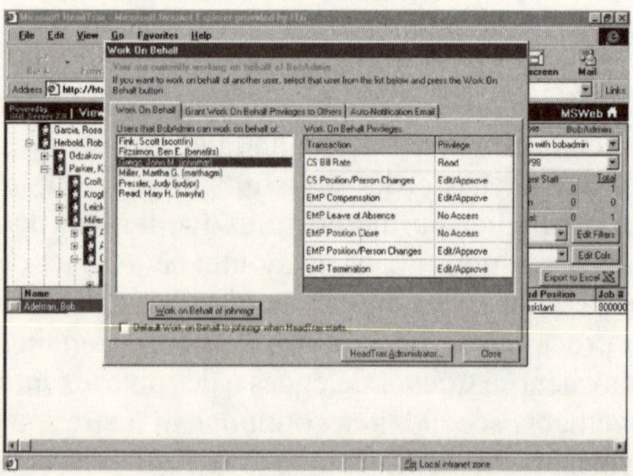

HeadTrax permet de gérer électroniquement tous les changements de personnel. Une option « Travaille pour : » permet au responsable de déléguer sa signature à d'autres personnes, permettant de la souplesse sans compliquer le processus. La mise en œuvre d'un processus numérique permet souvent de découvrir des processus voisins qui peuvent être automatisés. Une fois que HeadTrax a été installé pour gérer les changements de personnel permanent, nous avons compris qu'on pouvait l'étendre à la gestion du personnel temporaire.

Une fonction de routage du logiciel illustre la souplesse de HeadTrax. Le chef de service qui est à l'origine de la demande peut ajouter un nom dans le circuit avant que la demande parvienne aux ressources humaines : au cas où, par exemple, l'un des dirigeants désire réexaminer telle mutation ou promotion.

HeadTrax peut aussi être utilisé pour des tâches non administratives. Par la simple saisie du nom de n'importe quel employé, l'application affiche la hiérarchie organisationnelle de tout le personnel. Le logiciel permet également d'établir des organigrammes et de les personnaliser en faisant apparaître le nom complet de l'employé, son numéro de téléphone, de bureau, de service et ainsi de suite.

Maintenant qu'il est au point, HeadTrax nous paraît une solution évidente, une application utilisable par les entreprises grandes ou moyennes. Ce n'est pas seulement un moyen d'éliminer des bureaux des cadres supérieurs la paperasserie liée au personnel. C'est un véritable moteur qui saisit les modifications de personnel dans les systèmes de comptabilité et de budget chaque fois qu'intervient un changement dans l'organisation. C'est une garantie d'interopérabilité de tous les systèmes de gestion.

S'agissant d'un système récent, il est difficile de chiffrer exactement les économies de temps et d'énergie qu'il nous a permis de réaliser, en nous épargnant une paperasserie plus ou moins déficiente ou incomplète et des heures de saisie informatique. Toujours est-il que, fin 1998, HeadTrax traitait environ huit mille opérations par mois. Des approbations qui ne nécessitent plus d'examen par le département des ressources humaines, et qui représentent 90 % des demandes, sont intégrées au système en vingt-quatre heures. Les approbations provenant des ressources humaines demandent plus de temps, en raison de processus qui ne dépendent pas de la technologie, comme c'est le cas des entretiens liés au départ d'un employé.

L'amélioration apportée par HeadTrax à la comptabilité réside dans la possibilité qu'ont les directeurs financiers ou des ressources humaines de connaître à tout moment l'état d'avancement des mouvements de personnel importants. En regardant l'état des effectifs de son groupe, un directeur peut vérifier comment sont gérées les vacances de poste. S'il s'aperçoit que l'effectif d'un de ses chefs de service est beaucoup plus clairsemé que celui de ses collègues, il peut décider si ce responsable doit embaucher lui-même de nouveaux collaborateurs ou s'il a besoin du conseil de notre service spécialisé dans le recrutement.

Les directeurs des ressources humaines ont reconnu qu'ils avaient mieux à faire que de donner leur feu vert à tous les mouvements secondaires de personnel. Ils ont donc mis au point un outil électronique destiné à ces opérations de routine, ainsi qu'à la collecte de données leur permettant de dégager les tendances en matière de personnel. Un responsable des ressources humaines peut mettre à profit les capacités d'audit offertes par HeadTrax, pour examiner tous les mouvements de personnel rejetés, pour déterminer si certains cadres supérieurs ont besoin d'une meilleure formation sur les questions de personnel, ou si ce sont les fonctions de HeadTrax qui doivent être développées. Il peut aussi découvrir qu'une unité d'exploitation a un taux de rotation plus élevé que d'autres, et chercher à dégager un modèle des raisons qui poussent les employés à la quitter. HeadTrax n'est pas seulement un instrument de rationalisation des processus pour les cadres, il permet également aux responsables des ressources humaines de redéfinir leur rôle. L'accès immédiat aux statistiques sur les taux de transfert ou le turnover est encore plus précieux que la baisse des coûts ou l'économie de temps.

Pour s'attaquer à la solution des problèmes de processus, il faut d'abord définir l'objectif numéro 1. Qu'il s'agisse de processus de production ou de processus de gestion interne, le but doit toujours être une simplification fondamentale : le moins de gens possible, engagés dans le moins de transmissions possible. Il est extrêmement difficile d'optimiser un processus sur support papier, qui ne permet que des progrès marginaux. La mise au point des processus est de loin beaucoup plus efficace avec l'informatique. Les véritables percées en la matière sont le fruit d'une combinaison entre des solutions bien pensées et un flux de données informatisées.

Comment les processus informatisés peuvent résoudre les problèmes les plus ardus

L'un des processus les plus épineux chez Microsoft est celui qui a trait au personnel temporaire : embauche, gestion et paiement.

Une gestion adéquate de ce type de personnel est absolument vitale pour une entreprise qui développe sans cesse de nouveaux projets, entraînant ainsi des pics de travail au moment de la sortie des produits. Le recours à des intérimaires fait partie intégrante de la gestion de ces périodes de pointe, que ce soit pour la création ou pour les tests, le marketing ou encore le soutien administratif.

La gestion des employés intérimaires requiert une coordination entre cinq acteurs différents : 1) le personnel intérimaire lui-même ; 2) les cent dix agences pour lesquelles il travaille ; 3) les directeurs des services qui l'emploient ; 4) notre service interne d'emploi temporaire, chargé des relations avec les agences ; 5) la comptabilité qui règle les salaires.

Nous avions affaire à un problème de gestion qui comportait plusieurs facettes. Tout d'abord, la grande quantité de paperasserie liée aux contrats passés avec les divers employés et agences. Mais il y avait aussi d'autres difficultés : assurer un processus de contrat cohérent, obtenir un personnel approprié à un taux horaire qui nous convienne, ne pas le faire travailler sur un trop grand nombre de projets consécutifs, ni trop longtemps sur un seul et même projet, et enfin décider à quel moment nous lui proposerions de le titulariser.

Les responsables du recrutement avaient émis, plusieurs années avant, des directives très strictes sur le recours au travail temporaire. Tous les intérimaires devaient être recrutés par l'intermédiaire d'agences et aucun d'eux ne pouvait travailler plus de trois cent quarante jours sur un ensemble quelconque de projets sans un arrêt d'au moins trente et un jours. Mais le processus papier ne permettait pas de s'assurer facilement que les directions qui employaient des intérimaires respectaient bien les directives, d'autant que nombre de directeurs venaient d'arriver dans l'entreprise ou de prendre leurs fonctions. Étant donné leur volonté d'agir rapidement, la seule façon pour nous de répondre aux besoins des départements tout en évitant les erreurs était d'affecter beaucoup de gens à ce contrôle. Or les processus impliquant un grand nombre de personnes ne nous semblaient pas satisfaisants.

Qui plus est, le processus papier ne permettait pas aux dirigeants de résoudre leur problème de budget. Étant donné le grand nombre de directeurs qui faisaient appel à des intérimaires, et la multiplicité des projets sur lesquels ces derniers travaillaient, les directeurs de département n'avaient pas de prise réelle sur le chiffre total de personnes qu'ils employaient, ni sur le nombre d'heures qu'elles effectuaient. Et il nous était impossible de prévoir de façon cohérente le coût du travail temporaire pour l'entreprise. Les données comptables sur le nombre d'employés, sur le total des heures et sur les coûts, que nous transmettait le département financier, nous parvenaient souvent en retard ou restaient approximatives. Et la courbe des salaires versés révélait de très grandes fluctuations d'un mois à l'autre.

Nous avons d'abord pensé que le problème venait du département financier. Mais en analysant leurs données, nous avons constaté qu'eux aussi étaient mal informés. Le nombre de contrôles sur les processus de paiement était trop faible, et ce malgré une inflation de signatures : les directeurs signaient les cartes de pointage des intérimaires, qui les soumettaient à leurs agences, lesquelles à leur tour nous envoyaient leurs factures, dont la comptabilité assurait le règlement. Il n'y avait pas de réel contrôle financier: un directeur n'avait aucun moyen de vérifier le taux horaire ni le nombre d'heures facturées ; les agences pouvaient établir une facture sans carte de pointage ; si un directeur accordait une augmentation à un travailleur intérimaire, le service interne d'emploi temporaire n'en était pas toujours informé ; ou encore, l'augmentation obtenue par un employé sur un projet pouvait se trouver appliquée par erreur à d'autres. Et nous étions contraints à dupliquer continuellement les factures.

L'équipe de gestion a repris le processus de bout en bout, de façon à déterminer dans quelle mesure l'information numérisée était capable de nous aider à gérer la complexité du système.

Le seul problème de gestion qui se posait était de savoir si, pour commencer, les directeurs étaient ou non habilités à embaucher du personnel temporaire. Avec le système papier, il était impossible à la direction d'effectuer un véritable contrôle de la décision initiale d'embauche. Une fois qu'ils avaient décidé d'avoir recours à un intérimaire, les directeurs n'avaient pas accès aux informations leur permettant de vérifier qu'ils respectaient les contraintes de gestion de l'entreprise. Le département disposait-il, par exemple, du budget nécessaire ? La direction était-elle prête à autoriser des heures supplémentaires pour le projet ? De plus, le directeur qui recrutait les intérimaires ne savait souvent pas exactement quel taux horaire appliquer à tel ou tel travail, ni quel type de qualification lui correspondait. S'il n'avait pas en tête une personne précise, il lui était très difficile de déterminer clairement à qui s'adresser pour le service qu'il recherchait : une entreprise, un intérimaire recruté par une agence, ou un contrat individuel ? Une gestion budgétaire stricte exigeait que l'on trouve un moyen de calculer automatiquement, et avant toute décision, le coût global d'un contrat.

Nous avons conclu qu'il nous fallait inventer un logiciel spécifique, très souple. Pour tout intérimaire devant travailler sur un projet, nous devions nous assurer que le contrat serait rédigé et signé en premier lieu. Une fois ce contrat agréé, clé magnétique, téléphone et accès au réseau devaient être fournis en quarante-huit heures. Il fallait aussi que le logiciel permette d'éditer des demandes identiques pour des postes similaires, comme cela arrive souvent quand on enclenche régulièrement des projets importants. D'autre part, une fois l'intérimaire en poste, le directeur devait disposer d'un moyen simple de vérifier le nombre d'heures effectuées, le taux horaire pratiqué et le montant de la somme encore disponible sur le bon de commande. Il fallait également que le nouveau logiciel alerte systématiquement le directeur quand la fin d'un contrat approchait, pour qu'il puisse le renouveler automatiquement – si son budget le permettait et que l'intérimaire ait effectué moins de trois cent quarante jours consécutifs dans l'entreprise. Et quand le contrat arrivait à expiration, il fallait enfin que badge, téléphone et accès au réseau soient immédiatement retirés.

Le nouveau processus devait pouvoir être adapté sans pour autant ralentir le travail. Au cas où le directeur responsable n'était pas disponible pour donner son approbation, le cadre recruteur devait pouvoir soumettre le contrat à une autre personne habilitée à le signer. En cas de changement de directeur ou de service en cours de contrat, il fallait pouvoir imputer le coût ailleurs. D'autre part, les agences devaient être libres d'accorder à leurs intérimaires une légère augmentation, mais devaient soumettre une forte hausse à l'approbation du directeur chargé du recrutement.

Faut-il centraliser les processus ?

En matière de réingénierie, la panacée pourrait consister à vouloir créer une énorme application monolithique, capable de faire face à tous les besoins à la fois. C'est ce que nous avons tenté de faire dans le passé, en créant une application destinée à répondre aux demandes du personnel pour une dizaine de services : la bibliothèque, le service d'hygiène et de sécurité, la restauration, les voyages, le magasin d'entreprise, le service des cartes bancaires d'entreprise, et quelques autres. C'est finalement un des rares projets que nous ayons abandonnés. Les besoins de ces services étaient trop différents et les règles de gestion trop complexes pour être traités par une seule application, et nous avons passé tellement de temps à mettre le système en état de fonctionner que, lorsqu'il a été enfin au point, les exigences avaient changé. Cette expérience nous a enseigné quelque chose d'essentiel, à savoir qu'il y a très peu d'applications d'entreprise qui nécessitent un point de vue « central ». Nous avons donc laissé chaque service définir ses propre besoins. En travaillant à plus petite échelle, nous avons réduit considérablement la complexité du processus et le temps consacré à sa mise en œuvre. Aujourd'hui, tous les services internes ont leur propre application « besoins-solutions », qu'ils affinent plusieurs fois par an, et qui est un parfait exemple de l'efficacité des processus sans papier : avec un gain de temps considérable, ils permettent d'offrir un meilleur service aux employés.

Nous évitons de consacrer trop de temps à la mise au point des applications internes à l'entreprise. De trop longues périodes passées sur ce genre de tâche annulent souvent le bénéfice recherché, en raison de l'évolution permanente des besoins. Les processus décentralisés et circonscrits sont en général plus performants. Seules quelques applications particulières, comme celle de notre système de rapport financier, exigent d'être centralisées. Mais sur d'autres chantiers de gestion, nous engageons des équipes et des projets de dimensions restreintes, en gardant en tête la devise de nos équipes de production : « Les impératifs de livraison sont essentiels. »

Nous avons cherché à éviter toute démarche unilatérale dans notre approche du problème des intérimaires. Nous voulions aussi éviter de nous retrouver avec une demi-douzaine d'applications distinctes, impossibles à coordonner pour créer une solution globale. Nous avons opté pour une stratégie qui consistait à créer une série d'applications modulaires, conçues dans une perspective d'intégration de leurs données respectives.

Comme outils de base, nous avons utilisé MS Market, le logiciel d'approvisionnement en fournitures de notre intranet ; MS Invoice, notre site de réseau privé sur Internet, ou « extranet », qui permet entre autres à nos sous-traitants de nous transmettre leurs factures ; et enfin notre système SAP, qui gère toutes nos opérations financières. Comme nous disposions déjà de HeadTrax pour la gestion du personnel, nous nous en sommes servis comme interface pour l'utilisateur, sans nous préoccuper de savoir laquelle des applications « menait le bal » en coulisses. L'utilisateur n'avait qu'à cliquer sur une des caractéristiques de HeadTrax pour déclencher l'application désirée.

Le processus de contrat commence par une *opération d'approvisionnement* de MS Market, décrite en détail dans le chapitre 3. Les étapes du recrutement et de la gestion du personnel temporaire sont très semblables aux contrôles électroniques fournis par HeadTrax pour la gestion du personnel régulier. MS Invoice sert à la transmission électronique des factures et aux contrôles qui aident les cadres recruteurs ainsi que les agences d'intérim à ne pas dépasser leur budget. Pour chaque facture, le cadre recruteur peut vérifier le reliquat budgétaire sur le bon de commande. L'agence sait immédiatement *quelle facturation* correspond à quel contrat. Si une agence soumet une facture d'un montant supérieur à la somme restant sur l'ordre d'achat, la facture est rejetée. Si une autre accorde une augmentation à un intérimaire, le directeur de chez Microsoft peut l'approuver ou la dénoncer d'un seul clic.

Les lecteurs astucieux peuvent se demander pourquoi dans ce cas nous avons besoin de factures électroniques. Certaines grandes entreprises ont en effet réussi à les supprimer totalement. L'exemple classique est celui de Ford, qui traite toutes ses commandes de pièces sans facture. Quand le service achats reçoit une livraison de pièces détachées, la saisie d'un reçu correspondant déclenche le paiement automatique du fabricant. Pourquoi avoir recours à une facture, même informatique, alors que le fabricant est payé à réception de la marchandise ?

Nous avons expérimenté un système similaire, mais avec un certain nombre de différences notables : il ne s'agit pas en effet pour nous de marchandises, mais de services. Dans l'industrie, chaque article a un numéro de référence. Il est plus difficile d'obtenir cette relation automatique quand on traite le contrat d'un employé intérimaire. Il n'est pas facile non plus de relier un paiement électronique à tel ou tel employé, pour telle ou telle semaine, sans disposer de la référence que constitue un numéro de facture. Et nous n'entrevoyons pas encore de système de paiement sans facture qui fonctionne efficacement pour ces cas-là. La grande question pour nous était d'informatiser de A à Z le processus de travail temporaire pour que tous les renseignements utiles soient immédiatement disponibles.

En règle générale, un processus mal conçu multipliera par dix la durée du travail qu'il est censé accomplir. De nombreux ouvrages citent des exemples montrant comment la réingénierie a réussi à réduire un processus de trente jours à trois, ou de dix jours à un seul. Un bon processus élimine le temps perdu, et la technologie accélère le vrai travail à faire. Notre nouvelle application de travail temporaire permet certes une accélération du processus, mais ce n'est pas son avantage le plus important. L'amélioration de la vision d'ensemble des dirigeants, et la garantie que tout le monde respecte les directives de recrutement et le budget, voilà les véritables progrès pour l'entreprise. Encore plus important, nous pouvons comparer les performances d'un travailleur à celles d'un autre, et entretenir de meilleures relations avec ces employés.

Progresser pas à pas

N'hésitez pas à expérimenter des solutions et des processus nouveaux. Personne ne peut prédire tous les problèmes qui risquent de surgir. Il faut tester le logiciel avant que les utilisateurs et les créateurs puissent déterminer les déficiences d'un produit. D'autre part, une fois qu'ils ont une application en main, les utilisateurs entrevoient immanquablement de nouvelles voies et de nouveaux prolongements. C'est après avoir constaté concrètement les services que rendait HeadTrax pour la gestion du personnel que l'idée nous est venue de créer une application similaire pour le travail temporaire. Et les performances de HeadTrax nous ont conduits à y ajouter une fonctionnalité de recherche d'informations, de façon à comparer l'évolution des effectifs d'une année sur l'autre. Cette nouvelle fonctionnalité fera partie de la prochaine édition.

La complexité est la mort de tous les projets de réingénierie, en particulier de ceux où la technologie tient une grande place. Le *Wall Street Journal* a publié récemment une étude réalisée en 1996 par le cabinet Standish Group International, portant sur trois cent soixante entreprises, et qui révélait que 42 % des projets de technologie informatique étaient abandonnés avant d'être achevés. L'article du journal attribue la responsabilité de la plupart de ces échecs à la trop grande complexité des projets, et qualifiait d'« atterrant » le gaspillage qu'ils représentent, en ajoutant que « les risques d'échec d'un projet sont directement liés à sa taille et à son coût[1] ».

Des projets informatiques qui ne durent que trois ou quatre mois comportent de moindres risques d'échec. Sur un projet de courte durée, on est contraint de faire des compromis importants, qui garantissent plus de simplicité et de cohérence. Les objectifs sont plus facilement atteints, et si certains de ces projets courts échouent, la perte de temps et d'argent reste réduite. D'autre part, il est beaucoup moins difficile psychologiquement d'interrompre et de réorienter une équipe dont les membres n'ont pas l'impression d'avoir perdu une année entière à travailler sur un projet qui doit partir à la poubelle.

Quant aux projets qui demandent vraiment plusieurs années, il est possible de les découper en une série de projets successifs, ponctuée de points de contrôle définis. Une telle démarche autorise un développement parallèle des processus, et permet de pallier les insuffisances de

1. Bernard Wysocki, Jr., « Pulling the Plug : Some Firms, Let Down by Costly Computers, Opt to 'De-Engineer' », *Wall Street Journal*, 30 avril 1998.

l'un grâce à l'avance prise par d'autres. Dayton Hudson, la cinquième chaîne américaine de commerces de détail, souhaitait réduire dans ses onze cents magasins la durée du cycle de merchandising, c'est-à-dire le temps qui s'écoule entre la commande d'un article et son apparition sur les rayons. Ils ont commencé par diviser chacun des processus en étapes distinctes : le choix du style, de la couleur et du tissu, puis la sélection faite par le distributeur, et ainsi de suite. Après quoi, ils ont rapidement développé tous les systèmes indépendamment les uns des autres. Les nouveaux processus informatiques ont été ensuite reliés entre eux, et la durée du cycle d'approvisionnement en marchandises américaines est passée de vingt-cinq à dix jours et moins dans les magasins de la chaîne.

Vos projets auront d'autant plus de chances de réussir qu'avant de les entreprendre vous aurez déjà installé votre environnement informatique. Si vous dépendez essentiellement du support papier, l'apprentissage d'une application, étrangère à vos activités normales de gestion, demandera beaucoup de temps et causera beaucoup de difficultés qui vous feront douter de son utilité. Si en revanche votre environnement est déjà informatisé, le temps de formation sera amorti sur de nombreuses autres applications. D'autre part, les employés passés experts dans l'utilisation de cette technologie deviennent très exigeants quand il s'agit d'évaluer les performances de nouvelles applications. Les gens se mettront à vous demander : « Pourquoi le système de gestion du personnel ne fonctionne-t-il pas comme le système des ventes ? Et pourquoi ne peut-on passer des résumés aux informations détaillées ? Vous savez que, là, on pourrait facilement installer des alertes électroniques ? » Ils vous signaleront d'autres applications ou d'autres pages du Web auxquelles vous pourriez facilement vous connecter, et vous finirez par obtenir une solution plus complète.

En exploitant vos équipements existants, vous pouvez créer des applications pour un coût très marginal avec un bénéfice énorme. Vous avez déjà besoin du courrier électronique pour certaines communications, d'un accès au Web pour obtenir des informations à l'échelle mondiale, de sites Internet pour assurer votre promotion auprès de vos partenaires et de vos clients. Pourquoi ne pas utiliser ces technologies pour chacun de vos systèmes de gestion, en mettant à profit tant la technologie que le savoir-faire de vos employés ?

S'approprier le changement de processus

Au cours de notre deuxième conseil d'administration de 1998, nous avons invité un groupe de PDG et de responsables de département informatique, pour parler de la convergence entre les besoins de l'entreprise et la technologie. Une des questions qui ont été posées portait sur la raison des échecs de la technologie. Ralph Larsen, PDG de Johnson & Johnson, a répondu que la cause la plus fréquente d'échecs « spectaculaires » était que les dirigeants confiaient l'entière responsabilité des gros projets à leurs départements informatiques ou à des cabinets extérieurs, et qu'ensuite ils s'en lavaient les mains parce qu'ils trouvent cela trop compliqué. Il a ajouté : « C'est exactement la chose à ne pas faire. Toutes les réussites dans ce domaine proviennent de projets à forte appropriation de la direction. Le projet n'appartient ni au département informatique ni au consultant. Il doit bel et bien rester la propriété du chef d'entreprise. »

Il est impossible de réussir une refonte de processus sans garder une vue d'ensemble et demander à un cadre supérieur de veiller sur la coopération entre l'équipe de direction et l'équipe technique. Ce propriétaire du processus d'entreprise ne sera pas nécessairement la personne la plus ancienne ou la plus techniquement qualifiée de votre organisation, mais elle doit en revanche jouir d'une bonne compréhension des besoins de l'entreprise, et de la manière dont la technologie sera utilisée sur le terrain. Cette personne devra aussi être suffisamment respectée dans l'entreprise pour pouvoir faire appliquer les décisions. Elle devra aussi savoir simplifier les processus et arbitrer les compromis nécessaires entre les besoins de l'entreprise et les contraintes techniques.

La réponse de Ralph Larsen a trouvé un écho chez les directeurs informatiques présents. Patricia Higgins, d'Alcoa, a déclaré que la seule fois où elle avait vu un gros dépassement de coût dans un projet de réingénierie, c'est quand la direction en avait délégué la mise en œuvre. « N'utilisez jamais une nouvelle technologie informatique pour un simple remplacement d'anciens processus de gestion, ni même de systèmes informatiques antérieurs, a-t-elle continué. Saisissez toujours l'occasion de réétudier et de simplifier le processus, en vous demandant quelles sont les priorités de votre entreprise. » De nombreuses entreprises constatent que le surcoût intervient quand la refonte des processus ne fait pas partie intégrante de solutions nouvelles. Et il faut invariablement remettre le projet en chantier pour finir par faire fonctionner le système.

Qui doit s'approprier le processus de réingénierie et la technologie mise à son service ? Celui des dirigeants qui souffre le plus de la situation actuelle et à qui le changement profitera le plus.

Pour une gestion plus performante

- Attaquez-vous aux problèmes de processus sous des angles variés et servez-vous de la technologie pour créer des systèmes simplifiés, impossibles auparavant. Réévaluez périodiquement tous les processus.
- Revoyez la conception des processus pour optimiser vos flux de données, et vous résoudrez tous vos problèmes de gestion importants.
- Simplifiez pour prévenir les problèmes: affectez le moins d'employés possible à une tâche comportant le moins de transmissions possible.
- Ce sont les dirigeants, et non le seul service informatique, qui doivent rester maîtres des décisions d'investissement informatique.
- Un mauvais processus multiplie par dix la durée de la tâche à effectuer. Un bon processus éliminera ce gaspillage, et la technologie dopera la productivité.
- La complexité est mortelle pour tous les projets de réingénierie, et particulièrement pour ceux à fort coefficient technologique.

Évaluez votre système nerveux d'entreprise

- Votre système nerveux permet-il le déploiement rapide d'une solution dès l'origine, ainsi que d'autres améliorations ultérieures ? Ces affinements apportent-ils aux collaborateurs de meilleures possibilités de suivi ? Permettent-ils de dégager des tendances qui appellent une réaction des dirigeants ?
- Vous est-il possible de relier entre eux plusieurs petits processus indépendants, et par là même d'en créer un qui soit performant ?
- Vous servez-vous des flux de données numérisées pour simplifier un processus entier de bout en bout ?
- Évitez-vous les longs cycles de mise en œuvre en créant des solutions modulaires de petite taille, dont la conception de départ est orientée vers un échange de données numérisées ?

18

Traiter l'informatique comme une ressource stratégique

Jusqu'ici l'informatique a été productrice de données plutôt que d'informations – quant aux interrogations et stratégies nouvelles et différentes, n'en parlons pas. Les dirigeants n'ont pas utilisé la technologie récente parce qu'elle ne leur fournissait pas l'information qui répondait à leurs besoins.
Peter Drucker

Le traitement de l'information est au cœur des affaires. C'est pourquoi les chefs d'entreprise devraient s'impliquer dans l'informatique autant que dans n'importe quelle autre fonction vitale pour leur société. Pourtant, ils sont encore trop nombreux à demeurer en retrait. Les systèmes d'information ont souvent été considérés comme complexes et difficiles à gérer. Faire coïncider informatique et stratégie d'entreprise a paru insurmontable, et les discussions s'enlisaient toujours dans une succession d'acronymes. Mais quelle que soit la manière dont le chef du service informatique essayait de le dire, le message était celui-ci : les anciens systèmes étaient trop compliqués, trop chers et trop rigides pour répondre à des besoins nouveaux ou changeants.

La technologie a connu ces deux ou trois dernières années des bouleversements qui donnent au PDG l'occasion de modifier l'orientation technologique de sa société. Mais, pour cela, il doit satisfaire à trois conditions. Premièrement, être certain de considérer l'informatique comme une ressource stratégique qui va aider l'entreprise à mieux employer son personnel. L'informatique ne doit pas être considérée uniquement comme un facteur de coûts. Deuxièmement, ce chef d'entreprise a besoin d'en savoir assez sur le sujet pour pouvoir poser des questions pertinentes et coriaces au directeur de son service informatique et pour pouvoir juger s'il en obtient des réponses tout aussi pertinentes. Vu sous cet angle, le service informatique n'est pas différent du service des ventes, du département financier ou de la fabrication. Troisièmement, le PDG doit faire participer le directeur du service informatique aux discussions portant sur la gestion et la stratégie de l'entreprise. Il est impossible d'aligner une stratégie informatique sur une stratégie d'entreprise si le directeur de l'informatique n'est pas dans le coup.

Les PDG ont des connaissances technologiques qui varient du tout au tout : si Paul O'Neill, directeur général d'Alcoa, a commencé sa carrière en tant que programmeur pour l'Administration des anciens combattants, beaucoup d'autres, comme Ralph Larsen, directeur général de Johnson & Johnson, n'avaient absolument aucune expérience technologique. Celle de Paul lui a valu de ne pas être intimidé. Il a tout de suite compris qu'il fallait traiter les systèmes d'information d'une entreprise comme un tout. Quant à Ralph, son inexpérience l'a poussé à apprendre : pendant deux ans, il a travaillé seul, le week-end, et s'est initié au maniement d'un grand nombre d'applications sur micro. Il savait que, s'il ne maîtrisait pas mieux la technologie, il n'aurait pas la crédibilité nécessaire pour convaincre ses cent quatre-vingts filiales dans cinquante-cinq pays de standardiser leurs systèmes d'information. À cette époque, la fin des années 1980, Ralph et les autres cadres supérieurs de Johnson & Johnson croulaient sous les papiers. Pas sous l'information, sous les papiers. S'il avait besoin d'une *information*, il devait demander un rapport spécial au département financier. Ralph et Johnson & Johnson ont alors traversé « un douloureux processus : tout le monde devait comprendre que la mise en route de systèmes communs était absolument essentielle à notre survie sur le marché ».

Lorsque ces nouveaux systèmes ont enfin été connectés, un jour Ralph a sauté sur l'un de ses cadres en lui disant : « Vous avez reçu ma note ? Je vous ai envoyé un e-mail. » L'autre a répondu non, il n'avait pas d'ordinateur. « Dans ce cas, lui a rétorqué Ralph, vous n'entendrez plus jamais parler de moi, parce que désormais je ne communiquerai mes notes aux cadres que de cette manière. » Le lendemain, l'homme avait un ordinateur sur son bureau.

John Warner, directeur administratif chez Boeing, a lui aussi montré que l'exemple venait d'en haut. En effet, les quatre premières personnes à avoir utilisé le nouveau système de courrier électronique de la société ont été, dans l'ordre, le directeur général, les deux directeurs d'exploitation, et John lui-même. Ce dernier savait que, si les cadres supérieurs se servaient de l'e-mail, tout le monde dans la boîte voudrait s'en servir aussi. Boeing pensait que le courrier électronique mettrait plusieurs années avant de devenir un atout stratégique. Pourtant, quelques mois à peine après l'installation du système, il a compris son erreur : en 1996, un cadre supérieur de Seattle était en train de travailler avec un service des ventes européen sur une grosse commande, quand le personnel d'entretien a coupé accidentellement l'alimentation du serveur de courrier. La machine s'étant arrêtée pendant les vacances de Thanksgiving, il a fallu plusieurs jours avant de pouvoir la reconnecter. Boeing a reçu sa commande mais, à partir de là, la compagnie a mis en place les mêmes capacités de sauvegarde et de soutien pour son e-mail que pour ses autres systèmes de gestion.

Tous ces exemples tendent à prouver qu'un chef d'entreprise doit reconnaître l'importance stratégique de cette technologie, comme il le fait pour les autres initiatives essentielles à l'entreprise, et qu'il doit aussi montrer la voie. Pour ce faire, nul besoin d'être un expert. En fait, si vous connaissez trop de ces acronymes liés à l'informatique, vous risquez de vous concentrer sur un faux problème. Pour comprendre en quoi cette technologie peut aider votre entreprise, il vous suffit, au début, d'avoir des notions informatiques de base. Peu importe comment vous les obtenez. Je connais des cadres qui ont fait appel à des consultants toutes les semaines et qui leur ont appris des choses. Autre méthode d'apprentissage : avoir une bonne relation avec son directeur du service informatique.

Amener les informaticiens à penser business

Lorsqu'on a proposé à Patricia Higgins de devenir directrice du département informatique d'Alcoa, et lorsqu'on a fait cette même proposition à JoAnn Heisen chez Johnson & Johnson, dans un premier temps, les deux femmes ont eu la même réaction : refuser. Toutes deux voyaient dans l'informatique un service secondaire et obscur, pas vraiment intégré à la société. Patricia avait eu de nombreuses casquettes dans des entreprises de communication, la dernière en date étant celle de directrice de la communication chez Unisys. Quant à JoAnn, elle était restée plusieurs années directrice financière en charge de l'audit interne chez Johnson & Johnson. Elle n'avait eu qu'une seule relation avec le département informatique : pour contester la pertinence de ses demandes budgétaires. Elle a dit à Ralph : « Pourquoi m'avez-vous fait ça ? Directrice de l'informatique… Pourquoi pas directrice de l'arrière-boutique ? »

Pourtant, l'une comme l'autre ont fini par se laisser convaincre : leur PDG désirait redéfinir le rôle de directeur du département informatique et le soumettre à l'œil d'un gestionnaire. Faire endosser par des gestionnaires le métier de directeur informatique est une tendance grandissante. Patricia s'est transformée en « conseillère et coach » des services de gestion : elle leur a expliqué comment faire de l'information un atout stratégique pour continuer à améliorer leurs résultats. Quant à JoAnn, elle était cette femme d'affaires douée dont Ralph souhaitait qu'elle comble le « vide total » existant entre la gestion et le département informatique de son entreprise. « Le management était déçu par le niveau de service apporté, et notre personnel technique se sentait mal utilisé et peu respecté, dit Ralph. J'avais besoin de quelqu'un qui sache parler aux uns et aux autres. »

Au départ, JoAnn a pensé qu'elle devait apprendre le jargon technique. Puis elle a compris que c'étaient les informaticiens qui avaient besoin d'apprendre la langue des affaires. Cette intuition a marqué le début de séances au cours desquelles elle décrivait les problèmes auxquels était confrontée l'entreprise, en insistant pour que les techniciens lui répondent sans jargon, avec des mots simples, et lui expliquent comment la technologie pouvait lui venir en aide. JoAnn, dont on dit parfois qu'elle est le bilan ambulant de la société, s'est assurée que les informaticiens comprenaient bien les enjeux, les objectifs, les questions – mouvantes dans le domaine des soins –, et les produits que l'on était en train de lancer chez Johnson & Johnson. Après quoi elle a mis les équipes informatiques au défi : comment pouvaient-elles soutenir les efforts actuels de l'entreprise et l'augmentation du volume d'affaires à venir ? Ce dialogue a marqué une première étape majeure dans la redéfinition du rôle de l'informatique chez Johnson & Johnson.

Les directeurs des départements informatiques n'ont pas toujours eu un accès facile aux PDG, et certains insistent aujourd'hui pour dépendre directement d'eux. Ce n'est pas forcément décisif, mais, quelle que soit la façon dont vous organisez votre direction, l'essentiel est de ménager une relation de travail étroite entre le directeur informatique et les cadres supérieurs de gestion… et de vous impliquer dans leurs discussions.

Chez Alcoa comme chez Johnson & Johnson, le directeur du département informatique siège au plus haut niveau du comité de direction ; et les responsables informatique des filiales siègent aux comités de direction de leurs sociétés. Carlson Companies, leader international dans les services de marketing, hôtellerie et voyages, a un directeur du département informatique qui apparaît à la fois sur la planification stratégique et aux comités d'affectation des fonds. Carlson convoque régulièrement une réunion informatique où le responsable de la planification rencontre les directeurs informatique des divers départements. La société organise chaque année deux réunions officielles, au cours desquelles le directeur général et d'autres cadres supérieurs expliquent la stratégie de l'entreprise et ses implications sur le plan informatique aux sept cent cinquante informaticiens qu'elle emploie ainsi qu'à leurs états-majors. Les directeurs des départements informatiques se réunissent également entre eux deux fois par an, pour se donner des tuyaux sur la façon de mieux soutenir les objectifs de l'entreprise.

En revanche, si votre directeur de l'informatique dépend du directeur financier, je vous suggère de revoir votre organigramme. En effet, il est probable que l'informatique est considérée comme un poste des frais généraux et que l'on s'attache à en réduire les coûts. Or, il faut considérer les opportunités qu'elle favorise pour l'entreprise, et la traiter uniquement sous cet angle. Si votre directeur financier a la bosse des affaires, votre directeur informatique pourra peut-être dépendre de lui sans avoir de problèmes. Sinon, il vous faudra sans doute trouver une autre solution. Chez Microsoft, le responsable du département informatique et le responsable financier dépendent tous deux de Bob Herbold, notre directeur d'exploitation : il a plusieurs années d'expérience à la fois dans la gestion et dans l'informatique.

Depuis la création de Microsoft, j'ai toujours fait appel à la technologie quand je voulais résoudre des problèmes de gestion. L'intégration de notre univers informatique avec nos objectifs commerciaux commence par les plans gestion, marketing et vente des cadres supérieurs : Steve Ballmer, Bob Herbold, Jeff Raikes et d'autres. Après avoir examiné ces plans, John Connors, notre directeur du département informatique, crée un premier projet. Il le développe ensuite à travers une série de réunions avec Bob, les vice-présidents de toutes les branches de l'entreprise et ses propres responsables. Ce projet, une fois qu'il contient toutes les initiatives technologiques et leurs coûts financiers, part chez Steve pour examen. C'est alors qu'on me soumet enfin le projet... et il est consensuel.

Dans le secteur informatique comme dans tous nos départements, ces projets annuels sont réactualisés en milieu d'année. John et le comité de direction se réunissent à quatre autres reprises dans l'année sur des questions d'actualité. En 1998, elles étaient les suivantes : la fusion prévue des systèmes techniques pour toutes nos propriétés Internet, la stratégie à long terme pour notre infrastructure en réseau, les progrès en disponibilité et fiabilité de nos produits systèmes majeurs, et les forces et faiblesses de nos produits systèmes centraux dans les environnements d'entreprises à grande échelle.

Si John nous fait des recommandations sur la façon dont nous pourrions améliorer nos produits à destination des entreprises, c'est parce que sa tâche est encore plus complexe qu'il n'y paraît : en effet, c'est à lui qu'il incombe de se servir de nos logiciels avant quiconque hors de Microsoft. Il a la charge d'utiliser notre large environnement informatique comme un laboratoire du monde réel. Nous appelons cela « manger sa propre pâtée pour chiens », une manière affectueuse, quoique inélégante, de désigner un travail sérieux : car si nous n'arrivons pas à faire tourner notre entreprise avec nos technologies, nous n'allons pas demander aux clients de le faire. Par exemple, avant de mettre Microsoft Exchange e-mail sur le marché, nous l'avons utilisé comme notre propre e-mail interne, servant nos quatorze mille employés de l'époque.

Cette obligation de tester les versions bêta au sein de Microsoft et le tempérament de nos cadres supérieurs, qui sont nombreux à en savoir plus long que John sur la technologie, l'obligent à relever d'incroyables défis. En tant que directeur du département informatique, il obtient sans doute plus de moyens que la majorité de ses confrères, mais il a aussi plus de monde penché sur son épaule. Nous plaçons la barre très haut.

Bien sûr, aucun directeur de département informatique n'a la vie facile. Ce travail peut vous valoir un zéro pointé si vous échouez, mais à peine dix sur vingt si vous réussissez – après tout, le truc que vous avez mis au point est censé fonctionner, non ? Un jour, après une vérification informatique particulièrement difficile, en rentrant chez lui, John a fait part de sa lassitude à sa femme. « Elle m'a répondu que mon boulot ressemblait à celui des gars qui concevaient les pièces pour les voitures de Henry Ford : c'est le retour que je donne au service production qui va faciliter la vie des clients partout dans le monde. Elle m'a rappelé que j'avais vraiment un job amusant – et que personne ne m'avait obligé à signer pour le faire. »

Ces dernières années, nous avons adapté nos stratégies afin d'y inclure Internet, et John a dû adapter parallèlement nos ressources informatiques. En gros, il avait pour priorité de développer les applications permettant d'utiliser Internet comme un moyen de communication pour nos partenaires et clients, et d'augmenter la largeur de notre bande passante pour accélérer sur notre réseau le débit des communications venant de nos clients, associés et employés du monde entier.

Au fil des années, nous avons connu peu de brèches véritables entre les services gestion et informatique. Celles qui se produisent parfois résultent le plus souvent d'initiatives prises, au sein d'un département, par des gens qui ne comprennent pas les contraintes informatiques sous-tendant leurs programmes. Ils peuvent, par exemple, annoncer une date officielle avant d'avoir reçu le feu vert de l'informatique. Nous avions un seul programme délivrant des licences d'utilisation en ligne, et les signaux manquants nous ont contraints à une solution technique « bancale », que l'informatique a dû faire fonctionner de façon cohérente, tout en concevant dans le même temps un système correct pour la version suivante. Il arrive que le client et la pression du marché provoquent le même genre de dilemme. Ainsi, nous avons dû préparer dans des délais très courts un service appelé Windows Update (Mise à jour Windows), qui permet aux utilisateurs d'obtenir facilement des actualisations et des corrections de logiciels sur le Web. Ce service devait être disponible sept jours sur sept, vingt-quatre heures sur vingt-quatre, ou « disponibilité 7 x 24 ». Fort heureusement, l'équipe de John avait déjà réalisé suffisamment de projets 7 x 24 pour nos autres sites Internet en 1998, lorsque le nouveau service a démarré, et maîtrisait le savoir-faire nécessaire pour effectuer dans les temps le travail sur le serveur.

Une bonne équipe informatique est capable de traiter occasionnellement un projet surprise, mais un chef d'entreprise doit user de son autorité pour veiller à ce qu'elle ne soit pas débordée, et faire en sorte que tous les cadres supérieurs s'accordent sur les cinq à huit priorités informatiques de l'année et acceptent un compromis sur d'autres projets moins essentiels. Plus le directeur général est au fait des capacités informatiques, plus il est à même de susciter les bons compromis lorsque surgissent d'autres projets urgents. S'il ne sait pas faire respecter ces priorités, le directeur du service informatique et son personnel, voulant en faire trop, finiront par ne rien faire à fond.

Rendre à César...

Toute infrastructure informatique coûte cher au départ. Ce poste représente et représentera longtemps une grosse part des coûts structurels de l'entreprise. En trente ans, il sera passé de 5 % des dépenses totales en matériel, à plus de 50 %, d'ici à l'an 2000. Dans certains secteurs comme l'assurance et le courtage en valeurs mobilières, l'informatique représente plus de 80 % du budget matériel. Pour réussir, une entreprise doit rentabiliser au maximum cet investissement. On demande souvent au directeur du département informatique de justifier le coût de l'infrastructure : ce n'est pas son rôle. L'infrastructure profitant à tous les services, c'est le PDG qui doit porter la responsabilité des dépenses informatiques. Le directeur informatique a la charge de le conseiller, d'implanter l'infrastructure une fois la décision prise et d'y adjoindre des applications de gestion. Il doit aussi faire comprendre à son personnel technique la gestion de l'entreprise, lui apprendre à y réfléchir, et l'organiser de façon qu'il réponde à ses besoins. Toutes notions qu'il ne pourra transmettre que s'il les possède lui-même.

Si le chef d'entreprise n'a pas impliqué le directeur informatique dans les décisions importantes, et si l'informatique ne « dégage » pas de résultats, il en porte la responsabilité. En revanche, s'il a bien impliqué son directeur informatique dans la stratégie de l'entreprise, c'est ce dernier qui est responsable de l'échec. Peut-être est-ce la raison pour laquelle ce métier passe soit pour une fin de carrière, soit pour un tremplin vers la direction générale. Un individu capable de voir comment mettre la technologie au service des besoins de l'entreprise a, pour celle-ci, une valeur considérable ; alors que, dans le cas contraire, il ne lui apporte pas grand-chose.

Première condition : l'installation d'une infrastructure moderne. Le directeur général va parfois devoir s'opposer à la résistance des présidents de département ou de filiale, tous habitués à prendre des décisions autonomes et prétendant avoir des besoins « différents ». On peut alors faire appel aux grandes sociétés de conseil. Une application baptisée IT Advisor (Conseil informatique) aide le chef d'entreprise à évaluer sa situation informatique et lui permet soit d'éviter le « gouffre informatique », soit d'en sortir. On reconnaît une société tombée dans le « gouffre » à une augmentation galopante de ses dépenses informatiques, à des frais de maintenance disproportionnés, à une complexité croissante du système et à de piètres retours sur les nouveaux investissements. Basé sur les recherches de McKinsey Company, IT Advisor aide les sociétés à juger leur actif, leur gestion et leur productivité informatiques grâce à soixante-neuf critères d'évaluation. Vous pouvez voir où se situe votre entreprise en termes d'efficacité informatique et, le cas échéant, savoir où concentrer vos énergies pour sortir du gouffre. L'objectif est d'atteindre le sommet de la montagne informatique, où vous trouverez une infrastructure à la fois souple et robuste, des coûts informatiques et une organisation dirigés vers des solutions adaptées à l'entreprise, ainsi que plusieurs des meilleures applications de gestion. Si vous voulez savoir rapidement où en est votre société, jetez donc unœil sur l'IT Advisor interactif du site Web de ce livre : www.Speed-of-Thought.com.

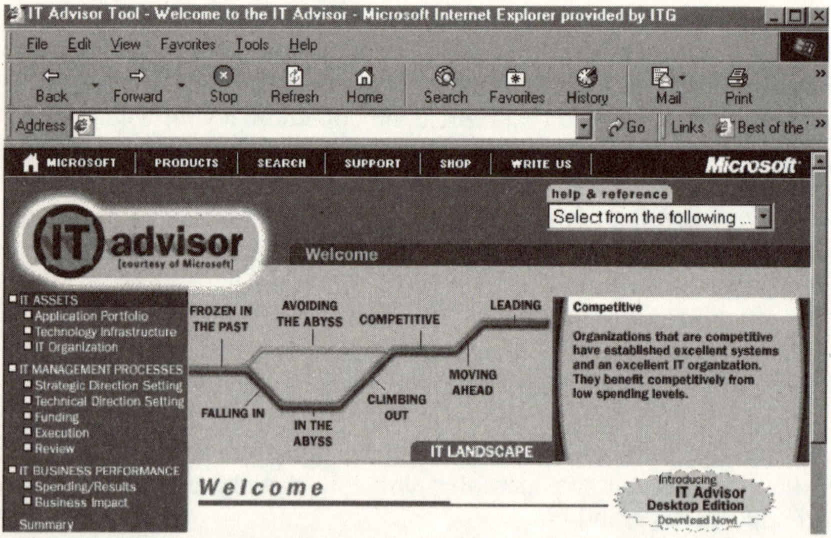

IT Advisor est un outil en ligne pour aider les entreprises à évaluer leurs capacités informatiques. En répondant à une série de questions sur le portefeuille d'applications d'une compagnie, son infrastructure technique et son organisation informatique, les entreprises peuvent voir si elles sont coincées dans le passé, si elles sont tombées dans le « gouffre » des coûts informatiques élevés couplés à de mauvais résultats, ou si elles se servent de l'informatique de manière compétitive. L'application sert de conseil aux entreprises pour travailler avec leurs départements informatique et devenir des leaders dans l'application de solutions numériques à leurs problèmes.

Il existe une autre manière d'évaluer votre infrastructure, c'est de voir quel pourcentage de votre actif informatique vous consacrez à acheter et gérer des ordinateurs, à fournir un support technique et à faire fonctionner des applications de base. Si plus d'un tiers du budget informatique passe dans ces fonctions de routine, votre système est inefficace, sans doute à cause d'une infrastructure trop complexe. En essayant de trouver comment améliorer les services aux particuliers, un

État d'Australie a découvert qu'il dépensait 55 % de ses efforts informatiques en gestion administrative. Par comparaison, les entreprises dont l'informatique est performante n'en consacrent que 30 % aux opérations de routine. L'Australie-Méridionale a alors constaté qu'une infrastructure plus rationnelle dégagerait jusqu'à 25 % de moyens supplémentaires, lesquels pouvaient être consacrés à améliorer les services aux particuliers. Cet État a porté son choix sur une infrastructure de micro-ordinateurs, il a standardisé sa plate-forme messagerie et sous-traité la maintenance sur une base forfaitaire pour s'assurer la maîtrise des coûts.

Carlson a suivi un parcours similaire en externalisant la maintenance de ses applications héritées. Tout comme les Australiens, Carlson voulait libérer certains de ses développeurs internes pour créer des solutions de gestion. Néanmoins, il n'existe pas de situations rigoureusement identiques. Johnson & Johnson a révélé dans une étude qu'il était déjà plus performant dans la maintenance de son ordinateur central que ne le serait une société extérieure ; il n'avait donc aucune raison de sous-traiter sa maintenance.

Tous ces exemples montrent que l'externalisation fonctionne si votre fournisseur extérieur apporte des pratiques supérieures, qui échappent au savoir-faire de votre société ou à votre axe de développement initial. Mais je ne vous conseillerais pas de sous-traiter le développement des applications stratégiques. J'ai récemment demandé à une entreprise qui envisageait d'externaliser toute son informatique ce qu'il allait lui rester de ses affaires ! Que ferait-elle si le fournisseur ne se montrait pas à la hauteur, ou tout simplement s'il abandonnait un jour le projet ?

Certes, vous devrez vous montrer attentif aux coûts informatiques mais, au bout du compte, il vous faudra juger votre infrastructure en fonction de la valeur qu'elle apporte à votre entreprise. Quitte à payer, ne feriez-vous pas mieux de dépenser cet argent pour trouver des solutions, plutôt que pour continuer de faire bêtement tourner la machine ? Une bonne infrastructure peut diminuer les coûts de base, mais un chef d'entreprise devrait toujours se demander ce que lui permet son infrastructure informatique, plutôt que ce qu'elle lui fait économiser. Tout dépend sur quoi on met l'accent : l'entreprise devrait s'efforcer de consacrer chaque année un moindre pourcentage de ses ressources informatiques à des fonctions de routine, au profit de nouvelles solutions de gestion.

Lorsque vous examinez le coût du projet, méfiez-vous du piège qui consiste à imputer le prix de l'amélioration de l'infrastructure à la première application qui en bénéficie. Rien de tel pour donner à une précieuse solution de gestion un aspect financièrement irréalisable. Demandez-vous plutôt combien vont coûter la deuxième et la troisième application : ces solutions supplémentaires devraient atteindre un coût marginal relativement faible. Par exemple, un bon système de messagerie est cher, mais, ajoutées à ce système, des applications supplémentaires de circulation du travail devraient être assez abordables.

Il faudrait aussi inclure la formation dans les coûts d'infrastructure. On voit fréquemment des entreprises investir des sommes considérables en matériel et en logiciels, et négliger la formation de leurs utilisateurs. À quoi bon ? Toute solution technologique réussie implique de généreuses et opiniâtres doses de formation. Incorporez la formation dans les budgets annuels. Ce sera le meilleur investissement que vous aurez jamais fait.

Ce n'est pas une coïncidence si la plupart des entreprises décrites dans ce livre ont choisi de s'engager dans une informatique dynamique pour entreprendre des projets spécifiques qui augmentent leurs bénéfices grâce à des produits de meilleure qualité, moins chers, livrés plus rapidement et grâce à des services clients plus performants. C'est que ces entreprises ont assimilé une leçon essentielle : l'informatique est là pour faire de l'argent ! Plutôt que de vous obstiner à vouloir contenir les coûts informatiques, évaluez-les en termes d'efficacité par rapport au résultat final. À l'âge du numérique, le secret de la réussite est dans la réussite informatique. Et le secret de la réussite informatique, c'est une infrastructure moderne, souple, basée sur des micro-ordinateurs et sur des standards Internet.

Pour une gestion plus performante

- Un chef d'entreprise doit comprendre son département informatique comme il comprend toute autre fonction nécessaire à l'entreprise. La responsabilité d'une utilisation stratégique de l'informatique ne peut être déléguée au directeur de département.
- Un chef d'entreprise doit considérer l'informatique comme une ressource stratégique qui va aider sa société à générer des bénéfices.
- Le directeur du département informatique doit participer au développement de la stratégie d'entreprise et être capable d'exprimer dans un langage simple en quoi l'informatique pourra contribuer à la mise en œuvre de cette stratégie.
- Ne pas oublier de traiter les frais de formation comme faisant partie intégrante du coût de l'infrastructure.

Évaluez votre système nerveux d'entreprise

- Consacrez-vous chaque année de moins en moins de ressources informatiques à faire tourner les systèmes existants, au profit de nouvelles solutions pour l'entreprise ?
- Disposez-vous d'un grand nombre de très bonnes applications de gestion ?
- Que coûterait l'ajout de nouvelles solutions à votre infrastructure actuelle ?

CINQUIÈME PARTIE

DES ENTREPRISES PARTICULIÈRES LIVRENT DES LEÇONS GÉNÉRALES

19

Aucun système de soins n'est une île

Mieux vaut un bon diagnostic qu'un gentil docteur.
Alfred Sloan, président de General Motors

Il y a quelques années, un garçon qui venait d'entrer chez Microsoft a été rappelé dans sa ville d'origine, où sa mère avait eu une légère attaque. Suffisamment rétablie pour quitter l'hôpital, Mrs. Jones (appelons-la ainsi) est restée chez sa sœur pendant que son fils, qui souhaitait qu'elle se rapproche de lui, s'occupait de son déménagement vers le nord-ouest. Mrs. Jones s'est remise de son attaque, mais elle a été désormais incapable de vivre seule, et ses périodes de bonne santé ont alterné avec des problèmes de plus en plus aigus nécessitant des hospitalisations répétées.

Les événements médicaux qui ont ponctué les deux dernières années de la vie de Mrs. Jones révèlent le meilleur et le pire du système médical américain. Elle a été bien soignée, et même avec un grand nombre de méthodes de pointe, dans trois hôpitaux et par plus d'une douzaine de médecins dans deux États. Ses capacités physiques diminuant, les siens – une famille de la classe moyenne – ont pu trouver des établissements décents lui garantissant une assistance plus importante. Medicare[1] et son assurance privée ont honoré la plupart des factures ; sa famille et elle ont payé le reste. Ses nombreux médecins, infirmières et autres prestataires de soins se sont montrés professionnels et toujours gentils.

1. Assistance médicale aux personnes âgées. (*N.d.T.*)

Mrs. Jones a conservé jusqu'à la fin sa dignité, et elle est morte dans son sommeil.

Pourtant, le système était loin d'être parfait. Lorsque Mrs. Jones a quitté le premier hôpital pour habiter chez sa sœur, à cinquante kilomètres, un défaut de communication entre médecins a fait qu'on a maintenu son traitement à un dosage élevé, alors qu'il aurait dû être diminué. Le temps qu'elle arrive dans le Nord-Ouest, les effets secondaires dus à ce surdosage nécessitaient une hospitalisation immédiate. Comme son dossier ne l'avait pas suivie, il a fallu refaire beaucoup d'examens coûteux. Il s'est produit la même chose un an plus tard, quand elle a été admise dans un autre établissement. Son hospitalisation finale de trois semaines, sans chirurgie, n'en a pas moins coûté 25 000 dollars. Un jour, le médecin qu'elle quittait, la confondant avec une autre patiente, a téléphoné à celui qui allait prendre la suite en disant que les récentes hospitalisations de sa patiente relevaient d'un « abus du système ». C'était moins d'une semaine avant son décès.

Ce genre de problèmes, et bien d'autres, ont perduré malgré la présence auprès de Mrs. Jones d'avocats de la famille, aptes à se retrouver dans le labyrinthe des options proposées par les services médico-sociaux. Son fils et sa belle-fille se sont relayés pendant des heures pour faire la queue dans tel organisme ou téléphoner à tel autre. Et ils ont mis un an à convaincre un hôpital d'arrêter de leur envoyer des factures pour des soins qu'ils avaient déjà intégralement réglés.

Le nombre d'hôpitaux, de médecins, de centres médicaux, de pharmacies, de maisons de santé et d'organismes publics et privés concernés a fait s'accumuler une invraisemblable quantité de paperasse. « Dans les périodes où maman recevait des soins intensifs, la pile de papiers grimpait exactement de deux centimètres et demi par mois », dit son fils.

Celui-ci emportait alors dans ses déplacements professionnels un dossier supplémentaire contenant la paperasse en cours. Une fois son travail terminé, il classait laborieusement les factures en s'aidant de petits papiers de couleur : bleu si la facture avait été envoyée à Medicare ; jaune si, après être passée par Medicare, elle avait été expédiée à une assurance privée ; rouge s'il l'avait retournée pour cause d'erreur, et vert si elle avait franchi toutes les étapes et s'il ne lui restait plus qu'à signer le chèque pour régler le solde.

Imaginez le nombre d'individus que représentait toute cette paperasse. À chaque médecin et infirmière ayant soigné sa maman devaient correspondre une douzaine de personnes en train d'établir des factures dans un maquis d'organismes différents : l'hôpital ou le cabinet du médecin, la pharmacie, l'administration sociale, Medicare, l'assurance privée. On aurait dit une campagne militaire du passé : pour chaque soldat sur le champ de bataille, vous aviez vingt personnes derrière les lignes, qui s'occupaient de logistique.

La plupart des experts estiment que la paperasse représente 20 à 30 % des trois milliards de dollars que coûte chaque année le système médical américain. Dans les hôpitaux, ce chiffre pourrait atteindre 40 à 50 %. Un séjour d'une semaine peut générer jusqu'à une centaine de formulaires. Un coût alourdi par le fait que, sur les un à deux milliards de demandes d'indemnisation déposées chaque année aux États-Unis, environ 13 % sont retournées pour cause d'erreur[1].

La paperasse et la complexité ont grimpé en flèche au moment même où l'industrie médicale américaine passait à la « régulation des soins », s'efforçant de réduire les dépenses, d'empêcher la fraude et de garantir des traitements cohérents et adaptés. Dans le cadre de cette régulation des soins, un organisme, qu'il s'agisse de Medicare ou d'une assurance privée, passe un contrat avec un groupe de médecins qui doit fournir des prestations médicales aux résultats contrôlés et aux tarifs préalablement fixés : 1 000 dollars une appendicectomie, 15 dollars un vaccin contre la grippe, etc. D'après *Les Chiffres officiels de l'assurance maladie 1998*, début 1997 (dernière année pour laquelle ils sont disponibles), plus de cent soixante millions d'Américains étaient immatriculés dans un programme de régulation des soins.

Les médecins sont conscients de la nécessité de contrôler les dépenses de santé, mais ils ont l'impression d'être noyés sous la réglementation et dépossédés de leurs actes par les bureaucrates. Ils craignent qu'on ne limite leurs choix thérapeutiques et que les malades n'en pâtissent. Cela dit, ils ont eux-mêmes contribué à compliquer les choses en traitant les dossiers de leurs patients comme des dossiers d'affaires qu'ils hésitaient souvent à partager avec des médecins concurrents. Et la plupart d'entre eux exècrent les ordinateurs, bien que l'on puisse surtout imputer cette aversion au côté rudimentaire et onéreux des premiers systèmes d'information médicaux.

Curieusement, cette régulation, que beaucoup de praticiens détestent volontiers, va peut-être se révéler le moteur d'une pénétration des systèmes d'information dans le domaine des soins médicaux et repla-

1. Kambiz-Foroohar, « Rx : software », *Forbes*, 7 mars 1997, p. 114.

cer ceux-ci sous leur contrôle. Quand vous disposez d'assez de renseignements cliniques utiles face aux médecins, ils y trouvent un avantage et en redemandent. Parallèlement, les malades se rendent compte de la quantité d'informations supplémentaires que leur offre le Web, et le fait d'être mieux informés les responsabilise face à leur santé et leur donne le sentiment de mieux la maîtriser.

Le Web vous donne les commandes de votre santé

J'ai personnellement passé de nombreuses heures sur le Web, à me renseigner sur des problèmes de santé touchant mes amis ou des membres de ma famille. Le détail de l'information médicale y est proprement stupéfiant. Mais il y a aussi beaucoup de charlatans sur Internet, n'allez donc pas croire tout ce que vous y lirez. Et faites attention aux références des individus ou des organismes qui diffusent l'information.

Avec le temps, la mise à disposition de toutes ces données ne pourra qu'améliorer en profondeur les connaissances médicales des gens et les rendre plus responsables des décisions relatives à leur santé. Hamilton Jordan, le chef d'état-major du président Carter, s'est battu à plusieurs reprises contre le cancer. La première fois, alors qu'il était sur le point d'abandonner, un ami lui a dit : « Dans le choix du traitement, personne ne joue plus gros que toi », et il l'a convaincu de prendre lui-même son cas en main. Lors de cette première atteinte, qu'il croyait due à une exposition à l'agent Orange pendant la guerre du Viêt-nam, Jordan a hanté les bibliothèques pour ses recherches. Une dizaine d'années plus tard, alors qu'il luttait contre un cancer de la prostate, il utilisait Internet, devenait expert dans sa maladie et prenait une part active à son traitement.

Andy Grove, le président de Intel, a connu une expérience similaire en affrontant le même cancer il y a plusieurs années. Il s'est connecté pour lire les informations disponibles sur les différentes approches médicales et s'est vite rendu compte qu'il n'existait aucune étude comparative valable. Toujours homme de science, il a élaboré sa propre étude à partir des données brutes !

Jordan, dont les antécédents familiaux comptaient plusieurs cancers de la prostate, a choisi la chirurgie. Grove, dans une situation et avec des antécédents différents, a préféré un mélange de radiothérapie générale et de « bombe intelligente ». L'essentiel, c'est que, grâce à de bons avis médicaux et à leurs propres recherches, ces deux hommes ont pris leur décision en parfaite connaissance de cause.

Mais Internet ne fournit pas que des informations médicales. Il permet aussi aux malades atteints de la même pathologie de rester en contact, de partager leurs expériences et de se sentir moins seuls. La communauté des malades est à échelle mondiale et, grâce aux forums en ligne, ils peuvent facilement communiquer.

Le Centre de recherche contre le cancer Fred Hutchinson, de Seattle, expérimente une nouvelle façon de créer une communauté Internet, en utilisant la réalité virtuelle pour donner aux patients et à leurs familles une impression d'« être là ». Une expérience virtuelle qui se révèle particulièrement précieuse avant l'arrivée du malade dans le centre, car elle favorise un plus grand sentiment de confort et de familiarité : le patient et sa famille peuvent visiter les lieux sur Internet et se promener en trois dimensions dans les installations. Ils ont aussi la possibilité d'assister à des exposés sur différents sujets et de passer voir d'autres malades et leurs proches dans des zones communes. Plus tard, un membre de la famille pourra prendre un rendez-vous et bavarder en ligne avec telle ou telle personne de l'équipe médicale qu'il aura rencontrée. Loin de se substituer au contact face à face, ces expériences virtuelles l'intensifient.

Les bénéfices sur le plan clinique ont également incité les directeurs d'établissement à faire pression pour obtenir de meilleurs systèmes d'information. Mais ils se sont parfois heurtés aux réticences de leurs conseils d'administration, trop souvent obnubilés par la réduction des coûts lors des fusions qui ont émaillé ces dernières années. À ce jour, les établissements médicaux n'ont consacré que 2 à 3 % de leur chiffre d'affaires à l'informatique, un chiffre à comparer aux 15 % de l'industrie bancaire, par exemple. Bien que riche en technologies de pointe, le secteur médical s'est dirigé, pour son informatique, vers des systèmes de diagnostic autonomes et non vers un flux d'information.

Souvent, les applications employées ne sont pas conçues pour travailler avec d'autres, malgré le nombre de services censés partager les données : labo, pharmacie, radiologie, banque du sang, monitorage, graphiques et facturation. Les organismes médicaux ont dû élaborer des interfaces spéciales articulant chaque application avec chaque autre, sans exception. Un organisme de santé type peut ainsi avoir des centaines d'interfaces. Un seul en gère couramment mille huit cents. Cette complexité est l'une des raisons pour lesquelles il a fallu deux ans avant que tel établissement ne s'équipe d'un nouveau système, et deux autres avant l'installation dudit système – c'est incontestablement trop long.

Aujourd'hui, la situation se présente sous un jour plus encourageant. Le gouvernement américain a fait voter une loi qui impose la standardisation des transactions financières et administratives électroniques, y compris les dossiers informatiques des malades. Plusieurs organismes travaillent à établir des standards techniques nationaux qui permettent l'interopérabilité des applications médicales. Le Microsoft Healthcare Users Group (Groupement Microsoft des usagers des services médicaux) – qui, avec son MS-HUG, possède l'un des acronymes les plus chaleureux que je connaisse[1] – œuvre à la création d'applications médicales qui exploiteraient à la fois la technologie Windows standard et la toute nouvelle technologie Internet pour fonctionner en « *plug and play*[2] ».

Un meilleur traitement de l'information par les organismes médicaux va se révéler une nécessité absolue dans l'avenir. Certains, ayant compris que les besoins de leurs patients ne pouvaient pas attendre, prennent énergiquement la tête du mouvement. Ils prouvent qu'un centre nerveux d'entreprise peut être d'une aide inestimable dans tous les soins apportés aux malades : depuis les urgences jusqu'au traitement hospitalier, en passant par le suivi du patient et l'analyse des tendances pathologiques à long terme.

Des réactions immédiates dans les services d'urgence

Dans six pays, plus de quatre-vingts services ambulanciers et centres de lutte anti-incendie ont augmenté leur capacité de réaction grâce à des systèmes opérant sur micro-ordinateurs. Couplés avec des satellites GPS (Système de positionnement global), ils localisent l'ambulance la plus proche du domicile du malade et lui indiquent l'itinéraire le plus

1. En effet, prononcé comme un mot ordinaire, le sigle signifie « Miss Étreinte ». (*N.d.T*)
2. Littéralement, « branchez, ça marche ». (*N.d.T.*)

rapide pour y parvenir. Les deux plus grosses sociétés d'assistance médicale d'urgence américaines, American Medical Response (AMR) et Rural/Metro Ambulance Service, utilisent des micro-ordinateurs pour conseiller à leurs « dispatchers » le meilleur redéploiement possible des voitures.

La Rural/Metro de San Diego est capable de calculer, sur ses cinq cents équipements de lutte anti-incendie, combien doivent être envoyés sur un feu et avec quels types de véhicules. Une grande échelle peut être utile pour un sinistre dans une tour, par exemple, ou tel autre équipement aléatoire nécessaire pour un feu d'usine. Le service de lutte anti-incendie de Denver se sert d'un système opérant sur micros pour afficher les plans des principaux immeubles et les emplacements des bouches d'incendie. Il signale aussi à ses hommes toute personne invalide habitant à proximité et pouvant nécessiter une évacuation.

Aucune compagnie de secours d'urgence de ce pays n'a sans doute plus utilisé la technologie de la micro qu'Acadian Ambulance and Air Med Services, à Lafayette, en Louisiane. En effet, elle est en train d'élaborer une circulation complète de l'information autour de VisiCAD pour incendie/EMS software, de TriTech Software System (CAD signifie ici *dispatching* assisté par ordinateur). Avec mille deux cents employés et 90 millions de dollars de chiffre d'affaires, Acadian est la plus grosse entreprise de transports ambulanciers indépendante des États-Unis. À partir d'un unique central situé à Lafayette, elle dessert vingt-six comtés du sud de la Louisiane sur vingt-sept mille kilomètres carrés de villes, de bourgs, de champs de canne à sucre, de rizières et de bayous. Chaque jour, Acadian traite cinq à six cents appels nécessitant l'intervention d'ambulances et d'hélicoptères médicalement équipés.

Les utilisateurs de ce système logiciel fonctionnant sur micro-ordinateur disent qu'il fait régulièrement gagner soixante à quatre-vingt-dix secondes sur le temps de réaction aux appels du 91[1]. Dans un métier où la vie ou la mort peut être l'affaire de quelques minutes, voire de quelques secondes, le progrès n'est pas mince. Mais le plus appréciable, c'est que ce même système permet à l'équipe médicale de secourir les blessés ou malades non seulement à son arrivée sur les lieux, mais aussi en chemin. Pendant que l'ambulance roule, le logiciel suggère au dispatcher une série de questions à poser à la personne qui a appelé. Il télécharge les réponses à l'équipe médicale et conseille son interlocuteur

1. Numéro d'urgence équivalent à police secours. (*N.d.T.*)

sur les techniques de premiers secours à appliquer en attendant l'arrivée de l'ambulance. Le système lui rappelle même de l'interroger sur l'éventuelle présence d'un chien de garde ou de tout autre danger potentiel pour l'équipe.

Un nouveau système graphique, basé dans l'ambulance et fonctionnant sur des portables Fujitsu, contribue à s'assurer que les secouristes d'Acadian respectent bien les étapes normales de la procédure. Le micro affiche un schéma du corps humain divisé en sept régions. Le secouriste tapote dans le schéma sur la partie du corps qui pose problème. Selon qu'il s'agit d'une circonstance pathologique, comme un arrêt cardiaque, ou d'un traumatisme – une perforation, par exemple –, l'appareil préconise des soins différents.

Remplaçant les dossiers papier du passé, le système permet aux secouristes-ambulanciers de créer rapidement un nouveau fichier malade. Il fait apparaître des zones de renseignements types, convertit en texte les noms d'hôpitaux écrits à la main et complète automatiquement leurs adresses. Si le malade a souscrit un abonnement mensuel chez Acadian, le système importe également dans le graphique les informations médicales issues des données préalablement chargées sur le disque dur du portable.

Comme certains autres actes médicaux, l'administration d'une intraveineuse requiert la signature d'un médecin dès l'arrivée à l'hôpital. Le praticien signe avec un stylet dans un champ réservé sur l'écran. Si, par la suite, on entre dans la machine un nouveau traitement, une nouvelle signature sera demandée, garantissant ainsi le contrôle médical de toutes les procédures.

Une fois complété, le dossier est téléchargé via un service d'accès distant dans le réseau d'Acadian. L'encryptage protège la confidentialité des renseignements sur le malade. Tous les jours, le système rappelle à l'équipe l'éventuelle présence de fichiers incomplets. Si un fichier n'est pas complété et téléchargé dans les cinq jours, un « dossier retard » est automatiquement envoyé par courrier électronique au superviseur, qui suivra l'affaire.

Le système graphique a augmenté l'exactitude des dossiers de 60 à 90 %.

Enfin, Acadian projette d'intégrer ses systèmes informatiques de telle sorte que les données initialement entrées par les secouristes passent directement en comptabilité, et que les heures de travail effectuées passent tout de suite en paiement. La même infrastructure coordonnera automatiquement la formation, la délivrance de la licence de secourisme, les conditions OSHA, etc. ; elle procédera automatiquement aux demandes de carburant en fonction de la consommation des véhicules et permettra qu'ils soient mieux entretenus, car ils représentent l'équipement le plus coûteux que possède Acadian.

Mais ces progrès dans l'exploitation ne sont pas tout : les données recueillies par Acadian l'aident à devenir toujours plus performante dans les soins apportés aux malades. Les secouristes sont confrontés à un dilemme lorsqu'ils doivent choisir entre faire une intraveineuse sur place et différer le départ pour l'hôpital, ou partir d'abord pour l'hôpital tout en sachant que les secousses de l'ambulance risquent de compliquer l'injection du produit. En analysant les données collectées sur les micros récemment équipés du système, Acadian a pu constater que le taux de succès était identique dans les deux cas : elle a fait de l'intraveineuse pendant le transport la procédure habituelle, ce qui a permis de gagner quelques minutes sur l'arrivée à l'hôpital.

L'analyse de ces données lui a aussi permis de fournir des formations spécifiques aux secouristes qui réussissaient statistiquement peu ou mal les intraveineuses ou les intubations (l'insertion d'un tube dans la gorge d'un malade pour aider la respiration). Le même type d'analyses lui a encore indiqué qu'elle pouvait renoncer à stocker deux médicaments qui arrivaient immanquablement à expiration avant qu'elle en ait l'usage.

Avec les anciens dossiers papier, de telles analyses se seraient révélées pour le moins difficiles. Même si les chefs d'équipe revoyaient les rapports d'intervention, il leur était impossible d'y repérer quoi que ce soit, hormis les éléments les plus évidents, comme des retards importants chez une équipe ou une rare erreur majeure. Les cinq à six cents rapports produits quotidiennement venaient juste grossir la pile. Ils ne trouvaient d'utilité qu'en tant qu'archives individuelles, et non en tant que données analysables. En poursuivant dans ce sens, Acadian disposera bientôt d'assez de données sur la région pour répondre à presque toutes les tendances pathologiques : elle n'aura pas besoin d'attendre des études nationales prospectives.

Comme d'autres entreprises de secours d'urgence, Acadian vise aussi l'étape suivante : transférer en même temps les données numériques et le malade. À Birmingham, en Alabama, dix hôpitaux ont commencé d'utiliser TraumaNet, un logiciel qui permet à un auxiliaire médical de transmettre électroniquement depuis l'ambulance les données de base sur le malade. Ces données parviennent à un Central de communications sur les traumatismes qui dirige l'ambulance vers l'hôpital disposant du traitement d'urgence approprié et répercute les données sur celui-ci, afin qu'il puisse se préparer à accueillir le malade. Au final, l'objectif est d'utiliser les systèmes numériques pour fournir à l'établissement une image holistique de l'état du patient, avant que l'ambulance ne stoppe devant la porte des urgences.

Le dossier informatisé au service du patient

Une fois à l'hôpital, le malade bénéficie encore de ces systèmes d'information : ils renseignent mieux le personnel soignant sur ses antécédents, détaillent les soins jour après jour, soulagent médecins et infirmières d'une paperasse excessive et leur permettent donc de lui consacrer davantage de temps. On trouve une bonne illustration de la façon dont un hôpital peut intégrer tous ces renseignements sur le patient à l'hôpital des Enfants malades et Centre médical régional de Seattle. L'hôpital des Enfants malades est un établissement pédiatrique à but non lucratif de deux cent huit lits, affilié à la faculté de médecine de Washington. Cette unité compte, sur place, cent quatre-vingts médecins et une centaine d'internes, plus deux cent quarante autres internes qui tournent sur plusieurs programmes. L'hôpital des Enfants malades est associé à plus de cinquante services pédiatriques de consultation externe, en Alaska, dans l'Idaho, le Montana, l'État de Washington et le Wyoming, qui lui envoient des enfants venus de ces cinq États.

Lorsqu'un malade y est admis, tous les renseignements concernant son identité sont saisis sur un micro-ordinateur et stockés dans une base de données centrale. L'hôpital compte plus de mille cinq cents micros installés à chaque étage, dans chaque service, et à proximité de chaque chambre. Dès qu'un membre du personnel a un contact avec le malade, la visite est consignée dans cette base de données. Tout membre de l'équipe soignante, même un médecin venu de l'un des centres de consultation externe, peut saisir l'information. Si une infirmière a besoin d'aviser un médecin de l'état d'un patient, elle peut l'appeler sur son bip ; il se connecte alors sur un micro-ordinateur, soit à l'intérieur de l'hôpital, soit à distance, pour étudier l'état de son malade.

Chaque traitement, chaque examen, chaque médicament, chaque acte médical effectué à l'hôpital des Enfants malades est entré sous CareVISION, un système de gestion de l'information sur les patients de HealthVISION Corporation. Un fichier CareVISION fournit à l'établissement un dossier numérique complet sur le patient et sur ce que l'hôpital a fait pour lui. Développé en coordination avec les cliniciens des Enfants malades, qui ont travaillé sur le projet avec l'équipe informatique, le système CareVISION peut capturer des données aussi pointues que le nombre de fois où une infirmière a visité un malade, l'a tourné dans son lit ou lui a donné un bain. Le médecin qui clique sur le nom d'un patient pour examiner son dossier peut approfondir sa recherche et obtenir tous les détails souhaités. Tous les résultats de labo et autres renseignements qui figuraient autrefois dans le torrent des cent-pages-par-semaine-et-par-malade sont désormais stockés numériquement dans une base de données. Tout est capturé électroniquement, de sorte que l'hôpital dispose d'un instantané complet de tous les moments où il s'occupe du malade et de tout ce qu'il lui fait.

Bientôt, l'établissement ajoutera un module d'aide à la décision pour alerter en temps réel le personnel médical sur d'éventuels doublons dans les thérapeutiques ou incompatibilités entre traitements. Par exemple, le système alertera le médecin en train de saisir une ordonnance si le médicament a une interaction néfaste avec un autre déjà pris par l'enfant, ou si ce dernier y est allergique. Ou bien le médecin demandera une radio, et le système dira : « Nous avons déjà demandé une radio hier. Êtes-vous sûr d'en vouloir une autre ? »

Si Acadian analyse ses données pour repérer des tendances et développer les traitements d'urgence appropriés, l'hôpital des Enfants malades, lui, utilise son système pour mettre en œuvre de « meilleures techniques » de soins. La profession appelle ça des itinéraires cliniques, c'est-à-dire des protocoles thérapeutiques optimaux visant des pathologies bien précises. La plupart des hôpitaux ont toujours eu des itinéraires cliniques pour certaines maladies, mais le support papier les faisait souvent atterrir sur une étagère, où on n'allait que rarement les chercher. Et même lorsque c'était le cas, le support papier ne facilitait ni la collecte des données ni leur évaluation afin d'améliorer la procédure.

À l'hôpital des Enfants malades, les données concernant les soins sont capturées automatiquement ; ainsi, les équipes qui élaborent les itinéraires cliniques peuvent dégager des tendances, perfectionner ces protocoles thérapeutiques, en programmer de nouveaux sous CareVISION et les « pousser » jusqu'aux médecins dans la chambre des malades, là où ils administrent le traitement. Et lorsqu'un praticien prescrit un médicament ou un traitement, le système revérifie si cette prescription est bien compatible avec l'itinéraire clinique de l'hôpital, et attire l'attention du médecin sur de nouveaux protocoles qu'il risquerait d'ignorer sans cela.

Pouvoir passer au crible des données afin de développer de meilleures techniques de soins revêt une importance toute particulière pour cet hôpital qui est également un centre universitaire. Afin d'assister internes et étudiants, CareVISION comportera des commandes présélectionnées respectant les protocoles optimaux en cours. Si l'interne n'est pas familiarisé avec le répertoire des commandes, le système pourra lui envoyer par e-mail des informations générales qu'il lira ultérieurement. Les références en ligne contiendront les données les plus récentes et expliqueront les avantages et inconvénients, en termes de coût et d'efficacité, des différents traitements. Si un interne entre une commande inadéquate, CareVISION empêchera qu'elle ne soit transmise et lui enverra un supplément d'informations en lui expliquant pourquoi sa commande a été bloquée ; il pourra aussi alerter le médecin responsable sur les domaines dans lesquels l'interne risque d'avoir besoin d'une formation complémentaire.

L'intégration du nouveau système avec le système de facturation hérité préserve les investissements antérieurs de l'hôpital ; et il satisfait rigoureusement aux critères de sécurité et de confidentialité. Il facilite les remboursements puisque les assurances peuvent y trouver tous les renseignements qui leur sont nécessaires. Et comme il capture numériquement toutes les données sur les soins apportés aux malades, l'hôpital peut lancer des traces d'audit et produire des rapports de gestion fouillés.

Le système étant standardisé, l'hôpital des Enfants malades pourra le modifier ou l'enrichir dans toutes les directions voulues. Il projette d'ailleurs d'y incorporer une imagerie numérique pour que, quel que soit l'endroit où ils se trouvent, les médecins puissent examiner visuellement les problèmes des malades.

L'hôpital savait qu'implémenter un système d'information de niveau international axé sur les soins prendrait du temps, coûterait de l'argent et entraînerait quelques surprises. Mais il savait aussi que ne pas passer au tout-numérique pouvait se révéler encore plus risqué et coûteux. « Oui, c'est cher. Non, ce n'est pas aussi facile que ça devrait l'être. Oui, il nous faut du temps pour mettre ce truc au point, dit John Dwight, son directeur informatique. Mais nous n'avons vraiment pas d'alternative. Les hôpitaux ne tiendront pas le coup dans le monde des services de santé d'aujourd'hui, s'ils n'investissent pas dans des systèmes d'information numérique qui leur permettent de suivre et d'analyser des données sur les soins qu'ils fournissent. Nous avions le choix entre faire du meilleur boulot en analysant nos thérapeutiques, ou fermer la boutique. »

Assurer des soins suivis

La technologie de la micro et du Web ne profite pas seulement aux soins apportés en milieu hospitalier, mais aussi à la pratique clinique quotidienne. Sentara est un service de santé de Norfolk, en Virginie, prestataire de soins en Virginie du Sud et dans le nord de la Caroline du Nord. Et il utilise Internet pour mettre les médecins en rapport avec les malades, que ces derniers soient hospitalisés, ou en traitement à domicile.

Sentara a créé une application intranet appelée SpinWeb. Celle-ci procure à son réseau de deux mille praticiens et cinq mille employés de bureau un accès instantané aux dossiers des patients, ainsi qu'aux autres systèmes d'information hospitaliers sur le Web. Depuis leur cabinet ou de chez eux, les médecins se connectent à ses serveurs micros afin de vérifier l'état de leurs patients, de lire les résultats d'analyses fournis par le labo, les bulletins de sortie de l'hôpital, des nouvelles d'autres patients, des ouvrages médicaux de référence ou des informations proposées par l'assurance-maladie. Un chirurgien peut se connecter la veille d'une opération pour contrôler la condition physique de son malade. Grâce à SpinWeb, un médecin peut également, via un micro, revoir, éditer et signer électroniquement à distance les documents d'un patient. L'e-mail permet aux praticiens de communiquer entre eux et avec Sentara.

Autant de facilités qui leur évitent de devoir se rendre à l'hôpital, souvent depuis des zones rurales, chaque fois qu'une étape de routine a été franchie dans un traitement… et qui leur épargnent le fardeau administratif de diffusion de la paperasse.

Sentara fournit aussi un monitoring quotidien à une large catégorie de patients à hauts risques, comme les diabétiques, auxquels elle apprend à gérer leur maladie. Aujourd'hui, des auxiliaires médicaux procèdent à des vérifications préventives, une ou plusieurs fois par jour, afin de contrôler le taux de sucre dans le sang et d'autres indicateurs déterminants. Avec SpinWeb, le malade pourra bientôt se connecter à Internet et entrer lui-même ses bilans quotidiens, qui partiront à la fois chez l'auxiliaire médical et chez le médecin. L'application SpinWeb saura assurer d'elle-même les premières préconisations : si le taux de sucre passe sous un certain seuil, elle recommandera par exemple au malade de boire un jus d'orange. D'autre part, l'auxiliaire médical et le médecin pourront prescrire des traitements prophylactiques, où qu'ils soient et de manière anticipée. SpinWeb permettra aussi à Sentara de dégager des tendances : dans un cas de diabète, par exemple, il pourra apparaître clairement que, tous les jours vers seize heures, le taux de sucre dans le sang est élevé, ce qui incitera le praticien à recommander un changement de régime.

Les applications basées sur Internet, comme SpinWeb, élargissent l'accès à l'information des nombreux médecins et malades qui habitent les zones rurales desservies par Sentara. Lorsqu'un patient est envoyé chez un spécialiste d'une localité voisine, le médecin de sa ville d'origine peut continuer à le suivre grâce aux rapports envoyés sur le site SpinWeb. D'ici peu, quand un patient aura besoin d'être soigné loin de la région, SpinWeb fournira son dossier en ligne à toute équipe médicale autorisée. Sentara émettra une carte d'appel d'urgence, avec un numéro de téléphone gratuit qu'un autre prestataire médical pourra appeler pour accéder à son site Web. En quelques minutes, cette équipe en saura autant sur les antécédents du malade que le médecin du cru.

Repérer les risques sanitaires invisibles

Amélioration dans les soins immédiats, dans la poursuite du dialogue médecin-malade, mais aussi, grâce à la technologie de l'information, dans le progrès médical. Car elle permet la capture et l'analyse à plus long terme des symptômes, des maladies et des traitements. Leader dans la collecte et l'analyse des données, l'US Air Force veille ainsi par monitorage sur ses troupes basées à l'étranger pour les protéger des risques sanitaires.

En rentrant du Viêt-nam ou de la guerre du Golfe, beaucoup de militaires se sont plaints de maux que les médecins n'arrivaient pas à cerner. Les vétérans du Viêt-nam les croyaient dus à une exposition à l'agent Orange, un défoliant employé par l'armée américaine. On a aussi pas mal spéculé sur ce qui avait provoqué le « syndrome de la guerre du Golfe » : inhalation de vapeurs d'essence, effets retard des vaccins ou possible exposition aux armes chimiques irakiennes. Histoire d'ajouter à la confusion, il existe au moins une étude ayant conclu que le nombre de pathologies insolites n'est pas plus élevé chez les combattants du Golfe que chez les soldats restés hors des zones de combat. Sans un inventaire cohérent des symptômes apparus sur le terrain et plus tard, ainsi que des événements ayant pu les provoquer, personne ne peut dire avec certitude si ces maladies ont quelque chose à voir avec la guerre, ni quelles en sont précisément les causes.

Au milieu des années 90, on a commencé à s'inquiéter sérieusement d'une possible pathologie liée à la guerre du Golfe. Le général de brigade Klaus Schafer, médecin-major des troupes de combat de l'US Air Force, a alors déclaré : « Je ne vais laisser aucun agent Orange ni aucun syndrome de la guerre du Golfe tomber sur mes hommes. Je veux savoir dans quel environnement je les envoie et ce qui leur arrive. » Il s'est rendu au Service de santé des armées et lui a demandé de l'aider à développer un système de dossiers cliniques numérisés, déployable sur le terrain, qui lui permettrait de collecter des données médicales sur les environnements dans lesquels on envoyait les troupes. Le Service de santé des armées a trouvé l'idée excellente, mais a répondu qu'il lui faudrait deux ou trois ans pour développer un tel système.

C'était trop long. Le général Schafer, son meilleur officier informaticien, le lieutenant-colonel Edward Kline, et un groupe d'experts techniques se sont alors tournés vers les logiciels disponibles dans le commerce, les ordinateurs portables et les serveurs à bon marché. Le but était de repérer et d'analyser ce que l'armée appelle les « atteintes physiques hors combat » : une catégorie fort large qui recouvre tout problème de santé autre que les blessures survenues dans la bataille. Le résultat a été Desert Care, une application qui permet à l'armée de l'air de diagnostiquer précisément les maladies et de dégager des tendances pathologiques sur une région. En suivant l'état de santé des troupes, Desert Care peut aussi être amené à découvrir d'éventuelles et invisibles activités pathogènes de l'ennemi.

Tout compris, le développement de ce programme a pris quatre mois et n'a coûté que 200.000 dollars. Aujourd'hui, Desert Care est déployé dans le Sud-Ouest asiatique – golfe Persique et Moyen-Orient – et assiste les vingt-huit mille hommes de l'Air Force qui tournent chaque année dans la région. D'ici à un an, il pourrait être « institutionnalisé » dans toute l'armée de l'air, c'est-à-dire dans tous les endroits où elle stationne, fournissant alors des renseignements médicaux sur des milliers d'individus supplémentaires et des dizaines d'autres environnements. L'armée de terre et l'US Navy vont encore élargir son champ d'action puisqu'elles envisagent de l'adopter à leur tour sur leurs théâtres d'opérations.

Protéger chaque individu et l'armée tout entière

Avant Desert Care, l'affection dont souffrait un militaire n'était qu'un symptôme isolé au milieu de nulle part. On la traitait à coups de médicaments, on la consignait sur une fiche et on l'oubliait. Maintenant, un médecin de l'armée de l'air qui soigne un militaire entre les données sur un portable. Ces informations sont expédiées chaque jour par courrier électronique aux États-Unis, où on les fusionne avec des dossiers qui proviennent d'autres positions sur le même théâtre d'opérations. Plusieurs équipes de statisticiens universitaires et militaires analysent alors ces données afin de définir des critères, d'obtenir une image plus large de ce qui se passe sur le plan médical, et de guetter tout indice de l'émergence d'une maladie. Si d'autres militaires de la même base, ou évoluant dans un rayon de cinq cents kilomètres, font état de symptômes identiques, l'armée en prend immédiatement connaissance et peut réagir. Le but est d'apporter une « protection des forces », c'est-à-dire de permettre aux militaires de répondre rapidement à une attaque chimique ou biologique.

Desert Care n'a pas tardé à faire ses preuves, quoique de façon assez ordinaire, en détectant la récurrence de maladies qui laissaient soupçonner un dérapage sanitaire dans les cuisines d'une base. Sans assistance numérique, l'armée de l'air aurait peut-être attendu des semaines avant d'avoir connaissance du problème et de pouvoir imposer une hygiène plus stricte.

Desert Care fournit également beaucoup de données de base utiles pour soigner les militaires après leur retour au pays. Imaginons un soldat admis au Centre médical de l'armée de terre d'Andrews, dans le Maryland, un an ou deux après son retour du Koweït et faisant état d'accès dépressifs intermittents et de vertiges. Les médecins pourront alors consulter la base de données et voir ce qui se passait au Koweït pendant qu'il s'y trouvait : un autre militaire a-t-il présenté les mêmes symptômes à l'époque ? D'autres vétérans les ont-ils à présent ? Le militaire en question a-t-il été vacciné contre le charbon avant son départ ? Si un élément quelconque peut être mis en relation avec ces symptômes, ou des problèmes similaires à une période précise dans un endroit donné, Desert Care offre aux médecins toutes les chances de le découvrir.

Le général Schafer projette d'augmenter encore les capacités du système afin de détecter les problèmes médicaux sur toute une région. Il envisage, lorsqu'elles seront commercialisées, d'y introduire des sondes ADN portatives, qui permettront au personnel médical d'identifier sur-le-champ bactéries ou virus grâce à des échantillons de sang et d'urine. Desert Care deviendra alors un outil de soins sur le terrain autant qu'un outil de diagnostic. Les praticiens et étudiants en médecine exerçant sur place seront également équipés d'appareils photo numériques, avec lesquels ils prendront des clichés des lésions cutanées ou d'autres symptômes ; ils les incorporeront ensuite au dossier médical électronique général, soit pour demander une aide au diagnostic à leurs confrères restés aux États-Unis, soit pour une étude rétrospective du cas.

Ce suivi à long terme des tendances pathologiques d'un personnel militaire fort dispersé offre un excellent modèle aux applications civiles. Grâce aux dossiers numériques, on pourra étudier des maladies apparaissant dans différents groupes de populations et découvrir, dans la durée, des corrélations touchant l'environnement, les prédispositions génétiques, l'âge et le sexe, sans avoir à lancer d'études spécialisées. Il existe au moins un hôpital, dans le Midwest américain, qui expérimente un suivi à long terme de populations malades, afin de déterminer quels sont les traitements les plus efficaces et de prévenir des affections plus sérieuses.

Développer un système de soins complet

Imaginez qu'il y ait dans votre ville un système de soins élaboré à partir des éléments décrits dans ce chapitre. Un dispositif d'urgence intelligent et souple vous emmène rapidement à l'hôpital, et tous les renseignements essentiels sur vos antécédents et votre situation médicale actuelle viennent immédiatement alimenter les ordinateurs de l'établissement. Un médecin utilise un écran tactile, un clavier, une tablette électronique ou (très bientôt) un système de reconnaissance vocale, pour rédiger votre ordonnance. Les instructions numériques sont expédiées au laboratoire et à la pharmacie. Des instruments reliés à des micro-ordinateurs renvoient électroniquement les résultats d'analyses. Ces dossiers et les autres sont accessibles en ligne et peuvent aisément être consultés par n'importe quel médecin, qu'il soit ou non sur place. Des messages d'alerte surgissent automatiquement pour signaler toute incompatibilité entre traitements ou tout écart par rapport à l'itinéraire clinique préalablement décidé. Gestion des stocks et facturation s'effectuent, eux aussi, automatiquement. Les systèmes de traitement transactionnels détectent fraudes et anomalies et, avec le temps, apprennent à prendre les contre-mesures adéquates. Au lieu de passer la moitié de leur journée à gratter du papier, médecins et infirmières vous consacrent pratiquement tout leur temps, ainsi qu'à leurs autres malades. Résultats d'analyses et factures vous parviennent dans un langage simple, compréhensible. Toutes les informations concernant votre traitement et vos médicaments font automatiquement l'objet d'une évaluation sur le long terme pour essayer de prévenir d'éventuelles réactions contraires.

Votre suivi médical est, lui aussi, programmé automatiquement. Vous recherchez des informations sur Internet et vos échanges avec le personnel soignant sont mieux documentés, plus poussés, que vous communiquiez avec eux par e-mail ou en consultation. Vous vous servez du courrier électronique pour poser des questions de routine à votre praticien et recevoir des rappels sur les programmes de soins en cours ou sur les médicaments bientôt périmés. Lorsque vous changez de projet thérapeutique, tout votre passé médical vous accompagne, au lieu de se perdre ou de vous suivre plusieurs mois plus tard. Tout au long de votre vie, il ne vous quitte pas. Les médecins l'utilisent pour détecter certaines prédispositions dans la tension artérielle, le taux de cholestérol ou autres, et pour chercher des indices susceptibles de révéler un problème grave. Une analyse médicale systématique de l'ensemble de la communauté alerte les autorités sur tout phénomène alarmant pour la santé publique, avec beaucoup plus de rapidité et de précision qu'il n'était possible de le faire auparavant.

La télémédecine améliore les soins et la formation

Les technologies vidéo sur micro-ordinateur sont, elles aussi, en train de révolutionner la médecine. Grâce à des téléviseurs basés sur micros, la compagnie de transports ambulanciers Acadian projette de relier certains médecins de la côte à plus d'une centaine de techniciens de l'urgence médicale en poste sur des plates-formes pétrolières dans le golfe du Mexique. La télémédecine devrait améliorer le diagnostic et les soins apportés sur place, et permettre de supprimer beaucoup des héliportages d'urgence, qui coûtent aux compagnies pétrolières entre 23 000 et 70 000 francs le voyage.

Les gouvernements des États australiens utilisent la télémédecine pour apporter des soins jusque dans les contrées les plus reculées du continent, et même dans d'autres régions du Sud-Est asiatique. La Malaisie envisage d'utiliser cette technologie pour diffuser un programme « télé-santé » dans tout le pays. L'objectif n'est pas seulement de fournir des soins ciblés, mais des programmes de prévention à long terme, afin d'aider les habitants à éviter les maladies cardiaques et autres pathologies liées au mode de vie, qui sont devenues monnaie courante en Occident.

Le Centre hospitalier universitaire de Columbia, aux États-Unis, utilise la vidéo sur Internet pour assurer la formation des praticiens ; il est le premier hôpital à avoir pratiqué une opération cardiaque en direct sur Internet. Les médecins ont fait la démonstration des techniques chirurgicales sur la vidéo, et une série de diapositives a fourni les détails techniques. La vidéo peut être repassée à tout moment ; ainsi, les chirurgiens de toutes les cliniques et hôpitaux de la ville ont la possibilité de découvrir des techniques poussées auxquelles ils n'auraient pas eu accès sans cela.

Internet sert aussi à diffuser d'importantes conférences médicales à des gens qui ne peuvent y assister physiquement. Les deux premières, au printemps 1998, se sont tenues à l'hôpital Johns-Hopkins et ont porté sur les soins cliniques des patients atteints du VIH et sur leurs résultats. Des milliers de participants en ligne ont renvoyé un écho positif, encourageant le Johns-Hopkins à programmer une couverture vidéo de plusieurs conférences sur le sida – l'une d'entre elles sera diffusée en trois langues –, et sur d'autres sujets.

En envisageant d'adopter les technologies de la micro et du Web, les services de santé ne s'exposent pas forcément à des dépenses démesurées. Les estimations portant sur un système de données intégré impliquant médecins, hôpitaux et prestataires de soins, sont très variables. La revue *Medicine & Health* estime que la phase de démarrage coûterait annuellement à un grand hôpital, un organisme sanitaire ou tout autre service de santé, entre cinq et cinquante millions de dollars. Ces estimations à la hausse supposent que l'on utilise toujours des systèmes incompatibles, un matériel de diagnostic très spécialisé et que l'on ne cesse de développer les systèmes médicaux, jusqu'à en faire d'énormes projets monolithiques.

Les micro-ordinateurs autorisent quant à eux une approche pas à pas, et l'emploi d'un plus grand nombre de logiciels immédiatement disponibles. Les exemples de systèmes de données livrés dans ce chapitre ont tous été développés de façon autonome ; réunis, ils couvrent la majorité des aspects du traitement médical à court et à long terme. Comme ils ont tous été élaborés sur la plate-forme micro, il serait facile de les lier sans une intégration ruineuse. Désormais, le micro sert aussi de frontal à des appareils spécialisés – dispositifs échographiques, scanners, analyseurs de sang et de tissus –, ce qui réduit leur coût et permet l'intégration de leurs données. Les micro-ordinateurs sont assez puissants pour traiter des centaines de milliers de demandes à l'heure ou de lourdes recherches dans les dossiers des malades. Et ils peuvent, si besoin est, être reliés à des systèmes d'arrière-plan. Tout compris, les applications décrites dans ce chapitre, si on les implémente en tant que solution unique, coûteraient moins que les cinq millions évoqués par *Medicine & Health*.

Ce n'est certes pas une somme négligeable, mais elle est modique comparée à ce que la plupart des organismes de santé dépensent aujourd'hui en transactions papier et en applications informatiques autonomes. La paperasse représente 20 à 40 % du milliard de dollars minimum engrangés annuellement par l'industrie médicale américaine. Les frais de fonctionnement égalent donc 200 à 300 milliards de dollars par an – c'est plus que le produit national brut de beaucoup de pays.

Aujourd'hui, le plus gros obstacle à l'amélioration des soins est l'absence de systèmes d'information dans les cabinets médicaux. Aux États-Unis, seuls 5 % d'entre eux utilisent des ordinateurs pour leur travail clinique. Informatiser un cabinet coûte de 10.000 à 50.000 dollars, mais le médecin pourra vite rentrer dans ses frais. À Hammon, en Louisiane, un service de consultation externe où exercent cinq praticiens a investi environ 50.000 dollarss dans des systèmes sur micro-ordinateurs qui facilitaient la saisie des données par les médecins ; dès la première année, il a économisé 60.000 dollars en seuls frais de transcription[1].

L'inertie étant ce qu'elle est, il faudra beaucoup s'investir auprès des professions médicales avant de remodeler les soins par l'information numérique. La technologie est déjà disponible. Un investissement dans une infrastructure et des outils de base ne permettra pas seulement une énorme réduction des dépenses, mais aussi un meilleur traitement

1. Fred Bazzoli, « Automating Patient Records » (« Automatiser les dossiers des patients »), *Windows in Healthcare*, été 1998, p. 20-28.

de la santé pour tous. Le progrès sera initié par deux groupes : d'une part, des malades avertis qui insisteront pour obtenir plus de renseignements et s'impliquer davantage dans leur santé ; et, d'autre part, des professionnels qui maîtriseront Internet et utiliseront ces nouveaux outils pour améliorer leurs thérapeutiques. Ensemble, ils se serviront d'un système nerveux d'entreprise pour transformer les îlots de soins en un seul et unique continent de thérapeutiques intégrées.

Pour une gestion plus performante

- Le style de vie Internet permet aux malades d'être mieux renseignés sur leur santé et d'en être davantage responsables ; il leur offre une nouvelle manière de communiquer avec les médecins.
- La régulation des soins a fourni l'élan économique nécessaire pour étendre les systèmes d'information à la pratique clinique, mais le véritable bénéfice du numérique n'est autre que l'amélioration des soins apportés aux malades.
- Grâce aux systèmes informatisés, il devient possible de créer une image globale de l'état et des besoins d'un patient d'un bout à l'autre de la chaîne des soins : aux urgences, à l'hôpital, dans le suivi médical et dans l'analyse prospective.

Évaluez votre système nerveux d'entreprise

- Concevez-vous vos systèmes médicaux dans l'idée que les données sur le malade doivent s'écouler facilement des services d'urgence à l'hôpital et de l'hôpital au médecin ?
- Les systèmes informatiques permettent-ils à vos professionnels de passer moins de temps en paperasse et plus de temps avec les patients ? Aident-ils les médecins dans leur prise de décision ?
- Si un malade est appelé à recevoir des soins loin de chez lui, pouvez-vous facilement fournir les données le concernant à un autre établissement ?
- Vous préparez-vous au jour proche où vos patients insisteront pour communiquer par le Web ?

20

Rapprocher l'État des citoyens

Nous devons donner aux citoyens les moyens d'agir en leur nom, sans avoir besoin de passer par une bureaucratie. Chose que la bureaucratie a parfois du mal à comprendre. Les administrations devraient se considérer comme un recours pour les gens, et pas comme un bureau chargé de les régenter. Il faut croire que ça les amuse d'aider les gens à résoudre leurs problèmes...
Bill Lindner, ministre de la Fonction publique, État de Floride

L'État est peut-être l'organisation qui pourrait le mieux tirer parti de l'informatique pour améliorer ses services et les rendre plus efficaces. Les pays développés vont ouvrir la voie en créant des bureaux sans papier afin de réduire la bureaucratie. Quant aux pays en voie de développement, ils pourront fournir de nouveaux services sans avoir jamais eu à traiter une paperasse encombrante. Pourtant, la plupart des États ont un retard considérable dans l'utilisation des outils de l'ère numérique. Les entreprises qui adoptent le numérique s'enlisent dans les formulaires parce que les administrations ne sont pas encore connectées.

Cette lenteur est moins due à un manque d'argent qu'à une absence de convergence organisationnelle. Les administrations demandant beaucoup de main-d'œuvre et de papier, par le passé, toute « rationalisation » passait par une réduction des services. Or, il n'est pas rare que le législateur leur interdise de fermer quelque bureau que ce soit, ce qui les contraint à batailler pour en faire plus avec moins de moyens. Parallèlement à cela, elles développent peu de mesures motivantes ou d'incitations économiques qui puissent susciter un progrès dans le service. Et le citoyen ne risque pas d'aller porter son affaire à une autre trésorerie ou à un autre bureau de délivrance des permis. Au bout du compte, les administrations se concentrent plus sur leurs petits problèmes de statut et de fonctionnement interne, que sur les gros problèmes des administrés et des entreprises. Prenez, par exemple, la somme de paperasse que représente l'embauche d'une femme de ménage aux États-Unis. En tant qu'employeur, il faut savoir que cinq administrations sont concernées, dont chacune a son propre jeu de formulaires. Plus que le désir d'éviter de payer des charges, c'est cette complexité qui décourage le respect de la loi. Dans ce cas comme dans d'autres, pour l'entreprise ou le citoyen moyens, l'État demeure un terrifiant enchevêtrement d'administrations et de règlements dépourvus de toute coordination.

Pourtant, le numérique et le Web lui offrent l'occasion de se réinventer autour des électeurs plutôt qu'autour de la bureaucratie. Cinq étapes majeures peuvent permettre aux gouvernements de faire de l'ère numérique une réalité pour leur pays. Les deux premières impliquent une réforme des administrations, et les trois suivantes la création d'une infrastructure grâce à laquelle les entreprises nationales pourront se montrer compétitives à l'heure du numérique.

1. Mettre les fonctionnaires sur e-mail et éliminer les formulaires. Faire en sorte qu'au sein de l'administration toutes les informations s'échangent numériquement.

2. Brancher les administrations sur le Net, avec une interface conçue pour l'usager. Tout publier sur Internet.

3. Attirer les investissements de l'industrie technologique et encourager le commerce électronique, parfois par des incitations financières, mais plus souvent par des projets coopératifs. Créer un cadre permettant l'authentification électronique des sociétés et des particuliers.

4. Déréglementer les télécommunications et stimuler les gros investissements dans leur infrastructure.

5. Elever le niveau de compétence des citoyens en faisant entrer la technologie dans les systèmes éducatifs et dans la formation à tous les niveaux (ce point sera abordé au chapitre 22).

Remplacer un torrent de papiers par la publication numérique

Les entreprises peuvent faire un meilleur usage de leurs outils de productivité et du courrier électronique pour rentabiliser leurs investissements technologiques. Et il en va exactement de même pour l'État. Dans les pays développés, beaucoup de fonctionnaires ont déjà des micro-ordinateurs sur leurs bureaux. Et les pays en voie de développement peuvent adopter une infrastructure micro pour un coût modique. Rien qu'en utilisant le courrier électronique, les administrations coopèrent mieux et leurs responsables se montrent plus réactifs. Certains députés américains commencent à se servir des messageries pour garder le contact avec leurs électeurs, et le Parlement national australien utilise une circulation numérique pour assurer le suivi de leurs questions.

Les États doivent impérativement définir une politique visant à remplacer le papier par le flux de l'information numérique. Il faut que la publication sur Internet devienne la règle, et les imprimés l'exception. Ce serait une économie énorme. Le seul Etat américain dépense chaque année 1 milliard de dollars pour imprimer des documents déjà disponibles sur le Web. La majorité de ces documents – soit trente millions d'exemplaires du Registre fédéral, un million de comptes rendus de séances parlementaires et soixante-cinq mille budgets de la présidence – sont destinés à des fonctionnaires dont les bureaux sont déjà connectés. La plupart de ces imprimés finissent dans les poubelles des capitales.

Autre exemple : en publiant sur le Net les numéros de poste de ses fonctionnaires, leurs adresses postales et la localisation des bâtiments, la Floride économise 295 000 dollars sur ses dépenses annuelles en impression et en distribution. Elle élimine aussi 30 % des erreurs dues aux mutations de personnel, dont l'annuaire ne saurait rendre compte. Multipliez cette action toute simple par les cinquante États du pays, et l'administration fédérale et vous-même aurez réalisé des économies colossales.

L'ensemble de la réglementation fédérale américaine sur l'embauche et le licenciement pèse cinq cents kilos en formulaires ; quant aux biscuits distribués aux militaires, ils requièrent un descriptif de quinze pages. La publication sur le Web de tous les ouvrages administratifs peut à la fois diminuer les coûts et rendre l'information beaucoup plus accessible. Les systèmes numériques sont aussi préférables pour les spécifications complexes : le cahier des charges pour un avion-cargo représente trois tonnes et demie d'imprimés, mais les données tiendraient facilement sur deux ou trois CD-Rom.

Donner à l'État un visage accessible

Une approche en ligne a d'autres avantages encore que la réduction des dépenses en supports papier. La technologie Web donne à l'administration la possibilité d'offrir au public un seul point de contact, une seule « face » en ligne où structurer l'information en fonction de ce qui est important pour l'administré.

Dans de nombreuses municipalités suédoises, par exemple, des pages Web organisent plusieurs services connexes depuis différents niveaux administratifs. Le citoyen peut rapidement localiser les services fiscaux, l'assurance-maladie ou le bureau des passeports. Il peut avoir accès à des procès-verbaux de conseils municipaux, ainsi qu'à d'autres documents officiels. Il peut même planifier en temps réel un trajet, grâce à des capteurs placés dans des véhicules en transit, soit via Internet, soit via un kiosque, le kiosque étant simplement un micro-ordinateur conçu pour un usage public. Aux États-Unis, l'Ohio a ouvert un service Web qui permet aux gens de consulter la liste de tous les emplois vacants dans le secteur public ou privé.

En Australie, l'État de Victoria adopte le même style d'approche « groupée » avec son système en ligne MAXI. MAXI s'organise autour des « événements de la vie » qui modifient le statut légal d'un individu ou doivent obligatoirement être signalés : mariage, majorité, déménagement... Si vous déménagez, par exemple, vous remplissez le formulaire une seule fois, depuis un micro-ordinateur ou un kiosque public. L'application Web actualise automatiquement les fichiers des quatre administrations qui doivent être informées de votre changement de domicile. Le citoyen doit juste savoir ce qu'il veut faire, sans avoir besoin de connaître l'adresse des différents services ni la procédure à suivre pour chacun. MAXI traite vingt mille transactions par mois, sinon plus.

Afin d'attirer les entreprises qui veulent se délocaliser et de favoriser le développement économique de la région, le conseil général du Hampshire, en Grande-Bretagne, a organisé tous les contacts utiles dans le comté – bureaux, établissements enseignants, activités de loisirs – sur un seul et unique site Web. Si vous installez ce genre de site pour inciter les gens à se renseigner sur votre région, faites en sorte qu'ils puissent facilement poser des questions complémentaires par e-mail.

Fournir un accès Internet à chaque citoyen

Internet étant le meilleur moyen d'avoir un échange avec l'administration, il faut que tous les citoyens puissent y avoir accès, même s'ils ne possèdent pas de micro-ordinateur. Les bornes électroniques, qui fonctionnent comme des distributeurs automatiques, vont garantir à chacun une participation égale dans cette nouvelle manière de travailler avec l'État. Installés dans les bureaux de poste, les bibliothèques, les écoles et autres bâtiments publics, ces kiosques peuvent aider les administrations à améliorer la qualité de leurs services tout en diminuant leurs frais. Le gouvernement australien a, par exemple, remplacé son système de tableaux à fiches par des kiosques numériques qui affichent les affectations de poste. Ces bornes, qui apportent une information plus complète et actualisée, permettent aussi à l'État de prévenir rapidement les agences pour l'emploi d'une région en cas de débauchage soudain – si une usine ferme, par exemple –, et sans les délais de fonctionnement nécessaires à un bureau.

Les systèmes en ligne, accessibles par kiosque ou par micro-ordinateur, sont plus utiles pour les administrés et rentables pour l'État lorsqu'ils sont polyvalents. Les administrations devraient réformer toutes les opérations qui nous obligent à faire la queue ou à remplir des formulaires (nom, adresse, numéro de carte d'identité). L'État devrait les réunir et développer un système unique qui traiterait toutes les transactions. L'Irlande, avec son service postal An Post, en offre un excellent exemple : les bornes An Post traitent le règlement des factures courantes, délivrent les passeports, les permis, paient les allocations, proposent des plans d'épargne et de placement, vendent des billets de loterie… et même des timbres. Chaque kiosque est une mini-administration qui abat le travail d'une demi-douzaine de services. An Post comptant mille sites, dont beaucoup sont situés dans des villes de moins de deux mille habitants, les kiosques servent chaque semaine un million vingt-six mille personnes – soit la moitié de la population irlandaise – et gèrent chaque année des transactions représentant plus de 51 milliards de francs. L'actualisation ou l'ajout de nouvelles applications se font très facilement.

Pour les opérations administratives comme pour toutes les transactions commerciales, la sécurité est un préalable indispensable. Elle revêt deux dimensions : protection des données personnelles quand elles transitent sur le réseau, et authentification de la personne qui effectue l'opération. La technologie de l'encryptage existe, et elle est assez perfectionnée pour protéger la confidentialité de n'importe quelle transaction électronique, mais la réglementation américaine sur les exportations empêche les sociétés de l'intégrer dans leurs produits. Cette limitation pénalise l'usager honnête, sans toutefois mettre la technologie de l'encryptage à l'abri de toute malveillance ; c'est pourquoi les fabricants de logiciels essaient de modifier la position de l'État américain sur le sujet. En pratique, l'encryptage que l'on intègre aujourd'hui est assez efficace pour que, dans la plupart des cas, la sécurité des données en transit ne soit pas le maillon faible de la chaîne. Les données électroniques sont aussi sûres que les autres.

L'authentification de l'usager est tout aussi importante. Vous ne voulez pas qu'un imposteur pénètre dans vos dossiers administratifs, pas plus que vous ne voulez laisser consulter votre compte en banque à n'importe qui. C'est la raison pour laquelle, à l'heure actuelle, les États ayant adopté les transactions en ligne les limitent d'ordinaire aux opérations dans lesquelles l'usurpation d'identité ne poserait pas de problème particulier : renouvellement de permis, immatriculation d'un véhicule, paiement des impôts et des amendes. À mon avis, les gens ne verraient aucun inconvénient à ce que l'on usurpe leur identité pour payer leurs PV.

En revanche, si un usurpateur pouvait consulter votre déclaration d'impôts ou votre bulletin de vote, il y aurait un tollé dans la population. Les cartes intelligentes, que les utilisateurs peuvent « passer » dans un micro ou dans un kiosque, sont une solution au problème, tout comme la carte bancaire pour les distributeurs de billets. Combinées à un code personnel d'identification, à un mot de passe, ou aussi, parfois, à des empreintes du pouce ou des empreintes vocales, les cartes à puce identifieront en toute sécurité l'usager qui souhaite effectuer une transaction ou avoir accès à des renseignements personnels sur ses allocations, impôts ou paiements. En Espagne, un nouveau système de kiosque va permettre à tout le monde d'obtenir une information générale sur les prestations sociales en passant par le menu d'un écran tactile. Mais pour accéder aux renseignements personnels, comme la situation de famille ou le montant d'une retraite, il faudra une carte intelligente.

Même si ces cartes sont l'équivalent des cartes bancaires qu'on utilise partout dans le monde, on redoute parfois que l'État ne réunisse trop d'informations sur les citoyens. Certains pays ont des lois sur la vie privée empêchant qu'une carte ou une base de données unique puisse contenir tous les renseignements sur quelqu'un, et il est probable qu'on verra apparaître dans ces pays deux sortes de cartes à puce : une pour les transactions financières, commerciales ou administratives, et une autre pour les soins médicaux.

Cet élargissement de l'accès à l'information et la possibilité de stocker une grande quantité de données sur des cartes intelligentes vont obliger la société à repenser la question de l'exploitation qu'on peut en faire. Tout employeur potentiel pourra-t-il consulter le casier judiciaire d'un candidat ? Ou sera-t-il seulement accessible à des organismes comme les écoles, embauchant des gens appelés à travailler avec des enfants ? Comment pourra-t-on distinguer une requête légitime de la curiosité malsaine d'un voisin ? En fin de compte, ces questions-là sont politiques plus que technologiques.

Chaque pays devra décider quel type de renseignement personnel est autorisé sur les cartes à puce. Ne serviraient-elles qu'à l'identification de l'usager, la rationalisation du processus et l'élimination de la fraude vaudraient l'investissement. Combinées à des systèmes de gestion qui expédient directement la prestation sociale ou tout autre règlement à une base centrale de données comptables, les cartes à puce rendent très difficiles les demandes frauduleuses ou doubles. À Londres, deux cents kiosques tests équipés d'un système proche de celui d'An Post auraient réduit la fraude sur les prestations sociales de près de 750 000 livres sterling dès la première année. Lorsqu'elles seront déployées sur l'ensemble des mille cinq cents bureaux de poste, ces bornes devraient permettre une économie annuelle de 150 millions de livres sterling.

Rationaliser l'administration grâce à la numérisation

À mesure que l'administration passe au numérique, des logiciels viennent rationaliser son fonctionnement en proposant une circulation du travail spécifique pour des fonctions clés. On a créé récemment des solutions logicielles adaptées aux secteurs législatif, judiciaire et exécutif de tous les pays.

Dans de nombreux États américains, le corps législatif utilise des systèmes électroniques pour gérer l'élaboration des lois. Ce genre de système peut supprimer les 3 à 5 millions de dollars que la plupart des États dépensent tous les deux ans pour imprimer les propositions de loi et leur révision. Basé sur micro-ordinateurs, il gère électroniquement le processus et pointe plus facilement les contradictions – au sein d'un même projet de loi, entre plusieurs propositions, avec les lois existantes, ou avec certaines parties de la Constitution de l'État et de la

Constitution fédérale. Il peut aussi vérifier chaque amendement et garantir que le projet final correspond mot pour mot à celui du législateur. Ces systèmes facilitent l'actualisation des pages Web que de nombreux États utilisent pour informer le public sur l'avancement de la législation et sur les réunions de commission.

Dans le domaine judiciaire, les systèmes de gestion du travail sur micro-ordinateur sont en train de permettre aux tribunaux américains et canadiens de commencer à traiter électroniquement les dossiers. Dans un tribunal d'instance classique, les affaires en attente représentent environ cinq cent mille documents par an. Ils sont portés au rôle, soit manuellement, soit par des greffiers qui entrent les informations de base dans des systèmes exclusifs de gestion des affaires. Le comté de Leon, en Floride, est en train de développer un programme qui permettra aux avocats de déposer leurs requêtes directement par e-mail, de transférer électroniquement toutes les informations au système, et de recevoir un numéro par retour de messagerie. Par la suite, comme les archives et la plupart des pièces secondaires sont des documents publics, le comté envisage de les publier sur le Web à l'usage des tribunaux et de la collectivité.

Les logiciels peuvent aussi contribuer à planifier les interventions au cours des procès. Certains États et organismes fédéraux emploient une gestion numérique du travail pour programmer les heures de passage au tribunal des avocats et des fonctionnaires de police. Cette application réduit le temps que la police perd au tribunal, à attendre qu'une affaire soit appelée, et lui en laisse davantage à passer dans les rues.

Au niveau exécutif aussi, l'État peut tirer parti de logiciels qui résolvent des questions spécifiques. La Floride demande, par exemple, à des administrations de rechercher et de louer des terrains. Ces administrations peuvent se connecter et préciser en ligne la superficie dont elles ont besoin, son emplacement – disons mille cinq cents mètres carrés à Miami –, et voir ce qui est disponible. Toujours en Floride, le ministère de la Santé utilise des micro-ordinateurs pour imputer et équilibrer des coûts – baux immobiliers, personnel – entre différents programmes financés par des subventions ou des recettes fiscales. Le système confronte électroniquement le budget du programme et les factures, et souligne les disparités. Le ministère gère ainsi ses dépenses mensuelles en quelques heures, au lieu des trois à quatre semaines nécessaires pour le faire manuellement ; les différents comtés et le fisc reçoivent alors une unique facture couvrant plusieurs programmes.

L'Australie-Méridionale publiait par semaine cinq mille exemplaires de son listing des postes vacants dans la fonction publique, soit cinquante pages. On différait la publication officielle jusqu'à ce que la brochure soit imprimée et distribuée à plusieurs centaines d'administrations situées dans des territoires reculés. Et on retardait la date de clôture pour donner aux candidats de ces régions le temps de répondre sur papier.

Aujourd'hui, une application basée sur Microsoft Exchange gère la totalité du processus. La liste des postes vacants est d'abord expédiée par e-mail à des contrôleurs juridiques ainsi qu'à plusieurs dizaines de directeurs des ressources humaines dans des organismes divers : ce sont eux qui, les premiers, essaient d'attribuer certains postes. Si un DRH met une option sur un poste pour un fonctionnaire qui souhaite être muté, l'employeur en est automatiquement avisé par e-mail. Ainsi, le postulant ne perd pas de temps à envoyer sa candidature. Les sites éloignés reçoivent la liste électroniquement. Si, faute d'être pourvu en interne, le poste fait l'objet d'une petite annonce, l'employeur potentiel reçoit un e-mail lui indiquant dans quels journaux et à quelles dates elle passera. Avec ce nouveau système, l'État espère économiser 50 à 85 % des 350 000 dollars australiens que lui coûte chaque année la production de ces listes. Mais le bénéfice majeur réside dans la rapidité avec laquelle il peut pourvoir ces postes et offrir des chances égales aux fonctionnaires des administrations éloignées.

Avec les progrès du numérique, les États peuvent ouvrir au public leurs systèmes de connaissances, ainsi que leurs systèmes de gestion. En Allemagne, le ministère fédéral des Finances est en train de développer des systèmes de gestion et de classement électronique des archives publiques. Le projet comprendra l'acheminement et le stockage automatique des documents, qui seront directement publiés sur des sites Web, internes ou publics, basés sur la classification.

Autre exemple, aux États-Unis cette fois : les enchères en ligne du Massachusetts. Cet État publie sur le Net toutes les adjudications publiques, les documents nécessaires pour que les vendeurs réagissent, et les résultats de toutes les enchères. Le système ne se contente pas de traiter toute la procédure de l'enchère de façon économique, mais aide également d'autres institutions publiques à acquérir des biens à moindre coût. Dans la plupart des États, grandes villes, municipalités et académies peuvent légalement obtenir des vendeurs les mêmes prix modérés que l'État. Toutefois, dans un monde où règne le papier, il est quasiment impossible d'avoir accès à ces prix. Désormais, une grande ville ou une académie peuvent rapidement trouver le meilleur prix sur le site Web du Massachusetts.

Bâtir des systèmes administratifs numérisés

Les pays moins développés risquent de s'imaginer qu'une approche numérique est hors de leur portée. Mais s'ils ne disposent d'aucun système, ils peuvent démarrer avec la nouvelle technologie qui leur reviendra moins cher qu'une approche manuelle. Quant aux pays développés, ils sont souvent obligés d'intégrer leurs anciens systèmes pour ménager une transition. Des exemples pris partout dans le monde font apparaître clairement que les petites administrations sont celles qui innovent le plus : petits pays, municipalités, comtés, provinces, et administrations au niveau de l'État pour les nations plus grandes. Moins fragmentées et moins complexes, elles peuvent expérimenter et déployer des solutions à plus petite échelle.

Pour les administrations plus importantes, il s'agit de lancer des projets moins ambitieux afin de développer la compétence des citoyens et d'évaluer leurs réactions. Ces projets tests doivent les toucher directement et soulager la complexité organisationnelle de leurs relations avec l'administration. Dans mon État d'origine, le Washington, le comté de King a sans doute une longueur d'avance sur beaucoup quant à la quantité d'informations qu'il publie sur le Net. Pourtant, il manque encore de clarté dans leur présentation ou dans celle des transactions. Qui veut obtenir un permis de construire dans ce comté rural doit aller à la pêche aux renseignements : annuaire, appels téléphoniques à l'administration locale, deux ou trois brochures imprimées, et site Web du ministère – un site qui ne mentionne aucune différence, dans les conditions d'obtention, selon qu'il s'agit d'un permis foncier ou d'une fosse septique. Un unique site Web bien structuré, comprenant toute l'information et des liens entre chaque étape du permis de construire, ôterait beaucoup de complexité à l'affaire et pourrait en automatiser certaines étapes. Sans doute un rendez-vous avec un spécialiste serait-il encore nécessaire, mais les gens y arriveraient en ayant toute latitude de se concentrer sur les questions importantes, plutôt que sur d'éventuelles étapes de la procédure qui leur auraient échappé.

L'État devrait offrir à ses responsables une formation au remaniement des processus de gestion – plusieurs l'ont d'ailleurs déjà fait –, et contribuer ainsi à stimuler des approches en ligne groupées. Un système d'aides concurrentielles peut susciter des projets de rationalisation des processus internes et d'amélioration des services. En mettant différentes administrations en compétition sur un nombre limité de projets technologiques novateurs, la Floride a introduit un esprit d'entreprise dans les requêtes budgétaires. Elle équilibre ses investissements en choisissant de fournir certains services informatiques de son administration centrale aux seuls organismes qui les financent par des frais de transaction ou des abonnements mensuels. Cette stratégie du « péage » lui garantit de consacrer ses dollars informatiques à des projets dont les organismes ont réellement besoin et qui ont une solide rentabilité.

Les économies cumulées obtenues grâce aux nouveaux systèmes numériques pourraient représenter une grosse part du budget de chaque administration. Le Pentagone a récemment découvert qu'il dépensait plus pour traiter et valider des justificatifs de déplacements 2,3 milliards de dollars), que pour les voyages eux-mêmes (2 milliards). Un investissement raisonnable et le plus souvent unique dans un système de frais en ligne dégagerait chaque année des milliards. « Un milliard ici, un milliard là, on a vite fait de parler gros sous », disait toujours Everett Dirkson, un sénateur de l'Illinois, en parlant des dépenses fédérales. Ces milliards trouveraient leur utilité dans un budget américain qui en alloue chaque année 154 à l'aide alimentaire, 142 aux prestations sociales et 74 aux logements sociaux. L'administration de tous ces programmes se fait sur papier, ce qui la rend excessivement coûteuse, puisqu'elle consomme en général 30 % de leur financement. Des systèmes numériques bien déployés pourraient ramener les frais généraux sous la barre des 10 %.

Plus les citoyens prennent conscience de la puissance du Web, moins ils acceptent l'idée d'une administration lente ou compliquée. Aucun client ne ferait la queue pendant deux heures dans une entreprise privée. Pourquoi un plombier devrait-il perdre deux heures de temps et de salaire dans une administration, alors qu'avec Internet il pourrait obtenir son immatriculation ou payer ses charges en quelques minutes et être à l'heure au travail ?

Seul l'État, en créant des services clés autour d'Internet, pourra véritablement inciter les particuliers à adopter un style de vie Internet. Étant ordinairement la plus grosse « entreprise » nationale, s'il devient leader dans l'utilisation de la technologie, les compétences techniques du pays s'en trouveront automatiquement accrues, et il ouvrira les portes à un marché de l'information. Par des décrets ou grâce à des incitations, il peut entraîner dans son sillage toutes les sociétés qui traitent avec lui.

La déréglementation des télécommunications est sans doute la seule étape majeure que doit franchir un pays désireux de créer une économie numérique. Substituer aux monopoles des télécommunications une concurrence ouverte dans le monde entier stimulera l'innovation dans les services Internet et en réduira le coût, qui est élevé et décourage son utilisation dans beaucoup de pays.

Un État qui mène une politique bienveillante à l'égard d'Internet et investit dans une culture de haute technologie peut en tirer des bénéfices considérables. C'est ce qu'a fait le Costa Rica, et il a remporté une compétition régionale pour l'implantation d'une unité de fabrication de microprocesseurs Intel. Au cours du premier exercice, l'usine a rapporté 4 milliards de francs de recettes à l'exportation, c'est-à-dire plus que la banane ou le café, les plus grosses sources de revenus agricoles du pays.

Une économie de l'information rendra toutes les entreprises d'une nation plus compétitives. L'ère de l'information se nourrit du nombre croissant de ses participants : plus les pays sont nombreux à rejoindre le mouvement, plus elle gagne en importance dans chacun d'eux. Le commerce mondial sera numérique.

Aucun pays ne peut complètement passer au numérique dans l'immédiat, mais tous peuvent commencer en ménageant ces premières étapes solides qui profiteront aux citoyens et leur feront sentir que l'État auquel ils appartiennent travaille pour eux. En pratique, la ligne directrice devrait être la suivante : que les gens n'aient plus jamais à remplir d'innombrables formulaires, ni à se rendre dans une multitude de bureaux pour obtenir un renseignement. Comme l'a dit un jour un fonctionnaire à propos de son récent site Web, qui permettait au public d'accéder en ligne à un siècle d'archives sur le comté : « Les gens savent très bien quand on essaie de les aider. Ils font la différence entre une administration qui tente de leur venir en aide, et une autre qui leur barre le chemin. »

Pour une gestion plus performante

• Les administrations peuvent utiliser le Web pour offrir au public une face unique, qui masquera la complexité de leur organisation interne et améliorera le service de façon spectaculaire.
• Plus les citoyens prendront conscience de la puissance du Web, moins ils accepteront que les services offerts par l'État soient des services de second choix. Les kiosques publics seront à la disposition des gens qui n'ont pas accès à Internet depuis leur domicile.
• Les administrations devraient publier sur le Web de manière générale, et n'éditer de documents imprimés qu'à titre exceptionnel.

Évaluez votre système nerveux d'entreprise

• Disposez-vous, au niveau de l'État, d'un système de courrier électronique qui contribue à rationaliser les communications et à améliorer la coordination entre les administrations ?
• Utilisez-vous le Web pour publier des informations officielles et fournir des services administratifs électroniques directs aux citoyens comme aux entreprises ?
• Commencez-vous par des projets technologiques dont vos administrés tireront tout de suite bénéfice ?

21

Quand les réflexes sont une question de vie ou de mort

À la guerre, l'impératif suprême est la vitesse.
Sun Tzu, *L'Art de la guerre*

Une victoire de la technologie : c'est le souvenir qu'on a gardé de la guerre du Golfe, en 1991. Des missiles de croisière rasaient la zone des combats sur des centaines de kilomètres pour aller frapper des cibles puissamment fortifiées, et des avions furtifs, déjouant les radars ennemis, lâchaient des bombes intelligentes sur des ponts et des centres de communication. Pendant les trente-huit jours qu'a duré l'opération Tempête du désert, l'armée américaine et ses alliés ont eu la maîtrise de l'espace aérien. Avec deux mille cinq cents sorties par jour et des pertes minimes, les armées de l'air alliées ont préparé l'assaut terrestre, ce « crochet du gauche » qui a bouté l'Irak hors du Koweït et mis fin à la guerre après tout juste une centaine d'heures de manœuvres sur le terrain.

Mais, si les avions de la guerre du Golfe ont bénéficié d'un équipement technologique de pointe, pour l'organisation de leurs missions, c'était une autre histoire. Dans le golfe Persique, comme dans tous les combats aériens du passé, on a consigné les ordres de mission sur un vieux tableau crasseux. Les chefs d'escadrille devaient répartir manuellement chaque mission à chaque pilote et calculer lequel d'entre eux était disponible pour la suivante. Les pilotes étaient briefés sur la localisation des cibles, celle des troupes ennemies, les meilleurs plans de vol pour effectuer leur mission et en revenir, la possibilité de missiles sol-air, de tirs terrestres et autres… Puis ils s'isolaient pendant au minimum trois heures et, le plus souvent, pendant sept à huit heures afin de préparer leur mission. Ils allaient rechercher les cartes nécessaires dans un classeur, avant de les photocopier et de les scotcher ensemble. Ensuite, ils « mesuraient » les distances avec un rapporteur, calculaient la hauteur des obstacles, traçaient au crayon de couleur leur itinéraire et les niveaux de risque, étudiaient les photos et transcrivaient sur les cartes les données fournies par les services de renseignements.

Ce n'est qu'après avoir accompli tout ce travail qu'ils s'envolaient pour leurs périlleuses missions.

Les plans de vol manuels pouvaient induire des fautes de navigation allant de mille cinq cents à trois mille mètres, une marge d'erreur considérable quand il s'agit de localiser une cible isolée sans beaucoup de repères au sol. Si un nouveau renseignement leur parvenait, le plan de vol tout entier pouvait être annulé. Alors il fallait tout recommencer depuis le début. Il y avait un système informatique par unité (soit vingt-quatre avions), pour les aider à automatiser certains aspects de leur plan de vol, mais ces ordinateurs n'acceptaient qu'un seul utilisateur à la fois, étaient d'un maniement difficile et tombaient souvent en panne, ce qui provoquait des goulots d'étranglement.

Après la guerre du Golfe l'US Air Force a organisé une conférence sur les enseignements à tirer du conflit. En tête de liste figurait une meilleure préparation de vol pour les pilotes volant dans des zones dangereuses, si l'on voulait, dans l'avenir, procéder à des frappes aériennes intenses. Alors qu'au sein de l'US Air Force, certains militaires de l'active prétendaient pallier cette carence en utilisant les systèmes informatiques traditionnels de l'armée, les réservistes et la Garde aérienne nationale, qui avaient une expérience civile, ont tout de suite répliqué : « Non, on va faire ça sur des micros. »

Ils se sont alors tournés vers des développeurs de logiciels de gestion, ainsi que vers l'Institut technologique de Géorgie, dont les chercheurs connaissaient déjà les modèles mathématiques et les bases de données géographiques nécessaires pour obtenir un système de cartographie sophistiqué. Le résultat a été Falcon View, un logiciel de préparation de mission basé sur micro, développé en huit mois, et qui a coûté environ 14 millions de francs. Pour une sortie type, Falcon View ramène à moins de vingt minutes les sept heures et quelques de préparation que nécessitait le processus antérieur. Et l'utilisation de données numérisées précises et d'outils de cartographie a amélioré l'exactitude des plans de vol. Qui plus est, Falcon View se révèle financièrement assez abordable et assez facile à manier pour que l'armée de l'air le déploie partout dans le monde.

Il est devenu si populaire parmi les pilotes qu'ils ont voulu lui en demander plus, ce qui a conduit l'US Air Force à se lancer dans un programme appelé Cyber Warrior : il s'agit d'introduire la technologie informatique dans toutes les phases de déploiement des avions et de leurs pilotes, depuis la programmation du vol jusqu'au débriefing, en passant par la diffusion des renseignements. L'armée a rapidement développé un système de planification intelligent, qui suit les missions assignées aux pilotes, leur niveau d'exercice, leur disponibilité, et qui fournit aussi des indications particulières – par exemple, si, pour satisfaire aux conditions d'entraînement, un pilote a besoin d'inscrire une mission de nuit à son carnet de vol. Un officier supérieur peut lancer une recherche rapide et trouver des candidats pour les prochaines missions ; quant aux pilotes, un accès distant sur leurs portables leur permet de voir quand leur sortie est programmée. Un système de débriefing basé sur micro-ordinateur aide les escadrilles à reconstituer les missions effectuées afin de mieux préparer les suivantes.

Les chevaliers du ciel

Au lieu de déplier sa carte et de sortir ses crayons de couleur, aujourd'hui le pilote consulte sur son portable des cartes et des images numérisées, des mises à jour faites par les services de renseignements militaires, ainsi qu'un kit de dessin électronique spécialement conçu pour les aviateurs de l'armée. Il peut ainsi immédiatement localiser des repères au sol, comme les ponts ou les rivières, déterminer son itinéraire, vérifier les paramètres de sécurité, l'information sur les armes et sur leurs charges, se connecter à une base météo sur le Web et préparer plans de vol et cartes. Avant de décoller pour sa mission, il a aussi la possibilité d'examiner les régions montagneuses ou les villes, pour visualiser à l'avance ce qu'il distinguera une fois en l'air et se faire une idée exacte du déploiement des forces ennemies. S'il veut connaître l'altitude d'une montagne, il lui suffit de cliquer dessus sur la carte : apparaissent alors latitude, longitude et altitude précises – autant d'informations qu'auparavant il devait exhumer des graphiques papier.

Les pilotes de chasse chargent les fichiers Falcon View dans les ordinateurs de l'avion, pour pouvoir les utiliser en vol. Falcon View ne fournit pas seulement des données aéronautiques de routine, comme la consommation de carburant ou les informations relatives au décollage et à l'atterrissage, mais comporte aussi un grand nombre de fonctionnalités propres à l'aviation militaire. Les données Falcon View sont utilisées dans des logiciels d'armement de bord pour déterminer informatiquement les cibles et vérifier l'amorçage des armes – par exemple, selon qu'une bombe est réglée pour exploser au sol ou à six mètres de haut. Falcon View effectue également les calculs de largage, en prenant en compte l'altitude et la vitesse de l'avion, la force et la direction du vent, et même les variations de poids et d'équilibre de l'appareil avant et après largage.

Il peut faire d'une mission impossible une mission réussie. Un pilote qui servait en Bosnie a emporté un jour sa copie de Falcon View sur une base italienne qui n'avait pas encore accès au logiciel. Depuis trois jours, les forces de l'OTAN cherchaient un pont situé dans la zone des combats, sans parvenir à le trouver ni sur leurs cartes, ni pendant leurs vols de reconnaissance. Le pilote a lancé Falcon View et a tout de suite localisé le pont. L'après-midi même, celui-ci sautait. L'image satellite affichée par Falcon View est précise à cinq mètres près. Avec la résolution à dix mètres du système antérieur, le pont restait invisible.

Pendant la guerre du Golfe, l'armée de l'air a dû parfois envoyer dix à douze F-16 pour frapper une seule et unique cible. Falcon View autorise désormais des niveaux de précision qui permettent d'envoyer moins d'avions sur une cible. Le but : expédier un seul avion par cible. Grâce à Falcon View, un appareil récent comme le bombardier B-2 pourra frapper jusqu'à seize cibles en une seule mission ; pareille capacité est synonyme d'économies considérables, tant sur le plan financier qu'en vies humaines. « Le peuple américain n'acceptera pas une seule victime, dit le lieutenant-colonel en charge du projet Falcon View. Par conséquent, tout élément, si minime soit-il, qui nous permet d'améliorer notre précision et notre assurance a une valeur formidable. »

Si utile que soit Falcon View, un pilote de chasse ne peut pas garder un portable sur ses genoux pendant le vol. La machine risquerait de ne pas y rester longtemps. Mais à mesure que l'armée de l'air modernisera l'avionique de ses chasseurs, à mesure qu'une nouvelle génération d'appareils viendra rejoindre sa flotte, Falcon View sera complètement intégré aux systèmes de bord et aux dispositifs d'affichage. Ceux des derniers avions verront apparaître des cartes animées en temps réel, reliées aux systèmes GPS, qui montreront la position précise de l'appareil par rapport aux autres forces alliées, aussi bien aériennes que terrestres. Les liaisons de données en temps réel feront que Falcon

View sera constamment actualisé avec les renseignements les plus récents qui arriveront par satellite du poste de commandement. Photographies, cartes et autres données utiles, toutes mises à jour, permettront au pilote d'effectuer les corrections de dernière minute. Si, au cours du vol, les soldats ennemis se déplacent d'un côté à l'autre d'une chaîne montagneuse, par exemple, ces ultimes renseignements lui donneront une chance de pouvoir changer son plan de vol, soit pour les attaquer, soit au contraire pour éviter leur feu et poursuivre sa route jusqu'à une autre cible.

Les troupes aéroportées ont déjà un dispositif Falcon View en vol. Il leur suffit de brancher un portable sur les systèmes de bord de l'avion pour être connectées, grâce à une liaison de données en temps réel, aux systèmes au sol ainsi qu'à d'autres appareils. Elles peuvent ainsi replanifier missions, zones de largage et points de rendez-vous en vol, et recevoir des informations tactiques, comme les lectures radar d'un autre avion. Les secours peuvent obtenir une évaluation précise des distances et connaître la position des appareils abattus. Falcon View fournit aux avions-cargos qui transportent nourriture et matériel aux populations civiles d'Haïti, de Somalie, de Bosnie ou du nord de l'Irak des images des zones de largage et calcule l'effet du vent pour le responsable du chargement qui va pousser les palettes hors de l'avion.

En 1996, Ron Brown, le ministre du Commerce, et trente-quatre autres personnes ont trouvé la mort dans le crash d'un avion croate, suite à des difficultés de navigation. Falcon View est alors devenu obligatoire sur tous les avions de l'US Air Force destinés aux visiteurs de marque, y compris sur celui du président. Par une sinistre coïncidence, Alma Brown, la veuve de Ron Brown, a fait partie, en 1998, des nombreuses personnalités qui ont accompagné le président Clinton dans son voyage en Afrique. Son avion a eu des problèmes de réacteur. En Afrique, les pistes assez longues pour accueillir de gros avions à réaction sont rares et très éloignées les unes des autres. Falcon View a immédiatement identifié l'aéroport adéquat le plus proche et guidé l'avion, qui a ainsi pu atterrir en toute sécurité.

Plus intelligent à chaque mission

Autre aspect exaltant du tout-numérique : il optimise de façon spectaculaire les leçons de l'expérience. L'armée de l'air n'a plus besoin de trois guerres, de centaines d'avions abattus et de milliers de vies humaines perdues pour savoir quelles sont les procédures et tactiques qui fonctionnent. Il lui suffit désormais d'étudier les enregistrements de quelques missions pour en tirer les enseignements, et beaucoup plus vite. Dans les combats aériens du passé, y compris ceux de la guerre du Golfe, le débriefing était souvent peu concluant. Les pilotes avaient tendance à ne se rappeler l'action qu'à travers une vision étroite de la situation et, le plus souvent, la bataille brouillait leurs souvenirs. Leurs supérieurs avaient du mal à reconstituer l'engagement dans son ensemble, et à comprendre comment faire mieux la fois suivante.

Aujourd'hui, pendant le débriefing, les pilotes et leurs supérieurs étudient soigneusement les données numérisées du plan de vol et les comparent avec la séquence vidéo prise par chaque appareil pendant la mission. La séance peut inclure les plans de vol, quatre bandes vidéo et un logiciel de débriefing sur micro-ordinateur. Les troupes visionnent l'intégralité de la mission et voient qui leur a tiré dessus, si une bombe a été lâchée trop tôt ou trop tard, si tel pilote a placé son avion au mauvais endroit au mauvais moment, ou si tel autre a, grâce à une manœuvre peu orthodoxe mais brillante, sauvé la journée.

Le fait que Falcon View soit capable de suivre, d'enregistrer et de reconstituer les données d'une mission donne à l'US Air Force la possibilité de développer de meilleurs plans de vol et de meilleures tactiques pour les pilotes, ce qui accroît la sécurité de ces derniers en même temps que les potentialités de l'armée. On dit chez les pilotes que, si on a réussi ses dix premières missions de combat, on réussira les cent suivantes. Il y a eu, au Viêt-nam, un nombre effroyable de pilotes abattus au cours de leurs dix premières missions. Comme ils peuvent enregistrer les missions et les revoir, les pilotes peuvent répéter au sol leurs dix missions d'exercice et commettre leurs erreurs face à un micro plutôt qu'au combat, où les conséquences de l'échec sont mortelles. C'est le simulateur de vol porté à une nouvelle échelle.

Prochaine étape importante pour l'armée de l'air : relier les pilotes et les structures du poste de commandement de l'US Air Force à l'échelon le plus élevé de la décision. La rapidité est un élément essentiel dans la chaîne hiérarchique. La diffusion rapide d'un ordre peut sauver un grand nombre de vies. Imaginez une mission dans laquelle on envoie un chasseur ou un bombardier sur une position située à huit heures de vol. Grâce aux nouvelles technologies, on peut faire décoller l'avion et développer les renseignements et la détermination de la cible pendant le vol. Les données actualisées s'affichent dans l'avion, sous les yeux du pilote, au moment où il approche de la cible. On a ainsi au moins huit heures d'avance sur l'exécution de la mission. La guerre du Golfe l'a démontré : une mission aérienne réussie à temps peut faire une énorme différence pour les troupes au sol. L'armée de l'air appelle cela le « cadeau du temps », celui qui permet aux officiers dirigeant les forces terrestres de choisir précisément quand et où donner l'assaut.

Un intranet de campagne pour relier armée de terre et armée de l'air

S'il est capital, dans le ciel, de savoir où se trouvent les avions amis et ennemis, imaginez à quel point le même renseignement peut être précieux pour des troupes qui crapahutent dans la jungle ou gravissent une colline. Les Marines américains sont en train d'essayer Falcon View sur des portables et des micro-ordinateurs de poche.

Si vous pensez qu'un portable ou un micro de poche risquent d'embarrasser un soldat, souvenez-vous que la plupart des Marines transportaient traditionnellement deux kilos de papiers chacun. Même en sueur, crasseux et cavalant sous les balles, ils n'échappaient pas à la paperasse. Un bataillon normal partait au combat avec vingt à trente cantines remplies de papiers : instructions, cartes et autres renseignements étaient transmis du haut en bas de la chaîne de commandement sur des formulaires avec copies carbone.

Désireux de pousser jusqu'au soldat sur le terrain des informations stratégiques minutées, le commandant de Marines James Cummiskey a demandé à l'Institut technologique de Géorgie de trouver un moyen d'« auto-injecter » une information sur la position des soldats dans un ordinateur de campagne. Le hasard a fait qu'il s'adresse aux mêmes chercheurs qui avaient déjà développé le logiciel Falcon View pour l'US Air Force. Falcon View s'est révélé parfaitement adapté au projet – sans compter que le contribuable a fait là une bonne opération.

Le commandant Cummiskey et les chercheurs de l'Institut ont abouti à une application basée sur Falcon View et sur le système d'exploitation Windows CE pour ordinateurs portables. Le logiciel tactique écoute les réseaux de données sans fil des Marines, reçoit des rapports sur leurs positions et crée des symboles représentant les unités sur les cartes de Falcon View. Lorsqu'une unité change de position, son symbole se déplace sur toutes les cartes de tous les ordinateurs. Les Marines sur le terrain lancent l'application sur des micro-ordinateurs de poche disponibles dans le commerce et équipés de batteries longue durée ; ils sont enfermés dans un boîtier étanche spécialement conçu pour résister aux chocs. Ces « stations d'information numérisée » leur permettent de savoir précisément où ils se trouvent, où se trouvent leurs copains et où se trouvent… les ennemis. J'ai vu pour la première fois cette application au COMDEX, en 1997, lorsque le commandant Cummiskey m'a rejoint sur l'estrade pour en faire la démonstration. Il a violemment jeté son ordinateur de poche sur le sol et a marché dessus à deux ou trois reprises. Puis il l'a ramassé et a lancé l'application, démontrant ainsi la résistance de la machine.

Les Marines qui le testent aujourd'hui exploitent un système qui est essentiellement un intranet de terrain. Il lie tous les acteurs clés – le poste de commandement, les soldats sur le théâtre des opérations et les avions alliés au-dessus de leurs têtes –, leur fournit des informations à la seconde près et une messagerie en temps réel. Les officiers peuvent ainsi avoir une image précise du déploiement des troupes et chaque chef de bataillon peut voir exactement où il se trouve avec ses hommes et où ils doivent se rendre. Les avions américains savent reconnaître les alliés et les ennemis au sol. Plusieurs dispositifs de sécurité protègent les données pour le cas où elles tomberaient entre des mains ennemies, y compris un bouton de « remise à zéro » qui efface instantanément le disque dur – beaucoup plus facile que d'essayer de détruire des cantines pleines de papiers, croyez-moi.

Faire travailler l'information sur le terrain

Après s'être fiée pendant plus de quinze ans à des systèmes informatiques plus coûteux, l'armée américaine s'oriente vers la micro, aussi bien pour les machines que pour les logiciels. Il faut dire que des applications au développement abordable et que l'on peut déployer rapidement se révèlent vite irrésistibles. Les 2,5 millions de dollas qu'a coûté le développement de Falcon View à l'US Air Force ne représentent qu'1 % de la somme qu'elle déboursait auparavant (250 millions) pour développer ses programmes de préparation de mission sur des postes autres que des micros. Les améliorations apportées à Falcon View coûtent généralement moins de 1 milliards de dollars, alors que les modifications des systèmes précédents s'élevaient à plusieurs milliards. Là où l'utilisation de l'ancien système requérait, pour chaque bataillon, une station de 50.000 dollars, Falcon View, lui, fonctionne sur des micros qui appartiennent à l'infrastructure de bureau existante et, de ce fait, n'engage aucun surcoût. L'armée de l'air l'a déployé dans toutes les escadres d'active et de réserve, couvrant ainsi plus de treize mille pilotes, navigateurs et mécaniciens de bord. Les aviateurs de l'US Army et de la Navy vont, eux aussi, l'adopter, et les pilotes de l'US Marine sont en train de le tester.

Les Marines expérimentent le système portatif de terrain dans des exercices à grande échelle qui incluent des scénarios de batailles. S'il est validé, cet équipement pourrait être distribué systématiquement à chaque commandant d'unité de Marines. Après des années de tentatives infructueuses, les Marines sont parvenus à développer une solution de terrain en trois mois, pour un coût total d'environ 110.000 dollars, comprenant l'intégration de Falcon View et du logiciel de communication. Ils envisagent pour l'avenir des dispositifs Windows CE encore plus petits, portables, sous quelque forme que ce soit, et destinés cette fois au simple soldat.

Ces machines peu coûteuses vont leur permettre de se servir de l'ordinateur de poche comme de n'importe lequel des articles qui leur sont distribués. Tout comme une paire de rangers, il remplira son office, et on s'en débarrassera quand il sera fichu. Il est impossible, même à des Marines, d'aller plus vite que la loi de Moore, dit le commandant Cummmiskey, car les capacités de traitement des micro-ordinateurs doublent régulièrement et rendent très vite le matériel obsolète. Et il ajoute : « On sait qu'on va devoir jeter tout notre matériel dans quelques années, ça n'aurait pas de sens d'investir des millions dans le développement de systèmes informatiques personnalisés. »

Coordonner temps et renseignements

Il y a plus de deux mille deux cents ans, le stratège militaire chinois Sun Tzu écrivait que « les renseignements sont essentiels dans la guerre ; c'est sur eux que s'appuie l'armée pour effectuer chacun de ses mouvements ». À l'en croire, la victoire appartient au chef militaire qui détient le bon renseignement en temps opportun : « La bataille est une affaire complexe, riche en secrets – des secrets que l'on doit connaître tout de suite. La sagesse d'un général doit se fonder sur son intimité avec ses espions ; ils sont ses yeux sur le terrain, ce sont eux qui lui permettent de prévoir l'issue des combats. Pour être fiable, le renseignement doit être de première main. C'est pourquoi il est si étroitement lié au temps. »

Avec des budgets militaires plus serrés, la menace permanente de débordements dans des points névralgiques partout dans le monde, et une opinion publique qui ne tolérerait pas d'importantes pertes humaines, les États-Unis doivent miser sur la technologie pour gagner les guerres. Technologie n'est pas seulement synonyme d'armes intelligentes, mais aussi de soldats intelligents. Les règles de la guerre ont changé : la victoire revient au camp qui peut frapper le plus vite avec les meilleurs renseignements. Qu'elle soit glanée par des satellites espions, des robots télécommandés ou des espions sur le terrain, l'information doit parvenir aux soldats au cœur de l'action. Et c'est une information de première main, venant des positions occupées sur le champ de bataille, qui doit parvenir aux stratèges, à mesure qu'évoluent les combats.

Comme le monde des affaires, l'armée a des besoins organisationnels, matériels, logistiques et tactiques. Si le général Lee s'est rendu à Appomattox, ce n'est pas parce que ses troupes n'avaient plus la volonté de vaincre, mais parce qu'elles n'étaient plus ravitaillées. Napoléon disait que c'est l'estomac qui fait marcher une armée. Et Churchill imputait en grande partie la domination du Soudan par les Britanniques, en 1899, à la construction d'une voie ferrée qui acheminait les soutiens logistiques[1]. Lorsque Sun Tzu dit qu'un chef doit faire en sorte que les pensées des troupes s'accordent avec celles de leurs supérieurs, qu'il doit compter sur des avantages tactiques plutôt que sur l'héroïsme individuel, et s'attaquer d'abord aux stratégies, tout homme ou femme d'affaires comprend en quoi ces préceptes peuvent s'appliquer à son entreprise et à sa situation par rapport à la concurrence. Mais le monde des affaires et surtout la technologie de l'information ont eux aussi quelque chose à apporter à l'armée. En effet, concevoir des traitements de l'information qui supportent des buts organisationnels et utiliser le flux de l'information pour potentialiser les individus sont de bons objectifs militaires, tant dans la tactique que sur le champ de bataille.

Prenons l'exemple du programme Smart Ship de l'US Navy : il a en grande partie les mêmes visées que toute industrie nécessitant beaucoup de main-d'œuvre, à savoir améliorer le contrôle opérationnel tout en diminuant les besoins en hommes. Les effectifs grèvent plus de la moitié du coût de fonctionnement d'un navire sur toute sa durée de

---

1. Winston S. Churchill, *The River Bar : An Account of the Re-Conquest of the Soudan*, 1899, réédité par Medea Books, Londres, 1998.

vie. Le premier « navire intelligent » – c'est-à-dire équipé d'un réseau de bord et de micro-ordinateurs – a pu faire passer son quart technique en mer de onze à quatre hommes.

Il a traversé un remaniement que pourrait connaître n'importe quelle entreprise. Selon les responsables de la Navy, 40 % de la réduction des effectifs sont à porter au compte de la technologie, et les 60 % restants à cette restructuration.

Des réflexes organisationnels rapides sont bien sûr essentiels dans tout ce qui touche au militaire. Le nouveau « navire intelligent » de la Navy n'a pas seulement automatisé sa navigation et ses machines, il dispose aussi de capteurs qui peuvent détecter instantanément une avarie, sans qu'il soit nécessaire de faire prendre des risques à un membre de l'équipage. Il peut même être commandé depuis la salle des machines, si le pont est inutilisable pendant les combats.

De nombreux projets sont également en cours pour rationaliser les systèmes de gestion de l'armée. Le ministère de la Défense a identifié les deux cent quarante bureaux traitant 80 % de ses contrats et, dans plus de la moitié d'entre eux, il a déjà réalisé un environnement sans papier. Comme l'a dit un amiral, les États-Unis savent utiliser la technologie pour envoyer un missile de croisière frapper une cible à mille cinq cents kilomètres ; il est temps qu'ils apprennent à s'en servir pour payer le fournisseur au coin de la rue.

Les nouveaux systèmes numériques employés par l'US Air Force, les Marines et la Navy ne sont pas des projets isolés : ils entrent dans un plan général du Pentagone qui veut donner aux armées américaines un accès rapide et abordable à la meilleure technologie mondiale, tout en faisant un meilleur usage des dollars du contribuable. Pendant plus de trente ans, les départements recherche et développement du secteur commercial ont eu une longueur d'avance sur ceux des militaires. Au milieu des années 1990, l'armée a commencé à s'écarter des systèmes développés pour elle et à vouloir tirer parti du monde industriel. Le Pentagone s'est lancé dans une stratégie du « double usage » : il s'agit d'employer la même base technologique pour une utilisation civile et militaire. Cette stratégie repose sur trois piliers : investissement dans des technologies civiles exploitables par des applications militaires, fabrication d'articles commerciaux et militaires sur les mêmes chaînes de production à faible coût, et insertion de composants commerciaux dans les systèmes militaires.

Les cycles d'achat des applications militaires étant traditionnellement de dix ans, ils semblent incompatibles avec la loi de Moore, qui veut que la puissance des micro-ordinateurs double tous les deux ans. Mais quand on a vu l'efficacité des armes de haute technologie, veut-on encore entrer dans la bataille avec une technologie démodée depuis plusieurs générations ? Les meilleurs armements résultent des cycles de déploiement les plus courts. Une leçon qui vaut aussi pour le monde de l'entreprise.

Aujourd'hui, la localisation par GPS est encore marginale, mais elle ne va pas le rester longtemps. Tout comme l'armée, les transporteurs, maritimes et autres, ont besoin de savoir où se trouvent leur matériel et leur personnel. À l'heure actuelle, la plupart des solutions logistiques sont hautement spécialisées et coûtent plusieurs millions de dollars. Ainsi, aucune entreprise de transport, sinon une très grosse, n'a la possibilité d'utiliser des systèmes numériques pour gérer la circulation de son matériel. Les aspects économiques des micro-ordinateurs entraîneront rapidement une baisse des coûts : il deviendra très abordable de placer un détecteur GPS sur un conteneur, ou sur n'importe quel autre élément d'un équipement, pour toujours savoir avec exactitude où il se trouve.

On fait, en dehors de l'industrie, un usage très novateur des capteurs. Désormais, dans les exploitations agricoles, les systèmes d'irrigation en sont équipés : ils vous bipent ou vous envoient un e-mail si le système tombe en panne. Partout dans le monde, il y a des agriculteurs qui utilisent des systèmes GPS basés sur micros ainsi que des capteurs satellite pour détecter les variations dans l'humidité du sol, sa fertilité, son drainage, etc. Ils peuvent modifier les quantités de graines ou d'engrais et optimiser leur production grâce à ces données directement téléchargées sur leurs appareils, ou bien les analyser sur plusieurs années et dégager des tendances qui les aideront à prendre de meilleures décisions quant à leurs méthodes de culture. De minuscules puces fichées sous la peau des bêtes permettront bientôt non seulement de les localiser, mais aussi de gérer leur santé. Les capteurs déclencheront des mangeoires personnalisées, pour que chaque bête reçoive exactement la nourriture qui convient à son âge et à son état physique.

Je suis toujours étonné de constater à quel point le micro-ordinateur, à la fois si souple et si robuste, est devenu omniprésent. Qu'elles servent les intérêts d'une entreprise dans une compétition économique ou des objectifs militaires dans la bataille, les applications informatiques sur micro permettent à n'importe quel organisme de potentialiser les capacités de ses employés. Et dans le domaine militaire, c'est une question de vie ou de mort.

Pour une gestion plus performante

- Dans les affaires comme dans l'armée, le vainqueur est celui qui a les cycles d'achat et de déploiement les plus courts.
- Demandez-vous si les systèmes de localisation par capteurs s'appliqueraient aux besoins de votre entreprise.

Évaluez votre système nerveux d'entreprise

- Misez-vous sur la recherche et le développement de l'industrie progicielle, ou bien réalisez-vous des projets exclusifs avec de nombreux programmes uniques ?
- Profitez-vous des potentialités peu coûteuses que vous offre le marché de l'informatique commerciale?

22

Créer des communautés éducatives connectées à Internet

Notre effort national pour connecter à Internet chaque salle de classe de chaque école constituera la plus grande avancée du siècle en matière de qualité et d'égalité dans l'éducation.
Reed Hundt, président de la Commission fédérale des communications

Les micro-ordinateurs peuvent potentialiser le travail des enseignants et de leurs élèves plus encore que celui de tout autre groupe cognitif. Comme je l'ai déjà dit en décrivant le mode de vie Internet, les élèves sont les « travailleurs de l'information » par excellence, puisque apprendre n'est pas autre chose qu'acquérir des connaissances. Quant aux professeurs, ils pourront utiliser Internet pour communiquer entre eux et proposer à leurs élèves de nouvelles manières d'explorer une matière. Les micro-ordinateurs peuvent avoir un effet catalyseur et permettre aux parents, aux enseignants et à l'État d'atteindre les objectifs pédagogiques qu'ils se sont fixés : favoriser la collaboration dans l'apprentissage, la réflexion critique et la possibilité d'apprendre pendant toute sa vie. Certaines écoles dotées d'une solide infrastructure bénéficient déjà de la présence de micro-ordinateurs dans les classes. Même si la plupart des établissements scolaires bataillent encore pour trouver les fonds nécessaires à l'acquisition de ces nouveaux outils, des programmes novateurs ont montré que l'effort était payant.

Pour que la micro réussisse en tant qu'outil éducatif, il faut l'implication des enseignants. Si elle n'est pas intégrée dans le programme scolaire et si les professeurs ne reçoivent aucune formation, elle n'aura guère d'impact. Il y a beaucoup de micro-ordinateurs dans les « labos » informatiques, et on les utilise rarement. Les écoles ne doivent plus les traiter comme des objets d'études technologiques, mais les intégrer d'un bout à l'autre du cursus scolaire et apprendre à enseigner avec la technologie. Des académies de plus en plus nombreuses font désormais la preuve qu'avec la participation des enseignants l'utilisation des micros comme outils pédagogiques peut avoir un impact considérable.

Dans celle de Western Heights, à l'ouest d'Oklahoma City, l'enthousiasme des professeurs quand on leur a proposé une formation au cours de l'été précédant l'arrivée des micro-ordinateurs a surpris l'administration. Ils ont été plus de deux cents, sur deux cent trente, à s'inscrire, obligeant l'académie à se démener afin de programmer suffisamment de séances pour répondre à la demande. Dans leur grande majorité, les enseignants adorent leur métier, et tout ce qui est susceptible d'aider les gosses à apprendre les passionne. Ce qu'ils ne veulent pas, c'est qu'on les projette dans un univers auquel on ne les a pas assez familiarisés pour qu'ils s'y sentent à l'aise.

Western Heights est une petite académie qui compte sept établissements scolaires, et une assiette fiscale relativement modeste. Les élèves y forment une population multiculturelle où se mêlent Noirs, Blancs, Amérindiens, Hispano-Américains et Asiatiques. Environ 65 % d'entre eux ont droit à une réduction des tarifs de cantine, voire à la gratuité totale. Western Heights n'est donc pas une académie que l'on s'attendrait à voir prendre la tête du mouvement vers l'ère numérique. Pourtant, depuis trois ans, elle a voté à trois reprises, et à une écrasante majorité, un budget total excédant 38 millions de francs sur ses financements locaux, pour créer ce qui est peut-être le premier programme d'études américain piloté par la technologie. La collectivité considère cet investissement comme le seul moyen de briser le cycle de la pauvreté. Et il ne manquerait sans doute pas de se reproduire avec ces enfants, s'ils entraient sans préparation dans le monde du numérique.

Un micro-ordinateur peut se révéler un nouvel outil pédagogique efficace pour des enseignants qui n'ont connu jusqu'alors que le tableau noir et la craie. Avec PowerPoint, par exemple, ils découvrent qu'ils peuvent éveiller l'intérêt des enfants sur la discipline étudiée en y incluant des photos, des extraits de films et des liens à des pages Internet. Un professeur d'instruction civique de Western Heights démarre quotidiennement son cours avec des nouvelles fraîches trouvées sur Internet : pour commencer, la photo scientifique du jour, tirée d'une page Web de la NASA, et des extraits d'infos de abcnews. com, puis une histoire introduisant le sujet au programme, qu'il s'agisse de la réforme du financement des campagnes électorales ou de l'équilibre des pouvoirs au sein de l'État.

À Western Heights, les micro-ordinateurs font partie de la vie des enseignants dans leur classe, et non hors de leur classe. Ils utilisent le courrier électronique pour communiquer entre eux sur des questions d'ordre général, sans avoir besoin d'attendre les réunions académiques qui ont lieu deux ou trois fois par an : ils contactent un collègue et obtiennent rapidement une réponse. Cette collaboration unit des professeurs qui enseignent dans les mêmes niveaux de classes, ou bien qui coordonnent des programmes entre différents niveaux, comme c'est le cas en sciences, en maths et en langues. Les ordinateurs leur permettent de communiquer plus facilement avec leurs pairs au-delà des murs de la classe.

« On ne se rend pas toujours compte à quel point les professeurs sont seuls dans leur salle, dit Joe Kitchens, le directeur de Western Heights. La plupart d'entre eux passent leur journée derrière des portes closes. Il leur reste peu de temps pour échanger leurs expériences avec leurs collègues ou pour entrer en contact avec eux. Ils ont rarement l'occasion de se réunir dans l'année. Le courrier électronique supprime cet isolement. » Et Kitchens d'ajouter en plaisantant que, désormais, les professeurs peuvent aussi davantage lui taper « sur le système » : en effet, avant, le directeur d'établissement n'avait que peu de dialogues avec eux, alors que maintenant, grâce à l'e-mail, ils attendent de lui des réponses immédiates.

Le réseau micros de Western Heights représente vingt-sept kilomètres de câbles à fibres optiques reliant les écoles et l'administration. Chacune des deux cent trente salles de classe dispose d'au moins deux micros connectés au réseau : un pour le prof et un autre pour les enfants. Chaque salle est câblée de façon à pouvoir accueillir trois autres micros raccordés au réseau, et chaque école a son laboratoire informatique. Dans toutes les classes, un énorme moniteur permet aux enseignants de montrer à leurs élèves des documents extraits d'Internet, ou bien des films à partir d'un serveur vidéo central, ou encore des exposés faits dans une autre classe.

Des maîtres de conférence de l'université d'Oklahoma ont donné leurs cours à distance. Le météorologue de la station de télévision locale a expliqué les tornades, ainsi que d'autres phénomènes météorologiques, et les étudiants ont à leur tour diffusé leurs bulletins météo pour qu'ils soient retransmis sur une chaîne nationale. Le fabricant de pneus

Dayton, le plus gros pourvoyeur d'emplois de la région, a participé à des visioconférences sur les techniques d'entretien d'embauche ou l'ingénierie chimique. Tout comme la station de télévision, l'unité de fabrication de pneus locale est intégrée au système de transmission par fibre optique de l'académie, justement pour favoriser ce type d'intervention de la collectivité dans le contexte étudiant. L'université est connectée par le réseau éducatif à haut débit de l'Oklahoma.

Les étudiants ont utilisé ce système de visioconférences pour partir virtuellement en voyage d'études sur la côte est des États-Unis, mais aussi en Angleterre et dans d'autres villes d'Europe, où ils ont visité des musées et travaillé avec des universités jumelées. Dans toute l'académie, fin 1998, les classes ont assisté en direct, sur des micro-ordinateurs, au lancement de la navette spatiale avec John Glenn. Plusieurs salles sont spécialement équipées pour le télé-enseignement grâce à des téléviseurs basés sur micros. Ces installations ont permis à Western Heights d'ajouter des cours de mathématiques avancées au programme de son collège, et ce grâce à un télé-enseignement issu du lycée. Ce n'est certes pas une solution idéale, mais préférable, tout de même, à pas de maths du tout. Les professeurs ont aussi assisté à une visioconférence de l'université du Kansas, pour les aider à améliorer le programme, ainsi que le contenu de leurs cours, grâce aux nouvelles technologies.

L'enseignement à distance a également permis à certains élèves cloués chez eux par un accident ou une maladie de ne pas perdre pied. Un adolescent, blessé en cherchant à protéger sa mère lors d'une agression, a dû passer plusieurs mois chez lui. Avant, l'école lui aurait envoyé un « précepteur » trois fois par semaine, pendant une heure. Le précepteur aurait récupéré les devoirs terminés, en aurait donné de nouveaux et répondu à quelques questions. Mais là, Western Heights a équipé la chambre de l'adolescent d'un micro-ordinateur, d'une caméra et d'un moniteur, et a fait installer une liaison à haut débit avec sa maison.

L'école, qui ne savait pas comment allait fonctionner le lien interactif, a commencé par le connecter à un seul cours, mais ses camarades ont bruyamment protesté parce qu'il « n'était pas là » au cours suivant. Alors Western Heights a très vite étendu les séances télévisées à tous les cours. La biologie a sans doute été pour ce garçon la matière la plus intéressante, car les autres gosses se sont appliqués à pratiquer tout près de la caméra les dissections les plus dégoûtantes, et ils ont continué de faire des blagues qui lui ont donné le sentiment de toujours appartenir au groupe. Cette liaison a coûté moins cher qu'un précepteur, et le jeune malade a bien plus appris. Il s'est maintenu au niveau de la classe, et, chose plus importante encore, il a continué d'en faire partie. Autre exemple, celui d'une enseignante qui a aidé ses remplaçants et gardé le contact avec ses élèves, alors qu'un traitement médical l'obligeait à rester chez elle.

Des connexions avec les parents et avec la collectivité

Highdown School, école publique située à Reading, une ville de cent quarante mille habitants à l'ouest de Londres, envisage pour l'avenir des investissements similaires. Highdown se trouve au cœur de la Silicon Valley britannique. Une grande partie des entreprises de haute technologie du pays se sont installées dans les trente kilomètres à la ronde. L'établissement a proposé de créer une communauté pédagogique connectée, et l'idée a été retenue pour figurer parmi les vingt-trois expériences participant à l'initiative nationale sur les Inforoutes.

Highdown a résolu de faire de la technologie une part capitale de l'expérience éducative et de connecter l'ensemble de la collectivité – bibliothèques, administrations et musées compris – avec l'école. Les enseignants ont réclamé un modèle stable, pour que leur démarche ne tombe pas à l'eau une fois passé l'enthousiasme des débuts. Ils voulaient établir des critères quant aux résultats pédagogiques et susciter des facultés d'apprentissage durables.

Le réseau de Highdown relie plus d'une centaine de micro-ordinateurs au sein de l'école, avec des CD interactifs et des documents Internet préalablement filtrés. Lorsque l'établissement est passé du stade expérimental au programme à long terme, le conseil régional s'est joint à ses efforts et a aidé à étendre le réseau aux quarante-six autres écoles de la circonscription. Les élèves ont des comptes Internet individuels, qui leur permettent d'accéder depuis la maison à des applications, au courrier électronique et au Web.

L'implication des parents a joué un rôle décisif dans la réussite du programme. Trente d'entre eux ont participé au développement initial et ont su se connecter régulièrement, depuis chez eux, pour jeter un œil sur l'intranet de l'école et se renseigner sur les activités de leurs enfants. Une trentaine d'enseignants sont également connectés depuis leur domicile. L'école va bientôt élargir cette possibilité à tous les parents et adapter les matériaux pédagogiques pour qu'ils puissent aider les enfants dans leurs devoirs. La page d'accueil intranet de Highdown comporte des informations sur l'école et sur les programmes en cours. Le site Web explique aux parents ce que les élèves sont censés apprendre chaque semaine, et la démarche adoptée par les professeurs. Les familles peuvent se connecter au matériel pédagogique utilisé par les écoliers. Internet résout ainsi l'antique problème de ces parents qui, demandant à leurs enfants s'ils ont des devoirs à faire, s'entendent immanquablement répondre : « Non », et ne disposent d'aucun moyen de contrôle. Désormais, ils peuvent aussi toucher directement les professeurs par courrier électronique, autant de contacts qui viennent s'ajouter aux nombreuses rencontres annuelles.

Tout comme Western Heights, Highdown fait entrer la technologie dans les classes. Sa page Web ajoute au programme scolaire des enrichissements auparavant impossibles, comme une visite virtuelle des principaux musées du monde. La technologie permet encore aux professeurs d'ajuster plus facilement leurs cours à l'âge et aux capacités des élèves, et de personnaliser leur enseignement. Par exemple, en arts plastiques, un enfant de onze ans peut accéder en ligne à des documents préparés par le prof et adaptés à son âge, afin de mieux comprendre la théorie des couleurs présentée en classe. Un test va lui permettre de vérifier s'il a bien saisi ce que sont les couleurs complémentaires. Il pourra également se reporter à la reproduction d'un tableau de Seurat et voir comment le peintre utilisait la perception physique des couleurs pour créer ses contrastes visuels.

L'État a commandé une étude indépendante sur l'expérience menée à Highdown ; il en a résulté une liste recensant les six bénéfices majeurs que la technologie peut apporter à l'éducation. À savoir, des progrès dans l'apprentissage des disciplines scolaires, dans l'apprentissage du « réseau » – c'est-à-dire l'utilisation pédagogique des micro-ordinateurs et d'Internet –, dans la formation professionnelle, dans la motivation et l'attitude par rapport au travail scolaire, dans l'autonomie, tant en classe que pour les recherches personnelles, et, enfin, dans l'évolution sociale.

Accroître les compétences de tous les citoyens

Utiliser l'infrastructure scolaire pour aider à éduquer l'ensemble de la collectivité : voilà un moyen essentiel de tirer parti de l'investissement technologique – et de le justifier. Premier niveau d'éducation : l'acquisition d'un b.a.-ba informatique qui sera utile dans tous les métiers. Mais il en existe un autre, et riche de potentialités pour qui cherche un emploi : la formation informatique en tant que telle. Dans la plupart des pays, un poste informatique sur dix est vacant. Dans les années à venir, les États-Unis et l'Europe vont avoir besoin, d'un côté comme de l'autre de l'Atlantique, de plus de cinq cent mille professionnels de l'informatique ayant bénéficié d'une formation récente. Des pays en voie de développement rapide, telles l'Inde ou l'Amérique latine, risquent de connaître des pénuries proportionnellement plus importantes encore.

La prospérité de la région de Reading repose sur la technologie ; et les financements traditionnellement dévolus à Highdown ont peu de chances de lui suffire pour réaliser ses projets. Deux raisons pour lesquelles l'établissement envisage un partenariat public-privé afin de payer l'infrastructure nécessaire, une sorte d'« investissement en boucle » où la communauté industrielle investit en amont dans des écoles pour obtenir, en aval, des employés d'un haut niveau de formation.

Les enseignants de Highdown comptent aussi sur une aide de la collectivité puisqu'elle utilise le réseau pour la formation des adultes : ceux-ci peuvent acquérir une formation technique en ligne, soit dans les écoles de Reading, ouvertes à cet effet le soir et le week-end, soit chez eux. Les droits perçus pour ce service sont alloués à la maintenance et au développement du système informatique.

Partout dans le monde, de nombreux établissements scolaires évoluent rapidement pour se préparer à l'ère numérique. Israël dispose d'un réseau éducatif national qui permet aux élèves de réunir des connaissances et d'utiliser le courrier électronique à l'école ou à la maison. Le réseau améliore l'interaction parent-enseignant. Le Costa Rica est en train d'équiper tous ses lycées publics d'un accès Internet et e-mail. À Issaquah, dans l'État de Washington, des lycéens ont conçu et réalisé un réseau de deux mille micros sur l'ensemble de l'académie, qu'ils gèrent et utilisent pour l'apprentissage de disciplines avancées. Certains élèves du Kentucky sont aussi formés pour entretenir leur réseau, qui couvre tout l'État – soit cent soixante-seize académies –, et comporte des connexions avec l'administration nationale, ainsi qu'avec les entreprises et les universités locales.

Donner à chaque élève des armes pour réussir

Dans leur grande majorité, les travailleurs américains qui travaillent sur l'information ont chacun leur micro-ordinateur ; et pourtant, même dans la meilleure des écoles, la proportion est rarement supérieure à un micro pour sept élèves. Pour un établissement scolaire, acheter un micro par élève revient cher, surtout quand on sait qu'il sera démodé au bout de trois ou quatre ans. Pour cette raison, on peut craindre que le fossé entre les familles « avec » – celles qui ont les moyens d'avoir un micro à la maison – et les autres ne se transforme en un gouffre entre les chances laissées aux enfants. Mais il existe des démarches novatrices, visant à fournir un micro-ordinateur à chaque enfant, et pleines de promesses pour l'avenir de l'éducation.

L'opération « un micro par élève » a démarré au début des années 1990 à Melbourne, en Australie. Là, Bruce Dixon, un enseignant passionné de technologie, a constaté des différences significatives dans les résultats scolaires, selon qu'il parvenait à dénicher pour sa classe une demi-douzaine d'ordinateurs ou un seul. Il s'est rendu compte que les micros n'étaient vraiment efficaces que si les élèves s'en servaient comme d'un outil tout au long de leur travail : à savoir, dans tous les cours, et à la maison autant qu'à l'école. De nombreuses discussions, réunions et séances de réflexion avec ses collègues enseignants ont abouti à cette idée révolutionnaire : tous les élèves devaient financer leur propre machine. Dixon, jusque-là consultant technologique auprès des établissements scolaires, a mis au point un plan de financement : l'élève verse des mensualités pour louer en crédit-bail un ordinateur et un logiciel, le fournisseur assure la maintenance et les mises à jour ; et après le bac, la famille garde la machine.

L'effort financier à fournir reste néanmoins une question d'importance. Les familles aisées peuvent payer sans problème les 230 francs mensuels sur trois ans. Les autres, et elles sont nombreuses, paient une modeste fraction de la somme. Et ce sont les entreprises, les organismes sociaux et les bourses qui versent la différence. Quel qu'en soit le montant, la participation de la famille est essentielle, car elle donne à l'enfant comme à ses parents un sentiment de propriété, de responsabilité face au portable, et leur fait prendre conscience de son rôle pédagogique. Dans les premières années de réalisation du programme, la casse, les pertes ou vols de portables ont été minimes, car, pensent les enseignants, les enfants ont intérêt à prendre soin de leurs machines. Notons que l'on dénombre moins de pertes ou de casse chez les élèves des quartiers défavorisés que chez ceux des écoles riches. Le seul problème de casse persistant est venu d'enfants qui refermaient leur portable sur un stylo ou un crayon. Cette habitude, héritée des livres, bousillait l'écran. Désormais, les élèves sont avertis à l'avance des dangers que recèle la trousse d'écolier pour leurs ordinateurs.

Ce type de programme s'est répandu dans les écoles du monde entier. Aux États-Unis, plus de soixante mille élèves et enseignants de cinq cents établissements publics et privés ont participé au programme Anywhere Anytime Learning (Apprendre où je veux quand je veux). Le premier sponsor a été Toshiba America Information Systems et, aujourd'hui, beaucoup d'autres fabricants de matériel informatique se sont à leur tour engagés dans l'opération. Le but est de fournir des portables aux enfants, de former les enseignants à leur utilisation et d'introduire la technologie dans le cursus scolaire. On a vu réussir des programmes à grande échelle à Harlem (cinq cents élèves), dans l'académie de Beaufort, en Caroline du Sud (mille cinq cents élèves), dans l'académie Clovis du comté de Fresno, en Californie (mille deux cents élèves), et dans l'académie fédérale de l'État de Washington (cinq cents élèves) – pour ne citer que quelques-unes de ces expériences. En travaillant avec les entreprises et collectivités locales, ces établissements scolaires ont pu financer des portables pour tous leurs écoliers. Le Canada et le Royaume-Uni ont commencé à initier des programmes de ce genre, et des délégations pédagogiques du monde entier sont venues visiter les écoles Anywhere Anytime Learning.

Un micro par élève, ça change tout

Pour Michael, la transition de l'école primaire au collège de Mott Hall, à New York, a été difficile. L'atmosphère de compétition dans une classe où la concurrence était plus rude l'a fait se replier sur lui-même. Janice Gordon, son professeur, a pensé que le programme Anywhere Anytime Learning, qui existait dans l'école, pourrait l'aider à surmonter ses problèmes d'écriture et d'organisation, et lui donner confiance en lui.

Elle avait raison. Michael a eu son portable et, dans les deux mois qui ont suivi, il s'est mis à participer aux discussions en classe et à partager son travail avec ses camarades. À la maison, il fait des devoirs facultatifs et des recherches approfondies pour des exposés collectifs. Son père l'appelle « le Michael Jordan de l'informatique ».

Je me suis rendu dans la classe de Miss Gordon au printemps 1998, et là j'ai vu de mes yeux en quoi le fait de disposer en permanence d'un portable transformait l'apprentissage, pour Michael comme pour ses camarades. La récente réussite de ce garçon n'est pas un cas isolé. Dans plus de cinq cents écoles publiques et privées, des gamins utilisent des portables pour exercer leur curiosité et leur créativité d'une manière dont seuls, peut-être, les enfants sont capables.

C'est un étudiant en histoire qui se sert d'une encyclopédie en ligne et de sites Web pour créer une présentation de la guerre de Sécession, avec les généraux célèbres, les grandes batailles, des cartes, des données statistiques… C'est un étudiant en sciences qui utilise Internet pour réaliser un exposé sur la façon dont le fart augmente la vitesse des snowboards et réduit leurs problèmes d'adhérence, et sur la stabilité assurée par les fixations et les chaussures. Ce sont encore des étudiants en langues qui se connectent sur des sites Web en espagnol pour mieux comprendre la façon dont on parle cette langue au quotidien…

Les micro-ordinateurs offrent aussi une nouvelle approche des matières traditionnelles. Des élèves de cours moyen et de sixième ont créé, à partir d'éléments pris à plusieurs sources, leur propre base de données sur les planètes. Ils se sont servis d'une encyclopédie en ligne pour y incorporer des images et ont rédigé un devoir sur ce qu'ils avaient appris. Des lycéens ont réuni des données sur le déplacement d'une charrette en lui appliquant des forces et des masses différentes, puis ils ont employé un tableur pour visualiser graphiquement les changements et la relation mathématique entre la force, la masse et l'accélération.

Les portables facilitent aussi pour les professeurs la création de projets plus complets. Dans le cadre d'un programme « Destination Ohio », en histoire, les élèves ont utilisé Internet pour faire leurs recherches sur des sites de l'Ohio, un traitement de texte pour définir leur itinéraire, un tableur pour calculer le coût de leur expédition, un logiciel d'édition pour réaliser un dépliant, et un logiciel de présentation pour « vendre » ce voyage aux autres élèves.

L'information, à la fois vaste et détaillée, que procure l'accès à la technologie et la facilité d'analyse des données améliorent ces compétences fondamentales que sont les aptitudes à écrire et à analyser. En étudiant des informations toujours plus nombreuses sous des angles multiples, les élèves prennent l'habitude de porter un regard critique sur leurs sources et acquièrent ainsi une indépendance de jugement.

Le fait d'offrir aux élèves des portables à plein temps a eu un retentissement impressionnant. Une récente étude titrait « Des outils puissants pour l'éducation : la deuxième année du programme portables » ; Saul Rockman, son auteur, chercheur en sciences de l'éducation, conclut que les élèves utilisant régulièrement des ordinateurs gagnent beaucoup en compétences. Ils écrivent plus souvent et mieux, augmentent leurs facultés de recherche et d'analyse, s'expriment avec plus de créativité, travaillent de façon plus autonome, collaborent davantage les uns avec les autres, prennent une part plus active à leur éducation et aux méthodes pédagogiques, s'impliquent volontiers dans la résolution de problèmes et la réflexion critique, et développent leurs capacités de raisonnement. Des données objectives que confirment les impressions des professeurs : 66 % d'entre eux ont constaté un gain dans la faculté de réflexion de leurs élèves, et 71 % une motivation et une concentration plus importantes par rapport au travail scolaire.

La plupart des systèmes scolaires dans le monde commencent tout juste à faire pénétrer les micro-ordinateurs dans les classes. Pour démarrer l'opération, il est nécessaire que le conseil d'établissement et le directeur prennent les choses en main. Il est aussi nécessaire d'établir un projet qui prévoie le développement et la gestion de l'infrastructure technique, l'intégration de la technologie au cursus scolaire et la formation des professeurs. Dernier élément, et décisif : rallier le soutien de la collectivité. On sait que les électeurs votent pour des mesures qui engagent des applications concrètes, bien ficelées. Les collectivités devraient considérer celles-ci comme le début d'un effort plus large, dont le but est de créer une communauté éducative reliée à tous les centres culturels et administratifs. Elles devraient penser cette éducation enrichie par la technologie comme une activité que l'on peut pratiquer toute sa vie, bien au-delà de l'âge ou du contexte scolaires.

La technologie peut aussi diminuer les frais administratifs généraux des établissements et faciliter la comparaison entre les résultats pédagogiques. En Australie, l'État de Victoria a déployé une infrastructure qui, au final, connectera cent mille micro-ordinateurs, aboutissant, sur toute la superficie du territoire, à une proportion de cinq élèves pour un micro. Le même État est en train de former chaque directeur d'établissement et chaque professeur de ses mille sept cent cinquante écoles à l'intégration de la technologie dans le travail scolaire. Le traitement administratif se fait également sur des micros : documents, notes de service, bilans financiers, images sont diffusés par e-mail aux nombreux complexes scolaires situés dans des régions reculées. Les administrateurs vont utiliser un logiciel qui leur permettra de dégager des tendances dans les absences des élèves, indices d'éventuels problèmes éducatifs, ou dans celles du personnel enseignant, qui peuvent être révélatrices de problèmes moraux. Ils projettent d'utiliser des outils numériques pour mieux rapprocher et comparer les résultats d'examens par régions, par niveaux de classes ou par tailles d'établissements. Ils souhaitent fournir un soutien logiciel accru aux enseignants, qu'il soit administratif (gestion des présences, création de lettres standards pour les parents) ou professionnel (évaluation scolaire des élèves). À Western Heights, les professeurs emploient une application qui scanne les copies, les note et recalcule automatiquement la moyenne de l'enfant. Le temps qu'ils ont gagné, ils le passent à enseigner…

Proposer diverses manières d'apprendre

Utiliser les micro-ordinateurs pour proposer diverses manières d'apprendre compte parmi les idées les plus prometteuses. Il existe une cinquantaine de théories différentes visant à établir une typologie des modes d'apprentissage de l'individu et, dans l'ensemble, elles relèvent toutes des caractéristiques similaires. Autrement dit, certaines personnes apprennent mieux par la lecture, d'autres par l'écoute, d'autres en regardant quelqu'un accomplir une tâche, et d'autres encore lorsqu'elles accomplissent elles-mêmes la tâche. La plupart d'entre nous apprennent en combinant toutes ces méthodes. Et nous avons tous des niveaux d'aptitude différents, des personnalités différentes, des expériences qui peuvent motiver notre désir d'apprendre ou, au contraire, le démotiver. Un enfant très motivé est capable de se débrouiller avec des documents difficiles à lire, alors qu'un enfant peu motivé aura besoin de matériaux immédiatement accessibles, comme la vidéo.

Les nouveaux logiciels aident les élèves, quelles que soient leur manière d'apprendre ou leur rapidité d'assimilation. Ils présentent l'information sous des formes multiples, beaucoup plus faciles à personnaliser que sur supports papier. Pour enseigner la géographie à des adolescents de douze-treize ans, par exemple, Highdown s'appuyait auparavant sur des vidéos du mont Saint Helens et une grosse pile d'imprimés. Certains gamins s'en sortaient bien ; d'autres, moins motivés, se perdaient dans des textes trop touffus.

Grâce à la technologie Web, l'école structure à présent les travaux en fonction de la complexité des matières. On demande aux élèves d'accomplir certains exercices pour s'assurer qu'ils ont bien compris la notion enseignée. En géologie, par exemple, pour aider l'enfant à comprendre comment se forme un volcan, la première étape du travail comporte une animation multimédia sur le magma. Et la dernière consiste en une étude approfondie de certains volcans, en liaison avec le site Web du Bureau de recherches géologiques et minières. Les élèves désireux de pousser plus loin l'exploration – et ils sont nombreux – ont la possibilité d'étudier dans le détail un grand nombre de volcans actifs, ainsi que leur impact sur les villes avoisinantes et l'environnement en général.

Les micro-ordinateurs peuvent transformer l'expérience pédagogique et la faire passer d'une approche traditionnelle – des devoirs de lecture et un prof debout face à la classe – à une approche plus pragmatique, qui tire parti de la curiosité naturelle des élèves de tous âges. Ils permettent à l'enfant d'explorer l'information à son rythme, d'apprendre autant par une bande audio ou vidéo qu'avec le texte, de faire ses propres expériences et de collaborer avec ses camarades.

Cette démarche – la résolution de problème autodirigée –, habituellement décrite comme progressiste, n'est pourtant pas neuve. En 1899, John Dewey et d'autres pédagogues proposaient déjà de réformer la didactique pour la faire évoluer vers un enseignement basé sur l'expérience. Mais construire matériellement des installations capables d'offrir aux enfants un large éventail d'expériences est une chose complexe, tandis que l'ordinateur ouvre un monde d'expériences virtuelles toujours disponible.

La connectivité Web enrichit encore les potentialités des micro-ordinateurs, en donnant aux élèves l'occasion de rencontrer d'autres personnes qui explorent les mêmes sujets qu'eux, ou de découvrir des approches d'une matière qui les aideront ou les intéresseront peut-être davantage que celles adoptées en classe. Ils peuvent dénicher une information très utile qu'ils sont ravis de rapporter à l'école, ou une autre qui les trouble, et à laquelle le professeur peut s'atteler pour en faire profiter tout le monde. Explorer un sujet sur Internet et revenir en discuter en groupe va devenir un devoir ordinaire.

Les cours magistraux sur des sujets importants vont se répandre sur Internet. Les écoles pourront les utiliser comme présentations de base et créer autour des thèmes abordés des groupes d'étude et de discussion. C'est leur façon d'exploiter ces cours qui fera leur différence. Quant aux professeurs, ils auront du temps pour approfondir les documents et

Comment faire entrer les PC dans les classes

Étape 3
Utilisez les PC pour transformer les cours existants

Étape 2
Utilisez les PC pour améliorer les cours existants

Étape 1
Établissez l'infrastructure et formez les maîtres et les élèves

VOUS ÊTES ICI

Les écoles ont besoin d'un plan pour utiliser les ordinateurs afin d'améliorer l'éducation. La première étape est d'obtenir le soutien de tous, de poser les bases d'une infrastructure solide et de former les professeurs. Ensuite les ordinateurs et l'internet doivent être intégrés aux cours, ceux-ci servant d'outils d'apprentissage. Enfin, les méthodes numériques peuvent transformer l'éducation en facilitant la création de présentations, en libérant les professeurs pour créer du matériel plus approfondi et une éducation plus personnalisée.

développer une instruction personnalisée, au lieu de rabâcher leurs cours, comme ils doivent le faire aujourd'hui.

Quand les enseignants seront assez nombreux à échanger sur le Net, et quand de plus en plus d'élèves auront accès à la micro-informatique, l'industrie du livre scolaire devra opérer une réforme radicale et se réorienter vers la diffusion électronique des produits. Des manuels accessibles électroniquement coûteront moins cher aux écoles à court de liquidités, qui pourront alors redistribuer sur d'autres postes l'argent qu'elles dépensaient en ouvrages imprimés. En 1997, les écoles primaires américaines ont déboursé 17 milliards de francs, et les universités 15,4 milliards, en achats de livres. Pourtant, un CD de base peut contenir tous les documents de lecture nécessaires à un élève pendant un an, avec des connexions en ligne qui lui apporteront, en outre, une information plus large et détaillée. Faire des micro-ordinateurs des supports de lecture majeurs nécessitera cette découverte capitale sur la résolution de l'écran, que j'ai évoquée aux chapitres 3 et 7.

Les micro-ordinateurs sont les premiers outils de communication et de productivité de l'ère numérique. La micro et Internet sont une révolution dans la mesure où ils procurent à tous les élèves de toutes les écoles et complexes éducatifs un accès à l'information et à la collaboration inenvisageable auparavant, y compris dans les meilleurs établissements. Le corps enseignant y trouvera son compte. Et ce sont ces enseignants, qui adopteront le micro-ordinateur comme nouvel outil d'enseignement et d'apprentissage, qui initieront le changement.

Dix leçons définitives sur l'ordinateur à l'école

Plus de dix années d'utilisation ont fait la preuve que les ordinateurs peuvent contribuer à l'éducation des enfants, dix ans dont la société a tiré dix leçons définitives. Mes conclusions rejoignent celles d'un rapport publié dans le *Wall Street Journal* en novembre 1997 :

1. Les laboratoires informatiques sont un endroit détestable pour les ordinateurs. Leur place est dans les salles de cours.
2. Les élèves en difficulté s'en sortent souvent mieux avec les ordinateurs que les élèves plus brillants.
3. La plupart des enseignants n'ont pas encore reçu la formation nécessaire pour se servir des ordinateurs en classe.
4. Les systèmes éducatifs doivent préparer avec soin l'usage qui sera fait des ordinateurs.
5. Les ordinateurs sont un outil, pas une discipline. Il faut les intégrer à des cours portant sur d'autres matières.
6. Les enfants s'épanouissent quand ils ont tous un ordinateur.
7. Les machines au rabais ne sont pas assez performantes pour un usage scolaire.
8. Les ordinateurs ne diminuent pas les compétences traditionnelles.
9. Internet et le courrier électronique séduisent les enfants en leur donnant un public.
10. Les enfants adorent les ordinateurs.

Pour une gestion plus performante

- Les micro-ordinateurs et la connectivité rendent possibles de nouvelles approches pédagogiques.
- Utilisez l'infrastructure de l'école pour éduquer l'ensemble de la communauté.
- Si l'on veut que la technologie marche dans la classe, il faut que la collectivité et la direction de l'établissement prennent la tête du mouvement.
- Les écoles doivent placer l'accès à Internet au même niveau que le terrain de sport, pour s'efforcer de réduire le fossé entre les enfants « avec » et les enfants « sans ».

Évaluez votre système nerveux d'entreprise

- Votre projet technologique comprend-il le développement de l'infrastructure technique, l'intégration de la technologie dans les programmes scolaires et la formation des professeurs ?
- Les micro-ordinateurs de votre classe autorisent-ils une approche de type « main à la pâte », autrement dit permettent-ils à vos élèves d'explorer, de faire leurs expériences et de collaborer les uns avec les autres ? Les micro-ordinateurs de votre classe font-ils de l'apprentissage une activité amusante ?
- Utilisez-vous des micro-ordinateurs pour déterminer quelle est la meilleure méthode éducative à adopter pour chaque élève et pour y adapter la présentation des matériaux pédagogiques ?
- Les professeurs utilisent-ils le courrier électronique pour échanger des idées et coordonner des programmes ?
- Vous servez-vous de la technologie pour rationaliser les tâches de routine des services administratifs et des professeurs ?
- Votre école utilise-t-elle un site Web et le courrier électronique pour impliquer davantage les parents dans l'éducation de leurs enfants ?

SIXIÈME PARTIE

PRÉVOIR L'IMPRÉVU

23

Se préparer à l'avenir numérique

Chaque changement est une chance en puissance.
L'entreprise doit donc absolument
être stimulée et non paralysée.
Jack Welch, PDG de General Electric

Les clients sont les premiers à bénéficier de l'efficacité croissante de l'informatique, et plus l'économie s'informatisera, plus ils auront à y gagner. Autres bénéficiaires : les entreprises dont les dirigeants profitent des méthodes numériques pour élaborer des solutions plus vite que la concurrence. Les solutions que j'ai mises en lumière dans ce livre résultent d'hommes et de femmes qui sont des meneurs et qui voient loin : ils ont su faire jouer l'informatique en ayant en tête des scénarios clients bien spécifiques. La technologie va changer votre façon de travailler avec votre clientèle, et pas seulement le traitement bureautique des données. Si vous êtes chef d'entreprise, il va falloir vous lancer dans la course.

Les PDG qui y parviendront tireront profit de cette nouvelle manière de traiter les affaires, une manière qui se fonde sur la rapidité croissante de l'information. Il ne s'agit pas d'appliquer la technologie pour la technologie, mais de l'utiliser pour remodeler la gestion de l'entreprise. Et pour tirer parti de tous ses avantages, les cadres dirigeants vont devoir rationaliser et moderniser leurs méthodes comme leur organisation. Le but est de doter l'entreprise de réflexes quasi instantanés et de faire de la stratégie un principe courant, itératif – et pas une réflexion à laquelle on se consacre tous les douze ou dix-huit mois, hors du flux quotidien des affaires.

Les investissements technologiques devraient fournir une meilleure information à tous ceux qui risquent d'en avoir l'usage. Les collaborateurs sont le cerveau de l'entreprise. S'ils sont déconnectés des données importantes de la société, comment vont-ils fonctionner, comment vont-ils pouvoir agir ? On peut toujours donner aux gens la responsabilité, l'autorité, mais, sans l'information, ils restent impuissants. La connaissance est l'outil suprême de la puissance.

Si l'information sur la production, les problèmes de produits, les difficultés et opportunités créées par la clientèle, les déficits commerciaux et autres nouvelles essentielles met quelques minutes au lieu de quelques jours pour circuler au sein de la société, et si les personnes compétentes peuvent, elles aussi, s'y atteler en quelques heures au lieu de quelques jours, l'entreprise y gagne énormément. Cette restructuration des méthodes est plus fondamentale que ne l'a été toute autre mutation depuis la production en série.

Chaque société peut choisir soit d'être en tête de l'innovation numérique, soit de suivre le mouvement. Les sociétés évoquées dans ce livre ont, pour leur part, décidé d'être en tête. Toutes appartiennent à des domaines industriels implacables, où elles ont à faire face à des concurrents implacables. Internet est en train de redéfinir en temps réel leur secteur. Pour aucune d'entre elles, gagner ne se fait en claquant des doigts. Elles ont décidé que le flux de l'information numérique et la potentialisation de leurs employés entraient à part entière dans la conquête et la conservation d'une position dominante sur leur marché.

Le décloisonnement par le numérique

Bien qu'elle puisse paraître froide, l'expression *traitement numérique* implique pourtant bien une valorisation des individus. Motiver les gens afin qu'ils endossent des responsabilités est moins une question de structure que de comportement organisationnel. Chez Microsoft, malgré nos efforts pour maintenir à son minimum le nombre des niveaux organisationnels et pour rendre le circuit de la communication le plus court possible, notre organigramme reste plutôt traditionnel. À mon avis, une politique de décloisonnement est plus déterminante qu'une absence de structure hiérarchique. Et les outils numériques offrent le meilleur moyen de mettre en pratique cette politique de la porte ouverte et de gagner en flexibilité. Selon sa nécessité ou son urgence, une information peut remonter toute la chaîne hiérarchique ou parvenir directement au sommet, elle peut arriver à une seule personne ou à toute une équipe, à tel individu dans tel endroit du monde ou à tous dans tous les pays.

Croire en cette valorisation est la clé d'une bonne exploitation d'un système nerveux d'entreprise. Ce sont les collaborateurs et les directeurs commerciaux qui tirent profit d'une information plus abondante et de meilleure qualité, et pas seulement les cadres de direction. Lorsqu'on donne aux gens deux ou trois bons outils autorisant de meilleurs résultats, ils en redemandent. C'est un nouveau cycle positif.

Quelle que soit la façon dont vous organisez votre société ou motivez votre personnel, une chose est claire : il est impossible de gérer une entreprise de manière totalement centralisée. Une personne unique ou un comité unique ne peuvent rester au fait de chaque question dans chaque département ou filiale. Le rôle de la direction est de définir une stratégie, une orientation, et de fournir aux employés les outils qui leur permettront de réunir des informations et des idées venues du monde entier. La direction ne devrait pas chercher à prendre toutes les décisions. Les sociétés qui voudront diriger « du haut vers le bas » et commander chaque action de façon centralisée se révéleront tout bonnement incapables de réagir assez vite pour suivre le tempo de la nouvelle économie.

Le conflit entre autorité centrale et individu au sein de l'entreprise recouvre l'opposition entre la vieille mentalité, popularisée sous le terme de « théorie X », selon laquelle les employés sont des paresseux qui ont besoin d'être commandés, et la « théorie Y », qui les considère comme des humains créatifs qu'il faut responsabiliser. Les traitements numériques viennent appuyer cette dernière : les salariés peuvent en faire plus, et ils le feront si on les y encourage, et si on leur donne la permission et la possibilité de penser et d'agir.

Ce conflit opposant autorité centrale et individu n'est pas une abstraction. Il affecte la conception des entreprises et des systèmes. Il y a des années de cela, la maquette de la première capsule spatiale habitée a choqué les astronautes américains. Elle ne comportait aucun système de guidage manuel. Les scientifiques de la NASA leur ont expliqué qu'ils ne devaient pas s'inquiéter : l'avionique allait piloter l'engin. Les astronautes, tout comme les singes avant eux, n'étaient là que pour faire le voyage. Ils ont protesté. Pilotes d'essai et de combat, ils étaient bien placés pour savoir que les systèmes d'avionique « évoluée » connaissaient de fréquentes défaillances dans des conditions difficiles. Ces pilotes ont gagné leur bras de fer et obtenu les commandes et le périscope dont ils avaient besoin pour faire voler manuellement l'appareil. Sur de nombreux vols – missions orbitales et premier alunissage compris –, c'est le système local et le talent du pilote qui ont ramené les astronautes sains et saufs, alors que le système central préprogrammé était défaillant.

La question n'est pas de savoir si les premiers systèmes informatiques pouvaient surpasser ou non le pilotage humain. Aujourd'hui, des avions et des vaisseaux spatiaux très performants utilisent largement la technologie informatique pour donner à l'homme la possibilité de voler dans des environnements extrêmes. Non, la question est de savoir si une décision « centralisée », loin des conditions réelles d'application, peut matériellement anticiper tous les changements et dérèglements possibles – que ce soit dans l'espace ou dans un bureau.

La valorisation hiérarchique des salariés exige qu'ils aient au bout des doigts des machines intelligentes. Un système élaboré sur le principe d'une informatique « centrale » s'opposant à une informatique « individuelle » est insuffisant quand les effectifs sont mobiles et fortement disséminés. Pareil système révèle, en outre, une hostilité par rapport aux employés. Il les maintient toujours dans cet état de simples rouages issu de l'ère industrielle, les confine dans des métiers répétitifs, où ils ont à effectuer une tâche unique. Dans ce système, ils ne sont pas censés bouger d'un pouce pour accomplir leur travail – en réalité, l'outil les en empêche. Disposer des instruments permettant de gérer un système décentralisé est une bonne chose, mais chercher à prédéfinir de façon centralisée l'action des collaborateurs est contre-productif. Les outils numériques doivent stimuler la créativité et la productivité des employés. Quelle que soit l'orientation première fournie par la direction, les collaborateurs ont besoin d'outils pour explorer des possibilités, coopérer et effectuer des corrections en temps réel à mesure que la situation change. Dans chaque secteur industriel, les entreprises qui auront donné à leurs salariés la puissance numérique seront celles qui sortiront du lot.

Gérer le chaos ?

Il y a tant d'améliorations à apporter dans les entreprises, grâce aux systèmes numériques, qu'il faudra des années avant d'aboutir à une optimisation totale. Il conviendra d'abord de numériser toutes les données, même les plus minimes, pour pouvoir facilement les récupérer : c'est-à-dire tous les fichiers, enregistrements, messages e-mail, pages Web. Il faudra numériser tous les processus internes et les intégrer les uns aux autres. Une vue globale de chaque client devrait, par exemple, enregistrer chaque opération de l'entreprise en relation avec celui-ci. Toutes les transactions avec les associés et la clientèle devraient se faire numériquement. Partenaires et clients devraient aussi avoir accès à absolument toutes les données opportunes, et vous offrir le même accès.

Les ères économiques antérieures ont été marquées par de longues périodes de stabilité, suivies de courtes phases de mutation qui bouleversaient l'industrie. Les évolutionnistes appelleraient ce phénomène un *équilibre ponctué*. Aujourd'hui, sous l'influence de l'information numérique, l'environnement industriel est en constante mutation. Les évolutionnistes parleraient là de chaos ponctué : c'est-à-dire d'une phase de perturbation permanente, ponctuée de brefs répits. Le rythme auquel se succèdent ces bouleversements est parfois déstabilisant.

La crise financière asiatique de 1998 donne un bon exemple de la manière dont le flux de l'information numérique transforme le monde. À la génération précédente, une flambée ou un effondrement sur une place financière quelconque – marché boursier ou marché monétaire – aurait mis des semaines, voire des mois, avant d'avoir des répercussions dans le reste du monde. Aujourd'hui, tous ceux qui participent à ces marchés sont reliés numériquement. Chaque baisse, chaque hausse sur une grande place financière se répercute du jour au lendemain sur les autres. Les entreprises doivent réagir rapidement aux fluctuations des devises, aux nouveaux risques et aux nouvelles perspectives. Les décisions économiques doivent suivre la cadence des marchés électroniques. Certaines sociétés ont réagi à ces changements avec beaucoup de vivacité ; d'autres se sont contentées de regarder. Lorsque tout sera joué, celles qui auront réagi rapidement – par exemple, en achetant à la baisse des valeurs choisies – seront aussi celles qui s'en sortiront le mieux. Il leur aura fallu agir vite non seulement pour s'adapter, mais aussi pour saisir les nouvelles opportunités qui s'offraient à elles.

Il existera bientôt des interconnexions numériques similaires pour tous les marchés. L'univers numérique oblige les entreprises à réagir au changement et leur fournit en même temps les outils grâce auxquels elles pourront l'anticiper. L'informatique est le seul moyen d'avoir des réflexes assez rapides et qui assurent une connexion entre stratégie d'entreprise et réaction organisationnelle.

À l'heure actuelle, pour ce qui est de l'adoption des technologies informatiques, les sociétés américaines ont une longueur d'avance sur les autres pays. Il y a de nombreuses raisons à cela : la prise de risque, la valorisation de l'individu et la mobilité du travail. Des communications moins chères et un vaste marché uniforme jouent également beaucoup. Comme il leur est toujours possible de se rattraper, les entreprises américaines ne sont pas obligées de maintenir une avance constante. Chaque pays doit examiner les meilleures méthodes expérimentées dans le monde entier. Je suis amené à rencontrer, hors des États-Unis, de nombreux chefs d'entreprise qui ont conscience de devoir passer au numérique. Parfois, ils en sont empêchés par l'absence de connexions rapides dans leur pays. D'autres fois, par le manque de formation à la technologie numérique de leurs étudiants : ils ne parviennent pas à trouver tous les ans une nouvelle moisson d'employés capables de se débrouiller sur le Web. D'autres fois encore, leurs partenaires et clients ne sont pas prêts à s'engager dans la voie numérique. Les investissements dans une infrastructure et une éducation numériques sont la clé de la position qu'occupera, à l'avenir, chaque pays dans la compétition mondiale.

Mais les États-Unis ont du retard dans les domaines suivants : utilisation d'Internet par l'administration, et politique de l'État sur les problèmes de l'encryptage et sur l'adoption des cartes intelligentes.

Tirer parti de la « niche cognitive »

Nous autres humains ne sommes pas les plus gros des animaux. Nous ne sommes pas non plus les plus forts, ni les plus rapides. Notre vue et notre odorat ne sont pas les plus aiguisés. Nous pouvons légitimement nous étonner d'être arrivés à survivre au milieu de toutes ces créatures féroces. Mais si nous avons survécu, et prospéré, c'est grâce à notre intelligence. Nous avons évolué pour remplir la « niche cognitive ». Nous avons appris à utiliser des outils, à construire des abris, à cultiver la terre, à domestiquer le bétail, à développer la civilisation et la culture, à guérir et prévenir la maladie. Nos outils et nos technologies nous ont aidés à façonner notre environnement.

Je suis un optimiste. Je crois au progrès. Je préfère vivre aujourd'hui plutôt qu'à n'importe quelle autre époque de l'histoire – et pas seulement parce qu'en d'autres temps mes précieuses aptitudes m'auraient tout juste permis de faire un excellent candidat au dîner d'un fauve. Les outils de l'ère industrielle ont développé nos capacités musculaires. Ceux de l'ère numérique développent nos facultés intellectuelles. Je suis plus heureux encore pour ma fille, qui va grandir dans ce nouvel univers.

En nous engageant dans l'ère numérique, nous pouvons accélérer ses effets positifs et atténuer la portée de problèmes comme la confidentialité, ou la question des gens « avec » ou « sans » ordinateur. Si nous restons assis à attendre que l'âge du numérique nous arrive dans des termes définis par d'autres, nous ne serons pas à la hauteur. Le style de vie Internet peut augmenter l'engagement du citoyen dans la vie publique. Beaucoup des décisions à prendre sont politiques, sociales, et non techniques : comment donner à tous l'accès au Web, comment protéger les enfants… Quelle que soit leur culture, les citoyens doivent s'engager dans l'impact social et politique de la technologie numérique, afin de faire en sorte que cette nouvelle ère reflète bien la société qu'ils désirent.

Si nous nous contentons de réagir au changement, il nous passera à côté, ou bien nous le laisserons nous submerger et le percevrons comme une chose négative. En revanche, si nous l'anticipons, si nous cherchons dès maintenant à comprendre l'avenir et si nous accompagnons le changement, l'idée de l'imprévu peut devenir positive et stimulante. Dans son dernier livre, *Billions and Billions* (« Des milliards et des milliards »), l'astronome Carl Sagan écrit : « Tout ce que je peux vous prédire à coup sûr, c'est que les plus stupéfiantes découvertes seront celles que nous ne pouvons pas encore prévoir aujourd'hui. »

Quelles que soient les difficultés et les incertitudes que le numérique soulève pour les entreprises – évoluer ou mourir –, nous en profiterons tous. Nous aurons de meilleurs produits et de meilleurs services, nos réclamations seront mieux prises en compte, les prix seront plus bas, nous aurons plus de choix, les services sociaux et administratifs s'amélioreront et reviendront beaucoup moins cher.

Ce monde arrive, et en grande partie par le biais d'entreprises qui utilisent un système nerveux d'entreprise pour réformer radicalement leurs processus.

Un système nerveux d'entreprise peut, certes, aider une société à se redéfinir et à redéfinir son rôle dans l'avenir, mais l'énergie ou la paralysie, la réussite ou l'échec sont le fait des chefs d'entreprise. Vous seul pouvez préparer votre société et faire les investissements nécessaires pour tirer parti de cette aube nouvelle qui se lève si vite.

Les outils numériques renforcent ces facultés qui font de nous des êtres uniques : faculté de réfléchir, faculté d'organiser nos pensées, faculté de travailler ensemble pour exécuter ces pensées. Je crois profondément que, si les entreprises délèguent du pouvoir à leurs employés et leur donnent des outils puissants pour l'exercer, elles seront étonnées par la créativité et les initiatives qu'elles verront s'épanouir.

Appendice

Normes d'élaboration des processus numériques

Cet ouvrage décrit les avantages d'un système nerveux d'entreprise. Et cet appendice vous explique comment l'architecturer et le mettre en œuvre. Comment construire un système nerveux d'entreprise avec les nouvelles technologies informatiques – PC, progiciels peu coûteux et protocoles Internet. Comme ces nouveaux systèmes sont standardisés, tous les composants, matériels, logiciels et communications, sont plus aisés à assembler. Cet appendice décrit une méthode de construction d'un système nerveux d'entreprise qui utilise la technologie Microsoft pour créer un flux de données efficace. Il est un peu plus technique que le livre dans son ensemble.

Les solutions informatiques d'entreprise clés en main sont désormais beaucoup plus accessibles. Le ralliement de l'industrie informatique à des solutions intégrées horizontalement et orientées clients a permis une spectaculaire chute des prix et élargi les choix offerts au public. Dans la vieille industrie informatique intégrée verticalement, un client devait acheter presque tous les éléments d'une solution à une seule société – les microprocesseurs, les systèmes informatiques, les systèmes d'exploitation, les ordinateurs réseau et le service. Tous les fabricants, IBM, Fujitsu, HP, Digital, NCR, entre autres, composaient leurs propres solutions verticales. Les volumes de ventes étaient modestes et les prix élevés. L'intégration de matériels de marques différentes était difficile et onéreuse. Les coûts de renouvellement du parc étaient très élevés pour les clients puisqu'il fallait changer tous les composants.

Ces solutions d'équipement verticales sont supplantées par l'approche PC dans laquelle les entreprises spécialisées donnent au client le choix de chacun des composants de l'infrastructure : microprocesseurs, systèmes informatiques, systèmes d'exploitation, applications professionnelles, solutions réseau, intégration des systèmes et services. Bien que la plupart de ces sociétés soient polyvalentes, un client peut choisir n'importe quel fabricant pour chacun de ces éléments. Cette nouvelle structuration horizontale assure aux clients une souplesse optimale.

La nouvelle industrie informatique

L'intégration horizontale assure des gros volumes de production et des prix modiques. L'indépendance de chaque couche a de plus un effet d'accélération sur la puissance des différents éléments. Intel et Advanced Micro Devices rivalisent dans la conception de microprocesseurs surpuissants. Des dizaines de sociétés sont en compétition pour fournir des composants, mémoires, disques durs et CD-Rom. De grands fabricants d'ordinateurs se disputent ces composants qui leur permettront de créer les machines les plus rapides et les plus puissantes. Apple, HP, IBM, Microsoft, Sun Microsystems et des entreprises plus jeunes comme Be et Red Hat rivalisent pour améliorer les systèmes d'exploitation. IBM, Microsoft, Oracle et quelques autres sont en compétition sur les bases de données. BAAN, J.D. Edwards, PeopleSoft, Oracle et SAP sur les progiciels financiers. Cisco, Lucent Technologies, Nortel et 3 Com sur les infrastructures réseau. Parmi les intégrateurs de réseaux, citons Andersen Consulting, Cap Gemini, Compaq, CTP, Fujitsu, HP, ICL, SNI et Unisys.

Je n'ai cité que les plus grandes sociétés et il en existe une multitude de plus petites qui jouent un rôle dans d'autres couches. Dans les logiciels spécialisés, par exemple : ces milliers de sociétés plus petites dépendent de l'existence d'un marché horizontal. Leur marché n'existerait pas sans gros volumes de production.

On constate une conversion similaire du vertical à l'horizontal dans les télécommunications où des fournisseurs traditionnels sont maintenant capables de construire de nouveaux systèmes à partir de configurations PC standards et de protocoles Internet plutôt que de configurations propriétaires. Cet écrasement des niveaux hiérarchiques accroîtra la compétition et les possibilités de choix des consommateurs dans les télécoms exactement comme dans les ordinateurs.

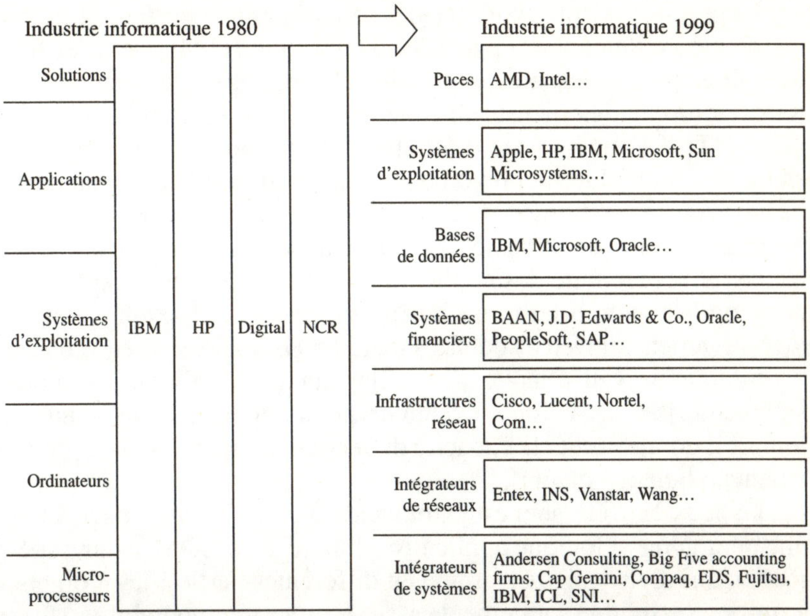

Pendant les trente premières années de son existence, le modèle dominant dans l'industrie informatique était l'intégration verticale. Un seul fabricant fournissait matériel et logiciel. Chaque fabricant avait ses propres normes, et l'intégration entre différents produits était difficile. Le coût de tout changement de fournisseur était très élevé parce qu'il fallait tout changer. Le nouveau modèle bâti autour du PC repose sur l'intégration horizontale. Dans chaque domaine, des fabricants se livrent une concurrence féroce, ce qui fait progresser l'innovation indépendamment des autres domaines. Chaque fois qu'une entreprise veut mettre à jour ses systèmes, elle peut réévaluer ses fournisseurs – matériel, logiciel, intégration des systèmes, et ainsi de suite – selon leurs capacités et leurs prix.

Installation d'un système nerveux d'entreprise : la marche à suivre

L'intégration des nombreuses solutions offertes par l'industrie informatique exige un schéma d'installation. Dans la nature, l'ADN fournit un tel schéma. Il organise le fonctionnement concerté de toutes les cellules. Dans l'économie, les entreprises qui réussissent ont leurs propres schémas d'intégration technologique – tous différents, jusqu'à maintenant. À l'ère de l'interconnexion, les entreprises ont besoin d'une architecture qui englobe partenaires et clients.

Les produits Microsoft sont développés selon un modèle unique de programmation, l'Architecture Windows DNA (Windows Distributed InterNet Architecture). Windows DNA se compose de quatre éléments.

Le premier est une approche des formes pour l'interface utilisateur qui intègre facilement des pages Web au format HTML avec des fonctionnalités plus puissantes que celles qu'on trouve dans les applications traditionnelles pour ordinateurs de bureau. La famille Windows utilise HTML – une norme d'affichage de graphiques simples – pour les PC, les outils Internet de type télé ou kiosque et les ordinateurs de poche, avec une restitution du contenu adaptée aux capacités de chaque machine. Windows augmente aussi la capacité de restitution, les performances et la réactivité des applications et des systèmes d'exploitation qui supportent de nombreux périphériques. L'utilisateur peut, par exemple, afficher un jeu de données multidimensionnel sans être contraint de revenir au serveur chaque fois qu'il veut modifier l'image. Windows peut mémoriser ses actions et calculer quelle sera sa prochaine instruction. Et il donne au PC la capacité de reconnaissance vocale et de traitement en langage naturel.

Le deuxième élément est un modèle objet, « COM », conçu à l'origine pour gérer la logique applicative d'un réseau. COM est une spécification qui divise un programme en différentes parties, les « objets », et qui les rassemble facilement, assurant une interopérabilité sûre et fiable de ces composants sur différents sites. Ces composants sont conçus pour qu'un programmeur puisse les utiliser sans comprendre leur fonctionnement interne. Il a juste besoin de savoir comment les utiliser. Quand une application nécessite une mise à niveau, le programmeur ne change que les parties qui doivent être révisées et télécharge les composants mis à jour sur le réseau pour les utilisateurs. Autre intérêt de la dissociation des composants : aucune société ne récrira toutes ses applications quand de nouveaux langages ou technologies informatiques apparaîtront. Les composants permettent d'accéder au code existant.

Windows DNA spécifie aussi la communication et la collaboration de tous ces objets les uns avec les autres – souvent produits par de multiples sous-traitants –, garantissant une fiabilité optimale. Les composants clés permettent à chacun des objets de fonctionner sur différentes machines réseau et de connecter des systèmes d'exploitation Windows à des systèmes non Windows.

Le troisième élément de Windows DNA fournit une approche universelle du stockage de données afin que chaque programme puisse accéder à des données sous n'importe quel format, aussi bien sur un disque dur que sur une base de données, dans un fichier e-mail ou dans toute solution de stockage d'information.

Le quatrième élément est un mécanisme qui effectue le traitement informatique là où il est le plus efficace, sur le client, sur le serveur, en combinant les deux, ou en dupliquant du serveur vers le client à destination d'ordinateurs portables.

Ce qui fait de Windows DNA une solution unique, c'est qu'elle est conçue pour aider les applications existantes à migrer vers un monde distribué en combinant le meilleur du Web avec les applications qu'utilisent les entreprises. La plupart des autres solutions impliquent l'écriture d'une base d'applications complètement nouvelle et contraignent les développeurs à utiliser un seul langage informatique. Windows DNA permet aux clients d'optimiser leurs solutions verticales tout en y ajoutant les avantages d'une plate-forme PC horizontale.

Dès qu'une entreprise a mis au point son schéma d'installation, elle doit satisfaire à un autre impératif architectural, celui de concevoir des programmes à « trois couches », c'est-à-dire de dissocier la logique d'un programme en trois classes : la couche frontale qui présente les données à l'utilisateur, la couche médiane dans laquelle sont encapsulées les règles de l'application – si un rabais peut être consenti dans le cas d'une commande exceptionnelle, par exemple – et la couche serveur qui stocke et extrait les données économiques de l'entreprise. Cette architecture multi-niveaux permet de distribuer les fonctionnalités d'une application sur le nombre de machines nécessaires et de changer chacune des couches sans affecter les autres.

En adoptant cette approche, Merrill Lynch a intégré plus de cinquante applications séparées dans son système Trusted Global Advisor destiné à des consultants financiers. En utilisant Microsoft Office, Outlook, Windows Media Player et d'autres applications basées sur COM, Merrill Lynch a créé une interface qui se réduit à une seule application sur la couche présentation du bureau.

Pour la plupart de ces cinquante logiciels, les informations proviennent de serveurs de bases de données SQL Server (Microsoft) et DB2 (IBM) sur Windows ou de CICS et DB2 sur des unités centrales. Les applications serveur qui exploitent Microsoft Transaction Server et Message Queue dans la couche médiane utilisent des composants COM pour décrire la logique applicative et coordonner les flux de données depuis les nombreux serveurs. De tels systèmes permettent de supprimer jusqu'à 40 et 50 % du code que les développeurs auraient dû écrire pour créer des applications distribuées tout en gérant des problèmes complexes de coordination et de sécurité. Ces différents composants sont écrits dans plusieurs langages parmi lesquels Visual Basic, Visual C++ et Java.

Grâce à COM, une application comme l'enregistrement de commande qui aurait autrefois nécessité le recours à une machine centrale, se réduit à un dossier de plus sur le bureau et toutes les applications Web fonctionnent désormais simplement avec l'interpréteur de commandes. Les utilisateurs n'ont jamais besoin de connaître la source de l'application sous-jacente – Web, machine locale, client-serveur, ou unité centrale – ni le niveau de l'application. La nouvelle fonctionnalité ou les nouvelles applications apparaissent simplement sur le bureau.

Développer un système nerveux d'entreprise : Microsoft Framework Solutions

L'élaboration d'un système nerveux d'entreprise suppose la définition d'un projet rigoureux d'organisation et de configuration des ordinateurs et du réseau, d'installation des applications et d'exploitation quotidienne du système. Les meilleures méthodes pour chacune de ces étapes sont décrites en détail dans Microsoft Framework Solutions, un ensemble de principes pratiques testés et expérimentés par les équipes de Microsoft Consulting Services avec un large éventail d'entreprises.

La première décision concerne le type d'ordinateurs (« clients ») à confier aux utilisateurs. L'ordinateur client renvoie historiquement à deux catégories distinctes d'ordinateurs. La première est le terminal passif, typique d'une conception révolue et fastidieuse du travail de l'utilisateur. La machine client est passive, et se contente d'afficher le travail effectué sur le serveur. Cette approche permet un contrôle central, mais avec des goulets d'étranglement au niveau du réseau ou du serveur et elle exclut toute mobilité des employés. La seconde est le PC, un outil adapté à des formules de travail sur l'information. Les tâches informatiques sont gérées sur le PC ou sur un serveur, selon les besoins. Cette approche est flexible mais peut s'avérer assez compliquée à gérer.

Les entreprises n'ont plus à faire de compromis entre ces deux approches. La technologie PC allie désormais un haut degré de contrôle central avec la souplesse requise pour la nouvelle infrastructure numérique. On a le choix entre un programme qui fonctionne entièrement sur un serveur, l'utilisateur final ne voyant que les graphiques apparaître sur son ordinateur, et cette même application qui fonctionne totalement sur un PC. Comme il faudra très longtemps avant que tous les périphériques soient reliés au réseau en permanence, de telles capacités informatiques autonomes sont importantes pour les collaborateurs. Les applications Web actuelles ne fonctionnent généralement pas quand on est déconnecté. Dans une société, les collaborateurs peuvent utiliser leur PC en « mode terminal » pour rechercher des données tout en conservant des fonctionnalités PC pour leur travail. Un planning usine et fournisseurs, par exemple, peut être un processus plus ou moins automatisé qui fonctionne sur un serveur puissant grâce auquel un collaborateur pourra résoudre les problèmes que pose un planning de production. Mais s'il doit négocier une grosse commande avec un client, ce même employé a besoin d'un outil qui lui permette d'échafauder différents scénarios de rythme de fabrication pour s'assurer que la commande sera honorée dans les délais.

Rappelez-vous aussi que beaucoup de tâches répétitives vont disparaître quand les clients pourront trouver sur le Web un support technique. Quand un client appellera le service d'assistance clientèle d'une banque, ce sera pour discuter de plans d'investissement, de diversification des capitaux et d'autres sujets similaires tout aussi pointus. La communication se fera probablement en vidéo interactive. Le client et l'employé auront tous deux besoin de PC puissants pour coopérer efficacement.

La solution la plus complète est donc un PC polyvalent.

Les PC doivent sans aucun doute devenir plus maniables. Avec les dernières versions de Microsoft Office et de Windows 2000 on peut aisément configurer les ordinateurs depuis un serveur distant. Les utilisateurs peuvent stocker les applications sur leur machine ou accéder à ces applications via un serveur et télécharger le minimum de code nécessaire pour démarrer. Des fonctions rarement utilisées seront téléchargées selon les besoins. Si une partie d'une application est endommagée, elle peut être automatiquement réparée. Les PC se reconfigureront eux-mêmes suivant la personnalité de leur utilisateur. Les employés d'une entreprise devront être capables d'utiliser n'importe quel ordinateur de leur entreprise comme si c'était leur ordinateur personnel. Quand un utilisateur effectuera des modifications sur un programme hors ligne, ou que des données seront modifiées sur un serveur pendant que son utilisateur final est hors ligne, l'interopérabilité des systèmes sera automatiquement rétablie quand l'utilisateur se reconnectera au réseau. Ces possibilités seront assurées par un répertoire central qui conservera toutes les données sur les systèmes de l'entreprise.

Réduire le coût total avec des logiciels plus intelligents

En 1997, le Gartner Group a critiqué les PC et les produits Microsoft pour leur coût total trop élevé. L'essentiel de ce surcoût était dû aux problèmes de maintenance et aux mises à niveau. Scott Winkler, le responsable des recherches du Gartner Group sur ma société, a écrit : « Les gens de Microsoft ont laissé grimper le coût de possession de ces systèmes depuis une dizaine d'années parce qu'ils étaient polarisés sur les fonctionnalités, pas sur les coûts. » Pourtant à la mi-98, ces mêmes experts écrivaient que le coût de possession d'un PC utilisant les réseaux Windows 2000 serait de 25 % moins cher que celui d'un PC doté des anciens systèmes d'exploitation[1]. Cette diminution place les solutions PC au coude à coude et peut-être un peu en avant des solutions non PC pour ce qui est de la baisse du coût total de possession.

Parmi les progrès que permet une architecture PC, signalons aussi une installation à distance plus aisée et une gestion des matériels et des logiciels sur réseau ; la possibilité de configurer les PC et de rétablir les réglages de l'utilisateur quand une machine tombe en panne ; des logiciels qui transmettent automatiquement des informations élémentaires de la machine d'un utilisateur à un support technique téléphonique ou en ligne. Cette application permet de gagner 30 % du temps d'un appel ordinaire et les données de l'utilisateur peuvent être envoyées à une base de données pour y être analysées.

Nous travaillons sur d'autres améliorations. Quand un client ajoutera une nouvelle application à son système, celui-ci sera un jour assez intelligent pour arbitrer tous les conflits entre le nouveau logiciel et le logiciel déjà installé sur la machine. Si le système détecte une raison de changer un réglage dans un dossier, il effectuera lui-même ce changement sans déranger l'utilisateur à moins que ce ne soit absolument nécessaire. Si un dossier est endommagé ou que ses réglages sont accidentellement modifiés, le logiciel détectera le dossier et installera une version correcte de celui-ci, localement ou à distance, bref, il s'autoréparera. Si l'utilisateur doit

1. Cf. David F. Carr, « Le Gartner Group change d'avis et déclare que les réseaux PC coûteront peut-être moins cher que les consoles Internet », Internet World, 6 avril 1998.

modifier certains réglages, ses interventions seront enregistrées afin qu'un ingénieur du support technique puisse les vérifier au cas où un problème surgirait par la suite et qu'il doive appeler le support. Nous projetons aussi de doter les outils des administrateurs de réseau de fonctionnalités intelligentes afin qu'ils puissent mieux gérer depuis un central les ressources et les utilisateurs d'entreprises dont les sites sont éparpillés.

Développer un système nerveux d'entreprise : les serveurs

L'autre décision essentielle que vous aurez à prendre concerne les serveurs que vous allez déployer au cœur de votre réseau. Ces serveurs gèrent l'ensemble des processus de votre entreprise et ils stockent d'énormes quantités d'informations au cœur du système nerveux. La vieille industrie informatique intégrée verticalement générait une grande quantité d'ordinateurs et d'architectures incompatibles dans le monde des serveurs. Une nouvelle couche d'applications, les « logiciels médians », s'est imposée comme solution d'interopérabilité.

Mais ces logiciels médians sont coûteux et complexes. Ainsi, la firme Boeing utilisait treize systèmes informatiques différents pour répertorier les pièces détachées de ses avions au cours des treize principales étapes de leur fabrication. Boeing a fini par mettre en place des logiciels médians dont la seule fonction était d'harmoniser ces treize systèmes et d'assurer un transit de données cohérent. Cette architecture était très onéreuse à entretenir et de plus elle entraînait l'édition de treize types de factures différents. La coordination de tous ces documents ralentissait la fabrication. Le nouveau système de production de Boeing a remplacé ces treize systèmes par une unique source de données d'un bout à l'autre de la fabrication. Plus de vingt cinq mille employés utilisent déjà ce nouveau système. L'objectif de la firme est de familiariser tout son personnel de fabrication, soit cent mille personnes, avec cette nouvelle solution.

La croissance géométrique des performances des PC a supprimé la nécessité de ces logiciels intermédiaires. Aujourd'hui, les serveurs PC supportent des milliers d'utilisateurs en assurant une homogénéité de 90 % et une compatibilité logicielle de 100 % avec un ordinateur de bureau. Cette plate-forme homogène est une des raisons pour lesquelles les systèmes PC connaissent une popularité croissante dans le domaine des serveurs. La similitude des systèmes d'exploitation sur l'ordinateur de bureau et sur le serveur simplifie le développement et la formation des employés. Elle permet aussi de construire une architecture uniforme pour l'informatique distribuée (des applications ou des parties d'application peuvent être transférées de n'importe quelle machine vers n'importe quelle autre). Cette uniformité de conception permet aussi de connecter plus facilement les collaborateurs aux systèmes serveurs existants. Plutôt que d'installer un logiciel médian sur dix mille ordinateurs clients, la couche d'interopérabilité est installée sur quelques dizaines de serveurs qui connectent les clients aux bases de données.

L'architecture horizontale PC n'a pas encore remis en question la suprématie des anciens systèmes informatiques verticaux dans tous les domaines mais elle rattrape rapidement son retard. Aujourd'hui, seule une poignée d'applications industrielles nécessite des capacités qui outrepassent les possibilités actuelles des serveurs PC. Dans les toutes prochaines années, ces applications pourront fonctionner sur une architecture PC. Renoncer à ses anciennes applications est une des décisions les plus difficiles que les entreprises aient à prendre, mais cette transition est inévitable. Les anciennes applications basées sur des unités centrales n'étaient pas conçues pour permettre à des dizaines de milliers d'utilisateurs d'accéder au Web ni pour leur donner des informations en temps réel.

Une des raisons pour lesquelles les éditeurs de progiciels de gestion (ERP) connaissent un succès croissant est que les entreprises adoptent de plus en plus la technologie PC pour leurs applications essentielles. Cette conversion, qui est liée pour une part à des raisons d'économie, tient essentiellement au fait que les entreprises peuvent intégrer leurs données économiques dans les réseaux PC et obtenir des analyses d'informations d'une richesse inégalée.

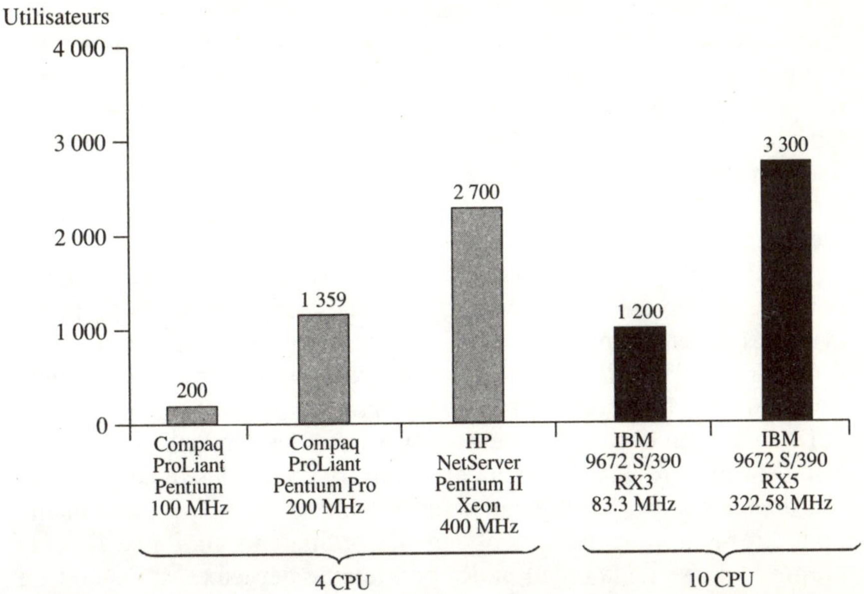

Le marché des PC crée des économies d'échelle qui permettent des investissements massifs en recherche et développement. En conséquence, les performances des systèmes PC dépassent celles des systèmes plus anciens. Les systèmes à quatre processeurs construits sur tout un ensemble de microprocesseurs Intel se comportent aussi bien que des systèmes *mainframe* à dix processeurs, beaucoup plus coûteux. Ce graphique montre le nombre d'utilisateurs qui peuvent utiliser simultanément une application financière présente dans de nombreuses entreprises.

Développer un système nerveux d'entreprise : les différentes phases

La mise en œuvre d'un système nerveux d'entreprise comporte trois phases. Ces trois phases se succèdent en général suivant un certain ordre, mais elles peuvent aussi être simultanées. Tout d'abord, les collaborateurs reçoivent des PC qui améliorent leur productivité, des réseaux spécialisés sont installés pour permettre le partage de documents à partir de serveurs de dossiers et de serveurs Web, et un système d'e-mail est déployé pour optimiser la coopération. Ensuite, il faut lier les solutions opérationnelles existantes aux systèmes de gestion de l'information. Cette connexion prend en général la forme d'un entrepôt de données qui convertit les données opérationnelles dans des formats qui facilitent leur recherche.

La dernière étape et la plus spectaculaire est l'addition de nouvelles applications-serveur qui sont connectées aux systèmes existants mais utilisent la nouvelle architecture. L'objectif est alors de sélectionner des projets qui permettent un retour sur investissement optimal dans le laps de temps le plus bref. Dans cet ordre d'idées on citera notamment le commerce électronique. Cette approche signifie que l'on peut adopter une nouvelle architecture sans pour autant renoncer aux équipements existants.

McDonald's, le numéro un du fast-food, a fait évoluer son système nerveux en suivant des méthodes désormais familières. Ses premiers systèmes étaient composés à partir d'unités centrales installées au siège d'Oakbrook, Illinois, qui éditaient les relevés de ventes et les états financiers. Au milieu des années 80, un grand nombre de restaurants de la firme se sont dotés de systèmes Unix avec des logiciels de comptabilité sur mesure qui établissaient les inventaires et les fiches de paie. Les données sur les ventes étaient faxées au siège deux fois par semaine pour être saisies manuellement dans les ordinateurs centraux. Dans la première phase de la création de son système nerveux, McDonald's a ajouté des PC et des réseaux spécifiques au siège pour gérer la productivité et le partage des dossiers. Mais tous les grands systèmes informatiques de l'entreprise étaient toujours bâtis sur mesure et leur intégration nécessitait un gros travail de mise au point.

En 1997, McDonald's a décidé d'optimiser ses investissements technologiques. Après dix-huit mois de recherche et de mise au point de projets pilotes avec l'aide du Gartner Group et de la Computer Sciences Corporation, la chaîne est arrivée à la conclusion que ses vieux systèmes étaient trop complexes et que leur coût de fonctionnement serait toujours élevé. McDonald's a donc décidé de passer de son système d'unités centrales et de mini-ordinateurs à une architecture plus cohérente avec un modèle unique d'ordinateur de bureau, des réseaux standardisés et un partage de l'information via le Web. L'architecture informatique est la même pour les systèmes de gestion des restaurants ou des données du siège. La nouvelle infrastructure qui a été mise en place fin 1998 offrira aux responsables de McDonald's un retour d'information sur les ventes similaire à celui de Marks and Spencer et des informations aussi précises et à jour sur les tendances de la consommation que celles dont disposent les gérants des garages Jiffy Lube.

McDonald's a toujours utilisé les meilleures technologies existantes pour résoudre ses problèmes de gestion. Mais la chaîne était dépendante de systèmes propriétaires complexes et la création de ce système et plus encore son entretien lui ont coûté une fortune. Que les informaticiens maison soient parvenus à faire fonctionner ces systèmes hétéroclites illustre l'ingéniosité des services informatiques en général.

Développer un système nerveux d'entreprise : le bon investissement

Les entreprises peuvent aussi réduire le coût et la complexité de leur système nerveux en utilisant les progiciels, disponibles dans le commerce, qui utilisent la même architecture. Les sociétés qui réussissent sont celles qui choisissent quelques standards et s'y tiennent rigoureusement. Les composants de l'infrastructure auxquels cette standardisation bénéficie le plus sont les ordinateurs de bureau, les applications de productique, les systèmes de courrier électronique, les bases de données et les réseaux de services.

La plupart des entreprises ont adopté les standards Windows et beaucoup ont adopté des applications de productique standardisées. Coca-Cola, Jiffy Lube, Glaxo Wellcome et beaucoup d'autres se sont ralliés à Microsoft Office. Les employés travaillent mieux avec des matériels et des logiciels standardisés (tableurs, présentations, documents textes, bases de données). Ces applications de productique standard ne sont pas seulement utiles au sein d'une entreprise, elles simplifient considérablement les rapports entre les entreprises. Je ne sais pas comment nous pourrions travailler avec nos partenaires, nos cabinets comptables, nos consultants en relations publiques ou nos juristes si nous ne pouvions échanger, éditer et annoter aisément nos documents. Ces applications pour ordinateurs de bureau ne sont pas seulement des outils de productique, elles constituent la passerelle vers les données les plus importantes de votre entreprise et les composants pour vos applications professionnelles personnalisées.

L'échange de documents suppose une puissante infrastructure de courrier électronique. Les grandes entreprises, à la suite d'acquisitions ou de décisions de services indépendants, doivent souvent gérer des systèmes de messagerie multiples. La connexion de ces systèmes disparates est onéreuse et supprime souvent le véritable intérêt de l'e-mail : la rapidité et la simplicité des échanges de documents et la possibilité d'intégrer les logiciels de gestion de projets à l'échelle de toute l'entreprise. Certains systèmes de courrier électronique s'intègrent difficilement avec des logiciels ou avec l'Internet, il faut donc être sûr que votre système de messagerie est compatible avec une plate-forme PC et les protocoles Internet. Installez un seul système de courrier électronique pour toute l'entreprise, conçu pour simplifier le travail des collaborateurs.

Le choix du système de bases de données est très lié à celui du système d'exploitation et il est donc judicieux de se limiter au début à un nombre restreint de systèmes d'exploitation. Les composants contribuent aussi à renforcer l'indépendance des logiciels à l'égard des bases de données d'arrière-plan, à permettre une utilisation souple des bases de données et à préserver les futurs investissements en logiciels.

Un système unique d'exploitation réseau offre une simplicité et une souplesse d'utilisation très supérieures aux systèmes serveurs complexes. On commence à comprendre l'intérêt de fonctionnalités comme un modèle de sécurité global pour un réseau et toutes les applications qui fonctionnent sur ce réseau. Les utilisateurs s'inscrivent sur le système et peuvent accéder à toutes les applications qu'ils sont habilités à utiliser – base de données, courrier électronique ou page Web. Un administrateur peut utiliser un unique jeu d'outils pour gérer les utilisateurs, les applications et les ressources réseau comme les imprimantes. La possibilité de rechercher des données sur le réseau et sous de multiples formats, base de données, e-mail et documents de toute sorte, est considérablement simplifiée.

La standardisation d'éléments importants de l'infrastructure ne signifie pas que tous les services et les utilisateurs doivent se cantonner aux applications imposées par « la planification centrale ». En général, les entreprises devraient standardiser les progiciels à l'échelle de l'entreprise quand ces applications sont essentielles à l'intégration et à la communication de tous ces services de l'entreprise. Mais les différents services doivent rester libres de choisir les meilleures applications pour leurs besoins spécifiques – gestion de projets, conception de brochures, analyse marketing, développement de produits, etc. Tant que les applications professionnelles fonctionnent sur la plate-forme dominante, le service des technologies de l'information n'aura pas à intervenir dans le choix des applications des différents services.

Développer un système nerveux d'entreprise : La bonne construction

Si les progiciels ne résolvent pas vos besoins professionnels, cherchez des logiciels aisés à personnaliser. Il vaut mieux commencer avec des logiciels commerciaux et les personnaliser que construire une application de A à Z. Une solution d'informatique d'entreprise à trois couches combinée à un logiciel commercial qui utilise une approche composant simplifie beaucoup la personnalisation.

L'interaction avec des partenaires de toutes tailles exige une technologie des composants applicable à des entreprises petites, moyennes ou grandes. On ne trouve pas de solutions informatiques basées sur des unités centrales dans les petites et moyennes entreprises. Elles sont tout simplement trop chères. Mais, quelle que soit leur taille, les entreprises ont un point commun : la technologie PC. Le fait que Windows DNA soit présent dans tous les systèmes Windows le rend très attractif pour les concepteurs de logiciels.

Windows DNA permet l'intégration de tous les types de données, y compris la voix et la vidéo, avec des applications informatiques. Les entreprises doivent donc notamment décider si elles veulent fusionner leurs réseaux vocaux et de données. Les normes d'un réseau téléphonique ne sont pas acuellement les mêmes que celles d'un réseau de données. Les grands fournisseurs de réseaux de télécommunications comme Lucent et Nortel créent des réseaux informatiques et les plus grands fabricants de réseaux de transmission de données comme Cisco fabriquent des réseaux vocaux. À l'avenir, les normes d'intégration données/voix seront conditionnées par Internet et la compétition sera intense. Pour une entreprise, la mise en place d'un réseau unique voix/données constitue un gros investissement d'infrastructure. Tous les PDG devraient réfléchir à une telle reconversion lors de restructurations ou de construction de nouveaux bâtiments et s'interroger très sérieusement sur les coûts et les bénéfices du remplacement de la structure physique tout entière.

Économiser sur l'infrastructure

La standardisation d'une infrastructure peut entraîner de très importantes économies. McDonald's prédit que sa nouvelle infrastructure lui fera économiser 18 % par an, par rapport à l'ancienne. Dayton Hudson, la grande chaîne de magasins, a dépensé 600 millions de francs pour créer sa nouvelle infrastructure et en a économisé autant dès la première année. Mais le champion de la réduction des coûts dans le renouvellement de l'infrastructure est sans doute Lockheed-Martin, le plus grand fabricant d'armement militaire des États-Unis.

Quand Lockheed et Martin Marietta ont fusionné en mars 1995, le service des technologies de l'information de la nouvelle société disposait d'un budget de 6 milliards de francs. Martin Marietta avait remanié ses systèmes informatiques après sa fusion avec GE Aerospace. Lockheed fonctionnait avec seize systèmes informatiques différents et toutes les tentatives pour consolider ces systèmes avaient échoué dans les deux entreprises.

Joe Cleveland, alors vice-président des systèmes d'information internes chez Martin Marietta, s'est fixé comme objectif une réduction des coûts informatiques de la nouvelle société de 4 milliards de francs sur cinq ans. Il a aussi promis de réduire l'effectif du service des technologies de l'information de 25 % et d'améliorer la productivité du service. Une fois devenu directeur des technologies de l'information, il a atteint et dépassé son objectif en deux ans. Il a réussi à standardiser l'infrastructure et mis en place une entreprise virtuelle pour développer les ressources et les services des technologies de l'information.

Cleveland, qui est à présent président d'Enterprise Information Systems chez Lockheed-Martin, a remplacé les vingt-quatre systèmes de courrier électronique résidents sur neuf cents serveurs par un seul système de messagerie et cent dix-sept serveurs, ce qui correspond à une réduction de 87 % des serveurs et des coûts associés. Le délai de transmission d'un message est passé de un jour à moins de trois minutes pour les messages internes et à moins de dix minutes pour les messages via Internet. Les économies d'échelle réalisées par Cleveland se sont traduites par une réduction des coûts des réseaux voix, vidéo et données : il a rassemblé toutes les bases de données dans deux centres principaux, la cohésion des systèmes serveurs a été renforcée, les contrats de maintenance ont été regroupés et les coûts d'approvisionnement ont été réduits grâce à la mise en place de stratégies de partenariat.

Pour optimiser ses ressources informatiques, Cleveland a imposé le concept d'entreprise virtuelle qui supprime les cloisonnements traditionnels, qui limitent les gains de productivité des entreprises. Lockheed-Martin a créé quatre fonctions de directeur des technologies de l'information correspondant à chacun des secteurs professionnels de l'entreprise. Quand un de ces départements formule un besoin d'équipement, une équipe virtuelle est formée sous la supervision d'un chef de projet et des différents responsables des technologies informatiques. Cette équipe complète son tableau de service en puisant dans un effectif de quatre mille employés spécialisés. L'équipe organise sa coopération autour de l'e-mail, des forums sur le Web, de la téléconférence, de la vidéoconférence et de NetMeeting. Quand des entretiens en tête à tête sont nécessaires, les gens se déplacent, mais ces outils de travail en commun réduisent les déplacements au minimum.

Cette entreprise virtuelle a aidé Lockheed-Martin à convertir cent mille utilisateurs au système Microsoft Exchange d'e-mail en un peu plus d'un an, grâce à une coopération exemplaire de tous les acteurs concernés. Les experts en technologies de l'information qui travaillent sur des projets dans différents secteurs commerciaux s'efforcent aussi d'optimiser les différents processus de l'entreprise afin d'augmenter les économies de temps et d'argent. Chez Lockheed-Martin, les employés des technologies de l'information sont activement incités à lancer de nouvelles idées. Ils se considèrent désormais comme des gestionnaires à part entière, et c'est en effet leur véritable fonction.

La conception du flux de données

Comme McDonald's, Dayton Hudson, Lockheed-Martin et d'autres l'ont appris, la suppression des anciens systèmes si lourds peut devenir payante dès les premières étapes de l'implémentation de l'architecture adaptée. La révolution numérique signifie que les grandes entreprises peuvent acheter l'essentiel de leur infrastructure logicielle au lieu d'avoir à la bâtir de A à Z. Les petites et moyennes entreprises ont désormais accès pour la première fois à une infrastructure logicielle sophistiquée. Le coût de l'équipement a cessé d'être un obstacle.

La nouvelle industrie horizontalement intégrée fournit les meilleurs modèles industriels et techniques pour le futur. La compétition inexorable qui touche tous les domaines de l'industrie, qu'il s'agisse des puces, des systèmes, des logiciels, des solutions ou du service, entraîne de rapides progrès dans tous ces secteurs. Ce modèle d'industrie à gros volume attire de plus en plus de concepteurs de logiciels qui créent des produits pour réduire les coûts de production des entreprises. L'essentiel de ces innovations concerne principalement ou exclusivement les nouvelles plates-formes. Ce feed-back positif a conduit presque tous les fabricants traditionnels à adopter la nouvelle plate-forme et a généré la plus grande capacité de service de toute l'industrie informatique. Dans l'intégration horizontale, les systèmes Windows constituent un progrès décisif puisqu'ils sont compatibles avec un éventail inégalé de matériels et de logiciels grâce à la standardisation du système d'exploitation.

Les économies d'échelle en recherche et développement dans l'industrie du PC éclipsent tous les progrès des entreprises qui persistent dans la vieille approche verticale. L'industrie du PC tout entière dépense plus de 75 milliards de francs par an en R&D alors que Sun, qui est sans doute le seul acteur purement vertical encore présent sur ce marché, ne dépense que 12 milliards de francs en R&D. (Apple, qui commercialise aussi un système complet matériel-logiciel, reste plutôt un fabricant d'ordinateurs qu'un fournisseur de solutions de gestion pour les entreprises.)

Seules les entreprises horizontalement intégrées pourront supporter les innovations et les investissements massifs que ce modèle d'intégration permet. On peut résumer cette situation en disant que, dans la course à la technologie, le monde des gros volumes de production est en train de battre celui des petits. Au fil des ans, de plus en plus de fabricants traditionnels se sont ralliés au PC et notamment Fujitsu, HP, ICL, NEC, Unisys, etc. IBM n'est ni d'un camp ni de l'autre : la firme continue à développer une stratégie verticale avec unités centrales et mini-ordinateurs tout en déployant une stratégie axée autour du PC.

En faisant le choix du PC pour bâtir des systèmes de gestion, vous optez en faveur d'une solution légère pour votre investissement en logiciels. Vous êtes libre de choisir n'importe quel fabricant d'ordinateurs en fonction de la qualité de son service, de la puissance et de la rapidité de ses machines. Les investissements en logiciels courants se poursuivront tandis que le PC évoluera vers de nouveaux facteurs de forme comme les tablettes électroniques et les outils de reconnaissance vocale.

L'architecture informatique de votre entreprise doit suivre un principe d'intégration global qui permette des modifications marginales, surtout au niveau des différents services. Cette souplesse est d'autant plus importante qu'il est impossible de définir à l'avance une approche informatique unique valable pour l'entreprise tout entière. Les entreprises doivent refuser les solutions informatiques trop rigides qui entravent leur évolution au lieu de l'accompagner. C'est ce gain de souplesse qui a incité de nombreux chefs d'entreprise à se tourner vers une infrastructure et des réseaux PC.

Le bogue de l'an 2000 :
un exemple de réflexion logicielle à courte vue

À moins d'une mise à niveau, un grand nombre de logiciels sont incapables de faire la différence entre l'année 1900 et l'an 2000, ce qui risque bien évidemment d'entraîner de formidables erreurs de calcul. Ce problème du bogue de l'an 2000 illustre la courte vue de ceux qui ont créé les logiciels il y a une trentaine d'années. Ils ont été incapables de les considérer comme des outils durables. Ils considéraient les ordinateurs comme les outils importants et les logiciels comme transitoires. L'histoire a démontré le contraire. L'obsolescence touche d'abord les matériels, alors que la durée de vie des logiciels semble illimitée.

Tous les grands fabricants d'ordinateurs proposent des programmes de mise à niveau des systèmes de leurs clients pour l'an 2000. Les entreprises qui, au début de 1999, n'ont pas encore commencé à mettre en œuvre des solutions « an 2000 » en sont réduites à procéder par tâtonnements empiriques. Il leur faut d'abord identifier leurs programmes de gestion les plus importants et leurs modules essentiels pour les reconfigurer sans négliger l'interopérabilité avec d'autres applications ultérieures.

Une approche par composants supprimera tous les problèmes de bogues éventuels. Les développeurs seront capables de modifier les modules spécifiques comme ceux qui calculent les dates sans avoir à éplucher des millions de lignes de code pour effectuer ces changements. Mais les entreprises ne considéreront la technologie comme un investissement capital que quand elles auront reconnu les logiciels comme des investissements à long terme et qu'elles auront choisi leurs plates-formes et leurs stratégies logicielles en conséquence.

Les normes de la révolution numérique – le PC, le microprocesseur qui rendra les autres nouveaux outils numériques possibles, et l'Internet – offrent aux entreprises la possibilité d'élaborer une architecture homogène sans se ruiner. Elles peuvent procéder par étapes. Beaucoup d'entreprises en sont déjà à la première phase qui consiste à transférer les collaborateurs vers une plate-forme standard dotée de systèmes d'exploitation de réseaux, et du courrier électronique. Les étapes suivantes consistent à connecter des systèmes de gestion des données avec les systèmes d'exploitation existants pour construire, à partir de la nouvelle architecture, de nouveaux systèmes de gestion d'entreprise qui remplaceront peu à peu les anciens.

Évaluez votre système nerveux d'entreprise

- Réduisez-vous les coûts et la complexité de vos processus en utilisant des progiciels disponibles dans le commerce chaque fois que c'est possible ?
- Utilisez-vous un système unique de messagerie électronique pour toute l'entreprise ?
- Votre architecture vous fournit-elle une base assez performante pour l'ensemble des applications professionnelles de votre entreprise tout en permettant le développement d'applications spécifiques, service par service ?
- Avez-vous opté en faveur d'une solution logicielle multi-niveaux afin de pouvoir répartir les applications sur autant de machines que nécessaire et modifier telle ou telle partie de code sans affecter le fonctionnement des autres ordinateurs ?
- Utilisez-vous une technologie de composants pour intégrer les logiciels ?
- Utilisez-vous les technologies standards Internet ?

Glossaire

Application héritée ou système hérité : système informatique qui reste en usage après qu'une organisation a installé des systèmes plus modernes. La compatibilité avec des systèmes hérités doit être prise en compte lors de l'installation d'un nouveau logiciel. Les systèmes hérités basés sur des ordinateurs centraux sont remplacés par des architectures PC.

Bande passante : quantité de données que peut transférer un système de communication. Le terme désigne parfois aussi la quantité de projets sur lesquels quelqu'un est capable de réfléchir ou de travailler simultanément : « Elle a une large bande passante. »

Bêta-test : test d'un logiciel par des usagers volontaires, peu de temps avant la sortie du produit. Il est conçu pour débusquer des problèmes pouvant apparaître lors de l'utilisation concrète en entreprise, problèmes que les tests internes ne peuvent pas déceler. Si les tests en révèlent de sérieux, le développeur apporte les corrections nécessaires et procède à d'autres bêta-tests avant la mise sur le marché.

Boucle de feed-back : système destiné à réunir les réactions des clients sur un produit ou un service afin de créer un cycle d'améliorations continu. Plus il y a de feed-back, meilleurs sont les produits.

Bureau sans papier : bureau idéal dans lequel l'information est entièrement stockée, manipulée et transférée numériquement plutôt que sur un support papier.

Câble à fibres optiques : câble contenant des dizaines ou des centaines de fibres de verre, ou d'un autre matériau transparent connu sous le nom de *fibres optiques*. Chaque fibre porte des faisceaux lumineux modulés pour transmettre des informations. Le câble à fibres optiques peut transférer beaucoup plus de données que la plupart des autres vecteurs de transmission.

Câble modem : modem qui envoie et reçoit très rapidement des données grâce à un câble de télévision coaxial au lieu d'une ligne téléphonique, comme c'était le cas avec les modems conventionnels, plus lents.

CAO : conception assistée par ordinateur. Conception numérique de modèles, allant des champs d'application les plus simples, comme les outils, aux plus complexes : bâtiments, avions, circuits intégrés, molécules…

Capitalisme fluide : idée déjà évoquée dans *La Route du futur*, selon laquelle les processus numériques peuvent fluidifier les transactions commerciales en supprimant les intermédiaires. Grâce à Internet, vendeurs et acheteurs se trouvent plus facilement. Le système procure aux premiers plus d'informations sur les goûts des clients et les pratiques d'achat, et aux seconds des renseignements plus larges sur les produits et les services.

Client : sur un réseau, ordinateur qui accède à des ressources partagées fournies par un autre ordinateur, appelé serveur. Un client muet, ou un terminal muet, a des capacités limitées. Un client intelligent, ou un micro intelligent, au contraire, dévoue ses propres capacités à un travail qui devrait logiquement se faire sur le composant client, au lieu du serveur.

COM : abréviation anglaise de *Component Object Mode*l. Spécification pour créer des composants logiciels qui peuvent être assemblés dans de nouveaux programmes ou ajouter des fonctionnalités aux programmes existants. Les composants COM peuvent être écrits dans différents langages informatiques, actualisés et réinstallés sans qu'on ait besoin de modifier d'autres parties du programme.

Commerce électronique : activité commerciale mise en place sur un réseau par des processus numériques. La plupart des nouvelles transactions entreprise-entreprise et entreprise-client se font sur Internet.

Data marts : échantillons de données d'un entrepôt de données, ou *data warehouse*, bâtis pour contenir une information susceptible d'être utilisée par un groupe d'usagers n'utilisant que cette partie de l'entrepôt. Voir aussi *Entrepôt de données*.

Data mining : processus visant à repérer dans des bases de données, ou dans d'autres lieux de stockage informatiques, des pratiques ou des corrélations utiles sur un plan commercial, grâce à des outils statistiques avancés.

Décloisonnement : idée selon laquelle les solutions aux problèmes de l'entreprise devraient englober toutes les personnes impliquées, qu'elles soient à l'intérieur ou à l'extérieur des limites formelles de cette entreprise.

Diagramme de Gantt : graphique à barres qui présente chaque partie d'un projet sous forme de barres sur une échelle chronologique horizontale. Les diagrammes de Gantt sont utilisés comme outils de planification dans le management de projet.

Échange électronique de données : ensemble de normes visant à contrôler le transfert de documents commerciaux – commandes, factures – entre ordinateurs : l'échange électronique de données a éliminé le papier dans beaucoup de grosses entreprises, mais il est en général trop complexe pour les PME. De nouvelles transactions basées sur Internet vont sans doute plutôt être appliquées sur XML. Voir *XML*.

Entrepôt de données : base de données qui peut accéder à toutes les informations d'une société. L'entrepôt de données peut être distribué entre plusieurs ordinateurs et contenir de nombreuses bases de données et informations provenant de sources multiples et dans différents formats ; il devrait donc être accessible à l'utilisateur par des commandes simples.

Extranet : extension d'un intranet d'entreprise qui utilise la technologie Web pour faciliter la communication entre l'entreprise, ses fournisseurs et ses clients, afin d'augmenter la rapidité et l'efficacité de leurs relations commerciales. Voir aussi *Intranet*.

FAQ : abréviation anglaise de *Frequently Asked Questions*. Se prononce « fac ». Fonctionnalité classique des sites Web, qui comporte des réponses aux questions les plus courantes sur le site.

Gaspillage automatisé : ce qui se produit quand une entreprise investit dans des systèmes onéreux aux traitements de données inefficaces, au lieu d'adopter des systèmes numériques et de créer des traitements nouveaux et plus efficaces.

GPS : abréviation anglaise de *Global Positioning System* (système de positionnement global). Système de navigation par satellite qui permet à l'utilisateur de déterminer sa localisation avec une grande précision.

Groupware : logiciel de travail en groupe permettant à un groupe d'utilisateurs fonctionnant en réseau de collaborer sur un projet spécifique. Le groupware fournit des services de messagerie électronique, de développement collaboratif de documents, de planning et de suivi.

Handheld (ordinateur de poche) : l'ordinateur de poche offre certaines fonctions spécifiques comme le calendrier, la prise de notes et la messagerie électronique. Ces ordinateurs de poche forment la première génération des assistants numériques personnels appelés à se répandre avec une variété croissante de formes, de tailles et de fonctionnalités.

Hôte : l'ordinateur principal d'un système d'ordinateurs, en général un ordinateur central.

HTML (Hypertext Markup Language) : langage de balisage hypertexte. HTML est un système de structuration d'un document par des marqueurs interprétables par les navigateurs du Web. Le langage HTML permet de présenter des pages Web à l'utilisateur et décrit les réponses aux actions de l'utilisateur comme l'activation d'un lien par un clic de souris.

Hyperlien (Hypertexte, Hypermédia) : connexion entre un élément d'un document hypertexte (par exemple un mot, une phrase, un symbole ou une image) et un autre élément du même document, ou un autre document hypertexte. L'utilisateur active le lien en cliquant sur l'élément qui est en général souligné ou signalé par une couleur particulière. Synonymes : point chaud, lien hypertexte. Le terme *hypertexte* concerne des documents. *Hypermédia* s'applique à l'ensemble des médias affichables sur un ordinateur. Voir aussi *HTML*.

Intégration horizontale : modèle d'organisation de l'industrie informatique dans lequel chaque couche de technologie, les puces, les systèmes, les logiciels, les solutions et le service, est fournie par différentes entreprises. Une compétition féroce dans chaque domaine fait rapidement progresser la technologie et génère de hauts volumes de produits à bas prix. Voir *Intégration verticale*.

Intelligence institutionnelle, QI de l'entreprise : une mesure de la facilité avec laquelle une entreprise peut partager largement l'information et de la capacité des employés d'une entreprise à intégrer les avancées de leurs collègues et à tirer les leçons des expériences passées.

Intranet : réseau conçu pour traiter et partager l'information à l'intérieur d'une entreprise et pour permettre des transactions commerciales numériques. Un intranet permet l'emploi de logiciels associés à Internet comme les pages Web, les navigateurs, les messageries électroniques, les forums de discussion, les listes de routage, mais n'est accessible qu'aux employés de l'entreprise.

Juste à temps : se dit d'un système de contrôle des stocks fondé sur le système japonais *kanban* dans lequel les matériels nécessaires à la fabrication sont livrés juste à temps. Plus les systèmes d'information qui relient une entreprise à ses fournisseurs sont performants, plus les stocks et les coûts sont bas.

Kiosque : borne équipée d'un PC qui fournit des informations au public, en général sous forme d'affichage multimédia. Les administrations seront amenées à multiplier les kiosques pour fournir des services aux citoyens qui ne sont pas équipés de PC ou ne disposent pas encore d'accès Internet.

Ligne d'abonné numérique : ligne téléphonique normale, à paire torsadée, qui transmet des signaux numériques plutôt qu'analogiques et augmente la bande passante.

Loi de Moore : calcul empirique du cofondateur d'Intel, Gordon Moore, qui s'est avéré et selon lequel la puissance des microprocesseurs double tous les dix-huit à vingt-quatre mois.

Manger sa pâtée pour chien : ce que fait une entreprise quand elle teste ses produits en interne avant de les vendre aux clients. Microsoft utilise ses logiciels en interne avant de les mettre sur le marché.

Marketing de base de données : création d'offres spéciales pour une sélection de clients, fondée sur les informations d'une base de données. Un marketing de base de données simple peut n'être qu'une offre générale adressée à une population ciblée. Un marketing de base de données sophistiqué est basé sur des données socio-démographiques, comme le revenu du destinataire ou des pratiques d'achat.

Micro automobile : dispositif pour les véhicules automobiles, avec accès aux courrier électronique, messagerie vocale, appels téléphoniques, instructions de navigation, et autres fonctions similaires. L'interface se fait essentiellement par commande vocale, pour que le conducteur puisse garder les mains sur le volant et se concentrer sur la circulation.

OLAP : traitement analytique en ligne. Une base de données capable de traiter des requêtes plus complexes que les bases de données relationnelles standards. Ce logiciel permet de sélectionner les données au moyen de différents critères ; il est doté d'une capacité de calcul intensive et de techniques d'indexation spécialisées.

Planification des ressources de l'entreprise : logiciel utilisé dans de nombreuses industries pour articuler ventes et commandes au système de fabrication, afin de cibler la production, d'utiliser pleinement ses capacités et de réduire les stocks.

Point d'inflexion : en mathématiques, cette locution définit le point où une courbe concave devient convexe. En management, elle décrit un changement massif et soudain dans un marché ou l'usage d'une technologie. Rendu célèbre par Andrew Grove, le président d'Intel.

Prix parfait : concept d'Adam Smith selon lequel un marché libre et ouvert permet à l'acheteur et au vendeur de se rencontrer et de se mettre d'accord sur un prix théoriquement parfait, pour n'importe quel bien ou service. La richesse d'information et la facilité de connexion rendues possibles par Internet permettent aux acheteurs et aux vendeurs d'approcher le prix parfait.

Protocole Internet (IP) : spécification technique qui régit la transmission d'informations sur Internet. La standardisation de la plupart des réseaux en Protocole Internet (norme IP) ces dernières années a permis de mettre sur pied pour la première fois un réseau d'échange de données efficace dans le monde entier. Avec la numérisation des systèmes téléphoniques, les connexions IP seront utilisées pour les communications vocales et téléphoniques.

Réseau local (Local Area Network, LAN) : groupe de PC, de serveurs, d'imprimantes et autres périphériques connectés à un réseau dans un rayon relativement limité.

Service informatique, service des technologies de l'information : ces expressions désignent le service chargé de superviser les systèmes de traitement de données dans une entreprise.

Suppression de l'intermédiaire : suppression de l'intermédiaire dans une transaction entre fournisseur et client, ordinairement grâce à des transactions numériques sur Internet.

Système exécutif d'information : ensemble d'outils conçus pour sérier l'information à destination des cadres supérieurs. Beaucoup de ces systèmes étaient difficiles à intégrer avec d'autres internes à l'entreprise. Aujourd'hui, on parle plutôt de *systèmes d'information d'entreprise*, destinés à fournir des informations à une plus large catégorie de salariés.

Système nerveux d'entreprise : processus numérique permettant à une entreprise d'appréhender son environnement et d'y réagir, de percevoir les besoins des clients et les défis de la concurrence, et d'organiser à temps les réponses. Un système nerveux d'entreprise se différencie d'un simple réseau par la précision, l'immédiateté et la richesse de l'information qu'il apporte aux collaborateurs, et par le discernement et la coopération que cette information rend possibles. À ce jour, aucune entreprise ne dispose d'un système nerveux d'entreprise parfait : il s'agit plutôt d'une utilisation idéale de la technologie dans le cadre de l'entreprise.

Télé-enseignement : système éducatif dans lequel le professeur et les élèves, séparés dans le temps ou l'espace, utilisent pour communiquer des technologies comme la télévision ou Internet.

Télévision haute définition : mode de transmission et de réception de signaux de télévision qui produit une image plus claire et de meilleure résolution que la technologie normale de télévision.

Terminal muet : terminal qui n'exécute pas localement de programmes. Le plus souvent, il ne peut afficher que des caractères et des chiffres, et ne répondre qu'à des codes de contrôle simples.

Traitement en langage naturel : champ de recherche qui combine informatique et linguistique pour créer des systèmes capables de reconnaître et réagir au langage humain parlé ou écrit.

Traitement par lots : pratique qui consiste à stocker des transactions pendant un laps de temps, d'ordinaire la nuit, avant de les traiter. Beaucoup de systèmes de traitement par lots sont désormais remplacés par des systèmes transactionnels en ligne, pour que les utilisateurs de l'entreprise voient rapidement les résultats et puissent réagir à de brusques changements de situation.

Travail de l'information : expression forgée par Michael Dertouzos, professeur au MIT, pour décrire la transformation de données passives en informations actives par l'esprit humain ou par une application informatique.

Remerciements

Je voudrais avant tout remercier mon collaborateur, Collins Hemingway, pour l'aide qu'il m'a apportée dans la synthèse et le développement de la documentation nécessaire à ce livre, ainsi que dans la conduite générale du projet.

Mes remerciements vont aussi à trois PDG qui, après lecture du premier jet, m'ont fait de précieuses suggestions sur les moyens de rendre le manuscrit plus significatif pour les chefs d'entreprise : il s'agit d'Ivan Seidenberg (Bell Atlantic Corporation), de Tony Nicely (GEICO Insurance), et de Ralph Larsen (Johnson & Johnson).

Les détails sur l'emploi de la technologie dans les organismes publics et privés sont issus des voyages et des recherches de Collins et Jane Glasser dans le monde entier. Barbara Leavitt, Evelyn Vasen et Ken Linarelli ont fourni la documentation de plusieurs chapitres. Le manuscrit doit aussi beaucoup aux soins éditoriaux d'Erin O'Connor. Anne Schott y a également apporté sa contribution, à la fois en tant qu'assistante dans les recherches et coordinatrice du projet.

Je tiens aussi à remercier Bob Kruger et Tren Griffin pour leurs remarques, frappées au coin du bon sens, à mesure que le livre avançait. Et aussi Steve Ballmer, Bob Herbold et Jeff Raikes pour leurs commentaires sur l'organisation de l'ouvrage et son orientation. David Vaskevitch, Rich Tong, Gary Voth et Mike Murray m'ont aidé à formuler certaines idées importantes. Merci à Deborah Caldwell, Pam Edstrom, Katy Ehrlich, Mich Mathews et John Pinette pour leur riche relecture.

Merci aussi à Larry Kirshbaum, président-directeur général de Time

Warner Trade Publishing, et à Rick Horgan, vice-président et directeur éditorial de Warner Books, pour la finesse de leur lecture. Merci à Kelli Jerome, qui a assuré la commercialisation mondiale de mes deux livres d'une manière harmonieuse et professionnelle, et à Lee Anne Staller pour son aide en la matière.

Toujours chez Warner, merci à Harvey Jane Kowal, directrice de la rédaction, à Bob Castillo, rédacteur en chef technique, et à Sonja, préparatrice de copie, pour leur aide sur le plan éditorial.

Malgré toutes les facilités de recherches qu'apporte la technologie, les documentalistes de la Microsoft Library restent d'un secours inestimable : Laura Bain, Kathy Brost, Jill Burger, Lynne Busby, Peggy Crowley, Erin Fields, April Hill, Susan Hoxie, Jock McDonald, Tammy Pearson, K.C. Rich, Deborah Robinson, Christine Shannon, Mary Taylor, Dawn Zeh et Brenda Zurbi. Pour leur soutien général, merci à Christine Turner et à Gordon Lingley.

Ce travail doit aussi énormément aux contributions de nombreux employés de Microsoft et d'autres sociétés avec lesquelles nous entretenons des liens étroits. Ils sont bien trop nombreux pour que je puisse tous les citer ici. Qu'ils sachent combien j'ai apprécié leur aide et leurs encouragements.

Pour finir, ce livre n'aurait pas été possible sans le temps et l'énergie qu'ont bien voulu nous consacrer plusieurs clients et partenaires. Nous avons tous été à la fois étonnés et encouragés par la bonne volonté et la franchise avec lesquelles ils nous ont parlé de leurs défis, succès et problèmes commerciaux et techniques.

Je leur devais une rubrique particulière dans ces remerciements, tant il est vrai que ce livre doit beaucoup aux responsables qui ont accepté de sacrifier du temps dans leurs journées surchargées pour me parler, à moi ou à mes documentalistes. Ils sont si nombreux que j'en ai forcément oublié certains. Si, hélas, vous êtes de ceux-là, croyez bien qu'il s'agit juste d'un oubli, dont je vous demande sincèrement de bien vouloir m'excuser.

Ces clients sont cités par ordre alphabétique d'entreprises :

Clay Henry, Bob Richardson, John R. Zuschlag (Acadian Ambulance & Air Med Services) ; Cary Auderer (American Medical Response) ; Stephen M. Shapiro (Andersen Consulting) ; Martin McAdam (An Post) ; Juan Andres Hall (Argentine Security and Exchange Commission) ; Tracy Maxwell (Advanced Research Systems) ; Jim Payne (The Associates) ; en Australie : les responsables officiels de plusieurs organismes : Bronte Adams, Mike Allen, Tracy Anders, Hon.

Dr Michael Armitage MP, Evan Arthur, Peter Bailey, Robert Ceramidas, Paul A. Doherty, Ray Dundon, Graham Foreman, Peter Fowler, Anthony Hudson, John Maunder, Anthony O'Shea, Rosie Simpson, Randall Straw, Roseanne Toohey, Phil Turner, Peter Wilson.

Et aussi : David Greenberg (Avio Corporation) ; Jay Evans (Azron) ; Alcino Rodrigues de Assunção, Aluizio Borges, Douglas Tevis Francisco, Odecio Gregio (Banco Bradesco) ; Michael Ippoliti (Bethlehem Steel Corporation) ; Phil Condit, Scott Griffin, Pearl Martin, Kathy Martinson, Richard Metz, Larry Olson, Patricia Paolucci, John Warner, Ronald Woodard (Boeing) ; Myrtle Hudson, Pauline Pillow, Autumn Wagner (California State Automobile Association) ; Merilyn Dunn, Adina Levin (CAP Ventures) ; Jack Bergstrand, Bill Hensel, Bill Herald, Tom Long, Ira Tolmich (Coca-Cola Company) ; Rick Engum (Coca-Cola Enterprises) ; John White (Compaq Computer Corporation) ; Bruce Dixon (Computelec) ; Reiner Schaaf (Computer 2000) ; Doug Hockstad (Comshare) ; Tripp Johnson (Crestar Bank).

Et aussi : Dennis Breck, Rochelle Chase, Sandy Draves, Susan Eich, Shelley Hyytinen, Michael Peterson, Mark Sauceman, Paul Singer, Vivian Stephenson, Robert Ulrich (Dayton Hudson Corporation) ; Michael Dell, Debra Dudgeon, Scott Eckert, Bill Morris, Lora Canney Zarbock (Dell Computer Corporation) ; Thomas McDermott, Gary S. Schmidt (Delta Control Systems) ; John Heim, Jeff Viehmeyer (Distribution Architects International) ; Janet Johnson (eFusion) ; Lynn Ochman, Ronald E. Phillips, Jeff Richardson, James Rider (Entergy Corporation) ; Kevin Huntley (Environmental Systems Research Institute) ; Pam Hoodes, Bruce Jones, Michael Murphy (Escher Group) ; Tony Albers, Dennis Schneider (Ford Motor Company) ; Glenn Phillips (Forte) ; Brian Fink, Randal A. Simonetti (Frontier Corporation). En Floride, des responsables officiels de plusieurs organismes : Randall C. Baker, George C. Banks, Pete Butler, Doug Duncan, Henry Cummings, Jr., C. Derick Daniel, John A. DelVecchio, Mary Dozier, Jerome Gary, Lynn Larson, Bill Lindner, Marsha Koppe, William C. Manley, Linda Nelson, Paul Rowell, Jacqui Rudd, Rick Swaine, Linda Willis.

Et aussi : Gary Hare, Paul Johnson, Randy Rowe (General Electric Company) ; A. J. Romanelli (GIS Solutions) ; Malcolm Mitchell (Glaxo Wellcome) ; Michael Hammer (Hammer and Company) ; Stuart Mowat (HarperCollins) ; Lisa Paul (Healthcare Informatics) ; Chris Poole (Highdown School) ; Michael Cicirelli, Jodi Couch, Kerry W. Fowler, Michael Gallatin, Jeff Gardine, Jeff Hesselberg, Merl F. Hoekstra, Joy Jarvis, Dina Leviten, Kate Loughney, Howard Mendelsohn (ICOS

Corporation) ; Howard High, Dean Isherwood, Shannon Johnson, Jason Rawlins, Tom Waldrop, Albert Yu (Intel Corporation).

Et Michael Scholl (Jiffy Lube International) ; Ann Heller, Jackson Tung, Michael Wang (John Deere Healthcare) ; Stephen Piron (Johnson & Johnson) ; Sharon McAvinue (Johns Hopkins University) ; Hamilton Jordan, Don Deshler (University of Kansas) ; Jim Knight (University of Kansas Learning Resource Center) ; David Couch (État du Kentucky) ; Bernadette Cafferty (Kurt Salmon Associates) ; James H. Mann (Lawson Products) ; Pat Anderson, Joe Cleveland, Charlie Hargraves, Ralph Sandridge, Bill Buonanni (Lockheed-Martin Corporation) ; Richard H. Ferrans (université de l'État de Louisiane). En Malaisie, des responsables officiels de plusieurs organismes : Muhammad ibn Ibrahim, Dr Muhammad Rais ibn Abdul Karim, Janet Kong Meow-San (Dato) ; Dr A. Jai Mohan, Rosma Osman, Ramli Saad (Lim Poh Sim) ; Robert Harris, Philip Osprey, Cathy Ryan (Marks & Spencer) ; Jill Jenkins, Thomas Marder, Michael Pusateri, Carl Wilson (Marriott International) ; Kathy Bezek, Arthur Kingfield, Joseph F. Norton (McDonald's Corporation) ; Lang Davison, Bill Meehan (McKinsey & Company) ; Erik Iversen (MediaServ).

Et Deb Brennan, Bobbie Collins, Steve Eubanks, Philip Gilligan, Paul Kanevsky, Debbie Kone, Sandy Kurinsky, Blaise Masone, Anthony Pizi, Peter Sargent, Howard P. Sorgen, Andrew Williams (Merrill Lynch & Company) ; le sénateur Terry C. Burton, Don Flowers, Amy Tuck (État du Mississippi) ; Michael Schrage (MIT Media Lab) ; Peter Krey, Morgan Stanley Dean (Witter & Company) ; Joseph Farrelly, Larry Fisher, David Klein, Eileen Murphy, Jeanette Oliveira, Pamela Summers, Frank Wiggins (Nabisco) ; Donald P. Jacobs, doyen, Anthony J. Paoni, professeur, J. L. Kellogg, troisième cycle en gestion (Northwestern University).

Thomas Ficho (Orchard Medical Group) ; Vivian Adler, Diane Skelly Bernhardt, Jann Davenport, Dale George, Terri Griffith, Danita Hundley, Jo Ann Hunt, Joe Kitchens, Laurie McCracken, Michael K. Roberts, Linda Yarbrough (Western Heights Public Schools, Oklahoma) ; Sharon Bishop (Parents Reaching Out to Oklahoma) ; R. Britton Mayo (Pennzoil Company) ; James Champy (Perot Systems Corporation) ; Tom Shaver (J. D. Power and Associates) ; Charles C. Fry (The Prometheus Group) ; Julie Baughman, James T. Harvey, Mary Stone (Promus Hotel Corporation) ; Chris Dayton, Vasilis Koulolias, Matthew Wilson (Pythia Corporation) ; Don Awalt (RDA Consultants) ; Daniel Bosch (Robert Mondavi Winery) ; Wayne Robertson (Robertson Associates) ; Becky

Argenti, Bruce Bemisderfer, C. Randy Fowler, Alan Hale, Roger Kash, Scott Pendleton, Stuart Smith, Anthony Wall (Saturn Corporation) ; Mark A. Del Beccaro, John B. Dwight (Seattle Children's Hospital and Regional Medical Center) ; Carla J. Bryant (Sentara Health System) ; Sergio Otero de Oliveira (Serpro) ; Jeff Mason (Sequoia Software).

Ioannis Charalambous, Wes Smith (Shell Services International) ; Michael Kaye, Kurt Keiser, Chris Muench, Ed Rebello, Arnold Testa (Siemens AG). À Singapour : des responsables officiels de plusieurs organismes : Tay Yong Chin, Chin Li Fen, Cheong Wai Harn, Tan Chiam Huat, Jimmy Seah Cheng Hwee, Khoo Mui Kheng, Ang Puay Koon, Chang Eng Leok, Lim Poh Sim, Robert Chin Him Soon, Yong Chin Tay, Eric Lui Chew Wah, Ng Kin Yee, Leong Chin Yew.

Karyn Beckley, Roy Hayes (SpaceLabs Medical) ; Robert Fine, Joseph Harms, Rick Lindquist, Gregory Warner (Stepan Company) ; Snorri Ogata (Taco Bell Corporation) ; Rick Diaz, Chris Lowde, Lyle Meier, Ed McDonald, Ken Morris, Clara Woo, James Wright (Texaco) ; Chris Maloney (Tritech Software Systems) ; le lieutenant-colonel Robert D. Coffman, le lieutenant-colonel Edward H. Kline, le général de brigade Klaus O. Schafer (US Air Force) ; le lieutenant-colonel Joe Webster (US Air Force Reserve) ; le major James Cummiskey (US Marine Corps) ; Anthony M. Cieri, le capitaine Grey Glover, le commandant Craig Madsen, le capitaine Michael O'Leary, Tom Warring (US Navy) ; Robin Berman, Joseph Grant, Maurice Holmes, Janice Malaszenko, Patricia Wallington (Xerox Corporation) ; et Norio Sasaki (Yamanouchi Pharmaceuticals Company).

TABLE

TROISIÈME PARTIE
Maîtriser l'information pour mieux penser sa stratégie

QUATRIÈME PARTIE
Pour une entreprise intelligente

CINQUIÈME PARTIE
Des entreprises particulières livrent des leçons générales

SIXIÈME PARTIE
Prévoir l'imprévu

Photocomposition Typophot Studio
9, rue Ste Anastase
75003 Paris

Achevé d'imprimer
N° édition : 39654
Dépôt légal : Mars 1999